Heiner Hastedt, Prof. Dr. phil., geboren 1958 in Zeven/Niedersachsen. 1976 bis 1982 Studium der Philosophie, Sozialwissenschaften, Theologie, Germanistik und Pädagogik in Göttingen, Bristol (Großbritannien) und Hamburg. 1982 Erstes Staatsexamen für das «Lehramt an Gymnasien»; 1984 Zweites Staatsexamen. 1984 bis 1987 Wissenschaftlicher Mitarbeiter am Philosophischen Seminar der Universität Hamburg. 1987 Promotion zum Dr. phil.; 1988 Forschungsstipendiat der Deutschen Forschungsgemeinschaft. 1989 bis 1992 Wissenschaftlicher Assistent an der Universität-Gesamthochschule Paderborn; 1991 Habilitation für Philosophie. Wintersemester 1991/92 Stiftungsprofessor am Humboldt-Studienzentrum der Universität Ulm. Seit dem 1. Oktober 1992 Lehrstuhlinhaber für Philosophie mit besonderer Berücksichtigung der Praktischen Philosophie an der Universität Rostock.

*Veröffentlichungen* u.a.: Das Leib-Seele-Problem. Zwischen Naturwissenschaft des Geistes und kultureller Eindimensionalität. Frankfurt/M. 1988, 2. Aufl. 1989; Aufklärung und Technik. Grundprobleme einer Ethik der Technik. Frankfurt/M. 1991, 1994 (Taschenbuchausgabe).

Ekkehard Martens, Prof. Dr. phil., geboren 1943 in Oppeln/Schlesien, Studium der Fächer Philosophie, Latein, Griechisch und Pädagogik in Frankfurt, Tübingen und Hamburg; 1969 bis 1971 Stipendiat am Starnberger «Max-Planck-Institut zur Erforschung der Lebensbedingungen der wissenschaftlich-technischen Welt» (C. F. v. Weizsäcker); Promotion mit einer Arbeit über Platons Philosophie 1972; Schuldienst; Assistent für Philosophie an der PH Münster 1972 bis 1978; 1977 Habilitation für Philosophiedidaktik an der Universität Hamburg, dort seit 1978 Professor für Didaktik der Philosophie und Alten Sprachen; Ethiklehrerausbildung an der Universität Magdeburg 1992 bis 1994.

*Veröffentlichungen* u.a.: Einführung in die Didaktik der Philosophie. Darmstadt 1983; Sich im Denken orientieren. Philosophische Anfangsschritte mit Kindern. Hannover 1990; Der Faden der Ariadne. Stuttgart 1991; Die Sache des Sokrates. Stuttgart 1992. *Herausgeber:* (zus. mit Th. H. Macho u. a.) Zeitschrift für Didaktik der Philosophie und Ethik. Hannover 1979 ff; (zus. mit H. Schnädelbach) Philosophie – ein Grundkurs. Reinbek bei Hamburg 1985 (2 Bde. 1991); mehrere Platon-Übersetzungen und Schulbücher.

*Heiner Hastedt*
*Ekkehard Martens (Hg.)*

# Ethik   Ein Grundkurs

rowohlts enzyklopädie

# rowohlts enzyklopädie

Herausgegeben von Burghard König

2. Auflage
6.–7. Tausend Dezember 1996

Originalausgabe
Veröffentlicht im Rowohlt Taschenbuch Verlag GmbH,
Reinbek bei Hamburg, Juni 1994
Copyright © 1994 by Rowohlt Taschenbuch Verlag GmbH,
Reinbek bei Hamburg
Umschlaggestaltung Jens Kreitmeyer
Satz Aldus und Optima (Linotronic 500)
Gesamtherstellung Clausen & Bosse, Leck
Printed in Germany
2290-ISBN 3 499 55538 7

# Inhalt

**Praxis 288**

# Vorwort: Was ist und soll ein ‹Grundkurs› Ethik?

Trotz aller erforderlichen Skepsis gegenüber dem imperialen Gestus oder der Problemverkürzung des Ethizismus hat der Ethikboom gute Gründe. Die anhaltenden, immer wieder auf neue Felder übergreifenden Ethikdiskussionen sind der Preis, den wir für die Moderne mit ihren zunehmenden wissenschaftlich-technischen Eingriffsmöglichkeiten in das persönliche und gesellschaftlichpolitische Leben und mit ihrer zunehmenden Infragestellung der traditionellen Normen und Wertvorstellungen zu zahlen haben (vgl. O. Höffe: Moral als Preis der Moderne. Frankfurt/M. 1993). Die Alternative wäre ein Rückfall in die Vormoderne mit einem geschlossenen Ordnungssystem, die fragwürdige und kaum praktikable Wahl einer Scheinsicherheit statt der Unsicherheit von Freiheit und Selbstbestimmung. Bei der Komplexität der aktuellen Problemlage und Offenheit der geltenden Orientierungen können die unvermeidbaren Ethikdiskussionen allerdings nicht aus dem Bauch heraus oder mit dem schlichten Verstand des guten Menschen geführt werden, sondern bedürfen einiger Kenntnisse und Fähigkeiten. Die Alternative wäre in der Tat der kritisierte moralische Zeigefinger oder die Diktatur des guten Menschen.

Wie der seit einem Jahrzehnt erfreulich konstant und zustimmend aufgenommene ‹Grundkurs› Philosophie (E. Martens/H. Schnädelbach (Hg.), Reinbek bei Hamburg; Neuausgabe 1991) soll auch das vorliegende Buch den elementaren Einführungen in die Ethik nicht lediglich eine weitere hinzufügen, bloß mit anderen Akzenten versehen oder von einer anderen Gesamtposition her konzipiert. Vielmehr meinen wir, wie bei der Philosophie insgesamt auch bei den Publikationen zur Ethik ein durchgehendes Defizit feststellen zu können. In unserer Lehrpraxis an der Universität und in der Lehrerfortbildung, aber auch bestärkt durch Gespräche mit Kolleginnen und Kollegen aus der Hochschule, Schule, Erwachsenenbildung und den Öffentlichen Medien, haben wir bemerkt, daß zwischen den elementaren Einführungen in ethische Fragen und der hochspezialisierten Forschungsliteratur zur Fachdisziplin Ethik in der Regel eine Kluft besteht. Das ethische Interesse und das Interesse an Ethik lassen sich nur schwer in den Publikationen miteinander vermitteln. So sind selbst die Veröffentlichungen der ‹Angewandten Ethik›, zum Beispiel zu aktuellen Fragen der Umwelt-, Bio- oder Wirtschaftsethik, oft derartig voraussetzungsreich, daß sie höchstens vom Thema, kaum aber von ihrem Adressatenbezug her das Prädikat ‹angewandt› zu

Recht tragen. Umgekehrt leiden die elementaren Einführungen in ethische Fragen oder in die Ethik oft daran, daß sie nicht nur von bestimmten, oft nicht genügend deutlich gemachten oder nachvollziehbaren Schulpositionen ausgehen oder nur recht eingeschränkte oder spezialistische Problemzugänge anbieten, sondern vor allem auch daran, daß der weniger informierte Leser oder Laie den Eindruck erhält, die notwendigen Voraussetzungen einer Ethikdiskussion würden ihm vorenthalten und seien offensichtlich nur für Spezialisten zugänglich. Was jedoch für die Philosophie insgesamt gilt, muß insbesondere für die Ethik beherzigt werden. Fragen, die das Interesse von jedermann berühren – Was sollen oder wollen wir tun? Wie sollen oder wollen wir leben? –, müssen auch von jedermann und jedem einzelnen beantwortet werden können, wie vorläufig und unvollkommen auch immer, und dürfen nicht an Spezialisten delegiert werden. Daher möchten wir mit diesem ‹Grundkurs› ein Lehr- und Studienbuch anbieten, das die Kluft zwischen Elementar- und Spezialistenliteratur zu überbrücken hilft, wenn auch mit unterschiedlichem Erfolg der einzelnen Beiträge und bei ständiger Gefahr, es keiner der beiden Seiten recht zu machen. Folgt man allerdings den Querverweisen zwischen den einzelnen Artikeln und zieht man die angeführte Elementar- und Spezialistenliteratur hinzu, hat der erwünschte Brückenschlag vielleicht einigen Erfolg. Die Brücke wird keineswegs als fertiges Produkt geboten, sondern eher als Bereitstellung von Materialien, Geräten und Plänen, mit deren Hilfe jeder selbst mitbauen kann.

Der Erfolg des versuchten Brückenschlags hängt nicht nur von der Darstellungsart ab, sondern auch und vor allem von dem Dargestellten selbst, den erforderlichen Voraussetzungen für eine klärende und weiterführende Ethikdiskussion mit Hilfe dieses ‹Grundkurses›. Will man aber derartige Voraussetzungen darstellen, muß man Rechenschaft darüber abgeben, was man unter Ethik versteht und welche Aufgaben man mit ihr verbindet. Offensichtlich hängt der Streit darüber, ob, welche und wieviel Ethikgeschichte, Ethikbegründung, ethische Begriffe, ethische Grundpositionen und ethische Einzelfragen als Voraussetzungen für eine sinnvolle Ethikdiskussion notwendig sind, von dem Streit darüber ab, was Ethik ist und soll. Hierüber kann man genauso lange und fruchtlose Debatten führen wie über die Frage, was Philosophie ist und soll. Genausowenig wie man von einer unverrückbaren Wesensbestimmung der Ethik (oder eines anderen Begriffs) ausgehen kann, hilft auch ein Rückgang auf die ursprüngliche Wortbedeutung kaum für eine verbindliche Begriffsbestimmung weiter. Dennoch können gerade im Fall der ‹Ethik› begriffsgeschichtliche Kenntnisse helfen, gegenwärtig fortwirkende Grundsatzpositionen klarer zu unterscheiden. Etymologisch leitet sich ‹Ethik› von griechisch ‹ēthikē› ab, der zuerst von Aristoteles in der «Nikomachischen Ethik» systematisch betriebenen Untersuchung über die ‹ēthe› (mit langem ‹e›), die Charaktereigenschaften oder Tugenden und Laster, gegenwärtig ist der aristotelische Ansatz einer «Tugendethik» lediglich eine, etwa von Alaisdair MacIntyre vertretene Spezialrichtung der Ethik. Die lateinische Übersetzung des griechischen ‹ēthikē› durch ‹scientia moralis› dagegen trifft lediglich auf das aristotelische ‹éthos› (mit kurzem ‹e›) zu, das (wertneutral) ‹Gewohnheit› heißt und als zur Gewohnheit gewordene Charakterhaltung im deutschen ‹Ethos› (der Wissenschaftler, Techniker oder einzelner Berufe) nachklingt. Die deutsche Übersetzung des lateinischen Terminus wiederum, etwa in Kants «Metaphysik der Sitten», meint ein unbedingtes Sollen, das sich in den Untersuchungen der «Moral» nach Art der sokratischen Kritik auszuweisen hat. Schließlich macht sich erst Hegel «den ursprünglichen Sinn des Wortes ‹Sitten› zunutze, um gegenüber der Kantischen Moral eine angeblich höhere Form von Moral, genannt Sittlichkeit, zu konstruieren, die dadurch charakterisiert sein sollte, daß sie im Brauchtum und im Hergebrachten fundiert ist» (E. Tugendhat: Vorlesungen über Ethik. Frankfurt/M. 1993, S. 35). Wer gegenwärtig von Ethik im Sinne von «Sittlichkeit» spricht, plädiert damit häufig nicht für eine kritisch-begründende, sondern für eine affirmative Ethik des Bewährten und Hergebrachten. In der Alltags- und gleichermaßen in der Fachsprache werden dagegen die Ausdrücke ‹ethisch›, ‹moralisch› und ‹sittlich› häufig synonym verwendet. Allerdings hat sich als fachspezifischer Sprachgebrauch eingebürgert, von Ethik (oder Moralphilosophie) als Untersuchung der Moral als Inbegriff normativer Begriffe, Auffassungen, Einstellungen und Werte zu sprechen. Dabei kann man zunächst offenlassen, ob man eine derartige Untersuchung eher kritisch oder affirmativ versteht.

Weder die essentialistischen und begriffsgeschichtlichen noch die positionalen Ethikbestimmungen können allerdings die notwendigen Aufgaben der Ethik in der Moderne erfüllen. Daher haben wir uns für den ‹Grundkurs› für eine problemorientierte Ethikbestimmung entschieden oder schlagen zumindest vor, die Beiträge aus einer derartigen Perspektive heraus zu lesen, ohne jeden einzelnen Autor etwa auf eine derartige Sichtweise festlegen zu wollen. Die problemorientierte Perspektive ist von der Tatsache geprägt, daß die neuzeitliche Wissenschaft und Technik sowie die konsequente Aufklärung die realen Lebensverhältnisse und ihre normative Einschätzung radikal verändern. Ethik kann in einer derartigen Situation radikaler, weltweiter Orientierungsveränderungen keine festen Lösungen anbieten, weder durch eine Beschwörung der ‹alten Werte› der bedrohten Sittlichkeit noch durch eine Forderung nach ‹neuen Werten›. Zwar mag auch jeder noch so kritischen und differenzierten Ethik als letzter Bezugspunkt schließlich nichts anderes als der von Sokrates über Kant bis zu den verschiedenen religiösen Ethiken praktizierte Appell an die ‹Humanität› übrigbleiben, die von jedermann erkannt und akzeptiert werden könne. Dennoch fängt der Streit schon damit an, ob ein derartiges Prinzip mit dem unvergänglichen Wesen des Menschen verbunden ist oder sich erst im geschichtlichen Prozeß als Ausdruck menschlicher Sehnsüchte und Hoffnungen auf ein glückliches Leben herauskristallisiert hat und stets neu interpretiert und bekräftigt werden muß. Auch steht keineswegs ein für allemal fest, was *Glück* bedeutet, wie sich individuelles Streben zu allgemeinem Sollen oder zur *Pflicht* verhält, welche *Verantwortung* wir zu tragen haben, nach welchen Prinzipien der *Gerechtigkeit* unser Leben zu gestalten ist, ob jeder in seinem eigenen Leben der einen menschlichen *Lebensform* verpflichtet ist, welche Art von *Orientierung* uns leiten kann, wie wir uns in unserer *Existenz* zu uns selbst verhalten und was schließlich *Glaube* für uns bedeutet.

Dies alles sind im ‹Grundkurs› exemplarisch dargestellte Fragen, die zwar letztlich auf das Prinzip der Humanität ausgerichtet sind, aber erst in mühsamer und differenzierter Arbeit des ethischen Begriffs in jeder Situation neu formuliert und auf das Grundprinzip ausgerichtet werden müssen, ohne daß man auf abschließende, für alle akzeptable Antworten hoffen oder Humanität als feste Basis deduzierbarer Normen und kasuistischer Anwendungen ermitteln könnte; nicht einmal die noch so vage ‹Humanität› scheint als «regulative Idee» (Kant) unstrittig zu sein, falls damit einem Anthropozentrismus das Wort geredet werden und die übrigen Lebewesen oder die Natur insgesamt abgewertet werden sollten. Offensichtlich also ist ein problemorientiertes, auf die gegenwärtige Situation abzielendes Vorgehen der Ethik keineswegs mit einem blinden Aktivismus und einem Verzicht aufs Denken zu verwechseln, sondern erfordert grundsätzliche und differenzierte Überlegungen. Daß und inwiefern Ethik vor allem *ethisches Argumentieren* bedeutet, macht die *Einleitung* sichtbar, auch, daß die Sprache der Ethik herkömmliche Gegensätze wie Emotionalität und Rationalität, Form und Inhalt, Beschreibung und Bewertung, Kritik und Akzeptanz, Genesis und Geltung, Invarianz und Kontextualität unterläuft. Daher kann die Einleitung als elementare Hinführung in die ethische Perspektive gelesen werden.

Der von uns vorgeschlagene, auf die gegenwärtige Lebenssituation bezogene Ethikansatz grenzt sich außerdem deutlich von einer auf aktuelle Einzelfragen verkürzten kasuistischen Ethik ab (z.B. Ist Abtreibung ethisch erlaubt? Darf der Weltraum als menschlicher Müllplatz benutzt werden?), aber auch von einer Bereichs- oder Bindestrichethik (z.B. Umweltethik, Bioethik, Tierethik); erst recht natürlich schließt ein derartiger Ansatz eine primäre Beschäftigung mit Metaethik aus (z. B. Untersuchung der sprachlichen Form ethischer Aussagen oder Äußerungen, der Letztbegründungs- und Legitimationsversuche von Ethik), aber auch eine ausschließliche Beschäftigung mit normativen Grundpositionen (z. B. universalistische und utilitaristische Ehtik).

Für Konzeption und Gliederung des ‹Grundkurses› sind die Aufgaben maßgeblich, die eine problemorientierte Ethik zu erfüllen hat, und zwar in dreifacher Hinsicht:

– Analyse und Kritik der *Grundlagen*, auf denen die gegenwärtige ethische Diskussion mehr oder weniger bewußt und deutlich beruht: Die *Grundpositionen der antiken Ethik* bilden den Hintergrund für das Verständnis der *Grundpositionen der neuzeitlichen Ethik*, erst diese wiederum machen eine kritische Beurteilung der vielfach behaupteten *Aufhebung der Ethik* möglich. Bei der Analyse und Kritik der Grundlagen der Ethik verschränken sich somit historisch-hermeneutische und systematisch-argumentative Aspekte miteinander.

– Konstruktiver Bezug der Grundlagen auf aktuelle ethische Problemfelder in den exemplarischen *Querschnitten*. Bei der notwendigerweise subjektiven und kritikwürdigen Auswahl haben wir darauf zu achten versucht, den Spannungsbogen von Sozial- und Individualethik in der Anordnung und bereits in den einzelnen Beiträgen selbst möglichst breit sichtbar werden zu lassen und nicht einseitig in eine Richtung aufzulösen. Nachdem seit den 60er Jahren die soziale (und politische) Dimension die Ethik beherrscht und die individuelle Dimension fast zum Verschwinden gebracht hatte, scheint es uns heute – nach dem Zusammenbruch überzogener Hoffnungen auf die Planbarkeit eines besseren Menschen in einer besseren Gesellschaft – an der Zeit zu sein, die individuelle Handlungs- und Lebensperspektive des einzelnen, zerbrechlich und unvollkommen, wie er eben ist, in der sokratischen und existenzphilosophischen Tradition wieder ernster zu nehmen.

– Schließlich hat die Ethik in *Berufs- und Tätigkeitsfeldern* sowie auch im *Ethikunterricht* die Aufgabe zu erfüllen, Vorschläge für die praktische Wirksamkeit ihrer Überlegungen zu machen. Ethik ist nicht lediglich dadurch praktische Philosophie, daß sie über Praxis oder als «Angewandte Ethik» über Anwendung redet, sondern auch auf praktische Anwendung abzielt, eine bereits von Aristoteles erhobene, aber stets neu und gegenwärtig besonders stark vernachlässigte Forderung. Damit sind keine unmittelbaren Handlungsanweisungen oder Lebenshilfen gemeint, sondern Möglichkeiten, die ethische Nachdenklichkeit und Sensibilität, Urteilskraft und Artikulationsfähigkeit zu verstärken. Neben den ethischen

Diskussionen in der Öffentlichkeit oder in professionellen Ethikkommissionen macht insbesondere die Einführung eines Alternativ- und Ersatzfaches Ethik (unter diesem Namen oder als Werte und Normen oder als Teil des Philosophieunterrichts) einen ‹Grundkurs› für die Aus- und Weiterbildung von Lehrern und als Studienbuch für Schüler und Studenten nötig. Diesem Zweck sollen auch die *Literaturhinweise* dienen.

Der vorliegende ‹Grundkurs› als Darstellung der grundsätzlichen Probleme der gegenwärtigen Ethikdiskussion sowie ihrer historischen und systematischen Voraussetzungen kann natürlich trotz der angestrebten Breite keinen Vollständigkeitsanspruch erheben. Vor allem zwei Defizite sind uns besonders bewußt. Wir konnten keine Autorin für einen Beitrag zur feministischen Ethik (oder auch zu einem anderen Thema) gewinnen, vermutlich, weil die wenigen akademischen Philosophinnen an notorischer Überbeschäftigung leiden. Vielleicht kann dieses Defizit dadurch in einem etwas milderen Licht erscheinen, daß Annemarie Pieper in ihrer jüngst erschienenen, empfehlenswerten Einführung selbst das – durch ihre eigene Darstellung freilich abzuschwächende – Fazit zieht: «Noch steckt die feministische Ethik im Programmatischen, und dies wird wohl auch noch eine Weile so bleiben» (Aufstand des stillgelegten Geschlechts. Einführung in die feministische Ethik. Freiburg/Basel/Wien 1993, S. 179). Das zweite hier zu nennende Defizit besteht darin, daß wir keinen Artikel zur fernöstlichen (konfuzianischen, hinduistischen, buddhistischen) Ethik aufgenommen haben. Allerdings meinen wir, daß ein kurzer Überblicksartikel der oft in ihrer Komplexität und Voraussetzungshaltigkeit unterschätzten Thematik bei weitem nicht hätte gerecht werden können. Wir haben uns daher mit dem ‹Grundkurs› darauf konzentriert, zunächst die eurozentrische, möglicherweise zugleich auch universale ethische Perspektive zu klären.

Zum Schluß bleibt uns noch die angenehme Pflicht, den Autoren für ihre bereitwillige Mitarbeit an diesem ‹Grundkurs› zu danken. Für die sorgfältige Erledigung einiger technischer und redaktioneller Arbeiten danken wir auch Christian Thies. Besonders danken möchten wir aber Herrn Dr. Burghard König, der als Lektor des Rowohlt Verlags die einzelnen Artikel und die Gesamtherausgabe des ‹Grundkurses› intensiv, kenntnisreich und kritisch betreut hat. Wir wissen dies um so mehr zu schätzen, als die arbeitsaufwendige Lektorierung von wissenschaftlichen Büchern in der heutigen Verlagswelt immer seltener wird.

Rostock/Hamburg, im Januar 1994                    *Heiner Hastedt*
                                                    *Ekkehard Martens*

*Hans Julius Schneider*

# 1 Einleitung: Ethisches Argumentieren

## 1 Der Bereich des Ethischen und das Argumentieren

### 1.1 Ethisches und moralisches Argumentieren

Sehen wir von negativen Assoziationen wie ‹Moralin› und ‹erhobener Zeigefinger› ab und unterstellen, sie würden auf Erfahrungen mit unwahrhaftigen Mißbräuchen des moralischen Redens zurückgehen, dann können wir mit der neutralen Feststellung beginnen, daß das deutsche Wort ‹Moral›, anknüpfend an das lateinische Wort *mores* (dem wiederum das griechische *éthos* entspricht), die Sitten und Gebräuche bezeichnet, denen man als Mitglied einer kulturellen Gemeinschaft (dem Anspruch nach) dann zu folgen hat, wenn man die fraglichen Handlungen ‹gut› machen will.* Sie gut machen zu wollen heißt in den interessanten Fällen: sich nach dem richten zu wollen, was (wie man sich im Prinzip muß klarmachen können) wirklich *gut ist*, und nicht nach dem, was (von weitem, nach einer nur oberflächlichen Kenntnisnahme) gut zu sein *scheint*. ‹Es gut zu machen› heißt dabei nicht dasselbe wie ‹es so zu

---

* Ich danke Hans G. Ulrich für viele anregende Gespräche und für hilfreiche Hinweise zu diesem Text.

machen, wie es üblich ist›; die Vorstellung vom Guten sollte zwar bestimmen, was üblich ist, das Gute und das Übliche werden im Regelfall aber nicht einfach zusammenfallen. Um ein einfaches Beispiel zu nennen: Es könnte als ein ‹guter Vorschlag› erscheinen, eine als Haustier gehaltene Rennmaus vor der großen Sommerreise auszusetzen. Obwohl solche Handlungen bei uns vorkommen und für die Akteure im Einzelfall vielleicht bequem sind, weil sie Umstände und Kosten ersparen, gelten sie einhellig als nicht gut, sondern lösen im Gegenteil Empörung aus. Eine Kontroverse darüber, ob eine bestimmte Handlung oder Unterlassung den *mores* entspricht, wird man, wenn sie darauf abzielt, daß die Gesprächspartner einander ganz oder teilweise überzeugen, einen Fall von ‹moralischem Argumentieren› nennen: Zur Debatte steht die Frage nach der moralischen Beurteilung einer Handlung.

Nun ist es in einer solchen Debatte stets möglich, die Frage aufzuwerfen, ob eine bestimmte überkommene Verhaltensweise (Haustiere gibt man in den Ferien in die Obhut anderer Menschen) tatsächlich dem dient, was gut ist. Wenn dieser argumentative Schritt getan wird, ist nicht die moralische Beurteilung einer einzelnen Handlung (bei unkontroversem Maßstab) das unmittelbar strittige Thema (obwohl eine konkrete Handlung die Kontroverse ausgelöst hatte), vielmehr wird die traditionell geforderte Verhaltensweise (das ‹Übliche›) selbst einer kritischen Beurteilung unterzogen: Gilt sie zu Recht als dem Guten förderlich oder nicht? (Vielleicht finden sich Rennmäuse in unseren Wohnsiedlungen ganz gut zurecht, während Tierheime Quälereien bringen.) Dabei wird es oft vorkommen, daß der (vielleicht vergessene oder im allgemeinen Bewußtsein verfälschte) *Sinn* von überkommenen Handlungsweisen zur Debatte steht, ihre ‹eigentliche Absicht›, sowie die Frage, ob die gegebenen, im Fluß befindlichen Umstände eine früher sinnvolle Handlungsweise sinnlos machen (vielleicht können Rennmäuse, sich selbst überlassen, bei uns zu einer Plage werden). Ferner kann es sich herausstellen, daß kontrovers ist, was auf dem betreffenden Feld als das Gute zu gelten hat (ist die Haltung einer Rennmaus als Haustier vielleicht überhaupt abzulehnen?). Und schließlich kann die Argumentation dazu führen, daß der Begriff des Guten selbst in einer grundsätzlichen Weise zum Gegenstand wird, zum Beispiel durch die These, darüber lasse sich überhaupt nichts Verbindliches aussagen, oder er werde nur benutzt, um die Wünsche bevorrechtigter Personen durchzusetzen. Werden auf diese Weise die *mores* selbst, ihr Sinn und die rationale Zugänglichkeit dessen, worum es ihnen geht, zum Gegenstand der Kontroverse, dann sagt man nach einem eingebürgerten Sprachgebrauch, hier stünden nicht mehr nur ‹moralische›, sondern ‹ethische› Fragen zur Diskussion.

Wegen dieser Möglichkeit, eine moralische Argumentation ohne Bruch oder klare Grenze jederzeit zu einer ethischen zu radikalisieren, wird der Ausdruck ‹ethisches Argumentieren› (und entsprechend ‹ethische Frage› etc.) im folgenden auch an Stellen verwendet, wo zunächst ‹moralisches Argumentieren› stehen könnte. Entsprechend soll die als Überschrift gewählte Formulierung ‹ethisches Argumentieren› signalisieren, daß das Thema breit angegangen wird. Die Überlegungen sollen zwar vom Argumentieren über die Einordnung von Einzelhandlungen mit Bezug auf nicht kontroverse Handlungsweisen und Gepflogenheiten ausgehen (in diesem Sinn also von den Problemen des *moralischen Argumentierens*), sie sollen aber Kontroversen über die *mores* und ihre rationale Beurteilbarkeit (also ethische Fragestellungen im engeren Sinn, wie sie in der Philosophie erörtert werden) ausdrücklich einbeziehen. Indem moralische Argumentationsweisen und ihre Vorformen erörtert werden, wird etwas zu ethischen Fragen gesagt.

## 1.2  Engere und weitere Verständnisse des Bereichs des Ethischen

Gerade wenn einem das ethische Argumentieren als eine rationale Möglichkeit am Herzen liegt, könnte man versucht sein, den Bereich des Ethischen von vornherein so zu *definieren*, daß er nur Fragen umfaßt, von denen sich mit einiger Sicherheit vorhersagen läßt, daß sie rational, argumentativ entscheidbar sind. Dies können zum Beispiel Fragen der Universalisierbarkeit von Handlungsmaximen sein: Kann eine vorgeschlagene Regelung allen rational denkenden Betroffenen bei Beurteilung ihrer legitimen Interessen zugemutet werden? Probleme, bei denen die argumentative Entscheidbarkeit zweifelhaft erscheint, gälten dann als Fragen persönlicher Vorlieben oder als ‹Geschmacksdinge›. Ein ehrenwertes Motiv für diese terminologische Weichenstellung könnte die Beobachtung sein, daß das öffentliche Bewußtsein dazu tendiert, den ganzen Bereich der Fragen nach dem Guten für argumentativ unzugänglich zu halten. Wenn man darin eine Unterschätzung wichtiger menschlicher Fähigkeiten sieht, die dazu beiträgt, daß sie weniger ausgeübt werden, was politisch unerwünschte Folgen befürchten läßt, dann könnte man es dringend notwendig finden, in einem ersten Schritt wenigstens einen Teil dieser Fragen (und möglichst den ‹öffentlichen›) als dem vernünftigen Gespräch zugänglich zu erweisen, um so einem Absinken des Niveaus gesellschaftlicher Kontroversen auf ‹Rhetorik› im schlechten Sinn entgegenzuwirken, das heißt auf eine Abfolge von Polemiken, Ausreden, Scheingefechten etc.

Eine solche Eingrenzung der Thematik im Interesse des Nachweises ihrer rationalen Zugänglichkeit ist verständlich. Auf der anderen Seite ist es dort, wo das ethische Argumentieren selbst zum Thema gemacht wird, ein Vorteil, wenn man einen weiten Begriff des Ethischen-Moralischen zugrunde legt, weil dann vielfältigere Formen der sprachlichen Erörterung in den Blick kommen, so daß die Frage, welcher Begriff des Argumentierens für dieses Feld angemessen erscheint, weniger in Gefahr ist, präjudiziert zu werden. Hier wird daher der zweite Weg eingeschlagen; es wird von einem *weiten* Begriff des im moralischen Sinn Guten ausgegangen.

Gegen eine definitorische Eingrenzung spricht auch die Tatsache, daß wir zwar bei einigen Dingen, die wir ‹gut› nennen, sicher sind, daß wir keine moralische Beurteilung beabsichtigen (ein guter Kaffee; ein gutes Messer), daß dies in anderen Fällen aber nicht so klar ist: Wenn wir von einem älteren Herrn sagen, er habe ein kitschiges Verhältnis zu seinen Enkelkindern, ist das dann eine moralische Abwertung oder nur eine Aussage über eine Geschmacksdifferenz? Wie steht es in dieser Hinsicht mit seinen ebenfalls kitschigen Jagdgemälden? Und wie mit der Art, wie er seine Kriegserinnerungen ausstellt?

Auch die in jüngster Zeit ausgetragenen Diskussionen um die Möglichkeit einer eigenständigen ‹feministischen Ethik›, bei der unter anderem das Verhältnis einer primär sorgenden zu einer primär um Gerechtigkeit bemühten Einstellung zur Debatte stand, haben deutlich gemacht, daß es nicht ratsam ist, schon zu Beginn eines Klärungsprozesses enge Grenzen zu ziehen. Statt das Ethische restriktiv zu definieren (z. B. durch die Festlegung, nur Fragen der Gerechtigkeit seien ethische Fragen) und damit zwar Sicherheit zu gewinnen, aber um den Preis eines erhöhten Risikos partieller Blindheit, sollen hier die Grenzen möglichst lange offengehalten werden. Wir riskieren damit Unsicherheit; aber im guten Fall lernen wir etwas dazu – zum Beispiel über eine mögliche Einseitigkeit in den von Männern formulierten Ethik-Konzeptionen.

Wie schon angedeutet, soll im folgenden insbesondere keine Definition der Ethik zugrunde gelegt werden, die sie allein durch die Zuordnung der Aufgabe bestimmt, interpersonelle und gesellschaftliche Konflikte lösbar zu machen. Die Tradition unseres westlichen Individualismus, den wir zum Beispiel mit einer modernen Industrienation wie Japan nicht teilen, enthält als Modellvorstellung das Bild, das Soziale könne man sich denken als zustande gekommen aus fertigen, für sich charakterisierbaren erwachsenen Individuen, die zum gegenseitigen Nutzen einen Vertrag abgeschlossen haben. Nun gibt es gewiß Kontexte, in denen dieses Bild eine hilfreiche Rolle spielt. Wenn man es aber von der Philosophie des Rechts und der Politik auf die Ethik ausdehnt, begünstigt es die Auffassung, der Bereich des Ethischen beginne erst dort, wo der (im Westen in der Tat immer häufiger anzutreffende) alleinstehende Mieter seine Komfortwohnung verläßt und auf dem Korridor mit seinesgleichen zusammenstößt; alles andere sei dem Bereich des Privaten zuzuordnen und in diesem Sinn ‹Geschmackssache›. Drastisch gesprochen: Auch wenn ein drogenabhängiger Single sich seine letzte Spritze ‹in seinen eigenen vier Wänden› setzt, auch wenn er, rücksichtsvoll, für die ‹Entsorgung› seines Körpers noch zu Lebzeiten Vorkehrungen trifft, steht seine Handlung und die Lebensgeschichte, deren Schlußpunkt sie bildet, nicht nur zur medizinischen, psychotherapeutischen oder zur juristischen, sondern auch zur ethisch-moralischen Beurteilung an. Es handelt sich auch dann nicht um eine Frage nur persönlicher Vorlieben, wenn er niemand anderen in Mitleidenschaft gezogen hat.

Unser Ausgangspunkt ist also die Beobachtung, daß jeder von uns von Zeit zu Zeit die Erfahrung eines Auseinanderklaffens macht, einer Diskrepanz zwischen dem, was gut ist, und dem, was nur so erscheint, als wäre es gut. Diese eigene Erfahrung einer Differenz ist von vornherein etwas anderes als ein allein von außen, von anderen Menschen herangetragener *Anspruch*, ein von ihnen Gefordertes sei das Gute im Gegensatz zum unmittelbar Erwünschten (das Kind soll schlafen, aber es will spielen). Es geht um die eigene Erfahrung einer Diskrepanz (ich wollte spielen, aber es ist gut zu schlafen). Solche Erfahrungen kann man niemandem durch Reden verschaffen, man kann höchstens an sie erinnern. Sie auf je eigene Weise in vielerlei Kontexten gemacht zu haben darf bei jedem lebendigen Menschen (und folglich bei jeder TeilnehmerIn an einer ethischen Argumentation) vorausgesetzt werden. Selbstverständlich spielen gemeinsame Erfahrungen und die Ansprüche und Handlungen anderer Menschen hier von Anfang an mit hinein; die eigenen Erfahrungen werden in Kontexten gemacht, in denen auch die Ansprüche und Reaktionen anderer eine Rolle spielen, die immer wieder Anlaß dafür sind, der Frage nachzugehen, was denn wirklich gut ist. Gleichwohl wäre eine Festlegung des Ethischen auf das, ‹was die anderen von mir wollen› (oder was sie beeinträchtigt), eine Verengung. Ohne die Berücksichtigung ‹interner› Diskrepanzerfahrungen ist die Aufgabe der Ethik in Gefahr, auf soziale Steuerung reduziert zu werden. Die Erfahrung, daß ethisch klingende Vorhaltungen faktisch immer wieder einmal nichts anderes sind als solche Steuerungsversuche, dürfte einer der Anlässe für die Wortprägung ‹Moralin› sein.

### 1.3 Das ethisch Gute und das Argumentieren

Manchmal sind sich Menschen ihres moralischen Urteils sehr sicher, zum Beispiel Eltern mit Bezug auf ihre Kinder, von denen sie in bestimmten Situationen nicht zögern zu sagen, sie wüßten (noch) nicht, was gut ist; wohl aber wüßten sie selbst es, und sie hätten als Eltern die Aufgabe, dies Wissen zu vermitteln. Diese überaus verbreitete Sicherheit ist aber nicht notwendig mit einer Sicherheit im *Argumentieren* verbunden; es geht um moralische Erziehung, und bei dieser spielen die eigene Erfahrung, das vorgelebte Beispiel, die einfache Aufforderung und eine improvisierte Erläuterung offenbar eine größere Rolle als die argumentierende Rede. Die Frage, ob deren mangelhafte Beherrschung zu bedauern ist, weil sie einen erschreckend niedrigen Bildungsstand zeigt, der dringend angehoben werden sollte, oder ob die vergleichsweise geringe Rolle der Argumentation hier auch sachliche und insofern keineswegs beunruhigende Gründe hat, ist kontrovers. Immerhin haben wir hier zum Teil schon sprachliche Handlungen vor uns (Aufforderungen, Erläuterungen), die als Vorformen des Argumentierens angesehen werden können und die (wie sich zeigen wird) stufenlos zu diesem hinüberführen. Es ist lohnend, auch diese Vorformen in die Betrachtung einzubeziehen, um so auch ein angemessenes Verständnis für ihre Weiterentwicklung oder ‹Vollendung› zu gewinnen.

Ein anderes Gebiet, auf dem wir uns über einen Unterschied zwischen dem, was gut ist, und dem, was nur gut erscheint, oft sicher sind, steht dem Argumentieren im engeren Sinn ebenfalls fern. Wir verknüpfen es in unserer Vorstellung meistens mit der Lebensphase, die der Kindheit und der moralischen Erziehung am fernsten steht: das Gebiet der Weisheit. Eine Handlung als weise zu bezeichnen scheint auch eine moralische Wertschätzung zum Ausdruck zu bringen. Auch von den weise handelnden Personen sind zugehörige sprachliche Handlungen überliefert, die aber weder Muster, weder paradigmatische Beispiele noch Vorformen des Argumentierens sind, allenfalls ‹Spätformen›: Sprüche, Anekdoten, Sentenzen. Das Wort des Augustinus ‹liebe und tu was du willst› ließe sich hier als Beispiel anführen, das zwar grammatisch als Imperativ erscheint, dem Inhalt nach aber als Weisheitsspruch anzusehen ist. Oft erschließen sich solche Äußerungsformen nicht auf den ersten Blick, so daß das Bedürfnis entsteht, sie zu erläutern, zu kommentieren. Wäre es angebracht, wenn schon nicht die Sprüche selbst, dann doch wenigstens die Erläuterungen über die Weisheit einer Sicht oder Verhaltensweise ‹Argumentationen› zu nennen? Was hier zur Sprache kommt, wird man jedenfalls aus dem Gebiet der Einsichten in ‹das Gute› nicht von vornherein ausschließen wollen.

Bei der Aneignung eines Verständnisses für das, was gut ist, gibt es im Lebenslauf eines Menschen also eine Zeit, in der ‹noch nicht› argumentiert wird; dazu gehört offensichtlich die Phase der noch mangelnden

Sprachfähigkeit. Es gibt aber auch eine Zeit, in der solche Bereiche des Guten entdeckt oder gründlicher erfaßt werden, zu deren Erfassen die Einsicht gehört, daß es unangemessen oder unmöglich ist, für sie zu argumentieren. Die Argumentation gilt dann ‹nicht mehr› als die Methode ihrer Vermittlung. Der charakteristische Ort für eine ethische Argumentation scheint also das Gespräch unter erwachsenen, handlungsfähigen, voll verantwortlichen Personen mittleren Alters zu sein, die die moralische Erziehung hinter sich und (im besten Fall) die Altersweisheit vor sich haben (oder eben den Altersstarrsinn beziehungsweise das große Vergessen).

### 1.4  ‹Psychische Gesundheit› und die Handlungswirksamkeit ethischen Argumentierens

Im Kernbereich des ethischen Argumentierens haben wir es also mit ‹Erwachsenen› zu tun. Der Hinweis auf die Weisheit hat schon deutlich gemacht, daß Erwachsene nicht Personen sind, die in ihrem Verständnis des Guten eine obere Grenze erreicht haben. Ob die damit angezeigte Möglichkeit einer Weiterentwicklung sich auch in einer Verbesserung der Argumentationsfähigkeit niederschlägt, erscheint offen und ist wesentlich vom engen oder weiten Charakter des zugrunde gelegten Verständnisses von ‹argumentieren› abhängig. Wir haben hier sprachliche Handlungen wie das kluge Einbringen einer Geschichte, die hilfreiche Heranziehung einer Analogie oder die Erfindung einer erhellenden Metapher. Solche Sprechhandlungen können für eine Argumentation zweifellos von großer Bedeutung sein, aber wir können die damit umrissene Kompetenz nicht als eine *Voraussetzung* für das ethische Argumentieren behandeln. Wir können sie vom Gesprächspartner, gleichgültig wie alt er ist, nicht verlangen.

Was man zum Argumentieren aber mitbringen muß (und was wir den Kindern nicht im vollen Umfang zugestehen), ist ‹Zurechnungsfähigkeit›, die Fähigkeit zur ‹Verantwortung› der eigenen Handlungen. Vom Sinn dieser Ausdrücke her legt sich nahe, daß sie etwas von außen Herangetragenes bezeichnen: Wir rechnen einer Person eine Handlung zu (statt zu sagen, sie wisse nicht, was sie tue); wir ziehen jemanden zur Verantwortung, verlangen eine Antwort. Ist diese Zurechnungsfähigkeit ein objektiv vorhandener, im Idealfall wissenschaftlich meßbarer Zustand auf der Seite dessen, an den wir die genannten Ansprüche herantragen, so daß wir als Voraussetzung für die Teilnahme an einer ethischen Argumentation die Bedingung formulieren können, ein Teilnehmer müsse ‹psychisch gesund› sein? Können wir die Probleme der Übereinstimmung zwischen Reden und Handeln, die Fragen nach nicht voll bewußten Motiven, die Einsicht in die auch im Erwachsenenalter nicht zum Stillstand kommende Entwicklung – können wir diesen Komplex mit einem außermoralischen, objektivierenden Begriff der Gesundheit und dem implizierten Gegenbegriff der Krankheit abhaken, indem wir sagen: Moralisches Argumentieren kann es nur unter psychisch Gesunden geben, und hier die Grenze zu ziehen ist eine Aufgabe der empirischen, rein auf Tatsachen gerichteten Wissenschaft?

Wenn wir zu der Meinung kommen, ein guter Freund solle anstelle seines achten Fernlehrgangs in Informatik doch lieber den Tanzkurs buchen, nach dem er immer wieder zögerlich geschielt hatte, weil wir finden, er könne so vielleicht seiner tiefsitzenden Ängstlichkeit vor den Menschen endlich entgegenarbeiten – haben wir dann eine (wenn auch laienhafte) ‹therapeutische› Überlegung angestellt, der es um seine psychische Gesundheit geht? Oder handelt es sich um eine ethisch-moralische Erwägung (er soll den Mut zu dem aufbringen, was wirklich gut ist, und sich angesichts der fälligen Schritte nicht feige verstecken)? Oder geht es um eine reine ‹Geschmacksache›, eine Frage persönlicher Wahl, über die man allenfalls streiten, aber nicht argumentieren kann (muß er nicht selber wissen, was für eine Art Leben er führt)? Von welcher Art könnte ein Gespräch über seine Entscheidung sein; kann es hier eine ‹ethische Argumentation› geben oder nur ein therapeutisches Gespräch im Sinne einer einseitigen Einflußnahme? Oder ist ein therapeutisches Gespräch hier zugleich eine ethische Argumentation, so daß der Begriff der Therapie hier einen Sinn hat, der sich wissenschaftlich-objektivierend nicht fassen läßt?

Auch in diesem Fall scheint es nicht ratsam und nicht leicht möglich, eine Grenzlinie zu ziehen; der Begriff ‹psychische Gesundheit› kann, weil er an Beinbrüche und Grippeanfälle denken läßt, eine Einfachheit vortäuschen, die nicht besteht. Die mit dem Beispiel angedeutete Art der Unsicherheit bezüglich des Guten läßt sich unter ethischer Perspektive charakterisieren als ein mit (möglicherweise starken und alten) Gefühlen verbundenes Zögern im Handeln, bei dem der Zögernde gleichzeitig den Ansatz zu einer Meinung (vielleicht einer Einsicht) dazu hat, was für ihn gut wäre. Ein kontrovers geführtes Gespräch darüber, bei dem ihm seine Reden und seine Handlungen zugerechnet werden und in dessen Verlauf er zu einer stimmigen, Reden und Handeln umfassenden ‹Antwort› herausgefordert wird, könnte durchaus eine ‹ethische Argumentation› heißen. Daß er sich die eigenen Handlungen und Unterlassungen auf dem betreffenden Feld dann besser als zuvor ‹aneignet›, sich mit ihnen identifiziert, sie zu seinen Gefühlen in Beziehung setzt und zu ihnen steht, sollte dabei durchaus ein *Resultat* der Argumentation sein. Und wenn eine Argumentation so verläuft, wenn sich die Gesprächspartner (oder auch nur einer von ihnen) auf diese Weise im Denken und Fühlen verändern, dann ist damit allein noch nicht gesagt, daß aus einer Argumentation damit ein ‹Behandeln› geworden ist, eine ‹Manipulation›. Obwohl es also klare Fälle gibt, in denen wir erwachsenen Personen (die wir dann ‹krank› nennen) ihre Handlungen nicht zurechnen, erscheint es doch nicht angemessen, ein vollständiges Verfügen über sich selbst im Sinne einer durch Erkenntnis geschaffenen Distanz zu den eigenen Motiven als Voraussetzung dafür zu betrachten, daß eine ethische Argumentation (im Unterschied zu einem therapeutischen Gespräch) vorliegt.

Vielmehr scheint eine Spannung unaufhebbar: Einerseits gilt, daß wir jemanden, den wir zur Verantwortung ziehen, in dem Sinne so behandeln, als würde er über sich verfügen, daß wir ihn als uns gleich behandeln; wir nehmen ihn nicht als Kind oder als Kranken. Auf der anderen Seite ist es sinnvoll, auch diejenigen Sprechhandlungen zum Argumentieren zu zählen, die zu einer besseren ‹Aneignung› von Handlungen, zu einer gelungeneren Integration verschiedener Strebungen, zu einer besseren Übereinstimmung von Reden, Handeln und Fühlen gerade beitragen. Wir werden also Revisionen, Neuansätze und Phasen des Sich-nicht-Auskennens zulassen, und wir werden die zugehörigen Sprechhandlungen auch umgekehrt erwarten. Es ist durchaus möglich, eine ethische Argumentation mit dem Ziel aufzusuchen, beraten zu werden, also in der Absicht, sich am Ende im Geflecht der eigenen Motive, Einsichten, Rationalisierungen und Ängste so zurechtzufinden, daß man zu einer Handlung (oder Unterlassung) dergestalt schreiten kann, daß man mit ihr im derzeit bestmöglichen Einklang steht, auch wenn sie einem partiell weh tut. Diese Erfahrung eines ‹bestmöglichen Einklangs› bei oft weiterbestehender ‹Schmerzlichkeit› ist es gerade, auf die die Unterscheidung zwischen dem, was gut scheint, und dem, was gut ist, sich in solchen Fällen gründet. Eine so verstandene (Verbesserung der) Verantwortlichkeit ist hier ein *Ziel* der ethischen Argumentation, ohne daß wir sagen könnten, eine solche Zielsetzung könne nur bei Kindern oder Jugendlichen vorkommen. Das angesprochene ‹Zurechtfinden› in den eigenen Handlungsmotiven verlangt vom Handelnden zwar, daß er nicht von einer Seite seiner Person dauerhaft ‹überflutet› wird. Das Zurechtfinden braucht aber nicht das Ergebnis einer Distanznahme im rationalistischen Sinn zu sein, bei der der Handelnde die ‹wärmeren› Anteile seiner Person, die kein ‹kühles› Erwägen sind, ausgesperrt hat. Im Gegenteil: Je mehr sich die Rationalität einer Person einer Aussperrung statt einer Integration verdankt, desto mehr wird es die Merkmale der ‹Rationalisierung› zeigen, das heißt der rational erscheinenden Maskerade im Sinne einer Selbsttäuschung, die die wirklichen Triebkräfte verschleiert. Und eine Rationalisierung, so zustimmungsfähig die Handlung sein mag, die sie begründet, ist weit entfernt von einer wirklichen Einsicht, von einem tiefergehenden und daher dauerhafteren Sichzurechtfinden bei der Unterscheidung zwischen dem wirklichen und dem nur scheinbar Guten.

Da die Philosophie ein Interesse daran haben muß, ihr Verständnis des ethischen Argumentierens so zu fassen, daß einsichtig wird, wie die Resultate solchen Redens *handlungswirksam* werden können, müssen Begriffsbestimmungen daraufhin befragt werden, an welchen Stellen sie idealisierende Fiktionen enthalten, die sie von den realen Problemen des konkreten Handelns entfernen. Die Vorstellung eines sich selbst völlig durchsichtigen Akteurs, bei dem eine ethische Argumentation an keiner Stelle mehr der Aufgabe dient, zu einem Einklang mit sich selbst zu führen (nur noch zum Einklang mit anderen), ist gewiß eine idealisierende Fiktion. Der Fiktionscharakter wird noch erhöht, wenn wir auch noch eine unbegrenzte Fähigkeit zur Versprachlichung hinzufügen; der Hinweis auf die Einsilbigkeit des Weisen sollte hier schon Zweifel aufkommen lassen. Auch Idealisierungen können freilich, wo sie zur Formulierung von Maßstäben oder Zielprojektionen beitragen, überaus wichtige Rollen spielen. Ob und wie sie diese Funktion erfüllen, ob sie in die richtige Richtung deuten und welche Art von Brücken nötig sind, um von der Idealisierung zum Handeln zu finden, kann am besten beurteilt werden, wenn auch diejenigen Aspekte zur Sprache kommen, die durch den Idealisierungsschritt hinausfallen. Auch dies spricht dafür, sich zunächst dem zuzuwenden, was aus der Sicht der Idealisierung als unvollkommene Vorstufe des ethischen Argumentierens erscheinen kann.

## 2 Sprache und moralische Entwicklung

### 2.1 Die Situiertheit des Sprechens im Handeln; Inhalts- und Beziehungsaspekt

Es muß zunächst daran erinnert werden, daß das Sprechen kein bloßes Widerspiegeln einer äußeren oder inneren Realität ist, so daß die Entwicklung der Sprachkompetenz auch nicht als ein Fortschreiten zu einer immer vollständigeren Widerspiegelungsfähigkeit verstanden werden kann. Um dies zu betonen, spricht man heute von den Sprech*handlungen*. Es ist für unser Thema nun von großer Bedeutung, daß wir die Fähigkeit, Sprechhandlungen zu vollziehen, als Kinder in einem engen sozialen Beziehungsgeflecht erlernen, in dem wir auch vieles andere lernen oder schon gelernt haben, das für ein richtiges Verständnis der

Sprachkompetenz wichtig ist. Sprachbezogene Widerspiegelungsvorstellungen neigen dazu, Erkenntnisprozesse individualistisch zu fassen, während die Betonung des Handlungscharakters der Sprache von vornherein den sozialen Aspekt von Erkenntnis- und Bildungsprozessen hervorhebt.

Wenn wir das Sprechen in einem Beziehungsgeflecht erlernen, dann lernen wir offenbar zwei Dinge gleichzeitig: Wir erwerben einerseits ein Verhaltens- oder Handlungsmuster, das eine ‹äußere›, in vielen Fällen auf eine ‹Sache› bezogene Qualität hat (z. B. ein ‹Suchen-und-Finden-Spiel›, bei dem wir mit Dingen wie Bällen oder Bauklötzen zu hantieren lernen). Andererseits lernen wir eine ‹Beziehungsqualität› kennen, eine Art von Bezogenheit auf einen oder mehrere andere Menschen mit einer zugehörigen Art des ‹Gutseins› der Bezogenheit. Dieser Doppelaspekt läßt sich bereits vor dem Auftauchen sprachlicher Handlungen im engeren Sinn beobachten: Schon vor der Sprachentwicklung lernt der Säugling zum Beispiel, sich mit der Mutter (oder einer anderen Beziehungsperson) über den Vorgang des Stillens oder Fütterns ‹abzustimmen›, was auch auf der Seite der beteiligten Erwachsenen im Regelfall ein Lernen, ein Sich-Einstellen bedeutet. Auch ohne Sprache finden die Partner hier heraus, wie es für sie zusammen ‹gut› ist; es gibt entschiedene Ablehnungs- und Zugriffshandlungen, Frustrationen und Befriedigungen, teils einseitig, teils gemeinsam.

Dieses ‹Gutsein› hat einerseits eine ‹sachliche› Seite: Der Säugling muß satt werden. Es hat aber zugleich eine auf die Qualität, die spezifische Eigenheit der Beziehung bezogene Seite. Wir wissen, daß eine ablehnende Haltung der Mutter dem Säugling gegenüber (die z. B. auf die Unerwünschtheit der vorausgegangenen Schwangerschaft zurückgeht) für diesen eine Beziehungserfahrung bedeuten kann, die nicht nur die mit dem Sattwerden verbundenen Körperfunktionen nachhaltig stört, sondern auch seine spätere Fähigkeit, Beziehungen zu Menschen aufzunehmen und befriedigend zu gestalten. Auch in Fällen, in denen die Mängel nicht so gravierend sind, daß sie das Überleben des Kindes gefährden, wird doch darüber, was es heißt, mit einem anderen Menschen etwas zusammen zu machen, eine Erfahrung erworben, die einen spezifischen Charakter hat und das, was später für möglich und gut gehalten werden kann, prägt.

Schon bei diesem Herausfinden, wie es ‹hinreichend gut› ist, bei dieser vorsprachlichen, aber gleichwohl kommunikativen Abstimmung der Handlungsanteile zweier Partner, sind Signale zu beobachten, Vorformen der Sprache, die sich (auf der Basis vorgegebener leiblicher Abläufe) im Zusammenspiel ausbilden und die ein Mißlingen oder Gelingen für den jeweiligen Partner erkennbar machen. Wenn dann viel später die ersten Schritte zur eigentlichen Wortsprache gemacht werden, ist ein reicher Kontext nichtsprachlichen gemeinsamen Handelns bereits vorhanden. Die zugehörigen Erfahrungen beziehen sich einerseits auf das jeweilige sachliche Gelingen, andererseits stets auch auf die Beziehung: War das gemeinsame Handeln, wie es sich verwirklichen ließ, etwa von Entgegenkommen, Annahme, Zuneigung geprägt; war es sicher, verläßlich, oder war es ablehnend, grob, schmerzhaft, willkürlich und unberechenbar? Sprachliches Handeln wächst auf einem großen Sockel von geteiltem nichtsprachlichem Handeln, und dieses ‹Teilen› kann je nach individueller Erfahrung sehr unterschiedliche Qualitäten haben.

Ein weiterer Punkt, der hier hervorgehoben zu werden verdient, ist die Tatsache, daß wir einen Kontakt zu dem, was wir später unser ‹Inneres› nennen (und von dem uns manche Philosophen haben einreden wollen, es sei für jeden einzelnen ganz privat, völlig getrennt von allen Bezügen zu anderen Menschen), nur im leib-seelischen Austausch mit anderen Menschen gewinnen, deren ‹Inneres› wir damit zugleich ebenfalls kennenlernen. Es läßt sich sogar weitergehend sagen, daß in einem solchen Austausch dies Innere für das Kind in großen Teilen erst konstituiert wird; auch verändert und entwickelt es sich zusammen mit der Veränderung des Leibes und der Entwicklung von sprachlichen und anderen Fähigkeiten. Wieder kann uns das Stichwort ‹Weisheit› daran erinnern, daß diese Entwicklung mit dem Erreichen des Erwachsenenalters nicht abgeschlossen ist.

Dieser Vorrat an eingespielter praktischer Gemeinsamkeit enthält neben den lebensnotwendigen Verrichtungen (und in diese verwoben) auch eine Fülle spielerischer Formen, die zur Ausbildung der eigenen Identität und (zugleich und damit verbunden) zum Bewußtsein der Bezogenheit auf andere Menschen beitragen. Der andere wird einerseits als lebendige Person erfahren (so daß sich die erkenntnistheoretische Frage, ob sich ‹im Innern› der körperlichen ‹Hülle› des anderen überhaupt ein ‹Geist› befindet, nicht stellt). Andererseits scheint es dem Kind (zumindest in unserem Kulturkreis) erst sehr allmählich zu dämmern, daß auch die so übermächtig erscheinenden Erwachsenen in ihrer Verletzlichkeit und Begrenztheit in entscheidenden Hinsichten so sind wie es selbst. Wir alle kennen die Spiele des Sichversteckens und Sich-Wiederfindenlassens, mit denen sich das Kind zugleich seiner Eigenständigkeit und seiner Bezogenheit vergewissert; wir haben beobachtet, wie ein Kind, wenn es beim Davonrennen gestürzt ist, zurückblickt, um im Gesicht der Mutter nachzuschauen, ob es sich weh getan hat; wir kennen das ungläubige, zugleich begeisterte und erschrockene Gesicht eines Kindes, das erstmalig mit dem Eindruck fertig wird, einem Erwachsenen Schmerz zugefügt zu haben.

Was (zunächst im allereinfachsten Sinn) gut ist und was nicht gut ist, wird also von Anfang an nicht nur durch die teils gewiß unabweisbaren eigenen Leib-Empfindungen, sondern auch sozial festgelegt; das gilt für einen (‹leiblichen›) Schmerz ebenso wie für eine (‹seelische›) Kränkung und erst recht für die komplizierten Gefühle (romantische Liebe, ‹Welt-schmerz›), deren kulturelles Entstehen in der Literaturgeschichte ver-folgt werden kann. Und in einer nie abgeschlossenen Folge von Schritten zu lernen, wer man selbst ist, was guttut und was nicht, ist untrennbar damit verbunden zu lernen, wer die anderen sind und was für sie gut, was für sie schmerzhaft ist. Lange vor dem ethischen Argumentieren machen wir also konkrete Bindungserfahrungen, in denen wir das an uns selbst wahrzunehmen, auszubilden und zu artikulieren lernen, was wir später ‹unser Inneres› nennen. Dabei sind wir auf die Partner dieser Erfahrun-gen angewiesen: Nur das kann sich voll ausbilden und zur Sprache kom-men, was sozial ausgetauscht wird, und dieser Austausch wiederum be-deutet, daß wir in denselben Erfahrungen auch ‹das Innere› der Partner kennenlernen, ihren leiblichen oder seelischen Schmerz, in dem sie mit uns selbst teils gleich, teils verschieden sind. Und mit dem Erwachsen-werden kommt dieser Bildungsprozeß nicht notwendig an ein Ende.

## 2.2 Frühe Sprachspiele und ihre Weiterentwicklung

Welche Rolle spielt bei diesem Lernen die wachsende Kompetenz zum *sprachlichen* Handeln; welche der äußerst vielfältigen sprachlichen Handlungen sind, perspektivisch auf die weitere Entwicklung hin be-trachtet, für ein Verständnis des ethischen Argumentierens von Belang? Die vor-argumentative Handlungskompetenz des Kindes muß vielerlei umfassen, unter anderem die Fähigkeit, etwas als kausale Konsequenz oder als soziale Antworthandlung seiner eigenen Handlung wahrzu-nehmen, in solchen Re-Aktionen Zustimmung (Ermunterung) und Miß-billigung (Verbot) zu erkennen; es muß Wünsche und Aufforderungen artikulieren und verstehen können, Freude oder Verletztheit oder Wut zeigen und erkennen können. Und zunehmend wird in diesen Fähigkei-ten die Sprache eine artikulierende und differenzierende Rolle spielen, sie wird sogar ganz neuartige, spezifisch sprachliche Handlungen ermög-lichen.

In die Richtung des Argumentierens verweisen dabei Sprachformen, die ein mehrfaches Pendeln zwischen Handlung und Antworthandlung so ermöglichen, daß die Angemessenheit einiger der dabei involvierten Handlungen zur Disposition steht. Die Mutter überrascht die Tochter in der Küche und ruft, deutlich mißbilligend, aus «du naschst ja!» worauf die Tochter erwidert «nein, ich esse nur Zucker». Oder der Vorwurf «du hast die Vase kaputtgemacht» erhält die Antwort «sie ist von selbst hinuntergefallen» oder «die Katze hat sie umgeworfen». Die größere Sprachkompetenz eröffnet dem Kind die Möglichkeit, auf die Mißbilligung von seiten der Erwachsenen nicht mit Tränen oder einem Wutanfall zu antworten, um so entweder seine Nähe zurückzugewinnen oder eine Zeitlang ohne sie auszukommen. Vielmehr kann es jetzt so antworten, daß (wenn diese neuartige Handlung gelingt) der Mißbilligung durch die Erwachsenen der Boden entzogen wird. Das Kind kann sich ‹rechtfertigen› und die gestörte Übereinstimmung mit der Umgebung, auf die es immer noch vital angewiesen ist, auf eine neue, früher nicht verfügbare Weise wieder herstellen.

Da nun der Erwachsene im nächsten Zug nicht nur die Rechtfertigung akzeptieren, sondern in manchen Fällen seinerseits die Angemessenheit des Rechtfertigungsversuchs in Frage stellen kann («heimlich Zucker essen *ist* naschen», «Vasen fallen nicht von selbst hinunter», «die Katze war gar nicht im Zimmer»), entsteht die Möglichkeit eines längeren verbalen Hin und Her, bei dessen Ausübung es nicht ausbleibt, daß das Sich-Herausreden und das Lügen als ganz neue, ausschließlich sprachliche Handlungsmöglichkeiten entdeckt werden, zusammen mit ihren gelegentlichen Erfolgen und ihrem gelegentlichen Scheitern (und der dazugehörenden Veränderung in der Beziehungsqualität). So etabliert sich ein zunächst asymmetrisches Sprachspiel, bei dem auf der einen Seite Züge stehen wie ‹zur Rede stellen›, ‹zur Verantwortung ziehen›, ‹Vorwürfe machen›, auf der anderen Seite (neben den alten Tränen- und den jetzt auch verbalen Wutausbrüchen) ‹eine Erklärung geben›, ‹sich rechtfertigen›, ‹sich entschuldigen›, ‹sich herausreden›. Die Wiederherstellung der Gemeinsamkeit hat mit der Sprache ein zusätzliches Medium zur Verfügung und kann neue Wege gehen. Und das Herausreden und das Lügen bilden neue Handlungsweisen, die zu neuen Formen der Beziehungsstörung und der Uneinigkeit mit sich selbst führen – zu Erfahrungen mit neuen Formen des ‹Nicht-gut-Seins›.

Die Gemeinsamkeit war bis dahin aus der Sicht des Kindes eine des praktischen Handelns, das (besonders auf der vorsprachlichen Stufe) in vielen Situationen sogar eher passiv, ein ‹Behandeltwerden› war und von ihm immer wieder ein Lernen, ein Sich-Einstellen auf Vorgegebenes verlangte. Es gab von seiner abhängigen Seite her lautstarke, teils vergebliche, teils wirkungsvolle ‹Proteste›, aber auch die Erfahrung, daß das eigene Handeln (hier speziell dann das sprachliche Handeln) für das Behandeltwerden und also für die Gesamthandlung einen Unterschied

macht. So können sich Handlungsmuster ‹einspielen›, die in der betreffenden Kultur (Subkultur, Kleingruppe) als ‹richtig› und ‹gut› gelten: Ist
das Schreien der Kleinkinder gesund für ihre Lungen oder ein Anlaß, sie
aufzunehmen; wann wird gefüttert, wann wird geschlafen; wie wird auf
Lügen reagiert – etc.? Das trotz der unangenehmen Erfahrungen immer
wiederhergestellte Gute war ein hinreichendes Maß an leib-seelischer
Verbundenheit bei einer hinreichend guten Befriedigung der vitalen Bedürfnisse. Wie knapp dies ‹hinreichende Maß› manchmal ist, wie groß
die Uneinigkeit mit sich selbst und wie schwierig der Weg zur Integration, wissen wir aus therapeutischen Erfahrungen.

Dieses Übermitteln einer Vorstellung vom Richtigen und Guten erfüllt seine Funktion nur, wenn es auf eine Weise verläßlich ist, die es dem
Kind ermöglicht, für die späteren Handlungen etwas aus dem gegenwärtigen Zusammenspiel zu lernen: Was heute richtig ist, darf morgen nicht
falsch sein. Leider gibt es hier pathologische Störungen, verursacht zum
Beispiel durch Alkoholismus bei den Eltern; diese können die Welt zu
einem furchtbar unsicheren und widersprüchlichen Ort machen. Im
Normalfall geht es aber beim Vermitteln des ‹Richtigen›, dessen, was
man, wenn es gut sein soll, eben so und nicht anders macht, von Anfang
an um ein Allgemeines. Es geht um Muster, die in der jeweiligen Kultur
bereits ausgebildet sind und auf die sich der neu hinzukommende
Mensch erst einmal einzustellen hat, wenn auch von Anfang an immer
wieder einmal unter Protest. Das hat seine Parallele im Kennenlernen der
kausalen Muster, und hier wie dort muß das Kind erst lernen, was jeweils
‹gleich› und was ‹verschieden› ist: Die Tasse zerspringt in tausend Stücke,
wenn man sie kräftig hinwirft, der Ball nicht; den Ball darf man in den
Sand werfen, die Banane nicht.

Mit der wachsenden Sprachkompetenz wird, was als ‹gut› gilt, von den
Älteren nicht nur leiblich-handelnd durchgesetzt, sondern auch mit Reden begleitet (‹nicht in den Mund!›, ‹ja, den Löffel!›, ‹nicht auf den Fuß-
boden!›, ‹gib auch der Schwester eins ab!›). In der überwiegend asymme-
trischen Phase ändert das Verfügen über die Sprache noch nichts daran,
daß das Kind Muster nur übernimmt; wenn es ‹zur Rede gestellt› wird,
werden die Antworten zunächst dazu dienen, die Erfüllung der Muster
zu belegen und mit den neuen verbalen Mitteln eine Einigkeit wiederher-
zustellen, deren Charakter und deren richtiges Verständnis von den beteiligten älteren Personen bestimmt wird. Dieser Zug zur Konformität,
der sich auch in der oft verblüffenden ‹Konservativität› von Kindern
zeigt, die zum Beispiel darauf bestehen, daß das Baden oder das Schlafen-
legen wieder genauso ablaufen muß wie an den Vortagen, ist dabei ganz
unabhängig davon, ob ausdrücklich gestraft wird oder ob das Kind die

Nichtübereinstimmung ausschließlich auf seelische Weise als schmerzhaft erlebt.

Nun ist es unvermeidlich, daß bei den Reden und Gegenreden, die die Erfüllung oder Nichterfüllung der Muster zum Gegenstand haben, die Aufgabe, die konventionellen Handlungsweisen zu erläutern, sie angesichts von Mißverständnissen genauer und differenzierter zu vermitteln, oft übergeht in die Aufgabe, ‹Ausreden› zurückzuweisen. Der Hinweis, daß Vasen nicht von selbst hinunterstürzen, kann eine Ausrede kenntlich machen; er kann aber auch erläutern, daß wir von ‹hinunterstoßen› nicht nur in Fällen sprechen, in denen mit Absicht und zielstrebig etwas zu Fall gebracht wird, sondern auch dort, wo der Schaden auf mangelnde Sorgfalt zurückgeht. Aber was ist im konkreten Fall, in einem bestimmten Alter, ‹mangelnde Sorgfalt›? Die Sprache erfüllt hier die Funktion einer zunehmenden Differenzierung; was sich von selbst zu verstehen schien, ‹kommt zur Sprache›, und es können Unterscheidungen getroffen werden, die nur sprachlich zu etablieren sind. Es ist leicht erkennbar, daß hier viele verschiedene Arten von ‹Gegenreden› möglich sind, so daß wir uns dem eigentlichen Argumentieren immer mehr nähern.

Sowohl in der Bemühung, Muster zu erfüllen, als auch schon in dem Bestreben, sie in Frage zu stellen, kann ein Kind auf Widersprüche hinweisen: Warum durfte ich vorhin die Katze streicheln und jetzt nicht – weil gerade die Hände fürs Essen gewaschen wurden; warum darf die Schwester die Katze streicheln – weil sie die Hände erst noch waschen wird. Man muß hier noch kein Streben nach Universalisierbarkeit im Sinne einer Gleichbehandlung aller Menschen sehen, es genügt das Verständnis, daß es um ein Erkennen der konventionellen Muster geht; und Muster haben als Muster einen über den Einzelfall hinausweisenden Charakter. Selbstverständlich bleibt auch die einfache Weigerung, ein gegebenes Muster zu erfüllen, eine ständige Handlungsmöglichkeit, die jetzt auch in verbaler Form auftreten kann – vom schlichten ‹nein› bis zum endlosen ‹warum?›.

## 2.3 Das ‹Explizitmachen impliziter Regeln›

Nun legt es sich für die Älteren nahe, mit dem Anwachsen der Sprachkompetenz immer stärker auf die Möglichkeit zurückzugreifen, die Übernahme der konventionellen Muster durch die Formulierung von Regeln oder Maximen zu erleichtern. Wie auf dem Gebiet der Sprache die Regeln der Grammatik eine Hilfe für denjenigen sein können, der sich bemüht, so zu sprechen, wie es üblich ist, so können auch Handlungsmaximen eine Hilfe für den Akteur sein, der sich im Üblichen zurechtfinden will, und folglich auch eine Hilfe für die älteren Mitglieder einer kulturellen Gemeinschaft, die jüngeren zu integrieren. Formulierte Regeln bilden aber zugleich einen Ansatzpunkt für die explizite Infragestellung von Handlungsmustern, über die einfache Weigerung hinaus.

Es ist für ein Verständnis des Argumentierens, auf das sich das sprachliche Hin- und Her der Möglichkeit nach jetzt immer stärker zubewegt, von großer Bedeutung, welche Rolle man solchen Regelformulierungen zubilligt: Haben sie die Aufgabe, und sind sie in der Lage, einen Praxis-Bereich vollständig sprachlich zu erfassen, haben wir in den Regeln oder Maximen die aufgrund des abgeschlossenen Spracherwerbs endlich möglichen Ausformulierungen von etwas bislang stillschweigend Vorgegebenem? Kann man sagen, hier werde ein zuvor leider noch sprachloses ‹bloßes Können› endlich in das Licht des ‹expliziten Wissens› geführt? Kann, mit anderen Worten, durch die Formulierung von Regeln und Maximen ein Praxisbereich, weil er vollständig sprachlich erfaßt ist, genau deshalb nun endlich von Grund auf, ohne verbleibende dogmatische Restbestände, kritisch beurteilt werden, so daß damit eine völlig neue Stufe des ethischen Argumentierens ermöglicht wird?

Einem rationalistischen Denken, dem die völlige theoretische Durchdringung des (für sich allein als ‹dumpf› oder gar als ‹animalisch› wahrgenommenen) leiblichen Handelns als Ideal vorschwebt, könnte es so erscheinen. Eine strenge, argumentativ lückenlose ethische Rechtfertigung einer Handlung müßte entsprechend in einer theoretischen Ableitung der zugehörigen Maxime aus abstrakt begründeten Prinzipien bestehen, die lebenspraktisch voraussetzungslos ist, das heißt an keine Tradition oder Lebensform gebunden und von persönlichen Beziehungserfahrungen unabhängig. Eine Alternative zu dieser Sicht würde den Regelformulierungen nur eine stützende Funktion zubilligen von der Art, wie sie die Regeln der traditionellen Grammatik haben. Sie sind in gewissen Situationen nützlich, aber sie schöpfen keineswegs die Gesamtheit des Handelns aus. Eine vollständige Kenntnis der Regeln einer traditionellen Grammatik kann niemals die entsprechende Handlungskompetenz ganz erfassen.

Es soll nicht geleugnet werden, daß es Fälle gibt, für die die erste, die rationalistische Sicht eine gewisse Plausibilität hat; dazu gehören Spiele wie Schach, die durch die sie konstituierenden Regeln definiert sind. Der Fall der *mores*, der überkommenen Lebensmuster und der sich in ihnen ausdrückenden Auffassungen eines angestrebten Guten, ist aber nicht von dieser Art: Weder wurden sie in der Gestalt von Regeln ins Leben gerufen, noch sind sie heute irgendwo in dieser Form niedergelegt. Selbst gesetzliche Regelungen *konstituieren* meistens nicht die Praxis, von der sie handeln, sie schaffen sie nicht, sondern sie *regulieren* eine Praxis, die schon vorher bestand. Das Präzedenzfallrecht, bei dem nicht allgemeine Regelformulierungen in ihrer Bemühung, möglichst alle Eventualitäten zu antizipieren, ausdrücken, was rechtens ist, sondern beispielhafte Fallgeschichten, auf die die Richter zurückgreifen und in deren Licht sie den jeweils vorliegenden Streit zu entscheiden haben – diese Form der Festlegung zeigt deutlicher, daß sogar das Recht im Normalfall eine Praxis nicht konstituiert, und sie legt entsprechend die Auffassung, Regeln würden die moralische Praxis auf einer vernünftigen, über ein bloßes Abrichten hinausgehenden Stufe erst konstituieren, weniger nahe.

Auch was oben zur Situiertheit der Sprache im Handeln gesagt wurde, spricht dafür, daß wie im Fall der Grammatik auf dem Feld der Ethik die zweite Sicht die angemessene ist: Die Regelformulierungen sollen den ‹Witz› längst bekannter Umgangsformen erinnernd auf eine Formel bringen, sie sollen von Fall zu Fall differenzieren helfen, Mißverständnisse klären und Ausflüchte sichtbar machen. Sie sollen keine vollständige Darstellung oder Regulierung einer Praxis bringen, von der es sinnvoll wäre zu bedauern, daß sie (wegen der Ungebildetheit der Kinder) leider averbal, im praktischen Vollzug, angeeignet werden mußte statt durch das Memorieren konstitutiver Regeln.

Gleichwohl gibt es einen Umstand, der die hier als ‹rationalistisch› bezeichnete Sicht als nicht ganz falsch erscheinen läßt: Je stärker die sprachliche und nichtsprachliche Handlungskompetenz zunimmt, desto stärker kann der Heranwachsende einzelne überlieferte Handlungsweisen ‹radikal› in Frage stellen, und dies wiederum um so umfassender, je stärker sein ‹konservatives› Gegenüber sich so verhält, als würden bestimmte Regelformulierungen die Gesamtheit einer Praxis erschöpfen; denn dann erscheint es als ein plausibler Zug, diesen Formulierungen in der Absicht andere entgegenzusetzen, eine von Grund auf neue Praxis zu etablieren. Wo früher nur Proteste, der Nachweis der Erfüllung (oder Erfüllungsabsicht) oder Ausreden und Lügen möglich waren, ist jetzt die Möglichkeit gegeben, eine andere, von der bisherigen abweichende Handlungsweise in Gestalt ganz neuer Regeln vorzuschlagen, etwas nicht nur ‹ganz anders› zu machen als bisher, sondern es auch sprachlich (scheinbar ‹vollständig›) als ganz anders darzustellen.

Die Möglichkeit radikaler Veränderungen ist zweifellos eine überaus wichtige Tatsache in der Evolution der Kulturen, die jene Adaptabilität schafft, ohne die sie absterben würden. Aus ihr folgt aber nicht, daß es auch möglich sein muß, die bisherige Praxis vollständig in Gestalt von Regeln darzustellen, und es folgt darüber hinaus nicht, daß eine ethische Argumentation nichts anderes sein kann als der Versuch einer ‹Ableitung› dieser Regeln, bei dessen Scheitern sich die Praxis als ‹irrational› oder ‹nicht zu rechtfertigen› erweisen würde. Und dies gilt natürlich auch für die neu entworfenen Praxisformen; auch sie müssen nicht als Regelwerk formulierbar und aus Prinzipien ableitbar sein. Die Möglichkeit, daß ein verändertes Verständnis des Guten eine bestehende Praxis radikal in Frage stellt, spricht also, entgegen dem ersten Anschein, nicht für die rationalistische Perspektive. Sie zugrunde zu legen führt vielmehr die Vertreter der alten Praxis wie auch die Neuerer in nicht abschließbare Scheingefechte.

So zeigt sich, daß die Differenz zwischen diesen beiden Sehweisen zu zwei verschiedenen Auffassungen über die oben in ihren Entstehungsmöglichkeiten erörterten ‹Widerreden› und die Angemessenheit einer Antwort darauf führt (und also zu zwei Auffassungen vom ethischen Argumentieren): Glaubt man an die Möglichkeit einer vollständigen Versprachlichung von Lebensformen, dann wird man im Fall der ‹Widerrede› versucht sein, die strittige Regel aus einer anderen Regel abzuleiten und nach einem System von Regeln dergestalt zu suchen, daß von einigen wenigen Prinzipien oder ‹ersten Grundsätzen› her logisch zwingend diejenigen Handlungsmaximen, die eine ethisch-moralisch begründbare Praxis konstituieren, abgeleitet werden können. Das ethische Argumentieren ist nach diesem Verständnis eine Folge von Sprechhandlungen, die sich aus solchen Begründungsversuchen und auf sie bezogenen kritischen Einwänden zusammensetzt.

Die schon angedeutete Alternative hält eine solche vollständige Versprachlichung und eine darauf aufbauende Überprüfung der Ableitbarkeit aus (oder der logischen Verträglichkeit mit) Prinzipien für eine Illusion. Sie muß demnach auch ein anderes Verständnis vom ethischen Argumentieren haben und von der Rolle, die so allgemeine Formulierungen spielen können wie das christliche Liebesgebot oder die ‹goldene Regel›. Mit diesen Überlegungen verlassen wir das Gebiet der Vorformen ethischen Argumentierens und wenden uns den sprachlichen Handlungsmöglichkeiten auf der voll ausgebildeten Kompetenzstufe zu.


# 3 Ethisches Argumentieren

## 3.1 Arten von Argumenten

Wir hatten bereits gesehen, wie sich auf der vorsprachlichen Ebene geteilte Handlungsverständnisse so einspielen, daß die Handlungen sachlich erfolgreich (das Kind wird satt) und in der Beziehungsqualität ‹gut› sind (sie haben ein für das Überleben jeweils hinreichendes Maß an Wärme und Verbundenheit). Wir hatten ferner gesehen, wie auf einer sprachlichen, aber vor-argumentativen Ebene Sprechhandlungen dazu dienen können, Handlungen zu differenzieren: Äußerungen wie ‹das tut ihm weh!› oder ‹die Vase!› können Unterscheidungen treffen an Handlungen, die auf der unartikulierten, praktischen Ebene wie bloße Wiederholungen vorher nicht anstößiger Handlungen erscheinen: ‹das Geschwister umarmen› oder ‹den Ball zuwerfen› galt gerade eben noch als unproblematisch. Schon auf der vor-argumentativen Stufe kann also der Hinweis auf ein Faktum (‹das tut ihm weh›) oder eine Folge (‹die Vase wird kaputtgehen›) die Nennung eines Grundes sein, eine Handlung zu unterlassen. Betrachten wir nun genauer, welche Arten von Zügen darüber hinaus auf der vollentwickelten Sprachstufe zur Verfügung stehen und welche die charakteristischen Züge einer Argumentation sind.

Wir gehen davon aus, daß eine Person A eine andere Person B ‹zur Rede stellt› bezüglich einer von B zu ver-antwortenden Handlung oder Unterlassung. In diesem ‹Zur-Verantwortung-Ziehen› ist der erste Schritt zu einer moralisch-ethischen Mißbilligung zu sehen, und das primäre Ziel dieser Sprechhandlung ist eine Einigung der Partner, eine Wiederherstellung der Gemeinsamkeit. Wenn dieser Versuch scheitert, kann sich unter Erwachsenen auch das sekundäre Ziel einer vorläufigen ausdrücklichen Abgrenzung ergeben, die möglicherweise später mit dem Ziel der Einigung erneut thematisiert wird.

Der zur Rede gestellte B kann nun durch verschiedene sprachliche oder nichtsprachliche Handlungen sich der Argumentation entziehen: Er kann zum Beispiel fliehen, angreifen, in Tränen ausbrechen, schimpfen, drohen. Eine eigentliche Argumentation kommt ferner dann nicht zustande, wenn er die Mißbilligung sofort akzeptiert, wenn er sich also zur fraglichen Handlung, so wie A sie sieht, bekennt, vielleicht Reue ausdrückt, womöglich zu einer Wiedergutmachung schreitet. Er ist dann ‹entschuldigt›, und das Einvernehmen mit A ist auf diese Weise wiederhergestellt, ohne daß Argumente hin- und hergegangen sind.

Näher an der Argumentation liegt der Fall, daß B versucht, auf unwahrhaftige Weise die Mißbilligung seiner Handlung durch A aufzuheben. Er wird dann sprachliche Mittel benutzen, die im Prinzip geeignet sind, Überzeugungen zu verändern, er wird dabei aber entweder lügen oder eine Ausrede vorbringen. Sein Partner A wird, falls er die Unwahrhaftigkeit erkennt, dagegen im ersten Fall eine Schilderung der Fakten setzen; im zweiten Fall wird er zu zeigen versuchen, daß B schon zur Zeit der Handlung ein ‹besseres Wissen› hatte, als er vorgibt. Die dabei auftretenden Züge werden denen bei einer echten Argumentation, die wir gleich erörtern werden, sehr ähnlich sein; sie werden unter anderem aus Erinnerungen an bereits geteilte Handlungsdifferenzierungen sowie an ein geteiltes Situationsverständnis und ein unstrittiges Kausalwissen bestehen.

Ist nun B bei seinem Versuch, A von der Unangebrachtheit seiner Mißbilligung zu überzeugen, wahrhaftig, dann hat er mehrere Möglichkeiten: Erstens könnte er sich bemühen zu zeigen, daß die von A mißbilligte Handlung nach dem bisherigen, von A und B geteilten Handlungsverständnis eine Mißbilligung nicht verdient. Dies könnte in einem sehr einfachen Fall durch Hinweis auf einen gemeinsam anerkannten *Moralkodex* geschehen, was aber nur plausibel erscheint, wenn bei A ein grober Irrtum vorlag. Dann wird A derjenige sein, der sich entschuldigt, und es wird zu keiner weiteren Argumentation kommen.

Der weitaus häufigere Fall ist aber derjenige, bei dem A und B ihr Verständnis derjenigen Handlung erörtern, die für A Anlaß zur Mißbilligung war. Die Erarbeitung eines angemessenen Verständnisses ist dabei von vornherein darauf angelegt, zum geteilten Begriff des jeweiligen Guten in Beziehung gesetzt zu werden. Es wird hier also um eine angemessene Beschreibung der Handlung gehen, die Argumente werden sprachliche Züge sein, mit denen die Sprecher zu zeigen versuchen, daß eine jeweils bestimmte von mehreren möglichen konkurrierenden Sehweisen angemessener ist als andere; daß sie die Handlung, um die es geht, besser trifft.

Als Beispiele lassen sich hier sowohl einfache Fälle anführen als auch sehr gewichtige: Ist es zu mißbilligen, daß B dem A in dessen Abwesenheit seinen Vorrat an Japanpapier aufgebraucht hat, ohne zu bedenken, daß es für A schwierig bis unmöglich sein wird, neues zu beschaffen? Hier wird zur Sprache kommen, wie beide bisher mit ihren Vorräten umgegangen sind: Gab es einen vorher unbezweifelt als gemeinsam behandelten Vorrat, war es selbstverständlich, daß jeder dem anderen aushalf und eventuelle spätere eigene Knappheiten selber regelte etc.? Von der Beantwortung solcher Fragen wird es abhängen, ob die Handlung des B ein Fall von Diebstahl war oder von Achtlosigkeit gegenüber den ihm bekannten Bedürfnissen des A oder eine Handlung, die ganz im Rahmen der bisherigen, gemeinsam als gut empfundenen Handlungsweisen lag, so daß A allenfalls Grund hat, über die ihm entstandenen, vielleicht außergewöhnlich großen Unbequemlichkeiten zu klagen, daß er Anlaß hat, B um Hilfe zu bitten, nicht aber einen Grund, dessen Handlung zu verurteilen.

Aber auch ein so gewichtiger Fall wie der Dissens über einen Schwangerschaftsabbruch kann hierher gehören: Stellen die Eltern einer jungen Frau ihre Tochter nach einem solchen Abbruch zur Rede und können sie zu Recht davon ausgehen, daß ihr ganzes Zusammenleben vor der Selb-

ständigkeit der Tochter u. a. von dem Verständnis geprägt war, daß es
niemals gut sein kann, einen Menschen zu töten, so wird die ethische
Argumentation vor allem darum gehen müssen, ob der Abbruch zu
Recht als ‹Tötung eines Menschen› gesehen werden kann oder nicht.
Ähnlich gravierend ist der Fall, in dem es darum geht, bislang dem Anspruch nach geteilte Auffassungen über die Vereinbarkeit von ‹Besitz-
standswahrung› und ‹Nächstenliebe› in einer neuen Situation zu bewahren. Wenn eine große Anzahl besonders bedürftiger Personen zu uns stößt
(DDR-Beitritt, Flüchtlingsbewegungen), was sind dann die Kriterien, sie
als ‹zu uns gehörig› anzusehen (Staatsbürgerschaft, Status als Opfer politischer Verfolgung, als Menschen), und was heißt es, sie auch praktisch
(durch Gesetze, Arbeitsverträge und auf individueller Ebene) so zu behandeln? Die ethische Argumentation wird sich hier darum drehen, was es
heißt, das in ‹fetten Zeiten› unstrittige Verständnis des Verhältnisses zwischen Besitzstand und Nächstenliebe auf die neuen, mageren Zeiten zu
übertragen bzw. ein solches Verständnis neu zu konstituieren.

Eine zweite wahrhaftige Weise, auf die ein Handelnder B versuchen
kann, einen ihn zur Rede stellenden Partner A von der Unangebrachtheit
seiner Mißbilligung zu überzeugen, ist das Bemühen zu zeigen, daß die
von A mißbilligte Handlung zwar nach dem bisherigen von A und B
geteilten Handlungsverständnis eine Mißbilligung verdient, daß aber
dieses Handlungsverständnis unangemessen und revisionsbedürftig ist.
Dies kann verschiedene Gründe haben. So kann es vorkommen, daß das
bisherige Handlungsverständnis, dem ersten Anschein zum Trotz, nicht
anwendbar ist. Es können sich die ‹Randbedingungen›, das Umfeld der
Handlungsweise und/oder die menschlichen Handlungsfähigkeiten so
verändert haben, daß ganz neue Fragen auftauchen, die in das bisherige
Handlungsverständnis noch gar nicht eingehen konnten. War es früher
zum Beispiel selbstverständlich, daß die Pflicht des Arztes, zum Wohle
des Patienten zu handeln, die Pflicht zur Lebensverlängerung einschloß,
so wird dies in dem Maße zweifelhaft, in dem mit technischen Mitteln
zwar der Tod weit hinausgezögert werden kann, in dem das so bewahrte
‹Leben› aber von so grundlegend anderer Gestalt ist als das, was früher als
bewahrenswert galt (zum Beispiel ein verlängertes Koma), daß ein neues
Nachdenken darüber nötig werden kann, in welchem *Sinn* ‹das Leben› ein
Gut ist, das ‹um jeden Preis› zu schützen ist. Hier muß aufgrund neuer
technischer Möglichkeiten erneut über das im Bereich des Arztes Gute
nachgedacht werden.

Etwas anders liegt der Fall, in dem sich das Verständnis dessen, was in
einem Gebiet das Gute ist, ändert, ohne daß dies unmittelbar mit der
Veränderung der Handlungsmöglichkeiten zusammenhängt. So gelten

uns manche Handlungsweisen gegenüber Kindern oder psychisch Kranken heute als grausam, die früher nicht so gesehen wurden. Daß man im antiken Athen die Sklaverei nicht moralisch anstößig fand, mißbilligen wir; ebenso die Tatsache, daß Angehörige fremder Kulturen vor nicht allzu ferner Zeit wie Tiere auf Jahrmärkten zur Schau gestellt wurden.

Kommt es zu ethischen Argumentationen über solche Fragen, dann können als Argumente alle Sprechhandlungen gelten, die geeignet sind, das Selbstverständnis der Betroffenen so zu verändern, daß eine Schilderung der Problemlage und des jeweils Guten erarbeitet wird, in der sich alle Teilnehmer wiederfinden können, die sie als Darstellung ihrer wirklichen Lage also akzeptieren. Ein solches Verständnis kann niemals im naturwissenschaftlichen Sinn ‹objektiv› sein; es kann auch nie als definitiv abgeschlossen betrachtet werden. Es kann nur die jeweils beste erreichbare Fassung sein. Die Basis für eine solche gemeinsame Sicht, das, was sie überhaupt ermöglicht, ist der Fundus all derjenigen ganzheitlichen Erfahrungen im Prozeß des sozialen Herausfindens des Guten, die von den Akteuren als erfolgreiche Schritte erlebt wurden, als Schritte zu einer besseren Unterscheidung zwischen dem, was gut ist, und dem, was nur so erscheint. Wir hatten uns schon oben nicht verhehlt, daß dieser Vorrat manchmal bestürzend klein ist. Dann sind Gesprächsformen verlangt, bei denen einer der Partner deutlich die Rolle des Helfenden übernimmt, ohne dadurch herablassend oder besserwisserisch zu werden. Obwohl es zweifelhaft erscheint, ob man hier von ‹gesund› und ‹krank› sprechen kann, nennen wir solche Gesprächsformen ‹therapeutisch›.

Wir hatten oben aber auch gesehen, daß ein vollständiges verbales Verfügen über sich selbst keine Voraussetzung für ethisches Argumentieren sein kann und dort, wo es verwirklicht zu sein scheint, Anlaß zum Mißtrauen ist, weil eher eine Rationalisierung, eine Abwehr unintegrierter Teile der Person als Quelle zu erwarten ist als eine zur Vollendung gebrachte Rationalität. Die Tatsache, daß sich Weisheit nicht in umfassenden Theorien artikuliert, sondern, eher wortkarg, in Gleichnissen und Sentenzen, deutet ebenfalls in diese Richtung. Es ist in ethischen Argumentationen also unaufhebbar mit ‹Inexplizitheit» zu rechnen, die sich aus einer Reihe von Umständen ergibt. Dazu gehört der ganzheitliche Charakter der angesprochenen Gelingenserfahrungen, die Tatsache, daß sie Leib und Seele, Gefühl und Verstand umfassen, daß mit dem Erlernen äußerer Fähigkeiten implizit auch etwas über die spezifischen Qualitäten und die Gestaltbarkeit menschlicher Beziehungen gelernt wird. Dazu gehört ferner die Tatsache, daß sich die Bedürfnisse und Selbstbilder der Akteure im sozialen Austausch ständig verändern, daß es im guten Fall ein nicht endendes Dazulernen im Erkennen des Guten gibt. Schließlich gehört dazu der ‹oberflächliche› Charakter der Sprache, das heißt der Umstand, daß unsere sprachliche Handlungsfähigkeit wie die Spitze eines Eisbergs auf der breiten Basis nichtsprachlichen Verständigtseins aufruht. – All dies macht es verständlich, daß sich der Akteur oder sein Kritiker in ethischen Argumentationen bei der Begründung seines moralischen Urteils auch auf sein *Gefühl*, auf die besondere moralische *Kompetenz* eines von ihm als *Vorbild* angesehenen Menschen und auf sein *Gewissen* bezieht. Wir wollen nun einen Blick auf diese vielleicht irrational erscheinenden Argumente werfen, um ihre legitime Funktion in einer ethischen Argumentation zu verstehen, aber auch ihre Grenzen.

Allen drei Berufungsarten ist gemeinsam, daß sie eine Grenze der Artikulationsfähigkeit anzeigen. Läßt ein Kind einen Vogel oder ein Gefängniswärter einen Gefangenen frei und können sie, zur Rede gestellt, nichts anderes antworten als ‹er tat mir leid›, dann wird die Mißbilligung damit allein nicht aufgehoben werden. Der Verweis auf das Gefühl des Mitleids ist sicherlich ein Beitrag zum Verständnis dessen, was die fragliche Handlung für den Akteur bedeutete, welche Beziehungserfahrung und welche Deutung der konkreten Situation ihr zugrunde liegt. Sie kann deshalb Teil einer Argumentation sein und insofern ein Argument heißen; so kann sie eine Klärung der Frage einleiten, ob es gut ist, Menschen zum Zweck der Bestrafung die Freiheit zu entziehen.

Ähnlich signalisiert der Verweis auf ein Vorbild, dem vom Sprecher in moralischen Fragen aus freien Stücken eine Autorität eingeräumt wird, daß dieser der betreffenden Person ein größeres Maß an Urteilsfähigkeit als sich selbst zutraut; insofern signalisiert der Verweis, daß er sich unsicher fühlt. Die Argumentation kann dann mit der Bemühung fortgesetzt werden, das Handlungs- und Situationsverständnis der zum Vorbild genommenen Person nachzuvollziehen. Wie im Fall der Berufung auf ein Gefühl oder eine Intuition kann aber auch die Berufung auf eine Autorität allein kein hinreichender Grund für die Rücknahme einer Mißbilligung sein. Sie kann Teil einer Argumentation sein; wenn der Gesprächspartner jedoch die in diesem Hinweis nur angedeutete, dem Sprecher selbst nur sehr unvollkommen verfügbare Sicht nicht zufällig teilt, kann eine solche Berufung die Argumentation aber nicht abschließen. Gefühle und Vorbilder sind keine Instanzen, auf die sich verweisen ließe, um eine ethische Argumentation zu beenden. Doch sie zur Sprache zu bringen und zu erörtern ist in Argumentationen legitim und sinnvoll.

Etwas anders steht es hier mit dem Gewissen. Wir sprechen dann von einer Gewissensentscheidung, wenn wir bereit sind, sie in einem bestimmten Gebiet, über dessen Grenzen Einigkeit bestehen muß, als ‹letztes Wort› zu akzeptieren, vorausgesetzt, es gibt keinen Grund, an der

Ernsthaftigkeit und der Wahrhaftigkeit des Sprechers zu zweifeln. Wir rechnen also damit, daß man im Verlauf einer gemeinsamen Suche nach dem Guten an einen Punkt gelangen kann, an dem so zentrale oder tiefe Bereiche des Selbstverständnisses berührt sind, daß das Verlangen, eine Veränderung in Erwägung zu ziehen, sinnlos erscheint, weil ihm nicht im Ernst entsprochen werden kann. Der Gesprächspartner könnte sagen ‹ich müßte erst ein anderer Mensch werden!›. Die Verweigerung des Kriegsdienstes ist ein hier einschlägiger Fall.

Daß wir in unserem gesellschaftlichen Leben ganz selbstverständlich mit dieser Möglichkeit rechnen, bestätigt, was oben über die Rolle der Bindungserfahrungen bei der Konstitution des Selbst, über die Verwurzelung der Sprache im Handeln und über die Grenzen der Versprachlichung gesagt wurde. Wir wissen zwar, daß man in der Tat ‹ein anderer Mensch werden› kann. Wir wissen aber auch, daß dies das Ergebnis von Erfahrungen ist und nicht allein auf Argumente zurückgeht.

## 3.2 Zwingende Argumente und/oder Geschichten; Relativismus

Was zuletzt über das Gewissen gesagt wurde, kann zu der Frage überleiten, wie es mit der Möglichkeit und der Notwendigkeit steht, jemanden argumentativ, durch Reden, dazu zu bringen, überhaupt der Frage nach dem Guten ernsthaft nachzugehen. Kann man jemanden auffordern, er solle nach dem Guten streben? Kann man ihm andemonstrieren, daß es ein ethisch-moralisches Sollen gibt, dem er zwingend unterworfen ist, wer immer er sei?

Wir hatten schon anfangs davon gesprochen, es sei denkbar, daß jemand nicht nur, in fortschreitenden Stufen, fragt, (1) ob eine bestimmte einzelne Handlung gut ist, (2) ob eine bestimmte tradierte Handlungsweise wirklich dem Guten dient oder (3) ob ein bestimmtes Konzept des in einem Lebensbereich Guten diesen Namen wirklich verdient, sondern daß er (4) in Frage stellt, ob der Begriff des Guten selbst überhaupt einen Sinn hat, ob dies Wort etwas bezeichnet, das auf vernünftigem Weg zugänglich ist, oder ob es sich hier um eine Fiktion handelt, die zum Beispiel Machtinteressen verschleiert. Ist auf dem Gebiet des ethischen Argumentierens ein methodischer Zweifel möglich, das heißt eine Position außerhalb des Gebiets des Guten, aus der heraus sinnvoll ein Argument dafür verlangt werden kann, dieses Gebiet überhaupt zu betreten? Und ist es die Aufgabe der philosophischen Ethik, mindestens ein solches Argument auszuarbeiten und damit eine ‹zwingende› oder ‹letzte› Begründung, ein ‹absolut schlagendes› Argument zur Verfügung zu stellen, mit dessen Hilfe wir ‹von außen› demonstrieren können, daß man sich ethischen Forderungen zu unterwerfen hat?

Es ist hier nicht der Ort, der Frage nachzugehen, ob es in der Geschichte der Philosophie Begründungsprogramme für die Ethik gegeben hat, denen diese Beschreibung gerecht wird. Wir werden allerdings unten fragen, ob die Formulierung von ‹Prinzipien› nur in diesem ‹zwingenden› oder auch in einem Sinn verstanden werden kann, der sich mit dem, was hier bisher erörtert wurde, zwanglos in Übereinstimmung bringen läßt. Was oben über die Rolle der Sprache und die Möglichkeiten des Argumentierens gesagt wurde, spricht jedenfalls nicht dafür, daß es die Aufgabe der Ethik ist, Argumente zu entwickeln, mit denen wir sogar einen außerirdischen Teufel zu der Einsicht zwingen könnten, daß er sich moralisch verhalten muß. Es fällt schwer, in solchen Versuchen mehr als eine Spielerei zu sehen und/oder einen oberlehrerhaften Versuch, sich die Dinge so zurechtzulegen, daß man gegenüber einer bloß imaginierten Schar von Opponenten das letzte Wort behalten würde. Positiv gewendet: Wenn das hier dargestellte Verständnis vom ethischen Argumentieren nicht ganz fehlgeht, haben wir es in der Ethik mit ‹Menschen wie du und ich› zu tun, aus Fleisch und Blut, zu Freude und Schmerz fähig wie wir selbst, die, auf wie verquere Weisen auch immer, unterwegs sind auf der Suche nach dem Guten.

Dabei geht es stets um konkrete Handlungsalternativen, nicht um den erstmaligen Entschluß, überhaupt an (irdischen, nicht-höllischen) Lebensformen teilzunehmen. Selbst extreme Arten psychischer Verstörtheit lassen eine Form der Teilnahme erkennen, so schwer verständlich und ‹krank› ihre Äußerungen auch wirken mögen. Es gibt kein ungeformtes Leben, das von einer Form erst überzeugt werden müßte; auch zu den Formen unseres eigenen Lebens sind wir nicht durch Argumente gekommen. Der Versuch, solche nachträglich herbeizuschaffen, stößt notwendig auf Grenzen; es ist nicht möglich, sich beim Argumentieren außerhalb aller Formen aufzustellen, weil die Möglichkeit des Argumentierens selbst auf solchen Formen beruht. Wenn man also sagt, man müsse doch ‹über alles reden› können, es dürfe beim ethischen Argumentieren keine Tabus geben, dann ist hinzuzufügen: aber nicht über alles gleichzeitig. Bildlich gesprochen: Von jedem einzelnen Pflasterstein kann man seinen Fuß heben, um zu prüfen, wie locker er sitzt; aber man kann nicht über den Steinen schweben, um sie alle zugleich zu prüfen.

Wenn das ethische Argumentieren anfängt, stehen wir bereits auf dem Boden eines Stücks Lebensgeschichte; sie liefert mit ihrer Gerichtetheit, ihren Enttäuschungen und Erfüllungen den Stoff, um dessen rechtes Verständnis und um dessen Bedeutung für die Gegenwart und Zukunft es im ethischen Argumentieren geht. Heißt dies nun, es gibt auf ethischem Felde überhaupt keine zwingenden Argumente? Dies kann schon

deshalb nicht sein, weil auch für das ethische Argumentieren die Prinzipien der Logik gelten, so daß es nicht als Ganzes aus dem Gebiet zwingender Schlußfolgerungen ausgeschlossen sein kann. Gilt z. B., daß es
moralisch geboten ist, alle durch ihre Unterschrift als Mitglieder einer
verbrecherischen Behörde ausgewiesenen Personen aus dem öffentlichen
Dienst zu entfernen, dann folgt aus der deskriptiven Aussage, von der
Person N liege eine solche Unterschrift vor, mit zwingender Notwendigkeit die Aussage, es sei geboten, N aus dem öffentlichen Dienst zu entfernen. Es ist aber leicht zu sehen, wie wenig damit gewonnen ist; denn die
ethische Argumentation wird sich sofort um die Frage drehen, ob die
gerade formulierten Sätze tatsächlich alle relevanten Merkmale der Situation von N erfassen.

Ein weiteres Gebiet des ethischen Argumentierens, in dem Argumente
zwingend sein können, ist das der treffend so genannten Zweckrationalität. Wenn bestimmte normative Zielbestimmungen wie die Herstellung
klar umreißbarer Zustände auf dem Verkehrssektor vorgegeben sind und
wenn darüber hinaus bekannt ist, welche Steuerungsmaßnahmen geeignet sind, diese Zustände zu erzeugen, dann überträgt sich die Anerkennung des Gebotenseins des Zielzustands zwingend auf die Anerkennung des Gebotenseins der Steuerungsmaßnahmen, wobei allerdings
wiederum vorausgesetzt werden muß, daß in die Beschreibung der Aus-
gangs- und der Zielsituationen alle relevanten Merkmale eingegangen
sind, insbesondere die so genannten Nebenfolgen der ins Auge gefaßten
Maßnahmen. Auch hier wird sichtbar, daß eine ethische Argumentation
im bezeichnenden Fall nicht den zwingenden Charakter der jeweils voll-
zogenen Übergänge zwischen Sätzen in Zweifel ziehen wird, sondern die
Angemessenheit der Beschreibung der Situationen. Abermals geht es
also um eine Verständigung darüber, wie die Lage, in der sich die Handelnden befinden, angemessen zu beschreiben ist.

Die Gebiete des ethischen Argumentierens, in denen zwingende Argumente verfügbar sind, erscheinen damit dünn und verstreut; solche
Argumente kommen erst dort zum Zug, wo die eigentliche Arbeit, den
anderen jeweils ein Stück weit von der eigenen Sicht zu überzeugen (und
entsprechend sich überzeugen zu lassen), schon geleistet ist. Das Argumentieren, so hatte sich oben herausgestellt, läßt sich hier, auf einen
allgemeinen Nenner gebracht, als das Plädoyer für eine bestimmte *Geschichte* beschreiben, für eine bestimmte Sicht auf die Situation, für eine
bestimmte Version, vergangenes Handeln zu erzählen und daraus ein
Verständnis der Gegenwart und eine Anleitung für zukünftiges Handeln
zu gewinnen. Greift hier aber nicht der Einwand des *Relativismus*; sind
Geschichten nicht notwendig an die Perspektiven der jeweiligen Erzähler

gebunden? Kann es nicht im Prinzip so viele Versionen wie Erzähler geben, und ist es nicht, bei der konstatierten Spärlichkeit und Marginalität zwingender Argumentationsmöglichkeiten auf dem Feld der Ethik, unmöglich, jemanden zur Übernahme der eigenen Version der gemeinsamen Geschichte argumentativ zu verpflichten?

Um diesem Einwand zu begegnen, muß zunächst gefragt werden, ob er ‹von innen› gestellt wird, von einem ‹Menschen wie du und ich› oder ‹von außen›, und das heißt beim gegenwärtigen Stand der Kommunikationstechnik von einem Außerirdischen, dessen Lebensformen sich mit unseren nirgendwo überschneiden. Wir hatten schon oben festgestellt, daß der Standpunkt des radikalen Skeptikers, die Vorstellung, es könne einen Zweifel von seiten eines ungeformten Lebens geben, in Wirklichkeit kein Standpunkt ist, sondern ein ‹Schwebepunkt›, eine aus begrifflichen Gründen nicht realisierbare Fiktion. Denn auch die Handlung des Zweifelns kann nur auf der Basis einer Praxis vollzogen werden, die in dem Moment, in dem der Zweifel vorgetragen wird, selbst nicht ebenfalls zur Disposition steht. Damit überhaupt die Sprechhandlung der Artikulation eines Zweifels vorliegt, müssen die benutzten Worte und Einwände des Skeptikers einen Sinn haben, was nichts anderes heißt, als daß sie einen einvernehmlichen Gebrauch haben. Es verhält sich hier ähnlich wie mit der Handlung des Lügens, die nur möglich ist, wo es die Erwartung geben kann, es werde die Wahrheit gesprochen. Wo dies nicht der Fall ist, wird gar kein Sprachspiel gespielt; es gibt dort keine skeptischen Einwände und keine Lügen, sondern nur Geräusche. Aus all dem folgt, daß der skeptische Einwand nur ‹von innen› kommen kann, von einem ‹Menschen wie du und ich›, also von einer Person, mit der wir etwas Menschliches gemeinsam haben, mag es auch wenig und verzerrt und fremd erscheinen.

Dies bedeutet aber, daß auch der in diesem Sinn als möglich anzuerkennende, ‹interne› Skeptiker eine bestimmte, nämlich seine persönliche Version vortragen wird, seine Sicht von dem Bereich, in dem wir uns mit ihm berühren, und seine Sicht von demjenigen Teil seiner Geschichte, die wir noch nicht kennen. Wird aber mit dem Relativismus-Argument nicht von außen ein unbeteiligtes, ‹objektives› Urteil darüber verlangt, welche Version innerhalb einer im Prinzip unüberschaubaren Vielzahl den anderen Versionen vorzuziehen ist, sondern steht, wo es wirklich ums Handeln geht, stets eine bestimmte Version neben endlich vielen anderen zur Debatte, dann ist der Hinweis auf die prinzipielle Möglichkeit weiterer Versionen kein Einwand, der dazu führen könnte, eine Verständigung gar nicht erst in Angriff zu nehmen. Die Bezogenheit, die ‹Relativität› jedes Ergebnisses auf die beteiligten Personen, entwertet das

Ergebnis nicht, denn die Beurteilung, die verlangt wird, ist *konkret*. Es geht nicht um die abstrakte Zielsetzung, alle möglichen Einwände gegen eine Version vorauseilend aus der Welt zu schaffen; es geht vielmehr darum, über die Angemessenheit bestimmter Versionen zu argumentieren. Aus diesem Grund müssen Argumente nicht zwingend sein, sie müssen keine überzeitliche, von der Weiterentwicklung der Verständigung und des Verständnisses unabhängige Geltung haben, sondern sie sollen leibhaft ‹vor uns stehende› Menschen überzeugen, mit denen wir jeweils jetzt und hier um ein angemessenes Verständnis ringen. Es genügt, wenn die erarbeitete Version einer Geschichte die in den Augen der Beteiligten jeweils bestmögliche Version ist; sie braucht (und kann) nicht in einem objektiven Sinn gültig sein. Wer diese Möglichkeit wegen ihrer eingestandenen Subjektbezogenheit als zweitklassig ansieht, nimmt eine Position ein, die der Haltung vergleichbar ist, das eigene Leben gar nicht erst beginnen zu wollen, solange dafür keine verbindliche, aus ‹objektiver› Warte verfaßte Gebrauchsanweisung vorliegt. Wir leben auf eigenes Risiko. Der einzige Trost und die einzige Pflicht in dieser manchmal beängstigenden Situation – beides liegt in der ganzheitlichen, Leib und Seele, Gefühl und Verstand umfassenden Aneignung der Tatsache, daß wir damit nicht allein sind.

### 3.3 Prinzipiengeleitetes Handeln

Wir wollen noch einmal auf die Frage zurückkommen, welche Rolle im ethischen Argumentieren allgemein formulierte Grund-Sätze oder ‹Prinzipien› spielen können wie etwa das christliche Liebesgebot, die ‹goldene Regel› oder das ‹Verallgemeinerungsprinzip›. Daß wir dem, was wir im alltagssprachlichen Verständnis Prinzipien nennen, auf ethischem Gebiet großes Gewicht beimessen, zeigt sich daran, daß die Aussage, jemand sei ‹prinzipienlos›, eine Mißbilligung bedeutet; sie charakterisiert den betreffenden Menschen als sprunghaft, verantwortungslos oder opportunistisch. Auf welche Weisen kann nun ein Prinzip zur Richtschnur des Handelns werden?

Nach den vorangegangenen Überlegungen stehen hier zwei Deutungen in Konkurrenz zueinander: Man kann in einem Prinzip entweder ein *Verfahren* sehen (bzw. einen Ansatz zur Ausarbeitung eines solchen), eine Art ‹logischer Maschine›, mit deren Hilfe man die Beschreibungen von Handlungen (oder von vorgeschlagenen Regelungen für Handlungsweisen) auf ihre argumentative Begründbarkeit hin überprüfen kann. Erwägt zum Beispiel ein Handelnder A, einem Betroffenen B gegenüber eine Handlung H auszuführen, und folgt er der Verfahrens-Deutung der ‹goldenen Regel›, dann ist er gehalten zu prüfen, ob er selbst wollen würde, daß jemand ihm gegenüber H ausführt. Muß er dies verneinen, dann soll er H unterlassen. Das Prinzip spielt hier die Rolle einer Prüfungsinstanz, eines Filters.

Es liegt in der Logik dieses Ansatzes, daß ein so verstandenes Prinzip sich nicht selbst begründen kann, so daß es mit andersartigen Argumenten als überzeugend erwiesen werden muß, wenn seine Ergebnisse (die Klassifizierung der Handlungen durch die Anwendung des Verfahrens) überzeugen sollen. Ohne auf das damit angesprochene Begründungsproblem hier im einzelnen eingehen zu können, läßt sich sagen, daß für diese Aufgabe so genannte *transzendentale Argumente* als die aussichtsreichsten Kandidaten gelten. Mit einem Argument dieser Art versucht man zu zeigen, daß eine bestimmte Praxis (z. B. das freie menschliche Handeln überhaupt, der Gebrauch der Sprache, derjenige Gebrauch der Sprache, den wir ‹rationales Argumentieren› nennen) nicht möglich ist, wenn das fragliche Prinzip von den Teilnehmern an dieser Praxis nicht anerkannt wird. Die Anerkennung des Prinzips ist in diesem Sinn eine Bedingung der Möglichkeit der Teilnahme an der fraglichen Praxis. Auf das ethische Argumentieren bezogen heißt das zum Beispiel: Wenn sich jemand, indem er eine kritische Bemerkung macht, mit der er ernst genommen zu werden beansprucht, auf eine ethische Argumentation einläßt und wenn gezeigt werden kann, daß die Handlung des Argumentierens unmöglich ist, wenn der Argumentierende nicht (‹implizit›) die moralisch-ethische Gleichwertigkeit aller sprachfähigen Menschen anerkannt hat, dann ist ein ‹Prinzip der Gleichwertigkeit aller sprachfähigen Menschen› damit transzendental begründet, weil man es durch kein Argument, keine Einzelhandlung, die ‹ein Argument vorbringen› heißen dürfte, in Zweifel ziehen kann. In einem nächsten Schritt läßt sich untersuchen, ob das genannte Prinzip zu einem Verfahren ausgestaltet werden kann, das sich auf Handlungsbeschreibungen und Handlungsmaximen so anwenden läßt, daß bei methodisch korrektem Vorgehen am Ende stets eine Einigung stehen muß.

In dieser Überlegung zur transzendentalen Begründung ethischer Prinzipien wird nun aber schon eine zweite Möglichkeit sichtbar, die Rolle allgemeiner Prinzipien in der ethischen Argumentation zu verstehen. Ein transzendentales Argument der gerade skizzierten Art muß nämlich stets ein bestimmtes *Verständnis* derjenigen Praxis zugrunde legen (des Argumentierens, der freien Handlung), zu deren Möglichkeitsbedingungen die Anerkennung des fraglichen Prinzips (nach der ersten Deutungsmöglichkeit) gehören soll. Wegen dieser auch für die verfahrensorientierte Deutung unvermeidlichen Beziehung zu einem bestimmten inhaltlichen Verständnis könnte man dem ausgezeichneten

Satz oder Prinzip nun auch die bescheidenere Rolle zuordnen, einen zentralen Aspekt dieses Verständnisses nur zu artikulieren, das heißt formelhaft verkürzt zur Sprache zu bringen. Der Satz würde damit von der Aufgabe entlastet, den Keim eines Prüfungsverfahrens (oder schon ein vollständiges Verfahren) abzugeben. Er stünde folglich auch nicht mehr unter demselben Begründungsdruck wie ein Prüfungsverfahren, von dessen Fundiertheit schließlich die Fundiertheit alles dessen abhängt, was mit seiner Hilfe überprüft werden soll. Ein Prinzip formuliert nach dieser zweiten Deutung vielmehr den ‹Kern› des Verständnisses einer Praxis; die Rechtfertigung oder Begründung des Prinzips fiele zusammen mit der Rechtfertigung der Praxis, insofern das Prinzip sie angemessen deutet.

Was bei einer Kontroverse darüber an Argumenten zu erwarten ist, hatten wir oben bereits erörtert. Wir könnten nach wie vor sagen, das Prinzip, die formelhafte Artikulation eines zentralen Aspekts einer Praxis, diene denen, die sie tragen, als ‹Richtschnur›. Damit wäre dann aber von vornherein keine Anwendung eines Verfahrens gemeint, schon gar nicht die Anwendung einer schematisch handhabbaren Meßlatte. Eine formelhafte Wendung wie ‹liebe deinen Nächsten wie dich selbst› würde vielmehr dazu dienen, ein bestimmtes substantielles Verständnis davon, was für das menschliche Zusammenleben das Gute ist, erinnernd zu artikulieren.

Es ist hier nicht der Ort für einen Versuch, die damit angesprochene Kontroverse zwischen einer *substantiellen Ethik* und einer *Verfahrensethik* zu entscheiden. Was oben zum ethischen Argumentieren ausgeführt wurde, spricht aber dafür, ein substantielles Verständnis der Ethik, das von einer inhaltlich gefüllten Auffassung des Guten geleitet wird, als das umfassendere anzusehen und der Formulierung von Grundsätzen oder Prinzipien der besprochenen Art zumindest auch die Rolle einer kondensierten, zu einer Sentenz verdichteten Artikulation eines Selbst- und Handlungsverständnisses zuzuordnen. Wenn man die Sache so betrachtet, liegt es nahe, in den verschiedenen Ausarbeitungen einer Verfahrensethik nicht abstrakt-rationale Analysen der Begriffe ‹Argumentation›, ‹Begründung› oder ‹freie Handlung› zu sehen, sondern die Artikulationen durchaus substantieller, tief in unserer Kulturgeschichte verankerter Verständnisse davon, was das Gute im Bereich des menschlichen Zusammenlebens sei. Damit wird nicht in Abrede gestellt, daß eine Verfahrensethik (plausiblerweise auf der Basis oder sogar als Ausdruck eines substantiellen Verständnisses des Guten) in Bereichen wie der Gesetzgebung und der politischen Willensbildung allgemein einen guten Sinn und eine vielleicht unersetzliche Rolle zu erfüllen hat. Was unplausibel erscheint, ist die Auffassung, eine Verfahrensethik könne die ganze Ethik sein.

Wenn sich diese Sicht als haltbar erweist, darf man im Prinzip der Verallgemeinerung, nach dem der Handelnde von seinen nur persönlichen Interessen absehen soll, wenn er herauszufinden versucht, was das Gute ist, und auch im ‹kategorischen Imperativ› Kants rationalistische Abkömmlinge des jüdisch-christlichen Liebesgebots sehen. Wir hätten darin Versuche vor uns, mit Hilfe von Begriffen wie ‹Rationalität› oder ‹Handlung eines freien Wesens› den Kern eines spezifischen Verständnisses von einem guten menschlichen Zusammenleben zu fassen. Kants Formulierung, man soll andere Menschen nie als Mittel, sondern stets auch als sich selbst Zwecke setzende Akteure sehen, läßt ein substantielles Verständnis noch deutlich erkennen. Wir können die genannten Begriffe selbstverständlich demgemäß substantiell aufladen und von ‹Rationalität› oder ‹Handlung› in einem emphatischen Sinn sprechen. Es besteht aber die Gefahr, hierdurch Unklarheit zu erzeugen und am Ende doch bei einer rationalistischen Fassung zu landen, die wichtige Aspekte dessen ausklammert, was in ethischen Argumentationen vorkommt. Die nicht rationalen Aspekte der Person, der Bildungsprozeß, in dessen Verlauf der Handelnde diese Seiten zunehmend integriert, und der Prozeß der immer besseren ganzheitlichen Aneignung des jeweils angesprochenen Verständnisses der Lage durch geteilte Erfahrungen (der Prozeß des Sich-Änderns) – diese drei Momente geraten in Gefahr, im vor-argumentativen Bereich unter den ‹psychologischen› Teilnahmevoraussetzungen zurückgelassen zu werden und in der Argumentation selbst nicht mehr zur Sprache zu kommen. Genau dadurch entstünde aber eine unnötige Kluft zwischen der ethischen Argumentation einerseits und der praktischen Verwirklichung der Handlungen, um die es in der Argumentation schließlich geht, auf der anderen Seite.

Ein weiteres Argument dafür, ethische Prinzipien als kondensierte Artikulationen bestimmter Verständnisse des Guten zu betrachten, könnte schließlich darin gesehen werden, daß diese Prinzipien oder Formeln damit denjenigen Sprachformen näherrücken, die wir oben als typisch für die ‹post-argumentative› Stufe angesehen hatten: Ihre Rolle wird derjenigen der Sentenzen und Aussprüche ähnlicher, in denen Lebensweisheit überliefert wird. Das schon genannte ‹Liebe und tu was du willst› artikuliert in größter Knappheit ein Verständnis des für den Menschen Guten; als ‹Verfahren› ist dieser Satz nicht zu gebrauchen. Diese Beobachtung führt uns abschließend noch einmal zur Frage, worin die höchste Stufe der moralischen Kompetenz liegt: Fällt sie mit der größten Argumentationsfähigkeit zusammen, mit einem Maximum an artikulationsfähiger

Selbst-Durchsichtigkeit, und zeigt diese sich im Idealfall an der sicheren Handhabung eines auf alle Wechselfälle des Lebens anwendbaren, möglicherweise hochkomplexen Prüfungsverfahrens?

### 3.4 Ethisch-moralische Kompetenz; Phronesis

Wir tragen zunächst zusammen, was für diese schon oben als rationalistisch bezeichnete Sicht zu sprechen scheint, und dies sind vor allem Hinweise darauf, welche Orientierungsformen mit der Aneignung dieser Sicht überwunden werden sollen: Zweifellos bezeichnen wir die moralische Kompetenz einer Person als eingeschränkt, die in der Argumentation im Persönlichen befangen bleibt, die ihre eigenen Wünsche und Gefühle und diejenigen ihrer sozialen Kleingruppe nicht kritisch betrachten kann, die über bestehende Konventionen nicht hinausdenkt und unfähig ist, sich eine andere Lebensform so zu vergegenwärtigen, daß sie es für möglich halten kann, diese und nicht die eigene sei auf dem zugehörigen Gebiet dem Guten näher. Provinzialismus, Vorurteil, Verbohrtheit, Fremdenhaß sind Assoziationen, die sich hier einstellen. Die Überwindung dieser Orientierungsstufe kann (abermals nur abgrenzend) als das Erreichen eines ‹postkonventionellen› moralischen Bewußtseins bezeichnet werden.

Die schon kurz angesprochenen Diskussionen über eine feministische Ethik können uns aber daran erinnern, daß die Überwindung des Konventionellen in den genannten Einzelpunkten über das Ziel hinausschießen kann: Das Überwinden der Befangenheit im Persönlichen und Gefühlsmäßigen soll auch nach allgemeinem Verständnis nicht zu einer Wahrnehmungsunfähigkeit in diesem Bereich führen, zur ‹kalten Berechnung›, und zwar weder in der Wahrnehmung der eigenen noch in der der fremden Gefühle. Das Hinausdenken über die eigenen Lebensformen soll nicht zur Formenschrumpfung, zu einer Reduktion auf die zweckrationalste Erledigung der überlebensnotwendigen Verrichtungen führen, sondern zu Bereicherung, zum Dazulernen, zur Toleranz. Das postkonventionelle moralische Bewußtsein soll die bestehenden Konventionen, die eigenen Gefühle, die Fürsorge für die Menschen der nächsten Umgebung also nicht ausschließen, von diesen Aspekten nicht abstrahieren, sondern nur in ihnen nicht als den einzigen Gesichtspunkten zur Beurteilung einer Handlungsweise befangen bleiben. Man kann auch sagen: Wer ‹postkonventionell› denkt, sollte das Gebiet, auf das sich seine ‹Sorge um die anderen› bezieht, ausdehnen, so daß es bislang Fremdes einschließt. Was unter dem Titel einer ‹Distanz zu den Konventionen› angestrebt wird, wäre demnach nicht Rationalität durch Abstraktion, durch Schematisierungen im Interesse einer ‹verfahrensmäßigen› Verarbeitung aller aufkommenden Fragen. Aus allem, was hier zur Sprache kam, ergibt sich als Ziel vielmehr eine immer umfassender werdende *Integration.* Einzubeziehen ist dabei sowohl das Persönliche, Gefühls-mäßige, auf die eigene Gruppe bezogene Konventionelle als auch das anders geformte Konventionelle des bislang Fremden mit seinen eigenen persönlichen Zügen, das als neuer Anspruch oder neu wahrgenommene Bedürftigkeit in den Blick tritt. Der angestrebte Universalismus wird nach dieser Vorstellung durch Schritte des Einbeziehens, der Integration verwirklicht, nicht durch Schritte der Abstraktion, des Weglassens und Ausgrenzens.

Wie steht es nun um die positiven Seiten des postkonventionellen Bewußtseins, um die Artikuliertheit, die Fähigkeit zu antworten, die ein wesentlicher Aspekt der Verantwortlichkeit zu sein scheint? Ohne Zweifel wird man diese Fähigkeit für einen wesentlichen Bestandteil moralischer Kompetenz halten müssen, und moralisches Argumentieren könnte es ohne sie nicht geben. Erinnern wir uns aber daran, daß es eine Illusion wäre zu meinen, die Gesamtheit einer Praxis ließe sich ‹zur Sprache bringen›, ein ‹Implizites› ließe sich vollständig explizieren (um dann gar einem schematischen Bewertungsverfahren unterworfen zu werden), dann ist Großzügigkeit am Platz bezüglich der Sprachformen, die auf dem Felde des ethischen Argumentierens vorkommen dürfen. Es muß zulässig sein, exemplarische Geschichten zu erzählen, über neue Erfahrungen zu berichten, um das rechte Verständnis gemeinsamer Erfahrungen zu ringen – etc. Die Dichter können dabei genausogut als Argumentierende auftreten wie die wortkargen Weisen. Die für das ethische Argumentieren nötige Art der Artikuliertheit und Durchsichtigkeit ist nicht dieselbe, die jemanden befähigt, eine Vorlesung zu halten.

Dieser sprachbezogenen Fähigkeit, im rechten Moment den erhellenden Vergleich zu finden, in einer Argumentation die falsche Analogie oder die Grenze eines überkommenen Verständnisses zu erkennen, eine neue Sicht mit Hilfe einer treffenden Metapher sichtbar zu machen, liegt eine nicht durch Regelformulierungen faßbare Urteilsfähigkeit zugrunde, die klassisch als *Phronesis* bezeichnet wird und für die uns heute kein geläufiges Wort zur Verfügung steht, das nicht Mißverständnisse nahelegen würde. Es handelt sich um eine praktische Lebensweisheit, um eine Klugheit in den Bereichen des Guten, die aber nicht pragmatisch-egoistisch auf das eigene Gute beschränkt ist und das Gute mit dem Opportunen nicht verwechselt. Sie ist mit der Entwicklung und Bildung der eigenen Person aufs engste verbunden und hat daher eine Affinität zum Bereich des ‹Sich-Änderns›, den wir heute oft zu Unrecht mit ‹Therapie› assoziieren. Die Ausbildung dieser ethischen Kompetenz ist dadurch dem

Handeln näher als das Theoretisieren; ihr geht es stärker um ein ‹Wissen-wie›, um ein ‹Sich-auf-etwas-Verstehen›, als um ein ‹Wissen-daß›. Sie muß sich im Argumentieren auch als die Fähigkeit zu antworten bewähren; sie muß versuchen zu überzeugen; ihre Argumente müssen Deduktionen aber nicht ähnlich sehen.

Wir hatten oben gesehen, daß es beim ethischen Argumentieren keine Beurteilung ‹von außen› gibt; jedes Argument artikuliert bereits ein bestimmtes Verständnis, dessen Angemessenheit dann zur Debatte steht. Es ist daher legitim, zum Abschluß dieser Überlegungen zu sagen: Nach dem Verständnis unserer eigenen Tradition geht es in der Ethik darum, in gemeinsamer Anstrengung dem näherzukommen, was für den Menschen als Menschen das Gute ist (und nicht nur so erscheint). Der harmlos wirkende Zusatz ‹als Menschen› ist dabei höchst bedeutungsvoll. Daß etwas für eine Person als Mensch gut ist, heißt, daß es auch für mich, wäre ich in der entsprechenden Lage, gut wäre; denn das Menschsein teile ich mit ihr. Was dies wiederum heißt, wie der Ausdruck ‹Menschsein› inhaltlich zu füllen ist, und was es lebenspraktisch für uns bedeutet, daß wir es miteinander gemeinsam haben, läßt sich in einem gewissen Grad mit Hilfe der Sprache explizieren. Die Aneignung dieser Einsicht aber, die Entwicklung der eigenen Person in die Richtung einer solchen handlungsleitenden Einstellung, verlangt mehr als eine nur intellektuelle Anstrengung. Sie ist ein persönlicher Veränderungsprozeß, ein Unterwegssein, das auch das Fühlen und Handeln umfaßt, allerdings in Verbindung mit dem Denken und der Fähigkeit zur Ver-Antwortung: Wer sich verändert, macht andere Erfahrungen als vorher und macht sich auf sie einen anderen Reim.

Zu der damit angedeuteten Umstellung fordert das christliche Liebesgebot auf, das man in Anlehnung an Martin Buber formulieren könnte als «Liebe deinen Nächsten, *er ist wie du*». Die oft als widersinnig empfundene ‹Aufforderung zur Liebe› verlöre ihre intellektuelle Anstößigkeit, wenn wir von einer Person in dem Maße sagen würden, sie ‹liebe ihren Nächsten›, in dem sie sich die Einsicht ‹er ist wie du› im angedeuteten leib-seelischen, handlungsrelevanten Sinne angeeignet, ‹zu eigen gemacht› hat. Wenn wir sagen könnten, dies heiße, seinen Nächsten zu lieben, dann würde das Gebot nicht mehr dazu auffordern, ein bestimmtes Gefühl zu haben. Es würde dazu auffordern, das zu erwerben, was nach unserem abendländischen Verständnis als die höchste Stufe ethischer Kompetenz anzusehen ist. Auf diesem unabschließbaren Weg spielt auch das ethische Argumentieren eine Rolle. Die Kompetenz, um die es dabei geht, fällt mit einer besonderen Sprachfähigkeit aber nicht zusammen.

# Grundlagen

Günther Bien

# 2  Grundpositionen der antiken Ethik

## 0  Einleitung

Der Mensch ist das «nicht festgestellte Tier» (Nietzsche). Er muß daher, weil ihm sein Lebensplan, sein Lebenswissen und seine Verhaltensweisen nicht von Natur und also auch nicht fixiert vorgegeben sind, die Bedingungen, unter denen er in der natürlichen Umwelt überleben und in der Gesellschaft mit anderen Menschen gut, gekonnt und richtig leben kann, selbst entwickeln und sich als einzelner durch Erziehung, Ausbildung, Erfahrung und eigenes Nachdenken lernend aneignen. Um das bloße Leben und Überleben, aber auch das schöne und kultivierte Leben zu garantieren, haben die Menschen die verschiedensten Techniken (auch die sog. Kulturtechniken wie Lesen, Rechnen und Schreiben) entwickelt, also alles das, was die Alten ‹freie und dienende Künste› oder ‹praktische Wissenschaften› *(téchnai, artes liberales et serviles)* genannt haben. Die Regelung des Umgangs des Menschen mit sich selbst und mit anderen in Haus, Familie, Beruf, Gesellschaft und Staat ist Sache der ‹Tugenden› *(aretaí)*, der menschlichen Sitten und des Ethos, des praktischen Beurteilungsvermögens als Unterscheidung zwischen wichtig und unwichtig, wesentlich und unwesentlich, gut und schlecht bzw. böse, kurz: einer Lebensführungskompetenz. Die Lehre von und die Anleitung zur *ars vitae* (Lebenskunst), zur *ars bene beateque vivendi* (Kunst, gut, richtig und also glücklich zu leben) ist – griechisch gesprochen – die Ethik, in latinisierter Form die Moral oder Morallehre *(philosophia moralis)*.

# 1 Die vorsokratische Naturphilosophie und Sokrates' Wendung zu den menschlichen Angelegenheiten

Es ist anzunehmen, daß es, seitdem es Menschen gibt, Formulierungen und mehr oder weniger institutionalisierte und stabilisierte Formen der Weitergabe von Lebensweisungen, Lebenserfahrungen und Lebensregeln gibt – lange bevor es zur Ausbildung der Ethik als einer methodisch reflektierenden und auf Systematisierung zielenden philosophischen Disziplin kam. Von einer philosophischen Ethik kann man erst bei und seit den drei großen Vertretern der attischen Philosophie sprechen: bei und seit Sokrates, Platon und Aristoteles. Welchen dieser drei Denker man als den eigentlichen Begründer der Ethik als einer philosophischen Disziplin ansieht, hängt nicht zuletzt davon ab, was genau man unter philosophischer Ethik versteht und durch welche Kriterien man sie von bloßer ethischer Reflexion bzw. bloß reflektiertem Ethos, von der Formulierung erzieherisch gemeinter Maximen und auch der Ausbildung hoher (oder tiefer) Weisheitslehren abhebt. Nach einem von Aristoteles (Metaphysik I 6, 987 b 1; XIII 4, 1078 b 17) gegebenen Überblick über den bisherigen Verlauf des philosophischen Nachdenkens ist Sokrates der erste gewesen, der sich ausschließlich mit den sittlichen Tugenden beschäftigt und es unternommen habe, über diesen Gegenstand allgemeine Begriffe und Definitionen aufzustellen. Sein Interesse habe nicht mehr der Natur als der Totalität alles außermenschlich Gegebenen gegolten, sondern dem Nachdenken über das richtige Leben und die menschlichen Dinge, Angelegenheiten und Güter. Sokrates gilt daher auch für uns als Figur der historischen Grenzziehung. So ist es üblich geworden, in einer grundsätzlichen Typisierung den Verlauf der griechischen Philosophie in die Epochen der Vorsokratiker, der Sokratiker (Sokrates selbst und seine direkten und vermittelten Schüler) und der Nachsokratiker zu gliedern. Während die älteren Denker in Milet und auf Sizilien die Zahlen, Bewegungen, Größen, Abstände und Bahnen der Gestirne und überhaupt aller Himmelserscheinungen studiert hatten und der Frage nachgegangen waren, woher alles käme und wohin es unterginge, hat – nach Cicero – Sokrates «als erster die Philosophie vom Himmel heruntergerufen, sie in den Städten angesiedelt, sie sogar in die Häuser hineingeführt und sie gezwungen, nach dem Leben, den Sitten und dem Guten und Schlechten zu forschen» (Gespräche in Tuskulum V 10). Wer sich mit Sokrates in ein Gespräch eingelassen hat, läßt Platon den Nikias zu Laches sagen (Laches 187 ef), kommt, auch wenn er mit etwas ganz anderem zunächst angefangen hat, von ihm nicht mehr los: Er wird von ihm ohne Ruhe so lange herumgeführt, bis er ihn da hat, daß er Rede stehen muß über sich selbst, nämlich darüber, auf welche Weise er jetzt lebt und auf welche Weise er das vorige Leben gelebt hat.

Die Philosophen vor Sokrates dagegen haben die «Natur im Ganzen» (Aristoteles, Metaphysik I 6, 987 b 3) zu ihrem Thema gemacht: den Kosmos, den Himmel, die Gestalten des Lebens und einzelne signifikante Naturereignisse, Blitz, Donner, Erdbeben, die Nilschwelle, Sonnen- und Mondfinsternisse. Man nennt sie daher auch die ‹Physiologen›: die, die über die Natur gesprochen haben, und auch die ‹Theologen›, weil sie das Göttliche in den Erscheinungen der uns begegnenden Welt und nicht mehr – wie die Mythologen – in erzählenden Berichten gesucht hätten.

## 2 Ethische Reflexionen vor Sokrates

Diese geschichtliche Kurzdarstellung läßt freilich deutlich erkennen, daß sie die von Aristoteles vollzogene systematische Einteilung der Philosophie zu ihrer historischen und sachlichen Voraussetzung hat. Richtig daran ist die von Sokrates vollzogene entschiedene Zuwendung zu den menschlichen Angelegenheiten, und richtig ist wohl auch, daß die Philosophen vor Sokrates im Unterschied dazu ihr Bestes in der rationalen Erklärung von natürlich-biologischen, meteorologischen und kosmologischen Weltphänomenen geleistet haben. Sind aber unsere Eingangs-überlegungen über die Unverzichtbarkeit ethischer Lebensweisungen richtig, so ist anzunehmen (und kann denn auch historiographisch belegt werden), daß auch die vorsokratischen Naturphilosophen sich mit Fragen der praktischen Philosophie beschäftigt haben. So bezeugt auch Aristoteles, daß bereits vor Sokrates Demokrit und die Pythagoreer Probleme wie die Tugend, das Gerechte, die Ehe usw. wenigstens berührt haben (Metaphysik XIII 4, 1078 b 19).

Die Frage nach den Ursachen des Gelingens des Lebens bzw. des Unheils für die Menschen hatte zuvor bereits das Epos Homers gestellt, freilich an einer Stelle, die spät ist und fortgeschrittene Reflexionen verrät: «Nur von den Göttern, so schreien die Menschen, kommt alles Übel; und dennoch schaffen die Toren, dem Schicksal und göttlicher Warnung entgegen, sich selbst ihr Unheil» (Odyssee I 32 ff). Ilias und Odyssee berichten an vielen Stellen über sinnvolles, listenreiches und weises wie auch törichtes, lobenswertes und zu verurteilendes menschliches Verhalten: über Gastfreundschaft, verantwortliche Fürsorge für anvertraute Menschen, über eheliche Treue, die Verehrung der Götter, über die griechisch-zivilisierte ‹politische› und die unzivilisierte barbarisch-kyklopische Organisation des öffentlichen Lebens (Odyssee IX 112–115). Die berühmte Schildbeschreibung im XVIII. Gesang der Ilias (478 ff) liefert mit wenigen Strichen einen Inbegriff und ein Gemälde von allem, was in der sittlichen Welt vorgeht. Der Dichter der Odyssee (XIV 227 ff) läßt seinen Helden bereits eine Einsicht aussprechen, die auch das spätere griechische Nachdenken über den Menschen vielfach wiederholt hat: Jeder findet seine Freude an dem, was Gott ihm ins Herz legt, der eine an diesem, der andere an jenem.

Die gleiche Erfahrung spricht in einer knappen Formel Archilochos aus (Fragment 41 d): «Das Herz eines jeden erwärmt sich an anderem». Die ethisch-anthropologische Erfahrung setzt also mit der Beobachtung ein, daß die Menschen sehr Verschiedenes für wertvoll und als ‹ihr Gut› anstreben, sowie damit, daß einzelne Weise, Dichter oder sonstwie hervorragende Männer jeweils etwas anderes als das nennen, dessen Besitz ihnen das Leben sinnvoll, angenehm, schön und erstrebenswert macht und was sie für sich vom Leben erwarten. Das damit gegebene Problem als allgemeine Frage gefaßt lautet dann in der späteren Ethik: Was wünscht sich der Mensch, oder – einen Schritt weiter hin zur reflektierten Unterscheidung zwischen dem Faktischen und dem Normativen – was soll er sich wünschen? Was macht den eigentlichen ‹Reichtum› *(ólbos)* des Lebens, seinen ‹Segen› und ‹Erfolg› aus, oder wiederum anders: Worum sollten die Menschen zu den Göttern beten, daß sie es ihnen gewähren? – So dichtet Solon:

«Verschieden sind die Tätigkeiten der Menschen, und ein jeder strebt nach etwas anderem: der eine vertraut sich dem Meere mit seinen Schiffen an, begehrt Heimkehr und reichen Gewinn; andere wirken als Bauern; einer, geübt in Athenas Kunst und in Hephaistos' Werken, erwirbt sich das Brot durch seine tätige Hand; einen anderen belehrte die schenkende Gunst der olympischen Musen, daß er sich auf das Maß lieblicher Weisheit versteht; andere wirken als vorausschauende Seher oder besorgen als Ärzte das Werk des kräuterbewanderten Paion» (Elegie an die Musen 1 d, 43–58).

Für sich selbst erbittet Solon viererlei von den Musen: den Segen der seligen Götter, guten Ruf bei allen Menschen, «süß zu sein den Freunden und bitter den Feinden» sowie schließlich Reichtum. Diesen letzten Wunsch versieht Solon freilich mit dem Zusatz: «aber keinen unrecht erworbenen», denn: «Es folgt Strafe der Untat gewiß. Reichtum, den Götter verliehen, erweist sich dem Menschen als sicher wie als beständig, Reichtum, den man erstrebt auf dem Weg des Verbrechens, verletzt die Ordnung der Welt, ihm gesellt sich alsbald das Verderben. Zeus überwacht ja den Ausgang jeglichen Tuns» (Elegie an die Musen 1 d, 2–8). Freilich hören wir früh neben diesen Wünschen nach positiver Erfüllung auch von der Notwendigkeit zur Bescheidung angesichts der Unbeständigkeit des menschlichen Schicksals. Des Glückes Inbegriff ist, wenn man einen Tag am Abend beschließt ohne Tränen (Alkman; vgl. Pindar, I. 7,40); oder: «Sorgenfrei möchte ich leben, keinem anderen zum Harm, ohne ein lastendes Leid» (Theognis V. 1153).

Ethische Lebensweisung verkündet auch Hesiod (7. Jh. v. Chr.), der erste als Persönlichkeit faßbare Dichter Europas. Hesiod führte nach dem Tode des Vaters einen langwierigen Rechtsstreit mit seinem Bruder Perses, der die Richter bestochen hatte. Um Perses zur Rechtschaffenheit und Arbeit zurückzuführen, schrieb er das Mahn- und Lehrgedicht «Erga» («Werk und Tage»), einen Kodex des allgemeinen richtigen und speziell des bäuerlichen Lebens und Arbeitens:

> «Perses, o mögest du dies in deinem Herzen bewegen:
> Höre immer aufs Recht, und niemals übe Gewalttat,
> Denn ein solches Gebot erteilt Kronion (Zeus) den Menschen:
> Bestien zwar und Fische und flügelspannende Vögel
> Sollten einander verschlingen, denn sie ermangeln des Rechtes,
> Aber den Menschen verlieh er das Recht, das bei weitem der Güter
> Bestes. Denn wenn ein Mann Gerechtes nach seiner Erkenntnis
> Wissentlich kundtut, den segnet der Allüberschauer Kronion» (Erga) 274–281).

Zu den vorphilosophischen Zeugen ethischer Reflexion gehören in besonderer Weise jene sieben Männer, die als Staatsmänner, Gesetzgeber oder Staatengründer ihre im praktischen Leben gewonnenen Einsichten in kurzen Sentenzen fixiert haben und denen man daher den ehrenvollen Beinamen «Die Sieben Weisen» gegeben hat, beispielsweise Thales: «Erkenne dich selbst!»; Solon: «Nichts zu sehr, das Gedeihen hängt an dem richtigen Maß»; Pittakos: «Erkenne den passenden Augenblick»; Kleobulos: «Maß ist das Beste»; Periander: «Alles ist Übung»; Chilon: «Zu den Festen der Freunde geh langsam, zu ihrem Unglück schnell»; Bias: «Höre viel. Rede zur rechten Zeit» (Snell 1971, 12, 103 ff).

## 3 Die Sophisten und die Erfahrung der Relativität des Ethischen

Die Zuwendung zu ethischen Fragen bei Sokrates und die in diesem Zusammenhang bei ihm (in gewissem Sinn) erfolgte Begründung der Ethik wird man nur verstehen, wenn man die Gestalt des Sokrates zusammenhält mit den Sophisten. Durch Platon haben wir uns daran gewöhnt, Sokrates als die große und moralisch notwendige Gegenfigur zu den als eine in ihrer (ihnen von Platon zugeschriebenen) Negativität ziemlich homogene Gruppe aufgefaßten Sophisten zu sehen. Einige Zeitgenossen und spätere Philosophen haben ihn jedoch auch als einen von ihnen, ja als den größten aller Sophisten aufgefaßt. Jedenfalls nehmen die Sophisten die Bandbreite intellektueller Stellungnahmen ein von staats- und rechtsbejahender, durchaus bürgerlicher Intellektualtiät bis zu solchen Auffassungen, die ihre Freude an zynischer Entlarvung des Gutbürgerlichen und an Zersetzung des geltenden Ethos nicht verbergen können. Die sophistischen ‹Soziologen› und ‹Humanwissenschaftler› haben zunächst schlicht die von jeher gemachte Erfahrung der Relativität dessen, was die Menschen als für sie gut empfinden, aufgenommen und dann wohl auch verschärft.

Relativ sind die Güter einmal hinsichtlich der verschiedenen Bevorzugung durch die Menschen, da – nach des Odysseus, des Archilochos und anderer Beobachtung – das Herz eines jeden sich an anderem erwärmt. Andererseits: Ein und dasselbe Ding ist keineswegs für alle gut und nützlich: «Ich kenne sehr viele Dinge», formuliert Protagoras diese unwidersprechliche Erfahrung, «die dem Menschen völlig unnütz sind, andere sind ihm nützlich; wiederum andere sind den Menschen zwar keines von beiden, wohl aber den Pferden, andere wiederum nur den Rindern, andere den Hunden, noch andere keinem von allen dreien, wohl aber den Bäumen». Protagoras spitzt zu:

«Und so schillert das Gute und wandelt sich immer wieder. Anderes ist für des Baumes Wurzeln gut, für die Zweige aber schädlich, sowie auch der Mist bei allen Pflanzen für die Wurzeln gut ist, wenn er beigegeben wird, wolltest du ihn aber auf die Schößlinge und die jungen Triebe geben, so verdirbt er alles. Denn auch das Öl ist für alle Pflanzen gar schlecht und für die Haare der übrigen Lebewesen überaus schädlich außer für die des Menschen, für die des Menschen aber ist es heilsam wie für die äußeren Teile des Körpers, für die inneren aber ist genau dasselbe ganz schlecht. Und deshalb untersagen alle Ärzte den Kranken, Öl zu verwenden, bis auf möglichst wenig an dem, was man essen soll, gerade soviel, daß es das Unangenehme dämpfen kann, das wegen der Empfindungen durch die Nase zuweilen an einigen Speisen entsteht» (Platon, Protagoras 334 a 1 – c 7.)

Wie genau Protagoras mit dieser Rede die Überzeugungen der Zeitgenossen getroffen und wiedergegeben hat, deutet Platon an, wenn er berichtet, daß die Anwesenden geklatscht und beifällig geschrien hätten, wie schön und richtig er das gesagt habe.

Die Erfahrung der Relativität des Ethischen, des Gesetzlichen, des Schicklichen und des Unschicklichen haben die Griechen intensiv noch auf andere Weise machen müssen. Bei ihren Reisen durch die ganze damals bekannte Welt, die die Griechen teils um des Handels willen, teils allein aus theoretischer Neugier unternahmen, erlebten sie, wie außerordentlich verschieden die Lebens- und Glaubensformen der verschiedenen Völker waren. Wenn solches beispielsweise in der Stadt Athen erzählt wurde, so konnte man es in der Freude am Andersartigen und Exotischen hören, man konnte aber durchaus auch extreme Konsequenzen aus solchem Wissen ziehen. Die einen sagten, das Gute und Schickliche und entsprechend auch die anderen Werte (und Wertprädikate) seien der Sache und dem Wesen (wie ja auch dem Namen) nach durchaus verschieden vom Schlechten und Unschicklichen usw., die anderen, es sei beides dasselbe, aber für die einen Menschen gut, für die anderen schlecht oder auch für einen und denselben Menschen bald gut, bald übel. Die Konsequenzen, die sich aus den von den griechischen Reisenden, Historikern und Ethnographen zusammengetragenen Beobachtungen ziehen lassen, sind verschiedener Art:

1. Alle Normen, Sitten und Gesetze sind relativ, aber sie sind für die, bei denen sie gelten, fraglos verbindlich. Herodot hat in dieser Weise argumentiert: «Wenn man den Menschen unter allen Sitten und Bräuchen die Wahl ließe, würden sie schließlich ihre eigenen wählen: Jeder hält eben die seinen für die besten» (Historien III 38). Protagoras hat den Gedanken so formuliert: Der Mensch ist das Maß des Guten: gut ist das, was den Menschen als gut erscheint, oder noch genauer: Gut ist nur und nur für bestimmte Menschen in dieser bestimmten Situation das, was den (oder genauer: was diesen bestimmten) Menschen in dieser bestimmten Situation als gut erscheint (Platon, Theätet 152 a, Kratylos 385 e). Der anonyme Autor der «Dissoi Logoi» hat seinerseits den Relativismus in ähnlicher Weise durch Einführung einer leichten Normierung eingeschränkt. Er resümiert, daß alles, was als das Schickliche und das Unschickliche gilt, nicht schlechthin ununterscheidbar ist, sondern daß «alles am rechten Ort schicklich, am unrechten unschicklich ist» (Wieland 1978, 94 ff).

2. Der eher liebenswürdige und affirmative, leicht relativistische Geltungspositivismus kann auch in blanken Zynismus umschlagen. Bei dem athenischen Sophisten Antiphon (spätes 5. Jh. v. Chr.) begegnet uns diese Alternative in dem Fragment seiner Schrift «Wahrheit»:

«Die Gerechtigkeit besteht darin, daß man Gesetz und Brauch in dem Staat, indem man als Bürger lebt, nicht übertritt. Am vorteilhaftesten wird sich dabei der einzelne Mensch zur Gerechtigkeit stellen, wenn er in Anwesenheit von Zeugen Gesetz und Brauch hochhält, ohne solche dagegen die Gebote der Natur. Denn die Forderungen von Natur und Brauch sind willkürlich auferlegt, die Gebote der Natur dagegen beruhen auf Notwendigkeit. Denn die Forderungen von Gesetz und Brauch sind vereinbart, nicht natürlich geworden, die Gebote der Natur aber sind natürlich geworden, nicht vereinbart. Wenn man nun bei der Übertretung von Gesetz und Brauch von denen, welche die Vereinbarung getroffen haben, unbemerkt bleibt, ist man von Schande und Strafe frei, andernfalls nicht. Vergewaltigt man dagegen die mit der Natur verwachsenen Gesetze über das mögliche Maß hinaus, so ist das Unheil um nichts geringer, wenn es auch kein Mensch merkt, und um nichts größer, auch wenn es alle Welt sieht. Denn der Schaden erwächst nicht aus der Meinung, sondern aus der Wirklichkeit... Das Nützliche, das Gesetz und Brauch als solches bestimmt hat, ist eine Fessel der Natur, dasjenige aber, das aus der Natur kommt, beruht auf Freiheit... Es ist das, was der Natur zuträglich ist, lustvoll; was aber Gesetz und Brauch bestimmt, ist, sofern es Unlust erregt, wider die Natur und also schädlich» (Wieland 1978, 89 f).

## 4 Platon und die Objektivität ethischer Erkenntnis im «Protagoras»

Eine dritte mögliche Antwort auf das Relativitätsproblem ist Platons These von der Objektivität ethischer Erkenntnis. Gegen den Homo-mensura-Satz des Protagoras, daß der Mensch das Maß aller Dinge sei, stellt er die These: «Der Gott dürfte für uns am ehesten das Maß aller Dinge sein, und dies weit mehr als etwa, wie manche sagen, irgend so ein Mensch» (Gesetze IV 716 c 3). Was Protagoras gemeint hat, läßt sich durch leichte Abwandlung eines Beispiels verdeutlichen, auf das Platon in seiner Diskussion der Annahme des Protagoras hinweist (Theaitetos 152 b). Jemand, der einen Raum betritt, so scheint Protagoras mit gutem Grund sagen zu wollen, kann (oder besser: sollte, oder gar: darf) nicht sagen: «Hier ist es kalt» bzw. «Das Zimmer ist kalt», sondern er kann nur entweder ganz auf das empfindende Subjekt bezogen sagen: «Ich friere» bzw. – auf die scheinbare objektive Gegebenheit bezogen – «Mir ist es hier kalt». Bei einer bewertenden und feststellenden Aussage ist immer der Subjektbezug mit zu formulieren (oder aber wenigstens mitzudenken). Eine Aussage, das ist die erkenntnistheoretische Pointe, gibt nie oder jedenfalls bei Feststellungen dieses Typs nicht einen objektiven Tatbestand wieder, sondern nur die Empfindung oder Wahrnehmung eines bestimmten Menschen. Wie jemand die Raumtemperatur empfindet und wie warm es im Zimmer für ihn ist, hängt davon ab, wie er sich befindet (ob er beispielsweise erkältet ist oder an hohem Blutdruck leidet).

Gegen Protagoras könnte ein heutiger Mensch in bezug auf die Raumtemperatur einwenden, daß es sie doch in Zusammenhängen des Mietrechts als richtig normierte Zimmertemperaturwerte gibt (verschieden je nach der Bestimmung des Raums). Der Sophist könnte etwa antworten: «So ist es in der Tat, aber genau das ist die Situation, von der wir sagen, daß sie die Grundsituation bei allen, auch den sittlichen und gesetzlichen Normierungen, ist. Regelungen haben allenfalls den Wert einer am

Durchschnitt der menschlichen Empfindungen und Bedürfnisse orientierten rein funktionalen Regelung, ohne eine über diesen ausschließlich
sozialtechnischen Zweck hinausgehende ‹objektive› Richtigkeit und
Wahrheit beanspruchen zu wollen.» Platon würde, wenn er dieses moderne Instrument gekannt hätte, mit einem Hinweis auf das Thermometer geantwortet haben: «Dies ermöglicht eine präzise, von jedermann
nachprüfbare und objektive Maßangabe.» Aristoteles würde seinerseits
in diesem fiktiven Dialog erwidern: «Ein Thermometer liefert in der Tat
objektive quantitative Maßwerte; es sagt aber nichts darüber aus, ob die
gemessenen Skalenwerte für die menschliche Gesundheit und Befindlichkeit günstig und angenehm sind oder nicht.»

   Platon hat die Auseinandersetzung mit dem ‹subjektivistischen Relativismus› der Sophisten auf allen Feldern des philosophischen Diskurses
suchen müssen: Gnoseologisch war gegen die Annahme, alle Erkenntnis
sei nichts als Empfindung, Wahrnehmung und Meinung, die Möglichkeit
echten Wissens zu verteidigen; ontologisch war zu vertreten, daß keineswegs alles im Fluß und in Wandlung, im Werden und in steter Veränderung
rung sich befindet, sondern daß es jenseits aller Kontingenzen Sicheres,
Festes, Ewiges, Unwandelbares, Notwendiges gebe, also jenseits oder neben oder hinter dem bloßen Werden wirkliches Sein, hinter dem Scheinbaren wirkliche Wahrheit, neben der bloßen Meinung wirkliches und ausge-
wiesenes Wissen. Die Konsequenzen für die Theorie des Guten und des
Gerechten, des Staates und der Ethik, der Dichtung und der Götterlehre,
der Anthropologie und der Psychologie liegen auf der Hand.

   Entscheidend für Platon ist die Verteidigung der Möglichkeiten, der
Wirklichkeit und der Wirkungsmöglichkeit, ja der Macht des Wissens.
Das theoretische Modell für wirkliches, nämlich ‹objektives› Wissen bieten die Mathematik und die zahlenhaften Künste (Meßkunst, Rechenkunst, Zählkunst, Wiegekunst). Über dem Eingang der Akademie soll
der Spruch zu lesen gewesen sein: «Es soll niemand hier eintreten, der
eine ungeometrische Seele hat!» Die Mathematik war für Platon – wie
für alle antiken Philosophen und auch noch für die anfänglichen Begründer der neuzeitlichen mathematisierten Wissenschaften – zum einen
keine bloße, ‹unmenschliche›, letztlich an Maschinen delegierbare Technik. Zahlenhafte Erkenntnis begreift vielmehr wirkliches Seiendes. So
erwartet Platon von der als psychagogische Macht gedeuteten Mathematik einen Beitrag zur Umkehr der Seele auf die Ausrichtung zum wahren
Sein hin, die Abkehr von den Schatten und Bildern und bloßen Meinungen und die Hinaufführung des Besten in der Seele zur Schau des Besten
unter dem Seienden (vgl. Staat VII 352 c). Die Beschäftigung mit Mathematik hat moralische Qualität, weil deren Gegenstände nicht bloße

Quantitäten im absolut wertneutralen Sinn, sondern von seinshafter, werthafter und auch ästhetischer Qualität sind.

Die gründlichste Auseinandersetzung Platons mit dem Sophisten findet man im «Protagoras». Im Hause eines reichen Atheners sind die berühmtesten Intellektuellen und größten Köpfe der Zeit versammelt, die ‹Sophisten› Protagoras aus Abdera (um 486–411 v. Chr.), Hippias von Elis (geb. um 469 v. Chr.) und Prodikos von Keos (geb. um 470 v. Chr.). Jeder von ihnen wird mit seinem Glanzstück und der ihn auszeichnenden Kunst vorgeführt: Hippias spricht – wie die vorsokratischen ‹Physiologen› – über die Natur im Ganzen und über kosmologische Fragen und die «Dinge am Himmel und in der Höhe» (315 c), er lehrt die auf der Kenntnis der Zahl und des Wiegens, Messens und Rechnens basierenden Wissenschaften der Rechenkunst, Astronomie, Geometrie und Musik (318 e); es ist für ihn kennzeichnend, daß er sich auf die sophistische Entgegensetzung dessen beruft, was von Natur, und dessen, was nur dem Gesetz und Herkommen nach in Geltung steht; das Gesetz, so hören wir von ihm, ist ein Tyrann der Menschen und erzwingt vieles gegen die Natur (337 d). Die Stärke des Prodikos, «des allweisen und göttlichen Mannes» (315 e 8), erweist sich in der genauen Unterscheidung von Wortbedeutungen und damit der Gewinnung begrifflicher Präzision (337 a, 340 a ff, 358 a 7).

Protagoras schließlich betont die Wichtigkeit einer gründlichen Vertrautheit mit den Werken der Dichter (als der älteren Lehrer der Menschen vor der Philosophie). Man müsse in der Lage sein, ihre Worte zu beurteilen, ob sie richtig oder falsch sind, und auf Verlangen davon Rechenschaft zu geben. Das eigentliche Angebot des Protagoras aber lautet:

«Ich behaupte von mir, ein Sophist zu sein und die Menschen zu erziehen. Die Kenntnis, die es bei mir zu lernen gilt, ist die Wohlberatenheit in seinen eigenen Angelegenheiten, wie ein jeder sein Haus am besten verwalten, und dann auch, wie er am geschicktesten wird, sowohl die Angelegenheiten des Staates zu führen als auch darüber zu reden» (317 bf, 318 e 5).

Das Wissen des platonischen Sokrates wird sich als von der Art erweisen, daß es die auf diese Hauptgestalten der Sophistik aufgespaltenen Kenntnisse als eine einzige ‹Wissenschaft› in sich umfaßt: die genaue, auf der Erkenntnis des Wesens gegründete sprachliche und begriffliche Bestimmung alles Seienden (die Dialektik); die Kenntnis der zahlenhaften Strukturen der Dinge, der Musik im umfassenden antiken Sinn und damit der Gesetze der anderen Künste (Dichtung, Tanz, Bewegung); eine auf der Erkenntnis der Wahrheit beruhende (rhetorische) Fähigkeit zur Überzeugung der Seelen von der Wahrheit und zu ihrer Hinführung zum Guten; vor allem aber: Kenntnis des wahrhaft Guten und damit Besitz der sittlichen und politischen Handlungsfähigkeit, eben der ‹Tugend›.

Protagoras ist derjenige der Sophisten, der aufgrund seines Programms, die Menschen zur Tugend zu erziehen, dem platonischen Sokrates am nächsten steht, mit ihm wird daher das Gespräch darüber geführt, ob denn das möglich sei, was der Sophist zu lehren sich erbietet, nämlich Tugend zu lehren. Die Grundfrage des Dialogs lautet also: «Ist Tugend lehrbar?» (319 a 9, d 7, 320 b 4, 361 a 1 f). Es ist wichtig zu beachten, daß «Tugend» hier nicht im neuzeitlichen, seit dem 18. Jahrhundert verbreiteten, hauptsächlich auf die Moralität und die Innerlichkeit einer weltabgewandten ‹schönen Seele›, den ‹guten Willen› und die Reinheit der Gesinnung bezogenen Sinn zu verstehen ist. Tugend im älteren Sinn verleiht vielmehr dem ‹tugendhaften Manne› Lebensführungskompetenz, Handlungsfähigkeit, Durchsetzungs- und auch Selbstdarstellungsvermögen. Sie ist und verleiht politische Befähigung (‹politische Kunst›), sie impliziert Intelligenz und natürlich auch Sittlichkeit und Rechtschaffenheit, sie garantiert vor allem Lebenserfolg und Gewinn an Gutem. Wer Tugend hat, ist ein Mensch, der seine Geschäfte und Angelegenheiten zu führen weiß und der sich in der Welt und Öffentlichkeit sehen lassen kann. Daß eine solche Befähigung als ganze und in ihren einzelnen Komponenten lehr- und lernbar ist, muß Protagoras selbstverständlich voraussetzen und vertreten; denn davon hängt die Möglichkeit seiner gesamten Tätigkeit ab.

Der Dialog verläuft nun so, daß zu Beginn Protagoras die Lehrbarkeit der Tugend vertritt (328 c 4), Sokrates sie hingegen verneint (319 a 9, 320 b 5), während am Ende Sokrates entschieden den Vernunftcharakter und damit die Lehrbarkeit der Tugend vertritt, wogegen Protagoras zu erkennen gibt, daß Tugend etwas anderes ist als Wissen und also nicht lehrbar (vgl. die Zusammenfassung des Dialogverlaufs Prot. 361 a 6 – c 2). Bei genauerem Zusehen zeigt sich freilich, daß die beiden Opponenten im Laufe des Gesprächs keineswegs vom anderen Dialogpartner überzeugt ihre Meinung geändert haben. In der ersten Hälfte des Dialogs wird vielmehr auf der Basis der Begrifflichkeit des Protagoras argumentiert und gezeigt: In dem Sinn, wie ich, Protagoras, Lehre und Erziehung verstehe, ist sie vermittelbar und also auch erwerbbar. Die These, daß die Tugend lehrbar sei, zielt zunächst ganz allgemein darauf, daß sie überhaupt durch menschliches Bemühen erwerbbar ist und daß dabei ein anderer, nämlich der durch Reden erziehende Sophist, mithelfen kann. Es geht nur darum zu negieren, daß der Mensch die Tugend entweder hat oder daß er sie nicht hat. Im ersteren Fall würde gelten: Wenn er sie besitzt, so geschieht dies entweder aufgrund von Zufall oder einer natürlichen Mitgift oder einer göttlichen Gabe, jedenfalls «von selbst» (323 d 1) und nicht aufgrund von menschlichem Bemühen *(ex epiméleias)*. Über die Art des Erwerbs im Fall, daß sie «durch menschliches Bemühen erlernbar ist» (323 c 6), wird zunächst nichts gesagt. Es zeigt sich jedoch, daß Protagoras mehr an eine durch rationale Aufklärung und intellektuelle Unterweisung begleitete ethisch-pädagogische Lenkung durch Lob und Tadel, Belohnung und Bestrafung, große Vorbilder, Lektüre der Werke guter Dichter usw. gleich von Geburt an gedacht hat (325 c 6 ff). Er kann daher seine Überzeugung problemlos sowohl durch den Satz «Tugend ist lehrbar» *(didaktós)* ausdrücken als auch durch die These «Sie ist durch Erziehung erwerbbar» *(paideutós*, 324 b 6), oder ganz allgemein: «Sie ist verschaffbar und erlernbar» *(paraskeuastòn kaì didaktón*, so zweimal nacheinander 324 e 4 und e 7); zusammengefaßt: «Sie entsteht dem Menschen durch Fleiß, Übung und Unterweisung» (323 d 7). Was Protagoras unter «Lehre der Tugend» versteht, umfaßt die Gesamtheit aller drei Möglichkeiten und Wege, nicht nur die intellektuelle ‹Unterweisung›.

Auch Sokrates nimmt das Problem zunächst in dieser sehr allgemeinen Fassung auf: Er sei bisher der Überzeugung gewesen, daß es nicht menschliche Bemühungen wären, wodurch die Guten gut werden (328 e 1). Dann jedoch nimmt er die Worte «Lehren» und «Lernen» im strengsten nur denkbaren Sinn ernst. Da nun Protagoras diesen Sinn von Vernunft und Lehren und Lernen nicht gelten läßt, wird er am Schluß sagen können: In diesem, in deinem Sinn, Sokrates, ist Tugend nicht lehrbar. Das Hauptargument des platonisch-sokratischen Lehrbarkeitsbeweises zielt nun darauf zu erweisen, daß alle einzelnen Tugenden, die Gerechtigkeit, die Besonnenheit und die Tapferkeit, in ihrem Wesen ein objektives Wissen sind, «und damit würde die Tugend ja offensichtlich durchaus lehrbar» (361 b 1).

Protagoras hatte als Modell die Realität der politischen Beratung und Abstimmung im demokratischen Athen vor Augen. Wenn es um technische Fachfragen geht, etwa um die Ausführung des Baus von Hafenmauern oder Schiffen, wird der Spezialist befragt. Bei der im engeren und eigentlichen Sinn politischen Frage dagegen, ob man überhaupt den Hafen ausbauen oder sich neue Schiffe zulegen soll, können alle Bürger mitberaten und abstimmen: «Wenn über politische Fragen beraten werden muß, dann stehen unterschiedslos Zimmermann, Schmied, Schuster, Kaufmann, Schiffsherr, Reich und Arm, Adliger und Bürger, auf und erteilen ihnen ihren Rat darin, und keiner macht ihnen wie den eben Genannten den Vorwurf, daß sie ohne jede Sachkenntnis und Schulung durch einen berufenen Lehrer sich erdreisten, anderen zu raten» (319 c 10 – d 7). Protagoras wie Sokrates unterscheiden also zwischen dem arbeitsteilig auf Spezialisten aufgeteilten Fachwissen (der *téchnē*, Fachkunst, dem Berufswissen) und einer demokratisch unter allen Bürgern verteilten ethisch-politischen Befähigung oder «Tugend», der «politischen Kunst». Beide interpretieren dieses Faktum freilich in entgegengesetztem Sinn. Sokrates zieht die Folgerung: Offenbar glauben die Athener, wenn sie so verfahren, daß die politische Kunst im Unterschied zur Fachkunst nicht lehrbar sei (319 d 7), während Protagoras durch seinen berühmten «Mythos» von der Entstehung der Zivilisation und politischen Kultur (320 c 10 – 322 d 6) zu beweisen versucht, daß – erstens – notwendigerweise jeder Anteil an der politischen Tugend besitzt, wobei alles auf Gerechtigkeit und Besonnenheit ankommt, und daß – zweitens – jeder diese Tugend für lehrbar hält (324 e – 325 a).

Sokrates zeigt sich von der Rede des Protagoras überzeugt, bis auf eine «Kleinigkeit», die ihm noch fehle (329 b 6 ff). In ihr sei mehrmals davon ausgegangen worden, daß Gerechtigkeit, Weisheit, Besonnenheit, Tapferkeit, Frömmigkeit und all das zusammen eine Einheit bildet, nämlich die Tugend schlechthin. Wie sei das zu verstehen? Sind diese Einzeltugenden Teile der einen Tugend in dem Sinn, wie Mund, Nase, Augen und Ohren Teile des Gesichts sind, nämlich unterscheidbare Teile mit je eigener Funktion, oder unterscheiden sie sich (nur) wie die einzelnen Teile des Goldes durch nichts anderes voneinander und von dem Ganzen als durch ihre größere oder geringere Quantität? Im Unterschied zu Protagoras vertritt Sokrates die zweite Auffassung. Er ‹beweist› nun in einem Gedankengang, der nicht frei ist von – sei es unbemerkt unterlaufenen oder auf sophistische Manier bewußt eingesetzten – logischen Ungereimtheiten (Nichtbeachtung des konträren und des kontradiktorischen Gegensatzes), daß Weisheit, Besonnenheit, Gerechtigkeit, Frömmigkeit und Tapferkeit nur fünf verschiedene Bezeichnungen für eine einzige Sache sind. Eigentlich seien sie ihrem Wesen nach alle nur Weisheit und also Formen von Wissen und also lehr- und lernbar. Protagoras gibt wohl zu, daß die übrigen Tugenden einander und dem Wissen ziemlich ähnlich sind, nur die Tapferkeit (Kühnheit, Dreistigkeit) sei wegen ihrer stark irrationalen Komponenten und Voraussetzungen wesentlich von ihnen allen verschieden.

Sokrates stellt daraufhin an Protagoras zwei Fragen, deren Beantwortung nützlich sein könne bei der Bestimmung des Verhältnisses der Tapferkeit zu den übrigen Tugenden. Erstens: Sind die Begriffe (und also die mit ihnen bezeichneten «Sachen») «gut» und «angenehm» identisch, ist also das Angenehme und Lustbringende unter allen Umständen gut?

Und: Ist ein angenehmes und lustbetontes Leben gut, ein unangenehmes schlecht? Zweitens:

«Enthülle mir, bitte, Protagoras, deine Gedanken über die Erkenntnis! Teilst du auch hier die Ansicht der meisten Menschen oder nicht? Die meisten glauben, sie sei nichts Starkes, Leitendes und Führendes; sie verbinden keinen dieser Begriffe mit ihr. Oft genug sei der Mensch im Besitz einer Erkenntnis, aber nicht sie, sondern etwas anderes sei Herr über ihn: bald der Zorn, bald Lust oder Unlust, manchmal die Liebe, oft die Furcht... Meinst du, daß ein Mensch, wenn er das Gute und Böse erkennt, sich von keiner Seite dazu zwingen lassen wird, etwas andres zu tun, als was die Erkenntnis gebietet, daß die Einsicht vielmehr eine ausreichende Helferin für den Menschen ist?» (352 a f).

Protagoras betont, daß er hier durchaus mit Sokrates übereinstimmt, wäre es doch für ihn, wenn überhaupt für einen Menschen, eine Schande, wollte er Weisheit und Erkenntnis nicht für das Mächtigste erklären, was es im menschlichen Bereich gibt.

Sokrates unternimmt es nun zu beweisen, daß es das gar nicht geben können, was die Menschen «von der Lust überwunden werden» nennen: Diese Frage sei der Angelpunkt, um den die ganze Beweisführung sich drehen müsse (354 e 6). Er zeigt, daß die gängige Selbstbeschreibung, man habe, von der Lust verführt und geblendet, sich für etwas Schlechtes entschieden, eine lächerliche Behauptung ist, wenn man zugleich an der normalen hedonistischen Menschenmeinung festhalte, daß das Angenehme und das Gute – obwohl mit verschiedenen Worten verschieden benannt – im Wesen doch das Gleiche sind; denn dann würde man sagen, man habe, vom Guten verführt, das Schlechte gewählt. Sokrates zeigt nun: Gerade dann, wenn man sich – hypothetisch – auf den Standpunkt der Menge stellt und die Lust als das Gute versteht, wenn also das Glück unseres Lebens in der richtigen Wahl möglichst großer und in der Vermeidung der kleinen Lustquanten besteht, gerade dann würde unser Heil in einer Kunst des Abwägens und Berechnens, also in einer wissenschaftlich begründeten Meßkunst der Lüste bestehen. Kurz: Gerade der Hedonist bedarf des wirklichen Wissens; «zu-schwach-sein-gegen-die-Lust» ist dagegen der größte Unverstand (357 e 2). Überhaupt beruht falsches Leben und Handeln immer auf Unwissenheit und Unverstand; niemand tut oder wählt freiwillig etwas Schlechtes (dieses Wort in seinem ganzen Bedeutungsumfang genommen: etwas Unrechtes oder Böses oder Ungutes oder Schädliches) – dies ist eine der Grundüberzeugungen der platonischen Ethik (Gorgias 731 c, 860 c).

Die These von der «Stärke des Wissens» ist keine metaphorische oder nur pädagogisch-protreptisch gemeinte Wendung. Sie spricht sich auch aus im zentralen Satz von Platons «Staat» von der letzlich gegebenen und wirklich bestehenden und nicht bloß utopisch zu fordernden Identität von herrscherlicher Macht und philosophischem Wissen, die dann freilich auch in der politischen Wirklichkeit gegeben sein sollte:

> «Wenn nicht entweder die Philosophen Könige werden in den Staaten oder die, die man heute Könige und Machthaber nennt, echte und gründliche Philosophen werden, und wenn dies nicht in eins zusammenfällt: die Macht in der Stadt und die Philosophie, ...so wird es mit dem Elend kein Ende haben, nicht für die Städte und auch nicht für das menschliche Geschlecht» (Politeia V 473 c 11 ff).

In Platons Wissensbegriff der einheitlichen «Tugend» mit ihren unterschiedlichen Funktionen fallen noch ungetrennt in eins, was wir seit Aristoteles zu unterscheiden uns angewöhnt haben: Theorie und Praxis, Philosophie und Politik, Einsicht und Macht, Schau des Höchsten und herrscherliches Handeln, mathematisch-dialektisch-theoretisches Wissen und sittliche ‹Tugend›.

## 5  Aristoteles als Vermittler zwischen sophistischem Relativismus und platonischem Absolutismus

Für eine Darstellung der aristotelischen Ethik gilt das gleiche wie für die Platons: Es ist nicht möglich, den ganzen Reichtum und Gehalt in einer Kurzfassung angemessen zu vermitteln. Halten wir uns auch hier daran, ihre Grundgedanken als (den vierten) Versuch einer Lösung der von den Sophisten gestellten Fragen zu verstehen.

I. Die aristotelische Ethik (wie auch seine politische Philosophie) kann interpretiert werden als der Versuch einer Vermittlung zwischen dem platonischen ‹Absolutismus› des Einen und wahrhaften Guten und dem sophistischen Relativismus der vielen schillernden und nur je nach Befindlichkeit und Situation den Subjekten als solche ‹erscheinenden› Güter sowie des von den jeweils Herrschenden nach ihrem Interesse gesetzten und definierten Rechts. Die «Nikomachische Ethik» (= NE) nimmt gleich im ersten Kapitel das Problem auf: «Das sittlich Gute und das Gerechte zeigt solche Gegensätze und solche Unbeständigkeit, daß es scheinen könnte, als ob es nur auf dem Gesetz, nicht auf der Natur beruhe. Und ähnliche Unbeständigkeit haftet auch den verschiedenen Gütern und Vorzügen an, indem viele durch sie zu Schaden kommen. Schon mancher ist wegen seines Reichtums und mancher wegen seiner Tapferkeit zugrunde gegangen» (NE I 1, 1094 b 14 ff). Aristoteles unternimmt es nun, gegen Platon (und zunächst innerhalb seiner Schule) die Richtigkeit der von den Sophisten gewonnenen Einsichten zu vertreten, andererseits die Sophisten darin zu korrigieren, daß er gegen sie die Wahrheit Platons und die nicht relativierbare Verbindlichkeit des Sittlichen zur Geltung bringt.

II. Aristoteles selbst unterscheidet mehrere Stufen der Verbindlichkeit des Sittlichen:

1. Den nichtplatonischen Zeitgenossen gibt er darin recht, daß es in der Tat Handlungen und Einstellungen gibt, bei deren Bewertung es auf die genaue Beachtung der jeweiligen Umstände ankommt, und unterscheidet mindestens acht solcher (noch in der gegenwärtigen analytischen Handlungstheorie aktuellen[2]) Umstandsbestimmungen *(peristáseis, circumstantiae)*: Es sei zu berücksichtigen, (1) wer etwas tut, (2) was einer tut, (3) in bezug auf was oder an wem, (4) wann, (5) wo, (6) womit jemand etwas tut (ob zum Beispiel mit einem Werkzeug), (7) weshalb einer etwas tut (etwa um jemandem zu helfen) und schließlich (8) mit welcher Intensität (nachdrücklich oder lässig und säumig)[3].

2. Eine gewisse nicht theoretisch und vor allem nicht mathematisch fixierbare Unbestimmtheit des sittlich Richtigen stellt Aristoteles sodann bei dem Tatbestand fest, der zu seinen bleibenden Entdeckungen auf dem Gebiet der Ethik gehört. Aristoteles hat bemerkt, daß viele Einstellungen und Tugenden sich am besten so beschreiben lassen, daß man sie als die richtige Mitte zwischen zwei entgegengesetzten Fehlhaltungen und -handlungen faßt. Die Großzügigkeit beispielsweise ist die «Mitte» zwischen dem «Zuviel» der Verschwendung auf der einen, dem «Zuwenig» des Geizes auf der anderen Seite; die Tapferkeit ist die «Mitte» zwischen der Tollkühnheit und der Feigheit; das richtige Verhältnis zu körperlichen Empfindungen ist die mittlere Haltung zwischen dem «Zuwenig» des Stumpfsinns bzw. völliger Empfindungslosigkeit und dem «Zuviel» eines übermäßig-nachgiebigen Lustbedürfnisses. An diesen Beispielen wird zugleich deutlich, daß die Mitte nie mathematisch-eindeutig zu definieren ist, sondern einmal (in den beiden ersten Fällen) mehr nach dem Zuviel, in anderen Fällen (im dritten Beispiel) mehr nach dem Zuwenig hin tendiert. Zu bestimmen, was das jeweils Richtige ist, ist Sache des ethisch gebildeten und erfahrenen Situationsgeschmacks des klugen Menschen.[4] Jedenfalls ist die Mitte relativ und in bezug auf uns, nicht ein für allemal durch Rekurs auf eine objektive Norm festzulegen (NE 1106 a 26 ff).

3. So zentral in der aristotelischen Ethik der Gedanke ist, daß die Tugend ihrer Substanz und ihrem Wesensbegriff nach eine Mitte ist (zugleich jedoch auch das Beste und Äußerste, NE 1107 a 6), wird dennoch – von den handbuchmäßigen Darstellungen zumeist unterschlagen – ein-

dringlich betont: Es kennt nicht jede Handlung und jeder Affekt eine Mitte, da sowohl manche Affekte wie Schadenfreude, Schamlosigkeit und Neid als auch manche Handlungen wie Ehebruch, Diebstahl und Mord schon ihrem Namen nach die Schlechtigkeit in sich schließen. Denn alles dies und ähnliches wird darum getadelt, weil es selbst schlecht ist, nicht sein Zuviel und Zuwenig. Demnach gibt es hier nie ein richtiges Verhalten, sondern immer lediglich ein verkehrtes, und das Gute liegt bei solchen Dingen nicht in den Umständen, wie wenn zum Beispiel beim Ehebruch danach gefragt werden könnte, mit wem und wann und wie er erlaubt sei, sondern es ist überhaupt gefehlt, irgend etwas derartiges zu tun (NE II 6, 1107 a 6 ff). In diesen Zusammenhang dürften als Normen die ewigen und ungeschriebenen, das heißt nicht von Menschen festgelegten und problemlos abänderbaren Gesetze gehören (Tote bestatten usw): «Natürlich ist jenes Recht, das überall die gleiche Geltung hat, unabhängig davon, ob es den Menschen gut scheint oder nicht» (NE V, 1134 b 19).

4. Aristoteles kennt daneben solche Normen, die partikulär und für die einzelnen Staaten eigentümlich sind im Unterschied zu denen, die allgemein und «gemäß der Natur» gelten.[5] Auf bloßer Festlegung beruhen beispielsweise die Maßeinheiten, für Einzelfälle getroffene gesetzliche Bestimmungen u. dgl.[6]

III. Die Frage nach der Norm des Sittlichen wird ausdrücklich als ein Problem zwischen Platon und den Sophisten aufgenommen (NE III 6, 1113 a 15 ff). Vom menschlichen Wollen sagen die einen, es gehe auf das wirklich Gute, die anderen, es gehe auf das, was als gut erscheint. Beide Lösungen haben ihre Schwierigkeiten. Für die, welche (nur) das an sich Gute als Gegenstand des Wollens bezeichnen, folgt aber dann, daß das, was jemand will, der nicht richtig wählt, nicht als gewollt gelten kann – denn wäre es gewollt, so wäre es auch gut, und doch war es eben schlecht. Dagegen folgt für die, denen das als gut Scheinende Gegenstand des Wollens ist, daß der Gegenstand des Wollens nicht von Natur ein solcher ist, sondern daß es für jeden dasjenige ist, was ihm so scheint. Das ist aber bei dem einen dies, bei dem anderen das und unter Umständen das Gegenteil vom ersten. Da also beide einander entgegengesetzten Positionen nicht richtig sein können, schlägt Aristoteles folgende Lösung vor: Das schlechthin und in Wahrheit Gute ist Gegenstand des Wollens – Platons Position; für den einzelnen aber ist – wie es Protagoras angenommen hatte – gut, was ihm als gut erscheint. Die spezifisch aristotelische, vermittelnde Lösung besagt: Die Menschen sind in dem, woran sie Gefallen und Geschmack finden, nicht gleich, das ist eine alte, von Aristoteles übernommene und bestätigte Einsicht; aber sie sind in ihrer Verschie-

denheit nicht gleich zu bewerten: Es gibt wertmäßige Unterschiede des
Geschmacks, es gibt Menschen, die Freude und Geschmack am wirklich
Guten finden. Und so kann Aristoteles sagen: Gut ist, was dem Guten als
gut erscheint; und: Gut ist der, der Freude und Geschmack am Guten
findet, dem das an sich Gute als ein Gut erscheint.

«Für den Tugendhaften also ist es das in Wahrheit Gute, für den Schlechten aber jedes
Beliebige, gerade wie» – so fährt Aristoteles, ein protagoreisches Beispiel durch die
Identifikation eines bestimmten Erscheinenden mit dem, was es in Wahrheit ist, eindeutig in platonischem Sinne transformierend, fort – «gerade so wie in bezug auf den
Körper denen, die sich wohl befinden, dasjenige gesund ist, was es in Wahrheit ist,
dagegen den Kranken etwas anderes; und ähnlich ist es auch mit dem Bitteren und
Süßen, dem Warmen, dem Schweren usw. Der Tugendhafte nämlich urteilt über alles
und jedes richtig und findet in allem und jedem das wahrhaft Gute heraus. Denn für
jede Befindlichkeit gibt es ein eigenes Gutes und Lustbringendes, und das ist vielleicht
der am meisten unterscheidende Vorzug des Tugendhaften, daß er in jedem Ding das
Wahre sieht und daß er daher seinerseits gleichsam die Regel und das Maß dafür ist.
Die Menge aber wird durch die Lust betrogen, die ein Gut scheint, ohne es zu sein»
(NE 1113 a 25 – b 2).

Die aristotelische Lösung ist prekär, nicht an sich und nicht hinsichtlich
ihrer theoretischen Valenz, sondern darum – aber das könnte auch für sie
sprechen –, weil ihr der offensichtliche Versuch einer Vermittlung zwischen den Extremen Platon und Sophistik so ausgelegt wird, daß zumeist
verkannt wird, daß es sich um eine eigenständige Lösung und nicht um
den Kompromiß eines bloßen Mittelweges handelt; aus platonischer Optik erscheint die aristotelische Lösung leicht als protagoreisch-sophi-
stisch-relativistisch, vom sophistischen Standpunkt aus ist Aristoteles
um nichts besser als ein platonischer Normenabsolutist. Um – ohne in
irgendeiner Weise das sophistische Moment abschwächen zu wollen –
den platonischen Charakter der aristotelischen Antwort herauszustellen,
seien vier Punkte erinnert: (1) Es gibt einen Gegenstand des Wollens, der
von Natur ein solcher ist, das schlechthin und in Wahrheit Gute. (2) Es
gibt Dinge, die als gut erscheinen, ohne es zu sein (wie die Lust). (3)
Unüberhörbar ist die in aristotelischen Texten außergewöhnlich seltene
Schärfe einer Stelle aus «De generatione et corruptione» (I 8, 325 a 20):
«Nicht einmal ein Wahnsinniger hält zwei verschiedene Objekte der
Wahrnehmung für einerlei; nur in der Ethik identifizieren manche kraft
der Gewohnheit ein wirkliches Gut mit einem Scheingut – solches
scheint tatsächlich einigen wegen ihres Wahnes (dià tēn manían) sich
nicht zu unterscheiden!» (4) Die Temperatur, die dem Gesunden als richtig erscheint, ist die «objektiv» richtige.

IV. In bezug auf die Tugendlehre gibt Aristoteles dem Verfahren des

Menon im gleichnamigen platonischen Dialog recht: «Man täuscht sich überhaupt, wenn man meint, Tugend sei seelisches Wohlbefinden oder rechtes Handeln oder etwas derartiges, und die, wie Gorgias, die Tugenden der Reihe nach aufzählen, machen es immer noch weit besser als diejenigen, die sie so definieren» (Politik I 13, 1260 a 25). Wie bei Platon geht es auch hier nicht um die Alternative zwischen zwei formalen Definitionstechniken, sondern um den inhaltlichen Begriff der Tugend selbst. Aristoteles pluralisiert – im Gegenzug gegen Platons Tendenz auf Einheit –, und er kommt dabei den alltäglichen Sprech- und Denkweisen näher. Er unterscheidet zunächst – wohl eher im Sinne des Protagoras – zwischen solchen Tugenden, die es mit Intellekt, Einsicht, Vernunft, Kenntnissen und Wissen zu tun haben – er nennt sie die dianoetischen Tugenden –, und solchen, die es mit menschlichen Einstellungen, Affekten und dem irrationalen Seelenteil zu tun haben. Diese heißen ethische Tugenden, weil sie es – gemäß dem griechischen Wort – mit dem Ethos, der Sitte und der Gewöhnung zu tun haben (vgl. NE 1103 a 3 ff).

Beide Sorten von Tugenden werden jeweils weiter differenziert. Die platonische Einheitsvernunft aufsprengend, unterscheidet Aristoteles: (1) das Wissen, das sich auf das Ewige, Unwandelbare und Notwendige bezieht, das vom Menschen nur erkannt, aber nicht gestaltet werden kann (der Kosmos, die Zahlen, das Göttliche), dies ist die (theoretische) Wissenschaft *(epistḗmē)* und in ihren höchsten Formen die Weisheit *(sophía)* oder Philosophie (Erkenntnis der ersten Gründe alles Seienden); (2) das intellektuelle Können, das die Hervorbringung und Verwaltung von außermenschlichen Dingen ermöglicht, nennt er «Kunst(-fertigkeit)» *(téchnē,* lat. *ars),* also etwa die Schiffsbaukunst, die Städtebaukunst, die Architektur usw.; (3) die im engeren Sinne praktische Vernunft, die Klugheit *(phrónesis)* oder sittliche Einsicht hat es mit dem Handeln *(prắxis)* und dem aufgrund von Überlegen, Planen und Entscheiden zu realisierenden menschlichen Gut zu tun. Wer sie besitzt, wer also «ein Mann der guten Überlegung schlechthin ist, ist der, welcher durch Beratschlagung das größte durch Handeln erreichbare menschliche Gut zu treffen weiß» (NE 1141 b 12). Zur Klugheit gehören Erfahrung, Treffsicherheit, Findigkeit, schnelle Erfassung einer Situation, überhaupt Situationsgeschmack, Urteilsfähigkeit, auch gegenüber fremder Rede und fremdem Rat, Kenntnis von Lebensumständen und Vertrautheit mit mannigfachen Einzelheiten, aber auch ein Blick fürs Ganze, Verständigkeit und auch Verständnis, das heißt Billigkeit und Nachsicht mit anderen Menschen.

Diese dianoetische Tugend der praktischen Vernunft oder Klugheit macht erst zusammen mit der ethischen Tugend (oder den ethischen Tugenden) die eigentlich menschliche Tugend aus. Aristoteles argumentiert: Sokrates hatte darin unrecht, daß er die ethischen Tugenden insgesamt für besondere Arten des Wissens ansah; daß er sie aber als untrennbar von der Vernunft im Sinne der Klugheit dachte, darin urteilte er durchaus zutreffend. Ein Beweis dafür liegt darin: Heutzutage unterläßt es niemand, der die Tugend definieren will, anzugeben, daß dieselbe der rechten Vernunft entspricht; die rechte Vernunft aber ist die der Klugheit gemäße. Man muß aber noch einen kleinen Schritt weitergehen. Nicht die Grundeinstellung, die bloß «der rechten Vernunft gemäß» ist, ist Tugend, sondern die mit der rechten Vernunft untrennbar verbundene sittliche Grundeinstellung ist es. Sokrates meinte also, die Tugenden seien je besondere Äußerungen der Vernunft – sie sollten ja insgesamt Wissenschaften sein –, wir dagegen sagen, sie seien mit der Vernunft verbunden. So ergibt sich, daß man nicht im eigentlichen Sinn tugendhaft sein kann ohne Klugheit noch klug ohne die sittliche Tugend (NE 1144 b 18–32). – Aristoteles sprengt aber nicht nur die platonisch-sokratische Einheitstugend auf, sondern insgesamt auch die kanonische Vierergruppe der sogenannten Kardinaltugenden: Statt der dort (neben der Weisheit) genannten drei Qualitäten Gerechtigkeit, Tapferkeit und Besonnenheit hat er etwa 15 ethische Tugenden benannt und behandelt.[7]

V. Mit der Unterscheidung von Theorie und Praxis, den göttlichen, ewigen und notwendigen Dingen und dem Bereich der kontingenten menschlichen Angelegenheiten hat Aristoteles auch das höchste Gut zweifach differenziert. Letzter Zielgegenstand der menschlichen Praxis und also erstes Thema der praktischen Philosophie ist ein Gut mit der vierfachen Bestimmung: Es muß ein menschliches Gut sein, es muß durch menschliche Praxis zu realisieren sein, und es muß das sein, was die Menschen in all dem, was sie tun, als letztes anstreben. Dieses letzte Ziel ist jedoch – viertens – nicht so zu denken, daß es als ein vom Leben und der Praxis ablösbares äußeres ‹Werk› gewissermaßen am Ende produziert würde, sondern es ist dem Handlungs- und Lebensvollzug immanent, so wie für den, der ‹zweckfrei› spielt, der erfreuliche (aristotelisch gesprochen: der gute) Vollzug des Spielens selbst der Zweck ist. Aristoteles weiß sich in Übereinstimmung mit allen Philosophen und den Überzeugungen der nichtphilosophischen Menschen, wenn er als den letzten Zweck des Handelns und Lebens das gute und gelingende Leben oder das Glück bzw. die Glückseligkeit (Eudämonie) benennt. Auch wer – vordergründig gesehen und seiner eigenen Überzeugung nach – ‹nur› nach Lust oder Macht oder Ansehen oder Reichtum strebt, tut dies darum, weil er meint, daß diese Güter den Inhalt des Glücks ausmachen. Aristoteles lehrt: Die Glückseligkeit ist der Preis und das Ziel der Tugend und also das Beste und etwas Göttliches und Seliges (NE 1199 b 16 ff). Sie verdient daher nicht nur Lob wie die Tugend, sondern etwas Größeres und Besseres: eine Seligpreisung. Sie ist das Allerbegehrenswerteste, insofern sie alles das in sich enthält, dessen der Mensch bedarf und was er nur wünschen kann, so daß der, wer sich ihrer erfreut, keinen über sie hinausgehenden Wunsch mehr hat. Sie ist daher mit keinem anderen, was man sonst auch begehrt, von gleicher Art. Denn wäre sie das, so würde sie durch das Hinzutreten des kleinsten Gutes noch in höherem Grade begehrenswert, da das Hinzugefügte ein Mehr an Gutem bedeutet und das größere Gut auch naturgemäß immer mehr begehrt wird (NE 1097 b 14–21).

Was die Glückseligkeit inhaltlich ist, bestimmt Aristoteles im Ausgang von der für den Menschen im Unterschied zu allem, was sonst lebt, spezifischen Art des Lebens als seiner ihm eigentümlichen ‹Leistung›. Das bloße Leben in Wachstum und Ernährung kann es nicht sein, das haben die Pflanzen auch; auch die Betätigung der Sinne kommt (als gemeinsam mit den übrigen Sinneswesen) nicht in Betracht. So bleibt also nur eine Betätigung des vernunftbegabten Seelenteils, und zwar eine gekonnte, mit Kompetenz oder, wie die Griechen sagten, mit Tugend vollzogene Betätigung. ‹Tugend› ist hier – daran sei erinnert – nicht im neuzeitlichen moralischen Sinn zu verstehen, sondern meint in einem so umfassenden Sinn jede Funktionstüchtigkeit und Tauglichkeit zu einer je spezifischen Leistung, daß Aristoteles, wie auch Platon, von einer Tugend des Auges, des Pferdes, eines Schiffs, eines Messers, eines Besitzstücks ingesamt und eines einzelnen sprachlichen Ausdrucks, des Körpers, ja sogar eines Diebes sprechen kann; immer ist der Bezug zu einer spezifischen Aufgabe mitgedacht.[8]

Daraus ergibt sich: Das spezifisch menschliche Gut, die Glückseligkeit, ist der Tugend gemäße Tätigkeit der Seele (NE 1098 a 17), wir können übertragen: eine gekonnte und beherrschte, mit ausgebildeter Vernunft vollzogene Lebenstätigkeit; oder in einer Kurzformel: ein gutes Leben. Diese Wendung enthält im Griechischen wie im Deutschen zwei Seiten. Wenn von jemandem gesagt wird, er habe gut gelebt, so impliziert dieses Lob die Anerkennung einer exemplarisch sittlichen Lebensführung wie zugleich die Feststellung, daß es ihm an den Dingen, die das Leben angenehm machen, nicht gemangelt hat. Aristoteles hat mit Nachdruck diese von der Sprache vorgedachte wie vom allgemeinen Empfinden der Menschen für ein gelungenes und erwünschtes Leben postulierte Doppelseitigkeit festgehalten. Gleich nach der Ableitung der summarischen Definition «Glück ist tugendgemäße Tätigkeit der Seele» trägt er zwei dem Menschen unverfügbare Gegebenheiten nach und resümiert schließlich:

«Was hindert uns, als glückselig denjenigen zu bezeichnen, der gemäß vollendeter Tugend tätig und dabei mit den äußeren Gütern wohl ausgestattet ist, und das nicht nur eine kurze Zeit, sondern ein ganzes, volles Leben lang; oder sollen wir noch hinzusetzen, daß er auch in Zukunft so leben und in diesen Verhältnissen sterben müsse, da wir die Zukunft nicht kennen und doch von der Glückseligkeit behaupten, daß sie Endziel und schlechthinige Vollendung ist? Demgemäß werden wir diejenigen unter den Lebenden glückselig nennen, denen die genannten Dinge zukommen und zukommen werden, aber freilich glückselig nur soweit es einem Menschen möglich ist» (NE 1101 a14 ff).

## 6 Die hellenistischen Schulen: Stoa und Epikureismus

Der lehrmäßige Gegensatz zwischen den beiden großen Schulen der hellenistischen Zeit, dem Epikureismus und der Stoa, liegt auf der Hand und ist immer wieder besprochen worden; doch darf man darüber die fundamentalen Gemeinsamkeiten nicht außer acht lassen. Die Schulen Epikurs und Zenos sind «ein Paar feindlicher Dioskuren» (G. Nebel), ihre Streitigkeiten sind ein Streit unter Brüdern. Erst hier findet sich eine Aufspaltung in sich scharf und bewußt voneinander abhebender ‹Schulen›; erst jetzt wird die Philosophie hauptsächlich zur Ethik und praktischen Unterweisung in der *ars vivendi* (die übrigen philosophischen Disziplinen – Naturphilosophie und Logik bzw. Erkenntnistheorie – werden ausschließlich funktional auf die Begründung und Verteidigung einer moralischen Weltanschauung und Anweisung zur moralischen Selbstbehauptung bezogen). Zentralgegenstand der Ethik wiederum wurde – was in dieser ausschließenden Eindeutigkeit weder von Platon noch von Aristoteles noch gar von den älteren Lebenslehren gesagt werden kann – die Frage nach dem höchsten Gut und letzten Lebensziel. Ausschließlich das Interesse an Begriff und Ermöglichung, an Gewinn und Erhaltung der Glückseligkeit[9] begründet nun das Interesse an Philosophie. Die Differenz zwischen den Schulen sind daher Differenzen in der Lehre vom Glück. Als weitere Gemeinsamkeiten kommen hinzu ein ausgesprochener Dogmatismus und das Bestreben, Philosophie in systematischer Gestalt zu entwickeln und vorzutragen. Beide Schulen trauen der Philosophie und dem Gedanken zu, Glück und Lebensorientierung überhaupt und auf Dauer zu garantieren. Als letzter Grund dieser innerphilosophischen Brüderverwandtschaft und Familienähnlichkeit ist die gemeinsame Zeitsignatur anzunehmen: das Ende eines echt politischen Lebens nach dem Ende des autonomen sowie ethisch und größenmäßig überschaubaren Stadtstaates.

Die klassisch-hellenische Ethik ist ohne den Boden der Polis Athen nicht denkbar. Der Ausspruch, einen Menschen zu erziehen heiße, ihn zum Bürger eines Staates mit guten Gesetzen zu machen, wird mehreren der älteren Weisen zugeschrieben: Noch Platons «Politeia» ist ununterscheidbar Ethik und Politik oder eigentlich nur Politik. Bei Platon finden wir keine von der Metaphysik einerseits, der Politik andererseits unterschiedene Ethik. Erst Aristoteles hat sachlich und buchmäßig die Bereiche getrennt; aber auch bei ihm werden gleich im ersten Kapitel der Nikomachischen Ethik (1094 a 26) deren Untersuchungen der Politik zugewiesen. Im Hellenismus dagegen wird das Interesse von Individuen an der Bewahrung ihrer moralischen Identität unter zum Teil extremen Lebensbedingungen zum Hauptgegenstand der ethischen Reflexion. Das Individuum wird dabei nicht mehr als im Staat lebender Bürger aufgefaßt, er steht gewissermaßen vermittlungslos dem Kosmos gegenüber, und es hing nun – was die metaphysisch-ontologische Basis und das Weltgefühl der beiden Schulen anging – alles davon ab, daß man in dem einen Fall die Welt als von Vernunft und göttlichem Geist durchwaltet dachte, im anderen als ein Zufallsprodukt von sinnfreien Atombewegungen.

Die Ethik der Stoa läßt sich in folgenden Lehren zusammenfassen:

1. Der Kernsatz der stoischen Ethik verkündet und schärft ein: Nur das Sittlich-Gute, das Schöne ist ein Gut *(nihil bonum nisis honestum).* Hieraus ergeben sich mit systematischer Konsequenz sämtliche anderen Lehren. Man versteht sie nur aus dem, was sie jeweils negieren, vor allem aus ihrer Funktion als Gegenthese zur aristotelischen Güterlehre, speziell zur dreifachen Einteilung der Güter in solche der Seele (Glück, Tugend), des Leibes (Schönheit, Gesundheit, Kraft) und äußere Werte (Reichtum, Macht, Ehre) bei Aristoteles. Die körperlichen wie äußeren Güter sind nach stoischer Überzeugung und stoischem Grundsatz keine Güter. Negiert wird sodann die aristotelische Stufung von (a) bloßen Nutzgütern, (b) sittlich Schönem und daher Lobenswertem und (c) Preiswürdig-Göttlichem wie die Glückseligkeit. Über die Tugend hinaus gibt es keinen Wert, unter ihr gibt es nichts, was das Prädikat, gut zu sein, verdiente.

2. Alle Güter sind gleich, und jedes Gut ist in höchstem Maße wünschenswert und weder einer Schwächung noch einer Verstärkung zugänglich (Diogenes Laertius VII 101).

3. Das Schöne ist identisch mit der Tugend; darum gelten für sie die gleichen Aussagen wie für das Gute: (a) Alle Tugenden und Tugendhaften sind untereinander gleich (Cicero, De finibus IV 21); (b) wer eine von ihnen – die Einsicht oder die Gerechtigkeit oder Tapferkeit oder das Maßhalten – besitzt, besitzt sie alle (Diogenes Laertius VII 125).

4. Es gibt kein Mittleres zwischen Tugend und Laster, vor allem keine Übergangsstufen und keine Annäherung und keinen Zusatz (ebd., VII, 127).

5. Die Tugend ist unverlierbar, sie wird, wo sie gegeben ist, beständig ausgeübt und ist beständig gegenwärtig (ebd., VII, 98.128).

6. Dementsprechend müssen alle vom Weisen ausgehenden rechten Handlungen sowohl gleich wie auch sofort in allen ihren Teilen vollständig sein, denn in dieser Vollkommenheit liegt ja der Grund, weshalb wir sie erstreben; dieses Gute also ist derartig, daß wir es nicht erst durch quantitative Zutat noch durch graduelle Steigerung noch durch Vergleichung mit anderen Dingen, sondern lediglich aufgrund seines ihm eigenen und eigentümlichen Wesens als gut erkennen und benennen (Cicero, De finibus II 32).

7. Analog sind sämtliche Fehlhandlungen und Fehler einander gleich (ebd., IV 55). Die außermoralischen Folgen einer Handlung sind absolut gleichgültig für die Bewertung ihrer Moralität.

8. Alle, die nicht weise sind, sind in gleicher Weise elend: wie ein Ertrinkender, der unter der Wasseroberfläche ist, ebensowenig atmen kann, wenn er noch ganz tief unten ist oder schon kurz vor dem Auftauchen (Cicero, De finibus III 48; VI 64; Seneca, Epistula 71,28[10]).

9. Alle Weisen sind (a) in gleicher Weise und (b) in höchstem Maße vollkommen und immer glücklich, sie leben unabhängig von äußeren Zufällen, durch nichts behindert und beschwert (Cicero, De finibus III 26; Disputations Tusculanae IV 38: *perfecte atque absolute beate*).

10. Die Dauer des Glücks fügt ihm nicht das mindeste an Steigerung hinzu (Cicero, De finibus III 48; IV 30); nicht einmal durch häufige Wiederkehr von tugendhaften Handlungen erfährt das Glück eine Vermehrung.

Durch die These, daß allein das Sittlich-Gute und die Tugend ein Gut seien, kamen die Stoiker in die Gefahr, mit einer Position verwechselt zu werden, die sich zu eigen zu machen sie doch scheuten und die Chrysipp scharf bekämpfte[11]: mit den Lehren des Pyrrho und Ariston. Diese überspitzten das Axiom, daß nur die Tugend ein Gut sei, derart, daß sie alle anderen ‹Güter› und Gegebenheiten als absolut indifferent behaupteten. Diese Position galt für auch alle anderen ethischen Schulen als schlechthin indiskutabel: Hier zeigt sich der ‹antikantische Grundzug› der gesamten antiken Ethik. Bei der Bestimmung der Tugend kann nach dieser Überzeugung das Materiale nicht außer acht gelassen werden, insofern es zu deren Wesen und zu den Aufgaben der Weisheit und Lebenskunst überhaupt gehört, sich auswählend und gebrauchend auf natürliche Güter zu beziehen (vgl. Cicero, De finibus II 35; V 23). Wenn alle Außendinge schlechthin indifferent und wirklich nur die Tugenden Güter sind, hebt sich die Tugend selbst auf. Um dieser Folgerung zu entgehen, nannten die Stoiker die außersittlichen Lebensgüter zwar auch «gleichgültige Gegebenheiten» *(adiáphora)*, weil sie nicht wirkliche Güter und daher für das Glück (letztlich) gleichgültig seien. Sie ließen aber doch Wertdifferenzen unter ihnen bestehen: Gesundheit, Reichtum, Begabung, ein guter Ruf, Schönheit usf. sind «wünschenswert» und «vorgezogen» und «schätzungswert» *(praeposita* und *praecipua,* Diogenes Laertius VII 105 f; Cicero, De finibus III 15.50 f). Sie sind «Gleichgültiges mit mittelmäßiger Wertschätzung», auf das letzte Ziel zwar bezogen, aber ohne zu dessen Wesen und Beschaffenheit selbst zu gehören.

Ein Gegenstand ständiger Diskussion und fortschreitend sich überbietender Aufgipfelung waren die paradoxen Thesen über den «Weisen»: Der Weise ist – und nur er allein – König, Diktator, Priester, frei, glücklich, reich, schön, unbesiegbar, von unerschütterlicher Standhaftigkeit, ohne Mangel, von Schicksalsfügungen unabhängig, stets leidenschaftslos, mitleidslos und ohne Milde, frei von Eitelkeit, erfüllt mit strengstem Ernst, trauerfrei, ohne Falsch, von göttlicher Art, von den Göttern geliebt, er vollzieht alles mit Erfolg, ihm gehört alles, er hat Vollmacht zu allem[12]; er ist unfehlbar, überzeugungstreu, verblüffungsfest und täuschungsimmun (Diogenes Laertius VII 117 ff, 162, 177; Cicero, De finibus III 26, 35, 75 ff).

Kant hat folgende Empfindung formuliert: «Die Alten hatten alle den Fehler, daß sie aus ihren Idealen Chimären machten. Die Stoiker aus ihrem Weisen, der als ein Ideal richtig war, aber als wirkliche Vorschrift des menschlichen Verhaltens töricht» (Akademie-Ausgabe XIX 96, Nr. 6585). Man wird freilich sagen müssen: Die stoischen Vorstellungen vom Weisen sind nicht nur «Chimäre» gewesen, sie waren ernstgemeintes Lebensprogramm anspruchsvoller sittlicher Individuen angesichts extremster Bedingungen, sie waren auch Realität. Epiktet ist dafür ein außerordentliches Beispiel: ehemaliger Sklave, gelähmt infolge einer Folterung (Ausrenkung und Brechung des Schenkels) durch seinen Herrn, ein Charakter von eherner, im Feuer unbeugsamer Willensmächtigkeit und Schmerzertragungsfähigkeit geschmiedeter Härte, ist realisierter Typus gewaltiger und gewaltsamer, übermenschlicher Weltüberwindung, herrischer innerer Freiheit und starrer Selbstgenügsamkeit.[13] An ihm sehen wir lebendig und gelebt, was dann bis in die Umgangssprache stoisch heißt und was von Weltmenschen (wie Horaz) nur als *atrox* (entsetzlich, schauervoll) empfunden wird. Gegen eine solche Souveränität des sittlichen Menschen ist schlechthin alles Äußere, alles, «was nicht dem Willen zugehörig ist», machtlos. Diese Unterscheidung als die erste und letzte mußte der Stoiker nach Epiktets «Handbüchlein der Moral» einüben:

«Von den vorhandenen Dingen sind die einen in unserer Gewalt, die anderen nicht. In unserer Gewalt sind Meinung, Trieb, Begierde und Abneigung, kurz: alles, was unser eigenes Werk ist. Nicht in unserer Gewalt sind Leib, Besitztum, Ansehen und Stellung, kurz: alles, was nicht unser eigenes Werk ist. Was in unserer Macht steht, das ist von Natur frei und kann nicht verhindert werden; was aber nicht in unserer Macht steht, das ist schwach, unfrei, behindert und fremdartig... Bei ihm halte dir vor Augen: ‹Es geht mich nichts an›» (Kap. 1).

Die zweite große philosophische Schulrichtung des Hellenismus ist der Epikureismus. Wenige Philosophen sind so mißverstanden worden wie Epikur (342/41–271/70 v. Chr.). Die Gründe liegen sowohl in der Sache, in Epikurs Lehre selbst wie auch in der Uneindeutigkeit des den zentralen Wert seiner Philosophie bezeichnenden Wortes «Lust» (hēdonē, voluptas). Will man Epikurs Lebenslehre Profil geben, so muß man sie absetzen einerseits gegen die Stoa, andererseits gegen das, was man einen uneingeschränkten sensualistischen Hedonismus nennen könnte. Man müßte sie im Hinblick auf die bewußt von Epikur vorgenommene Neuinterpretation dessen, was Philosophie zu leisten hat, zugleich auch absetzen gegen die Philosophie der attischen Klassiker. Immerhin: Epikur wollte zur Tugend treiben, während Zeno sie nur zu erklären unternahm (Kant, Akademie-Ausgabe XIX 174, Reflexion 6827), und er war der Überzeugung, daß «das stets fröhliche Herz nur durch Tugend» zu gewinnen sei (ebd., Refl. 6831). Indem er allerdings der Tugend Triebfedern zu geben unternahm, raubte er ihr, so Kant weiter, den inneren Wert, wohingegen Zeno ihr inneren Wert geben wollte, ihr dabei jedoch die Triebfeder nahm (ebd., Refl. 6838). Zu seinen Gunsten spricht – aus Kants Sicht – ferner, daß sein Ideal in den sittlichen Regeln richtig war und am meisten mit der menschlichen Natur und Neigung zusammenstimmend ist – freilich um den Preis, daß seine ethische Prinzipientheorie weniger wahr war oder sogar ganz falsch ist (ebd., Refl. 6607).

Die Lust, so lehrt Epikur, ist Anfang und Ende des glückseligen Lebens (Diogenes Laertius X 128). Ausgangspunkt ist sie, weil sie (das ist die anthropologische Basisthese) unser erstes angeborenes Gut darstellt, sowie (zweitens), weil sie der Maßstab und das «Lineal» (Kanon) alles Meidens und Wählens ist, insofern diese Seelenregung uns zur Beurteilung jeglichen Gutes dient. Lust als Ziel des glücklichen Lebens meint näherhin: eine aus der Philosophie entspringende, von Irrtum sich freihaltende Betrachtung der Dinge, die unsere teils natürlichen, teils nichtigen Begierden sättigen und jedes Wählen und Meiden in die richtige Beziehung setzen zu unserer körperlichen Gesundheit und zur ungestörten Seelenruhe. «Liegt doch allen unseren Handlungen die Absicht zugrunde, weder Schmerz zu empfinden noch außer Fassung zu geraten.» Das also ist das eigentliche höchste Gut des Epikur: Freiheit von körperlichem Schmerz und seelischer Bekümmernis sowie die Meeresstille der Seele *(galénē)*.

«Haben wir es einmal dahin gebracht, dann glätten sich die Wogen; es legt sich jeder Seelensturm, denn der Mensch braucht sich dann nicht mehr umzusehen nach etwas, was ihm noch mangelt, braucht nicht mehr zu suchen nach etwas anderem, das dem Wohlbefinden seiner Seele und seines Körpers zur Vollendung verhilft» (ebd. X 128).

Man sieht: Epikurs Aussagen implizieren einen zweifachen Lustbegriff (was seine Gegner immer wieder zur Kritik herausgefordert hat und was den Epikureismus in der Tat in eine gewisse Zweideutigkeit bringen mußte, wie Epikur selbst denn auch nie in Form einer Definition präzisiert hat, was unter Lust zu verstehen sei): Die Lust ist sowohl Bedingung und Mittel wie Zweck der Glückseligkeit. Er hat seinerseits zum Zwecke einer Klärung unterschieden zwischen einer Lust in der Ruhe (*stabilitas voluptatis;* ebd., X 136; Cicero, De finibus II 9) und einer Lust in der Bewegung *(voluptas in motu);* ruhige Lustempfindungen sind die Schmerzlosigkeit und die Seelenruhe, Bewegung dagegen ist das charakteristische Kennzeichen der Freude und Fröhlichkeit (Diogenes Laertius X 136). Der Gipfel der Lust ist die Austilgung allen Schmerzes (Kyria Doxa III, Diogenes Laertius I 139). Epikur präzisiert, in welchem Sinn allein die Lust letztes Handlungsziel sein kann: Gerade weil sie

«das erste und angeborene Gut ist, entscheiden wir uns nicht schlichtweg für jede Lust, sondern es gibt Fälle, wo wir auf viele Annehmlichkeiten verzichten, sofern sich später aus ihnen ein Übermaß von Unannehmlichkeiten ergibt, und andererseits geben wir vielen Schmerzen vor Annehmlichkeit den Vorzug, wenn uns aus dem längeren Ertragen von Schmerzen umso größere Lust erwächst. Jede Lust nun ist, weil sie etwas von Natur uns Angemessenes ist, ein Gut, doch nicht jede auch ein Gegenstand unserer Wahl, wie auch jeder Schmerz ein Übel ist, ohne daß jeder unter allen Umständen zu meiden wäre. Nur durch genaue Vergleichung und durch Beachtung des Zuträglichen und Unzuträglichen kann alles dies beurteilt werden» (Diogenes Laertius X 129).

Ambivalent ist die Stellungnahme zur rein körperlichen Lust. Sie ist keine eigentliche Lust, aber auch an sich selbst kein Übel; nur muß man, wie gesagt, manches seiner Folgen wegen meiden (Kyria Doxa VIII, Diogenes Laertius X 141). Epikur unterscheidet (neben der Lust in Ruhe bzw. Bewegung) sehr wohl zwischen seelischer und körperlicher Lust (ebd., X 136 f) und bewertet, im Unterschied zu den kyrenäischen Lustfreunden, die seelischen als die höheren, aber nur um ihrer Extensität willen: Der Körper wird nur von unmittelbar Präsentem affiziert, die Seele darüber hinaus von Vergangenem und Zukünftigem. Aber die körperlichen sind die Basis und Vermittlung für die seelischen Freuden; er wisse sich unter dem Guten nichts zu denken, wenn er von den sinnlichen Lustgefühlen absehe, hat er erklärt.

Ein Schüler (Metrodoros) hat die äußerste Konsequenz auszusprechen sich nicht gescheut: Auf den Bauch bezieht sich das Gute und Schöne, er bildet das Maß für alles, was die Glückseligkeit betrifft, es gilt nichts, die Wohlfahrt der Griechen zu bewirken (das Ziel der klassischen Philosophie in ihrer politischen Zielsetzung!), sondern zu essen und zu trinken in der Weise, daß es dem Magen nicht schadet und man Genuß habe. Auch für Epikur gilt: «Des Fleisches Stimme ist: Nicht hungern! nicht dürsten! Nicht frieren! Denn wenn einer dies besitzt und erwarten kann, es zukünftig zu besitzen, könnte er selbst mit Zeus um das Glück wetteifern.» Und – sicher im Blick auf stoische Tugendreden –: «Ich spucke auf das Edle und auf jene, die es in nichtiger Weise anstaunen, wenn es keine Lust erzeugt!»[14] «Ich dagegen rufe die Menschen zu andauernder Lustempfindung und nicht zu leeren und sinnlosen Tugenden, deren Früchte man nur voller Unruhe erhoffen kann.»[15] Die sinnliche Lust ist nicht nur an sich kein Übel, sie könnte das Höchste sein, wenn sie das Entscheidende zu leisten vermöchte: die ungestörte Ruhe der Seele zu garantieren:

«Wenn das, was die Schlemmer zu ihren Genüssen hintreibt, imstande wäre, die Beängstigungen des Geistes und das Zagen vor den himmlischen Erscheinungen sowie vor Tod und Schmerzen zu bannen und außerdem auch die richtige Lehre einzuprägen über das begrenzte Maß der Begierden, so hätten wir keinen Grund, sie zu tadeln, da diese Genüsse allseitig nur eine Fülle von Lustempfindungen zeigen und nirgends eine Spur von Schmerz oder Seelenleid, in dem doch das Übel besteht» (Kyria Doxa X, Diogenes Laertius X 142).

Hier sind die (neben körperlichen Schmerzen) vier hauptsächlichen Sorgen, welche nach Epikur das Lebensglück der Menschen gefährden: die Sorge vor dem Eingreifen dämonischer Mächte in das alltägliche Geschehen, die Besorgnis vor einer weiteren Existenz nach dem Tod, die Sorge vor absoluter Hemmungslosigkeit des eigenen Begehrens und die Sorge vor depressiver Lethargie aufgrund erlittenen Leidens. Auf knappste Weise hat Epikur die Lebensweisungen und Erkenntnisse, die er an anderer Stelle ausführlich dargelegt hat, im sogenannten Tetrapharmakon (Philodem, Papyrus Herculaneum 1005, col. IV, 10–14) als stets präsentes Mittel zur Soforttherapie bei einem Anfall von seelischer Beängstigung zusammengefaßt:

«Immer sollen dir die vier Heilmittel zur Hand sein:
Vor der Gottheit brauchen wir keine Angst zu haben.
Der Tod bedeutet Empfindungslosigkeit.
Das Gute ist leicht zu beschaffen.
Das Schlimme ist leicht zu ertragen.»

Da die menschlichen Ängste ihrerseits zum Teil durch Philosophie verur-
sachte Ängste sind, hat Epikur gegen sie seine gesamte praktische und,
was man so nennen kann, theoretische Philosophie aufgeboten (vgl. auch
die Kyriai Doxai I–IV). Die feiernde Anschauung des Ganzen der Welt in
der philosophischen Theoria ist nicht, wie bei den Vorsokratikern und
den Klassikern, die höchste Erfüllung des Menschen, sie ist überhaupt
kein Zweck oder gar ein um seiner selbst willen angestrebter Zweck
mehr:

«Wenn uns nicht die Angst vor den himmlischen Erscheinungen quälte und vor dem
Tode als einer vielleicht doch für uns bedeutungsvollen Sache so wie weiter der Umstand, daß wir die Grenzen des Schmerzes und der Begierde nicht kennen, dann bedürf-
ten wir keiner Naturlehre» (Kyria Doxa XI, Diogenes Laertius X 142).

Epikur wollte, wie Kant ihm attestiert hat, durch seine Lehre zur Tugend
führen; denn «Lust und Tugend hängen aufs engste zusammen, ja die
Tugend ist das einzige, was von ihr unabtrennbar ist; alles andere läßt
sich von ihr abtrennen; wie z. B. die Speisen» (Diogenes Laertius X 138).
«Ein lustvolles Leben ist nicht möglich ohne ein einsichtsvolles, lobwürdiges und gerechtes Leben, und ein einsichtsvolles, lobwürdiges und
gerechtes Leben nicht ohne ein lustvolles» (Kyria Doxa V, Diogenes Laertius X 140). Der Grund: «Der Gerechteste ist am sichersten vor Störungen der Seelenruhe, der Ungerechte ist ihnen am meisten ausgesetzt»
(Kyria Doxa XVII, Diog. Laert. X 144). Daß es Epikur nicht um die Tugend an sich ging, sondern um die aus ihr folgende Seelenruhe, zeigt sein
Satz: «Wer heimlich einen Anschlag macht gegen das die gegenseitige
Nichtbeschädigung betreffende Abkommen (das heißt gegen die Gerechtigkeit), der soll sich nicht etwa einbilden, daß sein Beginnen unbemerkt
bleiben werde, mag er für den Augenblick 10000 gegen 1 wetten, daß er
verborgen bleiben werde. Denn ob er es auch bis zum Tode bleiben
werde, weiß niemand» (Kyria Doxa XXXV, Diogenes Laertius X 151).
Daher ist auch die Ungerechtigkeit nicht an sich ein Übel, sondern wird es
nur durch die argwöhnische Furcht, es werde uns nicht gelingen, uns dem
Auge des berufenen Strafvollziehers zu entziehen (Kyria Doxa XIV,
ebd.). Will man die Lehre Epikurs in einer einzigen seiner Weisungen
zusammenfassen, so kann es diese sein:

«Lachen soll man und zugleich philosophieren, seinen Haushalt führen, seine übrigen Fähigkeiten anwenden und niemals aufhören, die aus der richtigen Philosophie stammenden Lehrsätze zu verkünden» (Vatikanische Spruchsammlung, Gnomologium Vatikanum Nr. 41).

## Anmerkungen

1  Vgl. zum folgenden Bien 1972.
2  Vgl. Rescher 1985.
3  Vgl. die Zusammenstellung zu «Umstandsbestimmungen der menschlichen Handlung» in: Aristoteles 1985 (Hg. Bien), 377 (Register).
4  Vgl. die Zusammenstellung zu «Mitte, Übermaß, Mangel» in: Aristoteles 1985 (Hg. Bien), 367 f (Register).
5  Vgl. Aristoteles, Rhetorik I. 10, 1368 b 7 und 13, 1373 b 4.
6  Eine Aufzählung findet sich bei Aristoteles, NE V 10, 1134 b 22 ff und 1135 a 1 f.
7  Vgl. die Liste in: Aristoteles 1985 (Hg. Bien), 275 f (Erläuterung zu NE 1107 a 33).
8  Vgl. zu «Tugend», «Tüchtigkeit», «Vollkommenheit», «Wert» in: Aristoteles 1985 (Hg. Bien), 375.
9  Vgl. Bien 1982.
10  Vgl. Pohlenz 1950, Bd. I, 165.
11  Vgl. Pohlenz 1950, Bd. I, 119.
12  «Der Weise wird sogar Menschenfleisch essen, wenn die Umstände es mit sich bringen» (Diogenes Laertius VII 121).
13  Vgl. Rabbow 1954, 132.
14  Epikur, Von der Überwindung der Furcht, Fragment 119 (in: Epikur 1968, 165).
15  Epikur, Von der Überwindung der Furcht, Fragment 15 (in: Epikur 1968, 116).

## Zitierte Literatur

Aristoteles 1985: Nikomachische Ethik. Hg. v. G. Bien. 4. Aufl. Hamburg.
– 1966: Metaphysik. Übers. v. H. Bonitz. Reinbek bei Hamburg.
Bien, G. 1972: Die menschlichen Meinungen und das Gute. Die Lösung des Normproblems in der Aristotelischen Ethik. In: M. Riedel (Hg.): Die Rehabilitierung der praktischen Philosophie. Bd. I, 345–371.
– 1982: Himmelsbetrachter und Glücksforscher. Zwei Ausprägungen des antiken Philosophiebegriffs. In: Archiv für Begriffsgeschichte 26 (1982), 171–178.
Cicero, Marcus Tullius 1960: De finibus bonorum et malorum. Von den Grenzen im Guten und im Bösen. Hg. v. K. Atzert. Zürich / Stuttgart.
– 1973: Gespräche in Tusculum. Tusculanae Disputationes. Hg. v. O. Gigon. Stuttgart.
Diogenes Laertius 1968: Leben und Meinungen berühmter Philosophen. Griech. / Dt. Übers. W. O. Apelt. Hg. v. K. Reich und H. G. Zekl. Hamburg.
Epiktet 1974: Handbüchlein der Ethik. Hg. v. E. Neitzke. Stuttgart.

Epikur 1968: Von der Überwindung der Furcht. Katechismus. Lehrbrief. Spruchsammlung. Fragmente. Hg. v. O. Gigon. Zürich.

Herodot 1980: Historie. Griech./Dt. Hg. v. J. Feix. München.

Hesiod 1965: Sämtliche Werke. Hg. v. E. G. Schmidt. 2. Aufl. Bremen.

Platon 1958ff: Sämtliche Werke. Übers. v. F. Schleiermacher. Hg. v. W. F. Otto/E.
Grassi/G. Plamböck. Reinbek bei Hamburg.

Pohlenz, M. 1950: Stoa und Stoiker. Bd. I. Zürich.

Rabbow, P. 1954: Seelenführung. Methode der Exerzitien in der Antike. München.

Rescher, N. 1985: Handlungsaspekte. In: G. Meggle (Hg.): Analytische Handlungstheorie, Bd. I. Frankfurt/M., 1–7.

Snell, B. (Hg.) 1971: Leben und Meinungen der Sieben Weisen. Griech./Dt. 4. Aufl.
München.

Wieland, W. (Hg.) 1978: Antike. In: R. Bubner (Hg.): Geschichte der Philosophie in
Text und Darstellung. Bd. 1. Stuttgart.

**Ergänzende Literatur**

Ackrill, J. L. 1985: Aristoteles. Eine Einführung in sein Philosophieren. Berlin/New
York.

Barnes, J. 1992: Aristoteles. Eine Einführung. Stuttgart (123 ff zur Praktischen Philosophie).

Bien, G. 1985: Die Grundlegung der politischen Philosophie bei Aristoteles. 3. Aufl.
Freiburg/München (mit Bibliographie zur Praktischen Philosophie des Aristoteles).

Forschner, M. 1981: Die stoische Ethik. Über den Zusammenhang von Natur-,
Sprach- und Moralphilosophie im altstoischen System. Stuttgart.

– 1993: Über das Glück des Menschen. Aristoteles, Epikur, Stoa, Thomas von Aquin,
Kant. Darmstadt.

Gil, Th. 1993: Ethik. Stuttgart (1–24 «Antike Ethik»).

Hare, R. M. 1990: Platon. Eine Einführung. Stuttgart.

Höffe, O. (Hg.) 1994: Klassiker der Philosophie. Bd. I. 3. Aufl. München (A. Graeser:
Die Vorsokratiker; J. Mittelstraß: Platon; O. Höffe: Aristoteles; G. Striker: Epikur; A. Graeser: Stoa u. a.).

Hossenfelder, M. 1985: Die Philosophie der Antike. 3. Stoa, Epikureismus und Skepsis (Geschichte der Philosophie Bd. III. Hg. v. W. Röd). München.

– 1991: Epikur. München (155–169 Bibliographie).

Martens, E. 1992: Die Sache des Sokrates. Stuttgart.

Ritter, J. 1969: Metaphysik und Politik. Studien zu Aristoteles und Hegel. Frankfurt/
M. (u. a. 57–105: Das bürgerliche Leben. Zur aristotelischen Theorie des Glücks;
106–132: ‹Politik› und ‹Ethik› in der praktischen Philosophie des Aristoteles).

Schwartz, E. 1951: Ethik der Griechen. Stuttgart.

Totok, W. 1964: Handbuch der Geschichte der Philosophie. I. Altertum. Frankfurt/
M. (zur Ethik: Platon 165ff; Aristoteles 227ff; Stoa 271ff; Epikur und Epikureismus 278ff).

Vorländer, K. 1990: Geschichte der Philosophie mit Quellentexten (neu hg. v. H. Schnädelbach). Bd. 1 Altertum (durchges. v. M. Forschner). Reinbek bei Hamburg.

Wehrli, F. 1964: Hauptrichtungen des griechischen Denkens. Stuttgart (109 ff: Die philosophische Ethik).

Jean-Claude Wolf

# 3 Grundpositionen der neuzeitlichen Ethik

## 0 Vorbemerkung

Konnte Arno Plack noch 1962 im Nachwort zu seiner Dissertation zur materialen Wertethik von der «Spärlichkeit des zeitgenössischen ethischen Schrifttums» (Plack 1962, 237) reden, so ist diese Diagnose inzwischen selbst für die deutschsprachige Philosophie veraltet. Sie war schon damals unzutreffend, beachtet man die disziplinierten und lebhaft geführten Ethikdebatten der englischsprachigen Literatur. Heute heißt es auswählen: Selbst ein Überblick über Grundpositionen kann weder vollständig noch völlig unvoreingenommen sein. In der Ethik gibt es, abgesehen von Verbesserungen der Darstellung, keinen Fortschritt[1] – es sei denn eine wachsende Anerkennung der Pluralität von Grundhaltungen. Vielleicht besteht zwischen der größeren Flexibilität ethischer Theorieansprüche und erweiterter Toleranz im Zusammenleben sogar ein gewisser Zusammenhang. Manche populären Erwartungen an die ‹Ethiker› müssen allerdings enttäuscht werden. Es läßt sich nachweisen, daß der Hang zum ethischen Subjektivismus und Relativismus, der im akademischen Milieu besonders verbreitet ist, das Resultat enttäuschter Erwartungen an die ‹Wissenschaftlichkeit› der Ethik ist.

Ein Grundkurs verfolgt die Einführung in Positionen, die in diesem Jahrhundert entwickelt, kritisiert und wieder neu belebt wurden. Wie vor allem die jüngsten Debatten zum moralischen Realismus und zur Anti-Theorie-Strömung zeigen, sind ältere Optionen der Metaethik und der normativen Ethik wieder auferstanden, wenngleich in neuen Konstellationen.

# 1 Metaethik

Die sogenannte Metaethik hat sich in der ersten Hälfte dieses Jahrhunderts unter dem Einfluß von Moores und Wittgensteins Philosophie entwickelt. Von Moore ging die Anregung aus, metaphysische Sachfragen auf Fragen darüber zu verlagern, was wir eigentlich meinen, wenn wir zum Beispiel ‹Substanz›, ‹Außenwelt› oder ‹gut› sagen. Wittgenstein ging in seiner Spätphilosophie noch einen Schritt weiter, indem er sogenannte metaphysische Fragen durch Fragen bezüglich der Formulierung dieser Probleme ersetzte. Entsprechend gibt es in der entstehenden Metaethik zwei Tendenzen: die Tendenz zu einer gründlichen Vorbereitung der normativen Ethik durch eine Klärung der Bedeutung moralsprachlicher Ausdrücke – wir sprechen von der *propädeutischen Metaethik* – und der reduktionistische Hang zur völligen Ersetzung der inhaltlichen Diskussion moralischer Probleme durch reine Sprachanalyse. Im zweiten Fall sprechen wir von *therapeutischer Metaethik*, das heißt, vom Vorhaben, alle metaphysischen Probleme zu lösen, indem man sie als Scheinprobleme auflöst. Diese metaphysikfeindliche Haltung, in Verbindung mit einer übertriebenen Erwartung an die Leistungsfähigkeit von Sprachanalyse, hat zum sogenannten *linguistic turn* geführt. In den achtziger Jahren dieses Jahrhunderts ist dagegen ein *epistemological turn* zu beobachten und damit eine Rückkehr der klassischen Fragen der Erkenntnis und Metaphysik. Damit wird das Erscheinungsbild von analytischer Philosophie als reiner Sprachanalyse abgelöst von einem erweiterten Verständnis. In Anwendung auf die Moral lauten diese Fragen: Gibt es moralische Erkenntnis, moralische Eigenschaften, moralische Wahrheiten bzw. eine sogenannte moralische Realität?

Die Versuchung, bereits auf der Ebene der Reglementierung des Sprachrahmens gewisse inhaltliche oder normativ-folgenreiche Fragen zu beantworten, ist beträchtlich. Einerseits entsteht damit der Eindruck, die Vorentscheidung sei ‹wissenschaftlicher›, weil Anhängern des sogenannten Neopositivismus [2] nur die Beschäftigung mit Metaethik als wissenschaftlich galt, während sie (nicht ganz zu Unrecht) darauf bestanden, daß Philosophen oder Angehörige der *scientific community* keine spezielle moralische Kompetenz haben. Andererseits muß man dieser Versuchung zur metaethischen Vorentscheidung widerstehen können, sofern man Wert darauf legt, umstrittene Fragen in einer Gesellschaft möglichst durchsichtig zu machen.

Ein Beispiel mag den Vorzug einer neutralen metaethischen Regulierung bestätigen: die Verwendung des Ausdrucks ‹Mensch› in der Abtreibungsdebatte. Natürlich sind in einem sehr weiten und bloß biologisch faßbaren Sinn alle Wesen von der Zeugung bis zum Tod, sofern sie zu unserer Spezies gehören, Menschen. Kann man daraus jedoch die Forderung ableiten, auch Föten seien menschliche Wesen und daher *menschlich* zu behandeln? Es scheint nicht allen Gesprächsteilnehmern klar zu sein, daß diese Art von Rhetorik mit einer Verschiebung des Ausdrucks ‹Mensch› und ‹menschlich› operiert, nämlich mit einem unbemerkten oder jedenfalls nicht signalisierten Übergang von ‹Angehöriger der Spezies homo sapiens› zu ‹Wesen mit Bewußtseinsqualitäten›. Wird nun diese Unterscheidung in der Metaethik nicht getroffen, sondern eine umfassende Explikation eingeführt, so hat das zwar den Vorteil, daß damit der gewöhnliche Sprachgebrauch gut widergespiegelt wird und bereits die Weiche für eine moralische Entscheidungsfindung gestellt ist. Doch der gravierende Nachteil besteht darin, daß damit umstrittene normative Fragen bezüglich des moralischen Status von Föten und Tieren durch sprachliche Verschleierung, gleichsam hinter dem Vorhang beantwortet werden. Insofern ist also eine Explikation des Prädikators ‹Mensch›, welche der genannten Unterscheidung Rechnung trägt, neutraler. Ist die neutralere Definition deshalb auch weniger interessant oder weniger nützlich? Ist die sogenannte Neutralität der Metaethik, falls sie möglich sein sollte, ein Vorzug oder nicht?

Die Neutralität der Metaethik könnte als Makel erscheinen, wenn man von der Metaethik direkte Entscheidungshilfe oder Ersatz der normativen Ethik (im Sinne der *therapeutischen* Metaethik) erwartet; doch Neutralität ist eine Tugend, wenn man von der Metaethik im Sinne einer *propädeutischen* Sprachanalyse lediglich die Vorbereitung einer möglichst transparenten Diskussion erwartet, in der die Pro- und Contra-Argumente explizit und unterscheidbar an den Tag treten.

Im Sinne einer propädeutisch eingesetzten Metaethik ist deren Neutralität eine (methodologische) Tugend. Sie dient der besseren Verständigung und der Vorbereitung auf den inhaltlichen Disput, der sich von einem verdeckten Streit um Worte unterscheidet. Aus Gründen der Verständigung und der zweckmäßigen Problemlösung sind daher neutralere Explikationen von Schlüsselbegriffen des moralischen Vokabulars weniger neutralen vorzuziehen. Metaethik sollte sogar so formal bleiben, daß sie nicht einmal eine Vorentscheidung für den Universalismus und gegen den Partikularismus fällt. Entsprechend sind allzu inhaltliche Definitionen des moralischen Standpunkts abzulehnen, welche nicht nur irgendeine Berücksichtigung anderer, sondern bereits eine gleiche oder unparteiliche Berücksichtigung einschließen.

## 1.1  Naturalismuskritik seit G. E. Moore

Anfangs dieses Jahrhunderts hat George Edward Moore (1873–1958) einen erstaunlichen Einfluß ausgeübt. Im Unterschied zu seinen utilitaristischen Vorfahren Jeremy Bentham (1748–1832) und John Stuart Mill (1806–1873) verteidigt Moore nicht nur sogenannte ideale Werte wie Kunst, Wissen und Freundschaft, die sich nicht auf Lust zurückführen lassen, sondern er bekämpft auch den Hang zum Naturalismus und Empirismus dieser Vorfahren. Seine Alternative ist ein Wertintuitionismus, dessen Wurzeln in Platons Ideenlehre liegen. Parallele Entwicklungen zu einer Phänomenologie des intentionalen Wertfühlens und einer Wertontologie findet man etwa zur gleichen Zeit bei Franz von Brentano, Max Scheler, Nicolai Hartmann und Dietrich von Hildebrand.

Obwohl Moore durch seine Kritik am sogenannten naturalistischen Fehlschluß berühmt wurde, ist es, trotz ausführlicher exegetischer und systematischer Anstrengungen, bis heute nicht klar, worin dieser naturalistische Fehlschluß besteht und wer ihn historisch tatsächlich begangen hat. Die Hauptzielscheiben von Moore – John Stuart Mill und Herbert Spencer – scheinen den Fehlschluß in der einen oder anderen Interpretation gar nicht begangen zu haben. Mill hat nämlich geglaubt, die Tatsache, daß Menschen nach Lust streben, sei der einzige Anhaltspunkt dafür, daß Lust in sich gut ist. Man sollte jedoch dringend beachten, daß Mill im Übergang von dem, was gewünscht wird, zu dem, was wünschenswert ist, keinen strengen Beweis vor Augen hatte. Bereits Henry Sidgwick (der unmittelbare Vorgänger Moores, der von 1838 bis 1900 lebte und viele Argumente von Moore vorweggenommen hat) geht stillschweigend von der Annahme aus, Mill hätte einen strengen Beweis (sei es mit Hilfe einer logischen Deduktion, sei es mit Hilfe einer Wesensdefinition des ‹Guten›) angestrebt (vgl. Sidgwick 1907, 84 f, 386–389).

Ein wichtiger, doch immer wieder vernachlässigter Punkt besteht darin, daß das sogenannte Sein-Sollen-Problem – streng logisch kann man nicht von Sein auf Sollen schließen – nicht deckungsgleich ist mit dem, was Moore als naturalistischen Fehlschluß bezeichnet. Es handelt sich weniger um einen Fehlschluß im Sinne der Verletzung einer logischen Schlußregel als vielmehr um einen sogenannten informellen Fehlschluß[3] oder um einen Definitionsfehler, wobei Moore unter ‹Definition› eine Art von kompositorischer Wesensbestimmung (Wesensbestimmung durch Aufzählung aller Teile) versteht. Der allgemeinste Wertbegriff, Gutheit, bezeichnet eine schlechthin einfache nicht-natürliche Eigenschaft, die sich nicht aus anderen Eigenschaften zusammensetzt. Das Verständnis von Moores Analyse wird erschwert durch seine bizarre Idee von Definition und seine Einführung der sogenannten organischen

Ganzheiten. Werteigenschaften sind zwar nicht in Teile zerlegbar, aber doch nicht völlig strukturlos. Ein organisches Ganzes besteht aus speziellen Relationen oder Konstellationen von Teilen; es ist also mehr oder etwas qualitativ anderes als eine Summe von Teilen. Weil Moore ‹Definitionen› als Aufzählungen von Teilen versteht und weil Werteigenschaften für ihn organische Ganzheiten sind, ist jede Definition organischer Ganzheiten zum Scheitern verurteilt. Überdies bezieht sich Moore, im Unterschied zu Hume[4], nicht auf das Verhältnis der Ausdrücke ‹Sein› und ‹Sollen›, sondern auf jenes von natürlichen und nicht-natürlichen Begriffen bzw. Eigenschaften. Moore unterscheidet nicht zwischen beiden, sondern vermischt das, was der Begriff ‹Gut› ist, mit dem, was er bezeichnet oder wofür er steht. Gegen Äquivalenzbehauptungen zwischen Wert- und Sollensbegriffen scheint er nichts zu haben, selbst wenn ‹diese› (die Begriffe, die sie ausdrücken, oder die Entitäten, für die sie stehen?) identisch sind (vgl. Moore 1912, 1966, 26; dt. 1975, 46). Typische naturalistische Fehlschlüsse bestehen in der Gleichsetzung der Begriffe bzw. der Eigenschaften ‹lustvoll›, ‹im Evolutionsprozeß höher stehend› oder ‹von Gott geboten› mit der ‹Gutheit›. Moore argumentiert in drei Schritten: (1) Zunächst bleibt es eine offene Frage, ob etwas, was zum Beispiel Lust bringt, auch wirklich gut ist. Die Lust der Schadenfreude, so könnte man geltend machen, ist nicht wirklich gut. (2) Also seien ‹gut› und ‹lustvoll› nicht wirklich bedeutungsgleich. Also könnten (3) die Begriffe nicht ein und dieselbe Eigenschaft bezeichnen. Ein Ganzes, das in sich gut ist, kann Teile enthalten, die in Isolation nicht gut sind. Wichtig für etwas in sich Gutes sind also nicht isoliert betrachtete natürliche Eigenschaften, sondern ihr Arrangement in einer sogenannten organischen Einheit. Das «Prinzip der organischen Einheit» besagt: «the value of a whole must not be assumed to be the same as the sum of the values of its parts» (Moore 1903, 28; vgl. Moore 1912, 1966, 31; 1975, 53).

Die Verwendung des «open-question»-Arguments wurde vielfach kommentiert. Zwar kann man tatsächlich immer fragen: ‹Die Menschen halten Lust für das Gute, doch ist es auch wirklich das Gute?› Zunächst scheint damit einfach gesagt zu sein, daß die Ausdrücke ‹Lust› und ‹Gut› in der Alltagssprache nicht gleichbedeutend verwendet werden. Fehlerhaft ist sicher Moores Annahme, aus einem Mangel von Synonymität zwischen zwei Ausdrücken folge, daß die beiden Ausdrücke nicht für eine gleiche Eigenschaft stehen können. Man ist unwillkürlich an das berühmte Beispiel Freges vom Morgenstern und Abendstern erinnert: Erst eine Theorie kann nachweisen, daß sich beide Ausdrücke trotz ihres verschiedenen Sinns auf ein und dasselbe Objekt beziehen. Mit Blick auf Moores Beispiel: Es ist keineswegs zwingend anzunehmen, weil ‹Lust›

für eine natürliche Eigenschaft steht und nicht synonym ist mit ‹Gut›,
könne ‹Gut› keine natürliche Eigenschaft bezeichnen. Moore scheint
stillschweigend und zu Unrecht anzunehmen, eine Identität von Eigenschaften lasse sich nicht mittels eines synthetischen Urteils aussagen.

Doch der vernünftige Kern von Moores Argument der offenen Frage
scheint darin zu bestehen, daß es unzweckmäßig ist, moralische Sachfragen mittels terminologischer Festsetzungen vorwegnehmen zu wollen.
Das ist der eingangs erwähnte zustimmungsfähige Sinn der sogenannten
Neutralitätsthese bezüglich der Metaethik.

Moores Darlegungen mögen nicht immer klar und schlüssig sein[5];
doch seine Grundidee besteht darin, daß Werte Tatsachen sind, aber nicht
natürliche, und daß es eine intuitive Erfassung derselben gibt. Moore
weicht jedoch in drei Belangen vom klassischen ethischen Intuitionismus
ab: (1) Die Frage, ob Wertintuitionen einem intellektuellen oder gefühlsmäßigen Vermögen entspringen, wird von Moore ausdrücklich nicht
entschieden – diese Frage interessiert ihn nicht; (2) Wertintuitionen erschließen nur allgemeinste Wertungen, aber nicht direkt das, was wir tun
sollen; (3) Wertintuitionen sind nicht unfehlbar; sie sind allenfalls in
einem psychologischen Sinn unkorrigierbar. Wir können also schwerlich
zweifeln an der Wahrheit von Binsenwahrheiten, die besagen, daß
Kunst, Freundschaft und Erkenntnis etwas Gutes sind.

Eine Konzeption von Wesensschau findet sich sowohl bei den vom
Neukantianismus, Brentano und Husserl inspirierten Wertphänomeno-
logen als auch bei den Neointuitionisten Prichard und Ross wieder.
Wertausdrücke sind für sie nicht leer, keine ‹Chimären›, sondern verweisen auf eine korrespondierende Welt idealer Werte. Moores Antinatura-
lismus hat auch auf empiristisch und positivistisch orientierte Philosophen gewirkt. Diese haben jedoch den sogenannten Deskriptivismus
abgelehnt, nämlich die Auffassung, moralische Urteile seien ausschließlich oder primär beschreibend.

## 1.2  Emotivismus

Der empfindlichste Schlag wurde allen Formen des ethischen Kognitivismus (welche die Möglichkeit genuiner Werterkenntnisse voraussetzen)
vom ethischen Emotivismus versetzt. Werturteile sind – abgesehen von
ihren beschreibenden Elementen – lediglich expressive Gebilde. Sie
drücken Gefühle, Wünsche oder Einstellungen aus, und insofern sind sie
keine wahren oder falschen Aussagen über die Welt.

Oft wurde der Emotivismus als Amoralismus oder Nihilismus mißverstanden: Er reduziere moralische Urteile auf Propaganda und leugne
jeglichen Erkenntnisgehalt der Moral. Diese Einschätzung mag auf pri-

mitive Formen des Emotivismus zutreffen, jedoch sicher nicht auf die verfeinerte Theorie, die Charles Stevenson (1944 und 1963) ausgearbeitet hat. Wir werden uns nur mit dieser elaborierten Theorie beschäftigen.

Der ethische Emotivismus, der um die Mitte dieses Jahrhunderts vor allem von Stevenson und Paul Edwards[6] entwickelt wurde, ist primär eine Theorie der Bedeutung von *Werturteilen*. Diese unterstreicht den scharfen Kontrast zwischen wissenschaftlicher Erkenntnis und subjektiven Werteinstellungen. Gelten wissenschaftliche Hypothesen als empirisch überprüfbare, wahrheitsfähige Gebilde, so bleibt in Werturteilen ein Kern subjektiver Einstellung bestehen, der sich nicht in Beschreibung oder Tatsachenfeststellung auflösen läßt. Die Eigenart moralischer Dispute erhält eine semantische Begründung. Weil bei moralischen Disputen emotive Bedeutungen im Spiele sind, beschränken sich Uneinigkeiten in der Moral nicht nur auf Meinungsverschiedenheiten, sondern sie involvieren häufig auch sogenannte *disagreements in attitudes*.

Alasdair MacIntyre (1987, 42) hat diese Analyse sozial- und kulturkritisch interpretiert und behauptet, wenn der Emotivismus wahr ist, sei die Unterscheidung zwischen manipulativen und nicht-manipulativen Beziehungen trügerisch. Diese Schlußfolgerung ist jedoch falsch. Wenn der Emotivismus auf den Unterschied zwischen «disagreement in belief» und «disagreement in attitude» aufmerksam macht, heißt das gerade nicht, daß er den Unterschied zwischen beiden verdunkelt. Vielmehr will er, ähnlich wie Hume mit seinen bekannten Unterscheidungen von Sätzen mit «is» und Sätzen mit «ought», auf einen Übergang und eine Demarkationslinie aufmerksam machen, die oft übersehen wird. Der ethische Emotivismus behauptet also nicht 1 bis 3:

1. Der Unterschied zwischen Tatsachenbehauptungen und Wertungen ist fließend; die Unterscheidung läßt sich de facto nicht aufrechterhalten.
2. In ethischen Diskussionen überwiegen subjektive Einstellungen Tatsachenurteile.
3. Der Unterschied zwischen bloßer Manipulation des Willens und argumentativer Überzeugung ist eine bloße Illusion.

Diese drei Unterstellungen, die typisch sind für MacIntyres oberflächliche Lesart des ethischen Emotivismus, werden von Stevenson ausdrücklich zurückgewiesen. Ja er behauptet geradezu das Gegenteil, nämlich:

4. Werturteile und deklarative Urteile lassen sich für die Praxis hinreichend unterscheiden, und zwar mit Hilfe der Unterscheidung von «beliefs» und «attitudes».

So könnten wir nach einem Beispiel von Stevenson sehr wohl unterscheiden, ob ein Schachexperte im Spiel mit einem Anfänger aus einem Irrtum heraus einen Fehlzug macht oder aus der wohlwollenden Einstellung heraus, mit der er seinen Opponenten gewinnen lassen möchte. Im ersten Fall handelt es sich um ein kognitives Versagen, im zweiten Fall um einen Akt der Sympathie, welcher der Ermutigung des Anfängers dienen soll. Mit dem Festhalten an der praktischen Unterscheidbarkeit von Werten und Fakten vereinbar ist es, daß es irritierende Zweifelsfälle und Übergangsformen gibt und daß sich Stevenson außerstande sieht, ein *allgemeines Kriterium* für diese Unterscheidung oder die parallele Unterscheidung von «belief» und «attitude» (bzw. desire, interest etc.) anzugeben.

5. Wir müssen die *Doppelnatur von ethischen Uneinigkeiten* beachten. Einstellungen und Meinungen spielen beide ihren Teil und müssen in ihrer engen (kausalen) Beziehung studiert werden.

Im Unterschied zu einer verbreiteten Auffassung, die auch MacIntyre teilt, reduziert der Emotivismus Uneinigkeiten in der Ethik nicht auf bloße Einstellungsgegensätze. Dies trifft allenfalls auf eine rohe Frühform des Emotivismus zu, die zum Beispiel Alfred Julius Ayer vertreten hat. Stevenson macht sich jedenfalls nicht der Reduktion von Werturteilen auf Exklamationen oder Imperative schuldig. Vielmehr hebt er die Doppelnatur moralischer Uneinigkeiten hervor und betont, daß Meinungen auch Einstellungen verursachen oder anführen können. «Beliefs are the guides to attitudes...» (Stevenson 1944, 18).

6. Es besteht ein wichtiger Unterschied zwischen bewußter, kontrollierter Meinungsänderung und unbewußter Beeinflussung durch sogenannte persuasive Definitionen.

Die emotive Theorie verdunkelt also nicht den Unterschied zwischen argumentativer Überzeugung und bloßer Propaganda oder Manipulation, sondern sie macht vielmehr auf diesen Unterschied und damit verbundene Verdunkelungsgefahren aufmerksam. Sie entlarvt eine Reihe von scheinbaren Argumentationsversuchen als bloße Propagandatricks. Sie zeigt, wo die Grenzen zwischen kontrollierter Meinungsänderung und den unkontrollierten Folgen der Anwendung von Rhetorik und Suggestion liegen.

Die Thesen 1 bis 3 lassen sich also nicht dem ethischen Emotivismus zuordnen. Stevenson bewegt sich im Problemfeld des Verhältnisses von Fakten und Werten, das seit Hume und erneut in unserem Jahrhundert seit Moore den Ausgangspunkt der meisten sogenannten metaethischen Diskussionen bildet.

Für Stevenson (1944, 21) sind sogenannte emotive Bedeutungen völlig außerwissenschaftlich. Er spricht von «extrascientific meaning». Zwar gibt er zu, daß es ausnahmsweise auch in wissenschaftlichen Diskussionen «disagreements in attitudes» geben kann (Stevenson 1944, 282–290). Diese Tendenz zur Absonderung von Wissenschaft und Wertungen ist natürlich problematisch, insbesondere wenn man an die wertenden Elemente wissenschaftlicher Methoden denkt. So ist der Vorzug, den man einfacheren oder umfassenderen Erklärungen gibt, eine Wertung, wenn auch nicht eine moralische Wertung im engeren Sinn.

So gesehen sind also nicht nur ethische Urteile, sondern auch wissenschaftliche Theorien relativ, das heißt abhängig von Wertungen, die sich ihrerseits nicht aus Aufzählungen von Tatsachen ableiten oder mittels Beobachtung und Experiment erhärten lassen. Gleichwohl erhalten Wertungen nur durch ihre Integration in einem größeren Zusammenhang Plausibilität und Stabilität. Die Relativität von Wertungen ist nicht so fatal, wie man zunächst meinen könnte. Versteht man unter der Relativität aller Erkenntnisansprüche lediglich ihre Abhängigkeit von anderen Meinungen und Einstellungen, so folgt daraus ein gemäßigter Relativismus. Der *gemäßigte Relativismus* besagt:

7. Wir haben keinen Zugang zu sogenannten Wahrheiten, Fakten und Erkenntnissen unabhängig von bereits getroffenen Annahmen und Entscheidungen.

Der gemäßigte Relativismus ist nicht so radikal wie Stevensons Annahme einer tiefgehenden Disanalogie zwischen Wertungen und Wissenschaft. Vielmehr geht es um einen Relativismus, den wir für beide Kontexte mit gleichem Recht vertreten können. Wissenschaft und Ethik sind voraussetzungsreich, und zwar derart, daß Voraussetzungen nicht alle expliziert und unabhängig von anderen Voraussetzungen begründet werden können.

Vielleicht wird dieser gemäßigte Relativismus noch deutlicher, wenn wir ihn in der Sprache der Bestätigung von Theorien formulieren. Stevensons Problem mit Werturteilen empfängt seine Schärfe lediglich aus dem Umstand, daß Stevenson zum Zweck der Analyse Werturteile aus ihrem Kontext isoliert. Doch gewöhnlich werden Werturteile sowenig wie andere Urteile in völliger Isolation verstanden und begründet. Der gemäßigte Relativismus erinnert lediglich an die wesentliche Kontextualität aller Bestätigungen von Einstellungen und Meinungen. Deshalb können wir sagen:

8. Einstellungen und Meinungen werden niemals in völliger Isolation von anderen Einstellungen und/oder Meinungen bestätigt oder verworfen.

Es gibt also keine sich selbst stützenden oder selbstevidenten Wahrheiten, deren Wahrheit sich dadurch bestätigen ließe, daß ihre Verneinung notwendig falsch, ihre Bezweiflung unmöglich oder der Glaube an sie unkorrigierbar sein muß. Anstatt die Kluft zwischen isolierten Werturteilen und wissenschaftlichen Aussagen zu übertreiben, wie das Stevenson tut, ist es viel angemessener, die Ähnlichkeiten von Rechtfertigungsverfahren in beiden Bereichen in ein rechtes Licht zu rücken.

Die Kritik am Emotivismus hat selten auf der Ebene der Methodologie stattgefunden. Im Zentrum der Kritik stand seit jeher die kausale Bedeutungstheorie, welche die Unterscheidungen zwischen Handlungsanreiz und Handlungsgrund, Anstacheln und Anleiten, Überzeugen und Überreden zu nivellieren droht. Doch prinzipiell gibt es nichts, was den ethischen Emotivisten darin hindert, diese Unterschiede prinzipiell anzuerkennen und die Möglichkeit zur rationalen Änderung oder Beeinflussung von Meinungen und Einstellungen zuzugeben. Charakteristisch für den Emotivismus bleibt nur die Gegenüberstellung einer Häufung von problematischen, schwer lenkbaren Wertungen in der Ethik auf der einen Seite, relativ unumstrittenen Verfahren und Standards in den Wissenschaften auf der anderen Seite. Selbst wenn man keinen Abgrund zwischen Wissenschaft und Ethik annimmt und auch auf die Annahme eines Methodendualismus zwischen Natur- und Humanwissenschaften verzichtet, muß man doch einen beträchtlichen graduellen Unterschied anerkennen.

## 2 Normative Ethik

Die normative Ethik thematisiert nicht Grundlagenprobleme der Ethik, sondern den Inhalt der Moral. Der Entwurf einer normativen Ethik legt die moralischen Prinzipien auf den Tisch. John Rawls' «Theorie der Gerechtigkeit» (1971) ist ein gutes Beispiel. Er schlägt zwei Grundprinzipien der Gerechtigkeit vor und diskutiert deren Begründung, Auslegung und Anwendung. Doch normative Ethik beschränkt sich keineswegs auf eine Liste von Prinzipien und einen Kommentar dazu. Vielmehr werden diese Prinzipien in einen Zusammenhang mit ethischen Argumentationstypen gebracht. In der normativen Ethik finden also nicht nur der Gehalt und die Struktur einer Moralität (eines Moralsystems), sondern auch die im Rahmen eines moralischen Denkens gültigen Gründe ihre Erörterung.

Blickt man auf den Zusammenhang von Prinzipienkatalogen und ihrer Deutung, so zeigt sich, daß normative Ethik nicht völlig getrennt werden kann von sogenannter angewandter Ethik. Es handelt sich um fließende Grenzen, die gewöhnlich pragmatisch festgelegt werden. Wer sich beispielsweise für die Implikationen und Schwierigkeiten der Anwendung einer Position interessiert, mag ein Grundprinzip oder mehrere Regeln als gegeben annehmen und schauen, wohin sie in der Anwendung führen. Diese vorsätzliche ‹Oberflächlichkeit› – das provisorische Absehen von tieferen Begründungen – ist zwar bei manchen Philosophen verpönt, doch angesichts der praktischen Orientierung legitim. Es ist die Haltung, die wir überall antreffen, wo unter Zeit- und Entscheidungsdruck argumentiert wird, sei es im Journalismus, vor Gericht oder in Parlamenten. Überdies ist das Bemühen um Konsens in letzten Gründen ein ehrenhaftes, aber hoffnungsloses Unternehmen, leben wir doch in Gesellschaften, die keine gemeinsame und homogene Moralvorstellung kennen, in denen sich vielmehr verschiedene Traditionsfragmente kreuzen. Wir müssen also zwangsläufig Annahmen treffen, von denen wir wissen, daß sie nicht allgemein geteilt werden. Schließlich zeigt ein Blick auf die anhaltenden Begründungs- und Grundlagenprobleme, daß diese wesentlich unabschließbar sind. Es besteht keine Chance, jemals alle Utilitaristen zu Kantianern zu bekehren oder umgekehrt.

Unüberwindbare Fronten in allen Grundsatzfragen! Denken wir an den immer wieder aufflammenden Streit zwischen Prinzipien- und Situationsethikern. Während für Prinzipienethiker allgemeine Prinzipien geradezu den Witz des moralischen Standpunkts ausmachen, und zwar unabhängig davon, ob man diese utilitaristisch oder kantisch begründet, sehen Situationsethiker im Gedanken solcher allgemeiner Prinzipien eine schlimme Versuchung, sich über die Besonderheiten und speziellen Züge der jeweiligen Situation sowie den Ruf des Gewissens hinwegzusetzen. Den Prinzipienethikern werfen sie Pharisäismus, mangelnde Sensibilität und Entscheidungsangst vor. Ähnlich unabschließbar scheint das Hin und Her der Debatte zwischen Deterministen und Antideterministen. Wer sich mit voller Aufmerksamkeit auf diese Debatte einläßt, wird kaum zu praktischen Problemen vordringen.

Aus dieser nüchternen Einschätzung der Unabschließbarkeit von Grundlagendebatten folgt, daß wir nie zur Formulierung einer normativen Ethik gelangen, ohne gewisse Grundsatzdiskussionen zumindest provisorisch einzufrieren. Das schließt natürlich nicht aus, daß wir im Verlauf der Behandlung praktischer Normierungsprobleme auf allgemeine Fragen der Sprachphilosophie, Erkenntnislehre und Ontologie zurückkommen. Da es in der Philosophie keine niederschmetternden Argumente gibt und da jede Theorie Grenzen hat, grenzt die Hoffnung auf eine abschließende Begründung der Ethik an Größenwahn.

Wie die modernen Anti-Theoriediskussionen zeigen, sollten die Aufgaben von ethischen Theorien nicht zu eng gefaßt werden. Neben einer

Auswertung von Argumenten zur Normierung von Entscheidungen und der kritischen Stellungnahme zu Einstellungen, Gepflogenheiten und Einrichtungen spielen auch Erklärungen bzw. Interpretationen von moralischen Handlungen, Begriffsanalysen, Phantasien und Visionen vom guten Leben sowie ganz allgemein die Erkundung von Experimenten des Zusammenlebens eine wichtige Rolle in der Ethik.

Im Bereich der normativen Ethik gibt es die Grundoption zwischen rein folgenorientierten und eingeschränkt folgenorientierten (gemischten) Positionen.[7] Eine Position, die dagegen völlig von Folgen absieht, ist offensichtlich unplausibel und kann außer Betracht bleiben. Diese Grundalternative folgt der Alternative zwischen zwei Typen moralischer Argumente. Rein folgenorientierte Argumente ziehen bei der Normierung von Entscheidungen nur Folgenerwägungen in Betracht. Gemeint sind alle denkbaren, tatsächlichen oder beabsichtigten Folgen.[8] Sie gehen von einem einfachen und direkten Zusammenhang zwischen dem Guten oder Wertvollen auf der einen Seite, dem moralisch Gebotenen auf der anderen Seite aus. Gilt etwa Lust als an sich wertvoll und um ihrer willen erstrebenswert, so folgt daraus im Rahmen reiner Folgenorientierung die sittliche Forderung, Lust zu mehren und Unlust zu vermindern. Es folgt also nicht lediglich eine Erlaubnis oder Empfehlung, sondern eine strikte Pflicht. Überdies gilt es nach anerkannten Standards der Rationalität, ein Maximum von Lust und ein Minimum von Unlust anzustreben (Maximierungsrationalität). Der direkte und einfache Zusammenhang zwischen Werten und Normen unterscheidet den reinen Konsequentialismus von eingeschränkten Formen.

Umgekehrt gilt: Theorien, die den Zusammenhang zwischen dem Richtigen und Guten komplizieren, weichen von der reinen Folgenorientierung ab. So ist es denkbar, daß eine Moral strukturiert ist nach strengen Pflichten und Verboten, Erlaubnissen und Idealen. Letztere empfehlen besonders wertvolle Dinge (z. B. die Förderung der eigenen Talente), ohne daraus eine strikte Pflicht zu machen. Obwohl es zahlreiche Variationen unter den nicht rein folgenorientierten Theorien geben kann, bilden diese doch eine unterscheidbare Klasse. Die zahlreichen Nuancen sind sogar irreführend, täuschen sie doch nur über die Wiederholung des einen hinaus, nämlich die Modifikation einer direkten Pflicht, mit allen Mitteln das Beste anzustreben.

Diese Einschränkung oder Begrenzung des reinen Konsequentialismus hat übrigens zwei Aspekte: Sie soll sowohl eine notorische Überforderung vermeiden als auch einem bedenklichen Eifer zur Wertmaximierung strikte Grenzen setzen. Die beiden Laster des Konsequentialismus[9] bestehen darin, daß er auf der einen Seite zuviel fordert, indem er sich zum Beispiel über die Unterscheidung von Geboten und bloßen Empfehlungen hinwegsetzt, insbesondere einen Bereich moralisch indifferenter Handlungen leugnet. Selbst scheinbar so unverfängliche Entscheidungen wie die, ob ich heute spazierengehe und dabei einen Hut trage, gewinnen eine moralische Dimension: Statt spazieren müßte ich beispielsweise eine Sendung für die dritte Welt vorbereiten, und statt eines gewöhnlichen Huts müßte ich eine große Mütze mit der Aufschrift tragen: ‹Sammelt für die Notleidenden in Bosnien!›

Dieser Tendenz zur Übermoralisierung steht eine erschreckende Tendenz zur Aushöhlung sittlicher Verbote gegenüber. Ist es nach traditioneller Moralauffassung schlechthin undenkbar, Unschuldige absichtlich zu töten, so wird es in rein folgenorientierter Perspektive unmöglich, dieses Verbot aufrechtzuerhalten. Wer zum Beispiel Gelegenheit hat, mittels absichtlicher Tötung eines Unschuldigen zwei andere Leben zu retten, ist strenggenommen bereits zum Mord verpflichtet. Was zählt, sind die Folgen, nicht die Mittel – es sei denn, die Wahl bestimmter Mittel hätte nachweisbar schlechte Folgen. Führt etwa die Praxis der Tötung von $X-1$ Personen zur Rettung von $X$ Personen zu einer generellen Herabsetzung der Tötungshemmungen und damit zur Verbreitung von Angst und Schrecken, dann kann auch der Konsequentialist einer solchen Tötungslizenz nicht zustimmen. Während jedoch für die traditionelle Moral das Verbot des Mordes den Charakter eines Tabus hat, gelangt der Konsequentialist nur auf einem Umweg zur Begründung einer ähnlichen Norm.

Nun gibt es auch im Lager der Anti-Konsequentialisten Begründungsversuche des Mordverbots, die sich nicht in einem Appell an ein Tabu erschöpfen, sondern Mord und andere sittliche Übel als (1) Verletzung von Grundrechten des Opfers, (2) als Verlust der eigenen Integrität oder (3) als Verstoß gegen das Zustimmungsprinzip interpretieren. (Auf das Zustimmungsprinzip werden wir unter 2.3 zurückkommen.) Die Vielfalt dieser Versuche lenkt jedoch immer auf dieselbe Grundstruktur zurück, nämlich die Modifikation einer reinen Folgenorientierung. Häufig erneuerte Ansätze – zum Beispiel einer Tugendethik (in deren Zentrum die sittliche Integrität des Akteurs steht), einer Theorie moralischer Rechte oder Vertragstheorien (für die das Prinzip freiwilliger Zustimmung wesentlich ist) – bilden keine neuen oder eigenartigen Typen, die der Alternative ‹rein folgenorientiert – nicht rein folgenorientiert› entkommen oder etwas *sui generis* hinzufügen könnten. Das wird oft übersehen, wenn ‹neue› oder ‹dritte› Wege in der Ethik vorgeschlagen werden.

Wie wir zeigen möchten, ist die Auswahl unter normativen Systemen der Moral nicht groß. Zwar mag es zahlreiche Nuancen der Formulie-

rung und Ausgestaltung geben, doch die Grundstrukturen sind über-
blickbar. Die Zahl der idealtypischen Moralsysteme ist beschränkt. Sie
sind entweder glückszentriert (im weitesten Sinne utilitaristische) oder
autonomiezentriert (im weitesten Sinne kantianische). Verhandlungs-
und Tugendtheorien bilden keine eigene Grundstruktur aus. Neben den
beiden idealtypischen Moralsystemen, die eine einheitliche Grundstruktur haben, gibt es verschiedene Abwandlungen oder Neukombinationen
der genannten Positionen.

## 2.1 Utilitarismus

Das Methodenideal des klassischen Utilitarismus ist geprägt von der Absicht, alle moralischen Antworten aus einem Grundprinzip ‹abzuleiten›[10]. Man spricht deshalb auch von ethischem Monismus. Utilitaristen
stehen vor folgendem Dilemma: Entweder halten sie an einem ethischen
Monismus und damit an einer klaren Unterscheidbarkeit ihrer Theorie
von anderen fest, oder sie schwächen den ethischen Monismus und damit
das Profil einer kompromißlosen Ethik aus einem Guß ab. Obwohl die
Modifikation des Utilitarismus in Richtung eines ethischen Pluralismus,
der auch den relativ unabhängigen Wert moralischer Rechte oder moralischer Verdienste anerkennt, unter dem Druck der zahlreichen Einwände
unvermeidlich ist, führt diese zu einem Profilverlust, der schließlich den
Verzicht auf das Etikett ‹Utilitarismus› nahelegt. Was als Erkennungs-
marke des Utilitarismus übrigbleibt, ist eine Nutzenkalkulation (bzw.
relativ vage Nutzenabwägung). Diese kann aber mit Hilfe verschiedener
Zusatzprinzipien kanalisiert werden, sei es in Richtung eines Nutzen-
summenutilitarismus, eines Durchschnittsnutzenutilitarismus oder
eines Gerechtigkeitsutilitarismus.

Gewöhnlich beginnt man in (englischsprachigen) Lehrbüchern mit
dem Utilitarismus, nicht etwa, weil er die in der englischsprachigen Welt
beliebteste Form der normativen Ethik ist (das ist ein Irrtum mancher
deutschsprachiger Autoren), sondern weil er die (in der englischsprachigen Welt) bekannteste Form einer normativen Ethik ist. Meistens wird
der Utilitarismus jedoch hart angegriffen und verworfen. Allerdings gibt
es bis heute Verteidiger des Utilitarismus, und die Zahl der Varianten
(Handlungs-, Regel-, Motive-, Institutionen-, Kooperations-Utilitaris-
mus etc.) ist kaum mehr zu überblicken.

Glücksfolgen (insbesondere Rücksicht auf das Wohl anderer) dürfen
vom moralischen Standpunkt aus nicht völlig ignoriert werden – das wird
selbst ein Kantianer zugeben, obwohl nach Kant der moralisch wertvolle
Beweggrund nicht Sympathie mit dem Wohl und Wehe anderer ist, sondern nur die rein kognitive Motivation ‹weil diese Maxime verallgemei-

nerbar ist, drückt sie meine Pflicht aus, die ich um ihrer selbst willen erfüllen muß». Obwohl Kant alle Glückserwägungen als sittliche Beweggründe ablehnt, könnte man doch vermuten, daß selbst hinter diesen vorgeschlagenen Einschränkungen der Rücksicht auf (Glücks-)Folgen selber wiederum indirekte (Glücks-)Folgenerwägungen stecken. So wird etwa oft behauptet, Versprechen müßten gehalten werden, auch dann, wenn sich in einer speziellen Situation mit Sicherheit voraussagen läßt, daß der Bruch des Versprechens allen Betroffenen mehr Freude oder Vorteile bereiten wird. Nach Kant führt bereits ein leeres Versprechen, das mit der Absicht abgegeben wird, es nicht zu halten, zu einem Selbstwiderspruch in einem moralisch gesetzgeberischen Willen.

Die Annahme eines rigorosen Verbots falscher Versprechen, das ohne Rücksicht auf Folgen respektiert werden soll, scheint dem utilitaristischen Ansatz diametral entgegengesetzt. Allerdings steht die Annahme rigoroser Verhaltensregeln im Gegensatz zum *Handlungsutilitarismus*. Dieser macht die Nutzenermittlung zu einem Entscheidungsverfahren, das möglichst in allen Situationen angewendet werden sollte. Die meisten Vertreter des Utilitarismus vertreten jedoch eine indirekte Form des Utilitarismus, etwa den sogenannten *Regelutilitarismus*. Eine mögliche Begründung des Werts der Anerkennung oder Befolgung einer moralischen Regel ist nämlich (glücks-)folgenbezogen.[11] Sind es nicht Erwägungen bezüglich der Atmosphäre gegenseitigen Vertrauens, der Möglichkeit zuverlässiger Kooperation und der Verhütung von Mißbräuchen, welche das Privileg einer *handlungs*utilitaristischen Regelverletzung als kritikwürdig erscheinen lassen? Wir haben diesen Punkt bereits anläßlich der Gründe gegen die Erteilung lebensmaximierender Tötungslizenzen gestreift. Wollen wir etwa mit Menschen zusammenleben oder zusammenwirken, die sich stets die Freiheit nehmen, nach ihren von ihnen selbst durchgeführten besten Glücksfolgenberechnungen zu entscheiden? Wollen wir nicht Partner, aber auch Gesetzgeber, die sich an bekannte und anerkannte Regeln oder Verfahren halten? Natürlich mag es extreme Ausnahmefälle geben; diese treten aber selten ein. Gegen eine moralische Autorisierung zur jedesmaligen Durchrechnung der besten Glücksfolgen und einer entsprechenden Ausrichtung der Moral sprechen viele Gründe: Zeitknappheit, begrenzte Information, Neigung zur Selbstbegünstigung, Destabilisierung stabiler Erwartungserwartungen sowie bekannter und anerkannter Kooperationsschemata.

Die Verlagerung vom Handlungsutilitarismus auf eine Spielart des *Regel*utilitarismus ist fast unvermeidlich, obwohl auch dieser heftig umstritten ist. Versuche, einen reinen Handlungsutilitarismus zu verteidigen oder zu widerlegen, muten dagegen wie Glasperlenspiele an. Ein plausibler Utilitarismus wird den Bräuchen und Methoden der Vertrauensbildung, aber auch der Charakterbildung in Erziehung und Gesellschaft Rechnung tragen. Er wird neben den empirisch faßbaren Folgen von Handlungen auch ihren Ausdruckscharakter für menschliche Beziehungen würdigen müssen. Eine Lüge ist nicht nur deshalb moralisch suspekt, weil sie unter bestimmten Umständen zu Vertrauensverlust und Unsicherheit führt, sondern auch deshalb, weil sie selbst unter der Bedingung, daß sie nicht aufgedeckt wird, einen Vertrauensbruch oder -mißbrauch darstellt. Regeln oder Charakterzüge sind nicht beliebige und provisorische Faustregeln, die sich von Situation zu Situation ändern oder völlig ignorieren ließen. Jede Moraltheorie muß dem Sachverhalt Rechnung tragen, daß wir, ehe wir zu theoretisieren beginnen, bereits ‹moralisch fertig› sind, daß also Versuche, uns nachträglich aus der Optik oder mittels moralischer Theorien quasi neu zu erschaffen, zu spät kommen. Damit ist zwar nicht gesagt, daß moralisch motivierte Änderungen nicht stattfinden können. Die reformerischen Impulse des Utilitarismus bezogen sich auf Erziehung, Politik und Gesetzgebung. Anstöße zu moralischem Wandel gehen jedoch meist nicht von Theorien allein aus, sondern von gesellschaftlichen oder ökonomischen Veränderungen; überdies wird ein moralisches Bewußtsein höchstens partiell verändert, denn der bisherige Vorrat von Überzeugungen, Einstellungen und Gefühlen läßt sich nicht ausräumen und ersetzen.

Im Unterschied zu Kants Ideal der reinen Vernunftmotivation spielen im Utilitarismus Sanktionen eine zentrale Rolle. Allerdings verlangt der Utilitarist nicht, daß wir moralisch entscheiden sollen, weil wir Sanktionen oder Gewissensbisse vermeiden wollen. Vielmehr ist es eine Tatsache, daß Menschen gelegentlich den Ansporn von Drohungen oder Versprechen brauchen, um einen Charakter auszubilden und nicht in Gleichgültigkeit oder Rücksichtslosigkeit zu versinken. Nun haben die klassischen Autoren den Sanktionsbegriff erheblich erweitert. Sie beziehen sich nämlich nicht nur auf negative (Strafe und Tadel), sondern auch auf positive Sanktionen (sog. Verstärker wie Belohnung, Lob etc.), nicht nur auf äußere Sanktionen (Bestrafung oder Verachtung durch andere), sondern auch auf innere (Gewissensbisse), nicht nur auf aktuelle (tatsächliche Drohungen des Staates oder anderer Instanzen), sondern auch auf ideale (wünschenswerte Sanktionen, die noch nicht eingespielt sind).

## 2.2 Kantianische Ethik

Der Ausdruck ‹Kantianische Ethik› enthält keine Anspielung auf den sogenannten Neukantianismus. Vielmehr dient er der Abgrenzung von ‹Kants Ethik› (der die exegetische Sekundärliteratur im engeren Sinn gewidmet ist) und nimmt Bezug auf systematische Erneuerungen Kantischer Ansätze in der Ethik (z. B. Nagel 1970; Gewirth 1978 und Darwall 1983). Das bekannteste Beispiel einer idealtypischen Konfrontation in der normativen Ethik bildet die Gegenüberstellung von Utilitarismus und Kantianismus. Erneuert wurde diese Opposition durch John Rawls (1992, 80–158), der nicht nur den Mangel an Gerechtigkeitsprinzipien im Utilitarismus diagnostiziert hat, sondern seine eigene Position in lokkerer Anlehnung an Kant als «Kantischen Konstruktivismus in der Moraltheorie» bezeichnet. Der tiefere Grund der Frontstellung zwischen Utilitarismus und Kantianismus ist weniger Kants krasser Anti-Hedonismus[12] als vielmehr sein zugespitzter Anti-Konsequentialismus (vgl. Kant 1785, 393 ff, 400 f, 435).

Kant geht in seiner «Grundlegung zur Metaphysik der Sitten» (1785) von zentralen Intuitionen des Alltagsverstandes aus. Nach Kant ist das einzige an sich Gute der gute Wille, während alle anderen Gaben oder Fähigkeiten nur bedingt gut sind. Für Kant steht also die Personenbewertung im Zentrum. Handlungen sind nur insofern gut, als sie aus sittlichen Maximen folgen, die sich jemand zu eigen gemacht hat.

Daraus könnte man schließen, daß Kant zu einer Tugendethik tendiert. Dies wäre jedoch seltsam, insbesondere wenn man bedenkt, daß neuere tugendethische Entwürfe explizit im Gegensatz zu Kant (und zum Utilitarismus) entstanden sind. Die tugendethische Deutung Kants ist daher nicht unproblematisch: Läßt sich der gute Wille als gute Disposition des Charakters deuten, welche moralisch angemessene Emotionen, Einstellungen und Handlungen formt? Ist der gute Wille anderer nicht etwas, was sich einer sicheren Beurteilung entzieht? Interessiert sich Kant in Gestalt des kategorischen Imperativs nicht primär für ein Kriterium oder Testverfahren zur Unterscheidung richtiger und falscher Handlungen?

Auch in einem anderen Sinn weicht Kant zumindest von der antiken Tugendethik ab. Entscheidend ist für ihn nicht das Glück oder die Erfüllung, die Selbstentfaltung oder das Aufblühen des Akteurs; denn (1) ist Glück ein Begriff, der sich nicht hinreichend präzisieren läßt, und (2) sind Handlungsfolgen schwer voraussehbar und schwer kontrollierbar. Wichtig ist also nicht, was (mehr oder weniger zufällig) aus unseren Anstrengungen entsteht, nicht die resultierenden Weltzustände, sondern die *Willens*zustände von Wesen, die fest entschlossen sind, alles zu tun, um ihre Maximen (auch unter schwersten Bedingungen und bei stärkster Abneigung) zu realisieren.

Nach Kant sind es nicht beliebige Maximen (z. B. Eichmanns Maxime, stets dem Führer zu gehorchen), die sich als sittliche Maximen qualifizieren. Vielmehr sind es Maximen, die unserer Vernunftnatur entsprechen, deren Anerkennung ohne internen Widerspruch verallgemeinerbar wäre und die Personen nicht nur als Mittel, sondern auch als Zwecke oder Eigenwerte respektieren. Kant bedient sich der Metaphorik einer moralischen Gesetzgebung und glaubt, daß uns diese nicht von außen aufgezwungen werde (Heteronomie), sondern daß wir, als vernünftige Wesen, das moralische Gesetz uns selber auferlegten. Ein von der Vernunft selbstauferlegtes Joch gilt als sanftes Joch (Kant 1788, 151)! Die Metaphorik der moralischen Selbstgesetzgebung steht für Kants Auszeichnung der Idee der Freiheit als Autonomie. Freiheit besteht nach Kant nämlich nicht einfach darin, das zu tun, was wir wünschen, sondern sie besteht vielmehr darin, das zu wollen, was unsere Abhängigkeit von Wünschen vermindert, das heißt unendliche Annäherung an einen heiligen Willen.

Nach Kant determinieren uns Wünsche, sie schränken uns als wahlfähige, freie Wesen ein. Um dem Erstickungstod in der Flut variabler Wünsche zu entgehen, gibt es zwei Möglichkeiten: Wir können uns eine *kluge Mäßigung* auferlegen, eine Präferenzordnung vornehmen und Präferenzenkonflikte in uns selber reduzieren. Dieser Weg mag uns wohl pflichtmäßigem Handeln näher bringen, aber er disponiert ebensosehr zum kalkulierten Verbrechen.

«(...) das kalte Blut eines Bösewichts macht ihn nicht allein weit gefährlicher, sondern auch unmittelbar in unseren Augen noch verabscheuungswürdiger, als er ohne dieses dafür würde gehalten werden» (Kant 1785, 394).

Kant gibt sich also mit der Ausbildung stabiler Wünsche bzw. einer intrapersonellen Widerspruchsfreiheit nicht zufrieden. Selbst pflichtmäßige Handlungen sind nicht notwendig Handlungen aus Pflicht.

Damit kommen wir zur zweiten Möglichkeit, die wir als Kants *Kognitivismus moralischer Motive* bezeichnen. Im Unterschied zu David Hume ist Kant nämlich der Ansicht, daß wir, um sittlich zu handeln, keiner Wünsche oder Interessen bedürfen, sondern daß ethische Überzeugungen zugleich Handlungsgründe und hinreichende Handlungsmotive sein können. In der zeitgenössischen Diskussion spricht man auch von *ethischem Internalismus der Motive*. David Falk (1986, 97) faßt diese Position mit der These zusammen: «Gründe sind Kräfte.» Es ist also der bloße Erkenntnisgehalt, das, was moralische Erkenntnis repräsentiert bzw. das in der Form der Gesetzmäßigkeit Vorgestellte, was – ohne Zutat von Wünschen, Interessen oder Leidenschaften – zum Handeln antreiben kann. Der kategorische Imperativ gebietet kategorisch, das heißt unabhängig von inhaltlichen Wünschen oder Zwecken, und der gute Wille wird «durch das Prinzip des Wollens überhaupt bestimmt werden müssen, wenn eine Handlung aus Pflicht geschieht» (Kant 1785, 400). Der bloße Gedanke, daß ich ohne Widerspruch im Denken oder im Wollen meine Maxime (mein Handlungsprinzip) zum allgemeinen Gesetz machen kann, ist bereits ein hinreichender Anreiz zum Handeln. Interesse oder Wünsche sind keine notwendigen Motoren, vielmehr stören sie die ‹Reinheit› der moralischen Motivation und damit des unbedingten Werts einer Person.

Kant begnügt sich also nicht mit einer ‹dünnen Rationalität›, die sich auf die Ausbildung einer widerspruchsfreien Präferenzordnung beschränkt. Vielmehr fordert er eine praktische Vernunft, die nicht etwas so Strenges wie deduktive Logik ist, sondern etwas Substantielles und Bestreitbares – gleichsam der Zement des interpretierten Universums von bewußten Wesen (D. Wiggins). Ausübung von praktischer Vernunft bedeutet Erfüllung unseres wahren Zwecks oder unserer wahren Bestimmung als Vernunftwesen, so daß vernünftige Wahl, Verwirklichung oder Aktivierung unseres Vernunftwesens und moralische Wahl deckungsgleich werden. In diesem vollen Sinn kann also niemand vernünftig sein, ohne zugleich moralisch zu sein. Das Sittliche ist das Vernünftige, und das Vernünftige ist das Sittliche. Unser Vernunftwesen garantiert eine Unabhängigkeit von Fremdbestimmungen aller Art. Nur wenn wir in absoluter Spontaneität eine neue Kausalordnung beginnen, sind wir zugleich wahrhaft frei, vernünftig und moralisch. Ob diese Austauschbarkeit von Vernunft, Freiheit und Sittlichkeit eine verderbliche Zirkularität[13] involviert, soll hier nicht weiter untersucht werden.

Vernunftwahl als «reine Tätigkeit»[14] ohne Fremdbestimmung hat etwas Mitreißendes und Erhebendes, weil sie die radikalste Form von Freiheit darstellt; zugleich sind diese Form von Freiheit und der mit ihr verbundene Enthusiasmus zutiefst unverständlich. Warum sollten wir uns für Akausalität begeistern? Was heißt es, punktuell über der Kausalordnung zu stehen? Ist etwa die Tatsache der Verursachung unserer Handlungen vergleichbar mit einem permanenten Stoß in den Rücken, der uns in eine Richtung zwingt, die wir gar nicht wollen? Oder verwechselt Kant den Zusammenhang von Ursache und Wirkung mit jenem von Zwingherr und Untertan?

Die Einseitigkeit von Kants Lehre läßt sich an einem Beispiel verdeutlichen. So sind – entgegen Kants Überzeugung – Lüge oder Diebstahl eines Armen an einem Reichen anders zu bewerten, insbesondere wenn der Reiche sehr reich ist und der Arme lügt oder stiehlt, um seine Familie vor Hunger und Unterernährung zu bewahren. Nach Kant liegt nun für den Armen ein besonders günstiger Anlaß zu edlen Motiven der (Selbst)-

Überwindung vor. Sein reiner guter Wille zeigt sich gerade darin, daß er allen Versuchungen widersteht und selbst in der Not das Eigentum anderer achtet. Der reine gute Wille glänzt dann am hellsten, wenn der Arme, in Respektierung der Eigentumsrechte anderer, auch der Reichen, des freiwilligen Hungertodes stirbt. Wie kann man diese absurde Schlußfolgerung vermeiden?

Es gibt zwei Auswege. Entweder weicht man von Kants einseitiger Auszeichnung des guten Willens ab und bringt Folgenerwägungen ins Spiel. Nach einer originellen, aber heterodoxen Kantinterpretation (Herman 1993, Kap. 5) muß Kant selber bei der Anwendung des kategorischen Imperativs Folgenerwägungen einführen, unter anderem zur Bildung von intermediären Maximen, welche zum Beispiel die Korrektur von mißglückten Versuchen regeln. Diese Kantdeutung räumt auf mit dem Klischee von Kant als dem reinen Gesinnungsethiker. Moralische Projekte brauchen gewöhnlich wiederholte Anläufe. Pech bei der Ausführung von Absichten sowie irrtümliche moralische Überzeugungen zwingen zu neuen Versuchen und Korrekturen. Dabei ist zu beachten, daß moralische Entscheidungen gewöhnlich keine punktuellen ‹one-shot-affairs› sind, sondern uns gewöhnlich zu einer Fortsetzung der ‹moralischen Geschichte› zwingen, die ohne Folgenüberlegungen gar nicht möglich wäre. Das Insistieren auf dem guten Willen ohne Rücksicht auf die Umstände seiner Verwirklichung kann zum Beispiel auf eine Klassenmoral[15] hinauslaufen. Marx und Engels haben mit der sogenannten Gesinnungsethik insofern Schluß gemacht, als sie das Fortbestehen von Ungerechtigkeiten und Ausbeutung als Indiz dafür betrachteten, daß der moralische Diskurs zweideutig oder parteilich bleibt. Die Deutung von Kant als Konsequentialist könnte verhindern, daß die Betonung des guten Willens de facto ungerechte Strukturen zementiert.

Oder – und das ist ein zweiter Ausweg – man macht deutlich, daß eine kantianische Ethik, vielleicht gegen den Wortlaut einiger Textstellen, aber doch im Geiste Kants, keinen heroischen Willen statuiert, dessen Wert lediglich in der Überwindung von Hindernissen besteht. Gewöhnlich reicht die Mitwirkung des Motivs der Achtung vor dem moralischen Gesetz, um moralisch zu sein. Wer also zum Beispiel seine Freunde nicht betrügt und auch keine Neigung dazu hat, sondern zusätzlich aus Sympathie zu ihnen nicht täuscht oder lügt, hat damit noch nicht an moralischem Wert verloren. Entscheidend für den sittlichen Wert einer Person ist zwar, daß sie ihre Pflicht auch aus Pflichtgefühl tut, doch andere begleitende Motive (wie die Zuneigung zu Freunden) verderben oder vergiften nicht den sittlichen Wert dieser Handlung. Dieses Zugeständnis kann man jedoch nur machen, wenn man ausdrücklich zugesteht (was

Kant nicht tut), daß moralische Handlungen *überdeterminiert* sein können. Überdetermination liegt dann vor, wenn zwei oder mehrere voneinander unabhängige Motive sowohl zusammenwirkend als auch getrennt (in der Abwesenheit des anderen Motivs) wirkend zu den gleichen Handlungen führen. Dies würde zu einer willkommenen Abschwächung des Reinheitsideals bezüglich der sittlichen Motivation führen: Die bloße Tatsache der Mitwirkung natürlicher Neigungen würde den sittlichen Wert von Handlungen aus Pflicht nicht mindern oder gar verderben.

Ist Kants Ethik, wie Nietzsche (1887, III, 12) meint, tatsächlich asketisch? Könnte man Kant nicht gemäß seiner Erwiderung auf Garve[16] verteidigen? Bereits Garve hat nämlich Kant vorgeworfen, er lasse Glückserwägungen in der Ethik völlig fallen. Dieser pauschale Vorwurf ist zwar nicht berechtigt. Gleichwohl kommt Kant einer völligen Abwertung nicht des Glücks, aber von Glückserwägungen nahe. Er behauptet zwar, er könne das Glück via ‹höchstes Gut› auch berücksichtigen; doch wird hier noch einmal deutlich, daß es nur um indirekte und überdies durch eine göttliche Vorsehung zu garantierende Glückserwägungen geht und daß Rücksichtnahme des Akteurs auf sein eigenes Glück (sofern sie nicht absolut notwendig ist zur Erfüllung von Pflichten) moralisch überhaupt nicht zählt, sondern vielmehr den möglichen moralischen Wert des Akteurs verdirbt.

Ein simples Argument gegen Kants (und Schopenhauers) Isolation und Überschätzung des Werts der Selbstlosigkeit besteht im Hinweis auf die Möglichkeit selbstloser Bosheit, die so weit gehen kann, daß jemand das eigene Leben opfert, um einem anderen zu schaden. (Einige Fälle von Suizid sind vom Wunsch bestimmt, in anderen Schuldgefühle zu wekken.) Warum ist in diesem Kontext die reine Selbstlosigkeit (oder der reine böse Wille, wie man auch sagen könnte) kein Index des sittlichen Werts? Einzig und allein wegen der (Unglücks-)Folgen.

Anziehender als der Kognitivismus moralischer Motive ist Kants Orientierung an Freiheit als Autonomie. In einer berühmten Variante seines kategorischen Imperativs bringt Kant diese Überzeugung zum Ausdruck. Die Forderung, andere nicht nur als Mittel, sondern immer auch als Zwecke zu respektieren, scheint in die Ethik ein Element der *Unersetzbarkeit von Individuen* einzubringen, das nach einer geläufigen Meinung im Utilitarismus fehlt.

So ist es nach Kant (1797, 331–337) ausgeschlossen, jemanden in der Absicht zu strafen, andere abzuschrecken. Abschreckung darf, wenn überhaupt, nur ein sekundärer Strafzweck sein. Primäres Strafziel ist verhältnismäßige Vergeltung, welche die freie Entscheidung des Verbrechers völlig ernst nimmt und – paradox gesprochen – diesen gerade dadurch als Zweck respektiert, daß sie ihn nach seinem Verdienst bestraft. Die bloße Instrumentalisierung eines Verbrechers (oder gar eines Unschuldigen) zur Abschreckung anderer ist ein klarer Verstoß gegen Kants sogenannte Selbstzweckformel des kategorischen Imperativs, die lautet: «Handle so, daß du die Menschheit, sowohl in deiner Person als in der Person eines jeden anderen, jederzeit zugleich als Zweck, niemals bloß als Mittel brauchst» (Kant 1785, 429).

Zusammenfassend kann man sagen: Moralische Behandlung ist das Gegenteil von Instrumentalisierung, Mißbrauch oder Ausbeutung. Auf seiten des Akteurs ist Moral das Gegenteil von Fremdbestimmung, sei es durch andere, sei es durch Motive, Ziele oder Werte, denen gegenüber wir uns nicht frei entscheiden können.

### 2.3 Vertrag und Zustimmung

Der Vertragsgedanke taucht bereits in der antiken Philosophie auf. In der frühen Neuzeit – bei Thomas Hobbes und John Locke – und im 20. Jahrhundert nach dem Erscheinen von John Rawls' Hauptwerk «Eine Theorie der Gerechtigkeit» kommt es zu einem Boom von vertragstheoretischen Ansätzen. Der Vertragsgedanke wurde zur Begründung der staatlichen Autorität, der Demokratie, der sozialen Gerechtigkeit, aber auch der gesamten Moral angewendet.

Wesen, die sich verständigen und verhandeln können, haben ein bewundernswertes Potential zur Vermeidung von gewalttätigen Konflikten. Vertragliche oder vertragsähnliche Konventionen bilden den Zement von Gemeinschaften. Obwohl in den Staatstheorien häufig ein tatsächlicher Urvertrag gemeint war, hat dieses historische Verständnis Anlaß zu Kritik gegeben. Wann fand der Vertrag statt? Bindet er spätere Generationen? Bei jeder faktischen Entscheidung spielen überdies Unterschiede und Ungleichgewichte eine Rolle, seien es auch nur die Verschiedenheiten von Alter, Geschlecht, emotionaler Stabilität, Intelligenz etc. Gegenwärtig wird der Vertragsgedanke nicht mehr als historisches Konzept, sondern als Gedankenexperiment oder theoretisches Konstrukt angewendet, was allerdings zu neuen Einwänden Anlaß gibt. Ein hypothetischer Vertrag ist nämlich gar kein Vertrag und bindet niemanden. Er dient höchstens dazu, die Bedeutung gegenseitiger Zustimmung für moralisch akzeptable Entscheidungen zu veranschaulichen. Man spricht daher auch von einer Erfindung zur Formulierung moralischer Regeln. Die unbestrittene Stärke des Vertragsgedankens steht in seiner Bildhaftigkeit.

Der Vertragsgedanke verdeutlicht, daß wir Menschen selber entscheiden müssen (weil es keine vorgegebene, bloß zu entdeckende Wertordnung gibt) und daß wir nicht allein, sondern in Interaktion mit anderen entscheiden müssen. Moralische Entscheidungen sind also nicht lediglich Vorbereitungen für kooperative Aktivitäten, sondern selber kooperative Tätigkeiten. Wir entscheiden vielfach gemeinsam, in Beratung und Verhandlung, eben nicht in Isolation. Ich entscheide mit Rücksicht auf die (tatsächliche oder wahrscheinliche) Entscheidung anderer. Diese Gegenseitigkeit führt zur Ausbildung von höherstufigen Erwartungserwartungen, die unser Entscheidungsverhalten beeinflussen. Damit haben wir ein spezielles Bild von moralischen Entscheidern gezeichnet. Diese sind nicht so sehr ‹protestantische› Entscheider, die in ihrem Gewissen und vor Gott bereits entschieden haben und danach der übrigen Welt verkünden ‹Hier stehe ich, und ich kann nicht anders›, sondern es sind vielmehr flexible Entscheider, welche ihr Votum mit tatsächlichen oder wahrscheinlichen Entscheidungen anderer abstimmen.

Der Kontraktualismus zeigt sich in sehr verschiedenen Gestalten. Er kann von den aktuellen Wünschen realer Partner ausgehen, von denen jeder eine einvernehmliche Lösung sucht, die ihm selber am meisten nützt. Oder er kann sich an einem idealen Konsens orientieren, gleichsam einer Utopie der vollkommenen Verständigung, in der ungleiche Verhandlungspositionen ausgeschaltet sind und nur noch der größere Zwang des besseren Arguments zählt. Im ersten Fall haben wir es mit einer Ethik des *strategischen* Handelns zu tun, die faktische Ungleichheiten zwischen den Verhandlungspartnern nicht in Frage stellt. Im zweiten Fall dagegen geht es um eine Ethik des *kommunikativen* Handelns, welche bestehende Ungleichheiten und Verzerrungen der tatsächlichen Verhandlungspositionen schon im Ansatz zu vermeiden versucht.[17]

Die sogenannte Diskursethik von Jürgen Habermas und Karl-Otto Apel verkörpert diesen zweiten Typus des Kontraktualismus. Ob allerdings die kategorische Unterscheidung zwischen kommunikativem und strategischem Handeln tragfähig ist, bleibt zu bedenken. Da niemand ohne geeignete Mittel (insofern strategisch) sich erfolgreich verständigen kann, spricht wohl mehr für die Auffassung, die kommunikatives Handeln nicht als eigenständigen, von strategischem Handeln unterscheidbaren Typus betrachtet.

In Habermas' und Apels Charakterisierung des kommunikativen Handelns ist ein Kantisches Element vorhanden. Damit ist nicht nur ihr Anspruch auf eine *transzendentale* Begründung gemeint, welche die Bedingungen der Möglichkeit von freier und gerechter Gemeinschaft im Auge hat, sondern vielmehr ihr Ausgangspunkt von der gegenseitigen Achtung der Individuen als autonomer Wesen. In der zeitgenössischen Literatur wird zwischen ‹Hobbesschem› und ‹Kantianischem Kontraktualismus› unterschieden. Der ‹Kantianische Kontraktualismus› begnügt sich nicht mit maximaler Interessenbefriedigung, sondern verlangt im Ansatz die Anerkennung des Eigenwertes von Personen. Dieser Typus scheint den Anforderungen an eine *moralische* Theorie eher zu genügen; doch er ist zirkulär und setzt den ethischen Kantianismus voraus, statt ihn zu untermauern.

Ob es sich bei Vertragstheorien überhaupt um eigene Typen normativer Ethik handelt, ist zweifelhaft. Das gilt besonders für den kantianischen Kontraktualismus. Einigung durch Verhandeln ist ein Verfahren. Was dabei herauskommt, ist unbestimmt. Nach welchen Regeln soll man verhandeln? Was gilt den Mitspielern als vernünftig? Welche Argumente gelten in einer Verhandlung als valid? Ist jedes Verhandlungsresultat *per se* moralisch akzeptabel? Faktische Verhandlungen führen oft zur Vertiefung bestehender Ungerechtigkeiten. Sie stellen nicht die Kriterien der Kritik und Revision unfairer Ausgangsbedingungen bereit.

Verhandlungen unter idealisierten Bedingungen setzen ebenfalls Normen und Kriterien voraus, die nicht durch Verhandeln gewonnen werden. Selbst die Resultate von Verhandlungen unter verbesserten Verhandlungsbedingungen sind nicht immer völlig akzeptabel, spielen doch Irrtümer und zeitbedingte Vorurteile eine Rolle, die oft erst nachträglich erkannt und korrigiert werden können. Über den Ausgang idealer Verhandlungen (oder Verhandlungen unter perfekten Bedingungen) können wir nichts sagen. Die Idee einer optimalen Verhandlung mag als Anregung zur Annäherung an dieses Ideal dienen; ein Ersatz für die Wahl zwischen kantischen oder utilitaristischen Prinzipien ist sie nicht. Trotz der Popularität des Vertragsgedankens liegt die Vermutung nahe, es handle sich nicht um eine neue Ethik. Verhandlungstheoretiker können zu utilitaristischen oder kantianischen Lösungen gelangen. Die kantianische Version scheint in höherem Maße vorauszusetzen, was zu beweisen ist. In den Regeln und Randbedingungen einer idealen Verständigung verbergen sich bereits die moralischen Regeln der Aufrichtigkeit, Fairneß und Bereitschaft, von nicht vertretbaren Vorteilen abzusehen. Überspitzt gesagt entpuppen sich sogenannte Vertragstheorien als Tugendethiken, die bereits den Inhalt einer Diskussionsmoral voraussetzen. Diese Zirkularität ist nicht notwendig schädlich, denn Verhandlungen können wichtige Schritte auf dem Weg einer moralisch akzeptablen Lösung sein. So gesehen bildet der Vertragsgedanke keinen selbständigen Begründungsrahmen für eine normative Ethik. Wir kommen nicht um die Frage herum, ob wir als Verhandlungspartner glücks- oder autonomiezentriert entscheiden, welche Wertprioritäten wir setzen und welchen Stellenwert wir der Freude am Risiko oder dem Sicherheitsbedürfnis einräumen wollen. Die Frage, wie Menschen unter idealen Vertrags-verhältnissen entscheiden würden, kann ohnehin nicht vorausgesagt werden – andernfalls würde nicht mehr entschieden. Die Polarisierung zwischen Utilitarismus und Kantianismus wird mit dem Vertragsgedan-ken nicht gemildert oder gar zugunsten eines Kantianismus entschieden.

Die Pointe von Hobbesianischen Vertragstheorien scheint darin zu bestehen, daß sie keine uneigennützigen Motive voraussetzen, sondern vielmehr zu zeigen versuchen, daß und wie Rücksichten auf andere das Resultat von Verhandlungen zwischen eigennützigen Partnern sein können. Man kann, so lautet die Hoffnung dieser Kontraktualisten, Menschen mittels Verhandlungen zu (begrenzten) Altruisten machen. Das primitive Prinzip ‹Ich gebe dir, damit du mir gibst› läßt sich nach ihrer Überzeugung verfeinern und vervollständigen, daß es im Interesse (fast) jedes einzelnen ist, sich an vereinbarte Regeln zu halten.

Ob man mittels idealer Verträge Rücksichten auf Wesen begründen kann, die nicht verhandeln können – Kommunikationsunfähige, Klein-kinder, Tiere, eventuell auch die Natur –, bleibt jedoch fragwürdig. Die-ser Einwand kann nahelegen, daß der Vertragsgedanke zwar zentral ist für die moralische Regelung des Zusammenlebens mündiger Personen, daß es jedoch noch andere Elemente der Ethik gibt. Rawls nennt diese «natürliche Pflichten»[18]. Gemeint sind Pflichten, die wir unabhängig von vorangehenden Verträgen oder Abmachungen, als Individuen ge-genüber anderen Individuen, unabhängig von sozialen Institutionen ha-ben, zum Beispiel Hilfeleistungen für Notleidende und Verzicht auf Zu-fügung unnötiger Leiden. Hume spricht von der natürlichen Tugend des Mitleids. Eine Vertragsethik ist zumindest unvollständig und kann das Element eines natürlichen, sich auf Menschen und Tiere erstrecken-den Mitleids nicht ersetzen.

Es gibt noch andere Indizien für die Grenzen des Vertragsdenkens. Das Vertragsdenken setzt die Maxime *volenti non fit iniuria* voraus, also die Vorstellung, daß man einer Person, die einer Handlung zu-stimmt, mit dieser Handlung kein Unrecht zufügen könne. Doch selbst die informierte Zustimmung anderer kann uns nicht zu jeder Handlung autorisieren. So ist die Tötung einer zustimmenden Person in einem ‹fairen Duell› moralisch nicht gerechtfertigt. Euthanasie eines zustim-menden, aber gesunden Exzentrikers ist ebenfalls strafbar. Warum wird eine Rechtsgemeinschaft die Ermordung freiwilliger Teilnehmer an pri-vaten Gladiatorenkämpfen nicht zulassen? Weil in diesen und verwand-ten Fällen die Vermeidung von Verunsicherung Dritter, von Erpres-sung, voreiligen Todeswünschen und Mißbräuchen leicht zugänglicher Tötungslizenzen, weil die Verhinderung eines Anreizes zu suizidalen

Neigungen, ja des bloßen Mitwissens, daß in unserer Gesellschaft ein derart frivoles und nicht-fiktionales Spiel mit dem Leben geduldet wird, mehr Gewicht haben als der Respekt vor zustimmenden Personen. Eine Rechtsordnung, die Gladiatorenverträge feierlich anerkennt und durchsetzt, ist vom moralischen Standpunkt aus betrachtet unerträglich. Damit kommen aber Gesichtspunkte der Qualität des Zusammenlebens und des Individualwohls, auch Ehrfurcht vor dem menschlichen Leben ins Spiel – Werte, die man unabhängig vom Vertragsmodell oder der Anerkennung des Wertes persönlicher Freiheit zusätzlich voraussetzt. Ob alle diese Intuitionen rational vertretbar sind, bleibe dahingestellt. Der Kontraktualismus vertieft zwar die Einsicht in die Bedeutung kollektiver Entscheidungen; eine direkte Bezugnahme auf Wohl und Wehe fühlender Lebewesen vermag er nicht zu ersetzen.

### 2.4 Tugendethik

Obwohl der Ausdruck ‹Tugend›[19] veraltet ist und eine Rehabilitierung des Ausdrucks in der deutschen Umgangssprache wenig Aussicht auf Erfolg hat, gelten Haltung, Integrität, Gewissen und Charakter nach wie vor als wichtige moralische Begriffe. ‹Tugend› – so lautet eine Explikation des Ausdrucks – ist eine Disposition, welche unsere Handlungen, aber auch unsere Gedanken und Emotionen formt. Sie ist keine simple oder blinde Verhaltensgewohnheit, sondern eine komplexe Disposition zur weisen Erwägung von moralisch relevanten Umständen, mit einer tiefen Sensibilität für den Kontext ihrer Ausübung. Die antike Ethik, insbesondere jene des Aristoteles, ist zum großen Teil beschreibende Tugendethik, während die neuzeitliche seit Kant hauptsächlich vorschreibende Pflichtenethik ist. Die Tugenden sind Lebenshaltungen, die sich nicht in spezifischen Handlungsvorschriften erschöpfen, sondern sich vielmehr in einem Lebensstil niederschlagen. Für Aristoteles sind es nicht Register von Pflichten oder ein oberstes Moralprinzip, welche das Verhalten eines guten Bürgers bestimmen, sondern dessen ganze Lebenseinstellung und Lebensgeschichte. Moral erschöpft sich nicht in einer ‹Minimalmoral›, in punktuellen Entscheidungen oder in einer automatischen Ausführung eines Moralkodex, der einige wenige Verhaltensregeln festlegt und uns im übrigen freistellt, was wir vom guten Leben halten. Gegen ‹gesichtslose Ausführung von Vorschriften› ist eine das ganze Leben bestimmende Einstellung gefordert, kurz eine moralische Lebensform. Statt von ‹Tugendethik› spricht man daher auch von ‹Haltungsethik›.

Infolge unserer Erziehung und dem Leben in der Gemeinschaft sind wir in der Lage, auf unzählige Situationen moralisch zu reagieren, ohne daß wir immer präzise Entscheidungsprinzipien angeben können. Wir verfügen, kurz gesagt, über ein abundantes moralisches ‹knowing how›, das unser theoretisches ‹knowing that› bei weitem übersteigt.

Wichtig ist nun nicht allein, daß zum Beispiel ein Soldat seine spezifischen Rollenpflichten erfüllt, sondern daß er es ‹tapfer› tut. Sittliche wertvolle Tapferkeit läßt sich aber nicht mit einem stereotypen Verhaltensmuster gleichsetzen. Vielmehr geht es um eine flexible und weise Haltung, die unnötige Gefahren meidet und nur jenen Gefahren trotzt, denen zu trotzen einem wertvollen Ziel oder einer verdienstvollen Handlung dient. Ähnliches gilt für die Tugend der Freundschaft, die sich ebenfalls nicht mit einem Set von Regeln oder Verhaltensmustern erschöpfend beschreiben läßt. Entscheidend ist die Tatsache, daß der gute Freund ein ‹moralisches Gesicht› hat, also keinen anonymen oder unpersönlichen Vollstrecker von Regeln oder Pflichten darstellt, sondern sich von innen heraus als Freund verhält, Freund ist. Man beachte allerdings, daß bei dieser Art von Beschreibung der tragende Grund der Tugenden so etwas wie Weisheit oder moralische Urteilskraft in der Ausübung von Tugenden ist.

Auch neuere Entwürfe zur Tugendethik, die nicht notwendig aristotelisch sind, betonen die Bedeutung dessen, was ein Mensch ist, was sein individuelles Gesicht, seine persönlichen Beziehungen und seine Geschichte ausmacht. Wenig umstritten ist die Tatsache, daß eine Moral ohne Tugenden farblos und leer wirkt. Gleichzeitig stellt sich jedoch die Frage, ob es sich bei dezidierten Tugendethiken überhaupt um einen eigenständigen Typus normativer Ethik handelt. Vielleicht sind Tugend- und Charaktermerkmale ein eher ergänzendes als begründendes Element, das zu den sittlichen Pflichten und Idealen hinzutritt. Tugenden scheinen gleichsam die erzieherische und moralpsychologische Dimension der Ethik abzustecken. Doch gibt es eine eigenständige, auf Tugenden begründete Ethik?

Diese Frage ist zu verneinen, wenn Tugenderwägungen keinen eigenständigen Typus moralischer Argumente repräsentieren. Als Dispositionen zu spezifischen Handlungen oder zu einem weiteren Spektrum von Ausdrucksformen und Gefühlen sind sie zwar öfter einem Typus von Gründen und Motiven zuzuordnen, der reine Folgenorientierung einschränkt oder ergänzt. So gesehen erfüllen sie eine ähnliche Funktion wie moralische Regeln, Rechte oder Gerechtigkeitsprinzipien: Sie bringen Rücksichten auf spezielle Bindungen oder Verdienste zur Geltung. Sie bereichern das Leben um eine Dimension angemessener sittlicher Reaktionen und Gefühle, zum Beispiel die Überwindung oder Kanalisierung von Ressentiments, übertriebenen Vergeltungswünschen und Schaden-

freude oder die Kultivierung der Gefühle von (Selbst-)Achtung und
Dankbarkeit, Fairneß und Mitleid. Doch sie machen Kriterien zur Beurteilung von Handlungen nicht überflüssig. Ethik ohne Tugend ist wie ein
Skelett ohne Fleisch, aber Ethik ohne Prinzipien ist wie Fleisch ohne Kno-
chen. Wer Rat sucht, dem ist unter Umständen wenig geholfen mit dem
Hinweis: Handle mutig! Handle als ein guter Freund! Sowenig Ethik
einseitig normative Ethik unter Hintansetzung aller Haltungskategorien
sein sollte, sowenig vermag eine auf Tugenden begründete Ethik zu überzeugen.

Tugenden bilden ein wesentliches Element des moralischen Lebens,
aber kein letztes Fundament der Ethik. Eine schließlich auf Tugenden
begründete Ethik läßt sich mit der Frage konfrontieren: Warum gerade
diese Tugenden und keine anderen? Lassen sich etwa alle Tugenden, und
zwar hierarchisch wohlgeordnet in fertigen Tugend- und Lasterkatalo-
gen, aus einer einzigen Tugend oder einer Menge von Grund-Tugenden
begründen? Folgen gar aus der Liebe[20] alle anderen Tugenden? Ist es
überhaupt möglich, unsere Tugenden zu harmonisieren? Bereits Ma-
chiavelli soll auf die Unvereinbarkeit christlicher Demut und römischer
*virtus* hingewiesen haben – eine Feststellung, die lange unbeachtet blieb.

Ohne diesen historischen Fragen nach Traditionsbrüchen weiter
nachgehen zu wollen, können wir festhalten, daß in diesem Jahrhundert
Auffassungen von der Unvereinbarkeit (der Ausübung) von Tugenden
überwiegen, die der traditionellen Lehre von der Einheit der Tugenden
entgegenstehen. Der Konflikt in der Ausübung scheint sich manchmal
geradezu umgekehrt proportional zu verhalten: Je mehr Aufrichtigkeit
eine Person hat, desto weniger kann sie Taktgefühl walten lassen, und je
demütiger eine Person ist, desto weniger wird sie ihre Selbstachtung
aktiv bewahren.

Unter diesen Vorzeichen einer fehlenden ‹Einheit der Tugenden› stehen die Chancen für eine theoretische Vereinheitlichung der Ethik auf
der Grundlage von Tugenden schlecht. Die Aufgabe von Tugenden und
sogenannten dicken moralischen Begriffen[21] scheint jedoch in eine entgegengesetzte Richtung zu weisen. Das Vokabular der diversen Tugenden wird heute öfter mit der Absicht verwendet, auf die Komplexität
moralischer Entscheidungen und Situationen hinzuweisen. Die Sensibilisierung für Konflikte und Komplexitäten soll der Vereinfachung des
moralischen Lebens durch theoretische Konstruktionen entgegenwirken.

**Anmerkungen**

1  Wir reden hier vom Fortschritt in der Theoriengeschichte der Ethik. Auch in der Moral gibt es, global gesehen, vielleicht keinen Fortschritt ‹zum Besseren›, denn eine antike Sklavenhaltergesellschaft war vermutlich nicht schlechter als eine Menschheit, in der mehr als zwei Drittel verarmen und ganze Kontinente dem Untergang im Elend überlassen werden.

2  Der wichtigste Vorläufer des Neopositivismus ist Hume, dessen Zweiteilung in analytische und empirische Wahrheiten keinen Platz ließ für eigenständige metaphysische Wahrheiten.

3  Ein typischer informeller Schlußfehler besteht etwa in der Schlußfigur ‹sittlich gut, weil lustvoll›. Dabei wird keine logische Schlußregel verletzt, sondern fälschlicherweise suggeriert, was lustvoll ist, sei automatisch sittlich gut.

4  Humes berühmte Bemerkung über Sein und Sollen findet sich in «A Treatise of Human Nature» III, 1, 1 (Hume 1987, 469f).

5  Deutungen und Rekonstruktionen gehen weit auseinander; manche halten seine Diskussion des naturalistischen Fehlschlusses für hoffnungslos verwirrt, etwa Baldwin 1990, 70. Eine anspruchsvolle Aneignung von Moores metaphysischer Theorie von Gutheit als nicht-natürlicher Eigenschaft findet man bei Butchvarov 1982.

6  Edwards 1955. Dieses Buch verdient mehr Aufmerksamkeit, als ihm bisher beschieden war. Einerseits hält er seine expressive oder Einstellungstheorie frei von der kausalen Theorie der Bedeutung, die wir bei Stevenson finden und die auf einer problematischen Analyse von Dispositionsbegriffen und einer Analogie von kausalen Dispositionen und Bedeutungen basiert. Andererseits kritisiert Edwards Stevensons Beschränkung auf die kausale Relevanz von Meinungen auf Einstellungen und seine Gleichsetzung von Gründen mit Ursachen (vgl. 180f). Er macht also einen kritischen Punkt geltend, der von Kurt Baier und Stephen Toulmin im sogenannten *good-reason-approach* ausgeführt wird. Stevenson 1944, 29, stößt beinahe auf das Problem, wenn er nämlich sagt: «The reason is acknowledged to be relevant, but its truth is questioned.» Um was für ein Specimen von ‹agreement› handelt es sich hier? Um ein ‹agreement in belief› oder ein ‹agreement in attitude›? Oder eine Kombination beider? Oder um einen dritten Typus von Annahmen, nämlich die Anerkennung gemeinsam akzeptierter und bereichsspezifischer Standards, wie das Urmson, Baier und Toulmin nahelegen werden? – Vgl. die Beiträge von Urmson und Baier in Grewendorf und Meggle 1974. Toulmin 1958, 1975 und 1950, 1986.

7  ‹Folgenorientierung› ist der deutsche Ausdruck für den englischen Terminus «consenquentialism».

8  Relevante Folgen können (1) die tatsächlich eintretenden (als Grundlage einer nachträglichen [Zustands-]Bewertung, aber nicht einer prospektiven Entscheidung) sein; (2) die zur Zeit voraussehbaren oder (3) die beabsichtigten. Sofern für den Konsequentialismus tatsächliche Folgen relevant sind, garantiert diese ethische Theorie einerseits einen engen Anschluß an die empirische Forschung; andererseits besteht eine Tendenz, die Wertgrundlagen wechselnden Forschungsresul-

taten auszuliefern und damit Ethik vom Stand von Wissenschaft und Technik abhängig zu machen. Das Dilemma wird gut analysiert von Gähde 1993.

9  So Donagan 1977. Kritisch dazu Kagan 1987.

10 Unter ‹Ableitung› werden zuweilen ‹logische Deduktion›, öfter aber weniger strenge Formen der Schlußfolgerung verstanden, die nicht nach präzis formulierbaren Schlußregeln verlaufen.

11 Vgl. Hare 1993. Er verweist auf Gemeinsamkeiten zwischen seiner Version eines Regelutilitarismus und Kants Ethik, ohne jedoch die Bedeutung von Kants Kognitivismus moralischer Motive zu erwähnen. Wir kommen auf diese Eigentümlichkeit von Kants Ethik in 2.2 zurück.

12 Kant vermischt nicht nur Lust und Glück und damit die klassische Unterscheidung von Hedonismus (Lustorientierung) und Eudaimonismus (Glücksorientierung), sondern auch jene von egoistischen Lusterwägungen und unparteiischen Lusterwägungen. Während für Epikur Lust als das einzige intrinsische Gut zählt, ist für Aristoteles Lust nur ein Element des Glücks unter anderen und überdies neben den aktiveren Elementen ein untergeordnetes Element. Da der Utilitarismus nur unparteiische Lust- oder Glückserwägungen involviert, verfehlen Kants Argumente gegen den Eudaimonismus den ethischen Utilitarismus. Eine strikte Unparteilichkeitsforderung, die dem Utilitarismus und Kantianismus gemeinsam ist, wird häufig Zielscheibe der Kritik.

13 Von einem Zirkel spricht Kant selber im dritten Abschnitt der «Grundlegung» (Kant 1785, 450).

14 Kant 1785, 451. Erstaunlich ist, daß Kant die scholastische Charakterisierung Gottes als «actus purus» auf die menschliche Freiheit überträgt. Die Tendenz zur Vergöttlichung des menschlichen Vernunftsubjekts wird von Fichte bis zur Provokation des sogenannten Atheismusstreits zugespitzt.

15 Vgl. dazu Fr. Engels 1894, Kap. IX–XI. Am Ende des 9. Kapitels konstatiert Engels, daß alle bisherigen Gesellschaften Klassengesellschaften waren, und eröffnet zugleich den Ausblick auf einen Fortschritt von Gesellschaft und Moral. «Eine über den Klassengegensätzen und über der Erinnerung an sie stehende, wirklich menschliche Moral wird erst möglich auf einer Gesellschaftsstufe, die den Klassengegensatz nicht nur überwunden, sondern auch für die Praxis des Lebens vergessen hat.»

16 Kant 1793. Man beachte allerdings, daß sich Kant hauptsächlich auf das dürftige Argument unseres begrenzten (Voraus-)Wissens bezüglich der Glücksfolgen bezieht.

17 Die Unterscheidung von kommunikativem (verständigungsorientiertem) und instrumentellem (strategischem) Handeln betont Jürgen Habermas.

18 Vgl. Rawls 1972, Kap. 18, 19 und 51. Rawls erwähnt neben den Pflichten der Fairneß Pflichten der gegenseitigen Hilfe, nicht zu schaden und nicht unnötige Leiden zuzufügen.

19 Ähnlich wie ‹sittlich› wird ‹Tugend› oft in engerem Sinn auf sexuelle Enthaltsamkeit bezogen. Dieser Tendenz zur Einengung steht die seit der Antike bestehende Tendenz entgegen, Tugenden als ‹Tüchtigkeiten› oder ‹Vorzüge› zu beliebigen Tätigkeiten oder Zuständen zu verstehen.

20 Frankena bezeichnet eine auf pure Liebe gegründete Moral als handlungsdeontolo-

gischen «Agapismus». Diese Position kommt dem nahe, was man in den 60er Jahren mit Situationsethik bezeichnete. Wer im Geiste der Situationsethik das Sittliche aus Neigung oder Begeisterung, aber nicht aus universalisierbaren Prinzipien tut – Frankena nennt diesen Typus ironisch «Loverboy» –, verfügt über keine Begründung der Moral, die sich auch an solche richtet, welche keine Neigung zu ihr verspüren. Dem «Loverboy» stellt er die «Moralmaid» gegenüber, welche das sittlich Gute und Richtige um seiner selbst willen tut (vgl. Frankena 1980, 14 ff). Frankena verteidigt hier gegen eine tugendethische Aufweichung der Ethik in ein System hypothetischer Imperative die Kantische Idee der kategorischen Geltung moralischer Normen.

21  Dicke moralische Begriffe wie ‹treu› oder ‹verräterisch› werden dünnen Begriffen wie ‹richtig› oder ‹gesollt› gegenübergestellt. Vgl. Williams 1985, 17, 128.

## Zitierte Literatur

Ayer, A. J. 1936: Language, Truth, and Logic. London.

Baldwin, Th. 1990: G. E. Moore. London / New York.

Butchvarov, P. 1982: That simple, indefinable, nonnatural property *Good*. In: The Review of Metaphysics 36, 51 – 75.

Darwall, St. L. 1983: Impartial Reason, Ithaca / London.

Donagan, A. 1977: The Theory of Morality. Chicago.

Edwards, P. 1955: The Logic of Moral Discourse, mit einer Einleitung von S. Hook. New York / London.

Engels, F. 1894: Herrn Eugen Dührings Umwälzung der Wissenschaft. «Anti-Dühring». 1877–1878, 3. Aufl.

Falk, W. D. 1947/8: Ought and Motivation, wieder abgedruckt in Falk 1986: Ought, Reasons, and Morality. Ithaca / London.

Frankena, W. K. 1973: Ethics. Englewood Cliffs (New Jersey), 63 – 71.

– 1980: Three Questions About Morality. W. K. Frankenas *Carus Lectures*. In: The Monist 63.

Gähde, U. 1993: Empirische und normative Aspekte der klassischen utilitaristischen Ethik. In: L. H. Eckensberg und U. Gähde (Hg.): Ethische Norm und empirische Hypothese. Frankfurt / M., 63 – 91.

Gewirth, A. 1978: Reason and Morality. Chicago.

Grewendorf, G. / Meggle, G. 1974: Seminar: Sprache und Ethik. Zur Entwicklung der Metaethik. Frankfurt / M.

Hare, R. 1993: Could Kant Have been A Utilitarian? In: Utilitas. A Journal of Utilitarian Studies (Oxford), 5, 1, 1–16.

Hartmann, N. 1926: Ethik. Berlin.

Herman, B. 1993: The Practice of Moral Judgment. Cambridge (Mass.) / London.

Höffe, O. 1992 (Hg.): Einführung in die utilitaristische Ethik. Tübingen.

Hume, D. 1987: A Treatise of Human Nature. Oxford (EA London 1939–1940).

Kagan, Sh. 1987: Donagan on the Sins of Consequentialism. In: Canadian Journal of Philosophy 17, 3, 643–654.

Kant, I. 1785: Grundlegung zur Metaphysik der Sitten. Akademie-Ausgabe [AA] Bd. IV.

– 1788: Kritik der praktischen Vernunft. AA Bd. V.

– 1793: Über den Gemeinspruch: Das mag in der Theorie richtig sein, taugt aber nicht für die Praxis. AA Bd. VIII.

– 1797: Metaphysik der Sitten. 1. Teil: Metaphysische Anfangsgründe der Rechtslehre. AA Bd. VI.

MacIntyre, A. 1987: Der Verlust der Tugend. Zur moralischen Krise der Gegenwart. Frankfurt/New York.

Moore, G. E. 1903: Principia Ethica. Cambridge; Neuausg. mit bisher unveröffentlichten Zusätzen 1993.

– 1912, 1966: Ethics, London; Neuausg. Oxford 1966; dt. München 1975.

Nagel, Th. 1970: The Possibility of Altruism. Oxford.

Nietzsche, F. W. 1887: Zur Genealogie der Moral. Leipzig.

Plack, A. 1962: Die Stellung der Liebe in der materialen Wertethik. Eine systematische Auseinandersetzung im Anschluß an Max Scheler, Nicolai Hartmann und Dietrich Hildebrand. Landshut (Bayern).

Rawls, J. 1972: A Theory of Justice. Oxford.

– 1992: Die Idee des politischen Liberalismus. Frankfurt/M.

Sidgwick, H. 1907: The Methods of Ethics. London (Neudruck: Indianapolis 1981).

Stevenson, Ch. L. 1944: Ethics and Language. New Haven/London.

– 1963: Facts and Values. Studies in Ethical Analysis. New Haven (Neudruck Westport, Conn. 1975).

Toulmin, St. 1950, 1986: An Examination of The Place of Reason in Ethics. Cambridge (Neuausg. Chicago/London 1986).

– 1958, 1975: The Uses of Argument, Cambridge; dt. Der Gebrauch von Argumenten. Kronberg/Ts. 1975.

Urmson, J. O. 1968: The Emotive Theory of Ethics. London.

Walker, A. D. M. 1993: The Incompatibility of the Virtues. In: Ratio (New Series) VI, 44–62.

Williams, B. 1985: Ethics and the Limits of Philosophy. Cambridge (Mass.).

White, M. 1963: Toward Reunion in Philosophy. New York.

**Ergänzende Literatur**

Gähde, U./Schrader, W. 1992 (Hg.): Der klassische Utilitarismus. Einflüsse – Entwicklungen – Folgen. Berlin.

Hare, R. M. 1992: Moralisches Denken. Frankfurt/M.

Spector, H. 1993: Analytische und postanalytische Ethik. Untersuchungen zur Theorie moralischer Urteile. Freiburg/München.

Thomas Rentsch

# 4 Aufhebung der Ethik

## 1 Was heißt «Aufhebung der Ethik»? *

> Alle Moral ist Instinkt... eine Wirkung
> der Natur.            *Abbé Galiani*

Von einer Aufhebung der Ethik im strengen Sinne kann vor allem dann die Rede sein, wenn deren entscheidende Grundvoraussetzung, die menschliche Freiheit, bestritten wird, und ferner, wenn die argumentative Art und Weise dieses Bestreitens gegen die Verbindlichkeit von normativen Geltungsansprüchen und Werten gerichtet wird. Dieses Bestreiten erfolgt besonders wirksam zunächst im Empirismus und vor allem im Materialismus der Aufklärung des 18. Jahrhunderts, als deren grundlegende Kritik sich die Philosophie Kants versteht. Es setzt sich im ‹positivistischen›, durch den Fortschritt der Naturwissenschaften geprägten 19. Jahrhundert – und weiter – fort in Gestalt verschiedener Formen der Verwissenschaftlichung: bei Karl Marx durch die Analyse der materiellen, näherhin ökonomischen Voraussetzungen gesellschaftlich geltender Normen; bei Friedrich Nietzsche durch die empirische, näherhin biologische Entschleierung der Ansprüche der gesamten abendländischen, ‹platonisch-christlichen› Moral; bei Sigmund Freud durch die Analyse der Triebgeschichte der Vernunft und ihres untergründigen Zusammenhangs mit Angst, Tod und Sexualität.

Normative Geltungsansprüche werden in diesen mit Wissenschaftsanspruch auftretenden, gleichwohl ‹tiefenhermeneutischen›, entlarvenden Interpretationsmodellen zu Funktionen der menschlichen Selbsterhaltung bzw. der gesellschaftlichen Systemerhaltung erklärt und ihrer

---

* Für die Mithilfe bei der Arbeit danke ich cand. phil. Thomas Blume

Geltung nach auf solche Funktionen reduziert. – Insofern erfolgt im Verlauf der philosophischen Aufklärung und im Zuge ihrer Radikalisierung während der letzten 200 Jahre eine empirische Depotenzierung und Entschleierung ehemals theologisch, metaphysisch oder fundamentalphilosophisch erhobener normativer Geltungen, deren argumentativer Kern der Schritt von der Grundannahme echter Autonomie des Menschen – als dem Ursprung aller Ethik und Moralität – zur Analyse dieses Ursprungs in Imperativen der Selbsterhaltung des einzelnen bzw. der menschlichen Gattung oder gesellschaftlicher Systeme ist.

Die Thematik der Aufhebung der Ethik gerade durch Aufklärung und Moderne ist auf diese Weise mit der philosophischen Grundfrage nach der menschlichen Freiheit bzw. Unfreiheit – das heißt nach den Formen menschlicher Determiniertheit – verbunden. Dies bleibt so auch im 20. Jahrhundert, in dem Ansätze des philosophischen Behaviorismus in der Psychologie, der Systemtheorie in der Soziologie, des naturwissenschaftlichen Reduktionismus in der Verhaltensforschung, der Evolutionstheorie und der Soziobiologie sowie im Denken des – vor allem französischen – Strukturalismus erneut funktionale Erklärungen menschlichen Verhaltens entwickeln. Philosophisch-systematisch bleibt aber angesichts aller – der klassischen wie auch aller neueren – Ansätze zur Aufhebung der Ethik jeweils genau zu fragen:

1. Handelt es sich um eine definitive Leugnung jeglicher ethischen Geltung und normativen Verbindlichkeit? Dies wäre ein philosophischer *Amoralismus* bzw. ein radikaler ethischer *Skeptizismus*.

2. Handelt es sich um eine Relativierung normativer Ansprüche zum Beispiel hinsichtlich ihrer unleugbaren Bedingtheit, um einen ethischen *Relativismus*?

3. Handelt es sich um lediglich partiale – Teilbereiche menschlicher Praxis oder deren Aspekte betreffende – wissenschaftliche Beschreibungsmodelle, die aber zur Erklärung der gesamten Praxis herangezogen werden, um Formen der Wissenschaftsgläubigkeit und des *Szientismus*?

4. Handelt es sich um Reduktionsformen der Ethik, die selbst – gegebenenfalls verborgene – normative Ansprüche mit sich führen, um ‹Krypto-Ethiken›, die implizite Ersatzfunktionen normativer Ansprüche übernehmen? Die meisten Ansätze zu einer Aufhebung der Ethik erweisen sich als Mischformen eines ethischen Relativismus und Szientismus bzw. als Krypto-Ethiken, zum Beispiel der Marxismus und die Psychoanalyse. Eher selten ist der Versuch eines reinen philosophischen Amoralismus, den auch Nietzsche bei näherer Betrachtung nicht durchhalten kann und will.

Philosophisch entscheidend ist zum einen, wie wir die *argumentative*

*Stringenz* der materialistischen, deterministischen, wissenschaftlichen (szientistischen) Bestreitung menschlicher Handlungsfreiheit und moralischer Autonomie beurteilen. Philosophisch zentral ist zum andern die hermeneutische Reichweite und Validität, die *Deutungsadäquatheit* der Ansätze der Aufhebung der Ethik angesichts unserer alltäglichen, lebenspraktischen und lebensweltlichen Erfahrungen sowie Einsichten, Intuitionen und Evidenzen.

Mit Hegel läßt sich der philosophische Sinn der Rede von der *Aufhebung* dialektisch auf dreifache Weise verstehen; «aufgehoben» werden kann ein (auch ethisches) Phänomen

1. durch seine kritisch-analytische Durchdringung und ‹verstandesmäßige›, depotenzierende Erklärung und Reduktion;

2. durch das vernunftgemäße Verstehen dieses Phänomens auf einer qualitativ neuen Stufe, in einem neuen Kontext bzw. Sinnzusammenhang, der die authentische Bedeutungsfülle des Phänomens bewahrt;

3. durch die den gesamten Prozeß der Reduktion und Bewahrung noch einmal begreifende Reflexion.

Das heißt, erst wenn wir die reduktionistischen Aufhebungen selbst mitsamt den sie kritisierenden, die Eigenständigkeit der Ethik bewahrenden Argumenten dargestellt haben – dies tun wir in Abschnitt 4 über «Genesis und Geltung» –, können wir die von Hegel gemeinte dialektische Aufhebung der Ethik im vernünftigen Begriff leisten.

Wenden wir uns zunächst den wesentlichen geschichtlichen Formen der Aufhebung der Ethik zu.

## 2 Traditionen der Aufklärung: Materialismus und Moralistik

Vorläufer der Moral- und Ethikkritik der klassischen Moderne – wie wir sie bei Marx (vgl. 3.1), Nietzsche (vgl. 3.2) und Freud (vgl. 3.3) finden – sind bereits die frühneuzeitlichen Metaphysikkritiker[1] sowie Macchiavelli, Bacon und Hobbes im Gesamtansatz ihrer Analysen. Macchiavelli konzipiert in seinem «Il Principe» (1514) eine moralfreie Machtpolitik. Francis Bacon destruiert in seinem Hauptwerk «Novum Organon» (1620) traditionelle Vorstellungen der antiken wie auch der scholastischen Autoren; in seinem Werk «De Dignitate et Augmentis scientiarum» (1623) entwirft er seine *Idolenlehre*, eine radikale Vorurteilskritik, in der er versucht, die Ursprünge menschlicher Illusionen und Selbsttäuschungen an ihrem gesellschaftlichen Entstehungsort aufzudecken. Mit der induktiven und empirischen Orientierung Bacons verbindet sich seine Lehre vom *Machtwissen* (mit dem berühmten

Grundsatz «Wissen ist Macht») als dem positiven Gegenstück der einzig und allein auf Erfahrung gestützten Skepsis. Thomas Hobbes entwickelt in seinem «Leviathan» (1651) auf der Grundlage einer pessimistischen Anthropologie eine moralfreie Staatstheorie: Die wölfischen Menschen im Urzustand (mit dem Grundsatz «Homo homini lupus») unterwerfen sich dem «großen Ungeheuer» des Staats-Leviathan, um sich wechselseitig vor ihrer eigenen Bestialität und Grausamkeit zu sichern – bleibendes Motiv des geistesgeschichtlichen Syndroms ‹Aufhebung der Ethik›.

Die unsystematische, literarisch in Einzelbeobachtungen fragmentarisierte Anthropozentrik der französischen *Moralistik* – La Rochefoucauld (1613–1680), Montesquieu (1689–1755), Vauvenargues (1715–1747), Galiani (1728–1787), Chamfort (1741–1794), Rivarol (1753–1801), Joubert (1754–1824), Jouffroy (1796–1842) – unternimmt mit ihrem ungebundenen Räsonnement eine Entschleierung gesellschaftlichen Scheins und des in Moral und Ethik angelegten kollektiven und individuellen Selbstbetrugs, indem sie den gesellschaftlich Agierenden mit ihrer feinfühligen Psychologie gleichsam in die Falten ihrer Herzen und in die abgründige Eitelkeit ihrer ambivalenten Motive sieht. So schreibt Nicolas Chamfort: «Wenige Menschen gestatten sich einen nachdrücklichen und unerschrockenen Gebrauch ihrer Vernunft und wagen es, sie mit ganzer Stärke auf alle Gegenstände anzuwenden. Die Zeit ist gekommen, wo man sie auf alle Gegenstände der Moral, der Politik und der Gesellschaft richten muß...; unterläßt man dies, so bleibt man in der Mittelmäßigkeit stecken.»[2] Diese von Chamfort geforderte illusionslose Anwendung der Vernunft auf alle ehemals tabuisierten und geheiligten Gegenstände der Moral und der Sittlichkeit fördert vornehmlich die prekäre Ungesichertheit und Zwiespältigkeit ethischer Wertung zutage: «In den Dingen ist alles verwirrtes Wesen, bei den Menschen ist alles bloß Stückwerk. Im Moralischen wie im Physischen ist alles vermischt, nichts ist einheitlich und nichts ist rein.»[3] Wenn Nietzsche später in seiner Moralkritik den «reinen Geist» als die «reine Lüge» bezeichnet, so steht er bewußt in der Tradition der französischen Moralisten. Ihre subtile phänomenologische Psychologie läßt dem ethischen Schein kein Eigenrecht: «Vorurteil, Eitelkeit und Berechnung, das ist es, was die Welt regiert. Wer als Regel seiner Lebensführung nur Vernunft, Wahrheit und Empfindung kennt, hat mit der Gesellschaft so gut wie nichts mehr gemein. In sich selbst muß er fast sein ganzes Glück suchen und finden.»[4] Der zynische, skeptische und sarkastische Duktus der moralistischen Aufhebung der Ethik verdankt sich im Sinne einer negativen Dialektik oft gerade dem rigiden Ernstnehmen der Ansprüche der Moral selbst.

Im Zuge der Aufklärung, des Empirismus und Frühmaterialismus bilden sich immer stärker symptomatologische Kritiktraditionen heraus. Durch die massiven, nachhaltig wirksamen Historisierungsprozesse innerhalb der Aufklärung: der klimatheoretischen der Forschungsreisen (Maupertuis, La Condamine), der biologischen (Boerhaave), der evolutionstheoretischen und geologischen (Buffon; Diderot, «Rêve d'Alembert»), der botanisch-zoologischen (Linné), der literaturgeschichtlichen (Massieu, Fontenelle, Irailh, Aublet de Maubuy), der geistesgeschichtlichen (Boulanger), der ökonomischen (Raynal), der politischen (Duport du Tertre, Pilati de Tassulo), der des Aberglaubens und der Orakel (Fontenelle, Bernard) und der der Philosophie selbst (Boureau-Deslandes) – durch diese Historisierungsprozesse erfolgt eine tiefgreifende Relativierung und Genetisierung aller moralischen Sinnentwürfe und normativen Orientierungen. Sie erscheinen als Funktion, Reflex oder Symptom externer klimatischer, ethnischer, politischer und ökonomischer Bedingungen. Im Zuge dieser Symptomatologie wird die sensualistische Erkenntnistheorie des klassischen englischen Empirismus, in der John Locke den menschlichen Verstand als «white paper» beschrieben hatte, zur politischen *Milieutheorie* radikalisiert: Die Unbeschriebenheit des weißen Blatts Papier berechtigt erziehungs- und gesellschaftstheoretisch zur Annahme der Depravation der Individuen durch die Bedingungen ihrer Außenwelt. Montesquieu behauptet auf dieser Grundlage die Abhängigkeit der Ideen von Natur und Gesellschaft.

Moraldestruktive *Determinationstheorien* sind das epochale Endergebnis dieser umfassenden, auf ganze Zeitalter und die Grundsituation des Menschen zugleich bezogenen Vorurteils-, Illusions-, Betrugs- und Selbsttäuschungskritik im Verbund mit der Historisierung und Genetisierung von Ideen und Moralvorstellungen. De La Mettrie versteht den Menschen als einen materiellen Wirkungszusammenhang; er ist für ihn ein Automat, eine Maschine, die der beständigen Notwendigkeit ihrer Reproduktion unterworfen ist (L'homme machine, 1747). Helvetius akzentuiert in allen moralischen Zusammenhängen die Kontingenz der Entwicklungsprozesse des Interessenlebens (Le Bonheur, 1741–1751; De l'esprit 1758; De l'homme, 1772). Holbachs mechanischer Materialismus reduziert den Menschen auf dessen physische Organisation und ersetzt Gott durch die als Maschine begriffene Natur. Die materiellen und sozialen Bedingungen der Erkenntnis lassen die Ethik als verschleierten Ausdruck von Herrschaftsinteressen durchschaubar werden.

Der Materialismus der französischen Aufklärung unternimmt eine radikale Reduktion aller vormals als genuin menschlich eingestuften Phänomene auf natürliche Substrate. Er führt nicht nur zum revolutionären Umsturzdenken und bis zur Französischen Revolution von 1789, sondern in einigen Fällen, so bei De La Mettrie und De Sade, auch zum dezidiert *amoralischen Libertinismus.*

Ein Vorläufer von Nietzsches Destruktion der Moral, auf den sich Nietzsche auch oft explizit bezieht, ist der neapolitanische Abbé Ferdinand Galiani, der im vorrevolutionären Paris in den Kreisen der Aufklärer und in den Salons verkehrte. Seine Aufhebung der Ethik ist von der «Resignation der Spätaufklärung» (F. Schalk) geprägt, in der neben dem Verlust des Unwiederbringlichen der alten Welt ein Bewußtsein von dessen Wert mitschwingt: «Wir sind durch unsere Aufklärung eher arm als reich geworden, wir wissen, daß eine Unmenge Dinge, die unsere Väter für wahr ansahen, falsch sind, und wir wissen wenig wahre, die sie nicht wußten.»[5] Die Aufklärung kritisierte den Aristotelischen Urzug der Dinge zum obersten Zweck, die ontologisch-metaphysische Sanktion auch der christlichen Ethik für zwei Jahrtausende. Galiani schreibt: «Das ‹Beste› ist etwas, das nur in unserem Kopf vorhanden ist; denn es ist nur der Begriff einer Beziehung, und man hat daraus den Angelpunkt für die ganze Physik einer Welt gemacht, die außer uns ist. Welche Tölpel sind doch die Metaphysiker!»[6] Dies ist die entscheidende Subjektivierung und Anthropologisierung einer ontologisch begründeten Wertordnung, die für die agrarische Epoche kennzeichnend war. Das Fazit Galianis lautet: *«Alle Moral ist Instinkt... eine Wirkung der Natur»*[7]. Jedoch: «Der Mensch möchte alles wissen. Alles verneinen und alles bezweifeln und ausharren in der Armut der Gedanken, des Wissens... welch schreckliche Leere, welch ein Nichts.»[8]

## 3 Die modernen Klassiker der Moralkritik

### 3.1 Karl Marx: Ökonomische Aufhebung

Während die Moralkritik und Destruktion der Ethik bei Nietzsche ganze Bücher mit umfassenden und expliziten Darstellungen füllt, er sie explizit und breit entfaltet (vgl. 3.2), ist die Stellung von Marx zur Moral in seinen Werken eher versteckt. Ferner ist diese Stellung durchaus ambivalent. Einerseits gibt es den Marxschen Immoralismus; andererseits ist seine Aufhebung der Ethik mit seiner theoretischen Gesamtperspektive, nämlich der Aufhebung der traditionellen Philosophie *in toto* durch revolutionären Umsturz, so sehr verklammert, so sehr auch durchsetzt mit einer impliziten normativen Sichtweise der Weltgeschichte, daß die Frage nach der Art und Weise dieser Aufhebung eine komplizierte Interpretationsdebatte entfacht hat, die bis in die Gegenwart reicht.

Marx destruiert die Ethik, wie sie in der Gesellschaft der sich industrialisierenden Epoche vorkommt, als philosophischen Mythos, als bürgerliche Ideologie. Er will sie als Lüge, als Illusion und *gesellschaftlich notwendigen Schein* entlarven. Sie ist die Mystifikation realer Verhältnisse.

Indessen verlagern die Grundschriften des revolutionären Kommunismus auf der anderen Seite ein Motiv aus Hegels «Phänomenologie des Geistes», nämlich das von Herrschaft und Knechtschaft in der Weltgeschichte, auf die welthistorische Rolle und Funktion des unterdrückten Proletariats. In Hegels Konzeption ist das ursprünglich unterdrückte Subjekt auch das moralische, der wahre Handelnde.

In die Konzeption von Marx geht diese Grundüberlegung auf eine verwandelte Weise ein: einerseits verwandelt durch die von Darwin bewirkte evolutionäre Revolution der Sichtweise des Menschenlebens; zum zweiten bewirkt durch seine Aufnahme der ökonomischen Analysen der bürgerlichen Theoretiker Adam Smith und David Ricardo.

Der entscheidende Punkt der Marxschen Moralkritik ist auf diesem Hintergrund und in einem Modell der Ableitung bzw. des *Reduktionismus* zu sehen. Er besteht daher darin, ehemals nur innerphilosophisch geführte Debatten auf moderne Einzelwissenschaften zu beziehen. Dies kann man zunächst als den positivistischen Kern nicht nur der Kritik, sondern der gänzlichen Aufhebung von Moral im Rahmen der Marxschen Überlegungen bezeichnen.

Das Modell der Ableitung des ehemals autonom gedachten geistigen Bereichs aus der Natur, des «Überbaus» aus der materiellen «Basis», tritt bei Darwin biologisch-genetisch, bei Marx ökonomisch-genetisch auf. Bei Darwin gestatten die Prinzipien der Variabilität der Arten und der Selektion die Reduktion jeglicher geistiger Leistungen auf Funktionen optimaler Anpassung. Bei Marx gestatten die Prinzipien der gattungsgeschichtlich notwendigen Produktion und Reproduktion auf der ökonomischen Ebene die Ableitung dessen, was sich Gesellschaften über sich – religiös, mythisch, philosophisch, ethisch – denken, aus eben diesen Imperativen der ökonomischen Selbstkonstitution. Die Rückführung auf Animalität wird bereits von Darwin selbst bewußt häretisch gegen traditionelle Moralvorstellungen gewendet. Dazu werden «Freude und Schmerz, Glück und Elend»[9], «Liebe»[10] und «Großmut»[11] bereits auf tierischer Ebene konstatiert und beispielsweise das Verhalten der Hunde ihrem Herrn gegenüber als mögliches Urbild des Gottesverhältnisses angesehen.

Wichtig für die Geschichte der Aufhebung der Ethik im 19. Jahrhundert ist die Tendenz, genetische Reduktionen auf Grund naturwissenschaftlicher Untersuchungen zu generellen Sätzen auszuweiten. Für die Wirkung des Darwinismus bleibt bestimmend, die empirischen Befunde der Abstammungslehre in philosophischen Kontexten zu verwenden.

Marx' Aufhebung der Ethik geschieht im Versuch, alle Bewußt-
seinsleistungen als Resultate des gesellschaftlichen Produktionsprozes-
ses zu erklären: «Die Moral, Religion, Metaphysik und sonstige Ideologie und die ihnen entsprechenden Bewußtseinsformen behalten hiermit
nicht länger den Schein der Selbständigkeit... nicht das Bewußtsein bestimmt das Leben, sondern das Leben bestimmt das Bewußtsein.»[12] Im
Gegensatz zu einer philosophischen Ethik, «welche vom Himmel auf die
Erde herabsteigt», wird bei Marx «von der Erde zum Himmel gestiegen.
Das heißt, es wird nicht ausgegangen von dem, was die Menschen... sich
einbilden, ... auch nicht von... eingebildeten... Menschen...: Es wird
von den wirklich tätigen Menschen ausgegangen und [an] ihrem wirklichen Lebensprozeß auch die Entwicklung der ideologischen Reflexe und
Echos dieses Lebensprozesses dargestellt.»[13] Moral und Ethik werden zu
ableitbaren Produkten, Echos und Reflexen, damit zur Ideologie der bürgerlichen Gesellschaft und der kapitalistischen Ökonomie. Sie tun so, als
gälten sie, während in Wirklichkeit die Klassenstruktur und der Waren-
tausch, die Eigentumsverhältnisse und damit die konkreten ökonomischen Machtverhältnisse gelten: «Der Kredit ist das nationalökono-
mische Urteil über die Moralität eines Menschen.»[14] Die christliche
Moral ist nur eine Waffe des Reichen: sie übersetzt den wirklichen «Unterschied von *arm* und *reich*» in den ideellen «Gegensatz des *Guten* und
des *Bösen*»[15], so daß «man ein Millionär sein (muß), um es ihren Helden
nachmachen zu können»[16].

In der «Deutschen Ideologie» (1844/45) heißt es folgerichtig, «die
Heuchelei» der «Philosophie, die sich an alle Individuen ohne Unterschied richtet, konnte natürlich erst aufgedeckt werden, als die Produk-
tions- und Verkehrsbedingungen der bisherigen Welt kritisiert werden
konnten, d. h. als der Gegensatz zwischen Bourgeoisie und Proletariat
kommunistische und sozialistische Anschauungen erzeugt hatte. Damit
war aller Moral, sei sie Moral der Askese oder des Genusses, der Stab
gebrochen.»[17]

Marx ist – wie die beiden anderen großen Klassiker der Moderne,
Nietzsche und Freud – ein guter Kenner der Antike gewesen. Hier ent-
stand – parallel zur Tragik und zur Lyrik – die Philosophie mitsamt den
Wissenschaften in den Schulen des Platon und des Aristoteles. Aristoteles entwickelte Ethik, Politik und Ökonomie als eine in sich stimmige
theoretisch-reflexive und praktische Einheit; als eine Einheit, die – ganz
selbstverständlich – exemplarisch an den überschaubaren Verhältnissen
mittlerer Größenordnung im antiken Stadtstaat, der Polis, ausgerichtet
war. In dieser vereinheitlichenden Reflexion ergeben sich die rationalen
Imperative der politischen Ordnung und der Haushaltung (Ökonomie)

relativ umstandslos aus der realistischen, lebensnahen Ethik des Aristoteles. Der entscheidende Bruch in der ethischen Reflexion setzt ein, wenn
in der Wende zur modernen westlichen Industriegesellschaft die Einheit
von Nah- und Fernbereich ethischer, moralischer Mikro- und politisch-
ökonomischer Makro-Ebene eine weltgeschichtlich zäsurhafte, struktu-
relle Entzweiung erfährt: die Dissoziation von Unmittelbarkeit (der
schlichten Beurteilung zugänglicher ethischer Praxis) und «unendlicher
Vermitteltheit» (Hegel) der komplexen gesellschaftlichen Verhältnisse
im Werden der kapitalistischen Ökonomie.

Marx' Aufhebung der Ethik läßt sich selbst als Reflex dieses Bruchs
verstehen. Sie wird noch gesteigert durch seine Lehre vom *Verschwinden
der Moral* im Kommunismus. Hier nimmt die ideologiekritische Perspektive seiner Theorie spekulative Züge an: Mit dem Kommunismus
werden die ideologischen Formen: Moral, Religion, Familie – allesamt
Auswirkungen der Klassenkämpfe – «sich vollständig auflösen»[18].

### 3.2 Friedrich Nietzsche: Genealogische Aufhebung

Einen der radikalsten, dezidiertesten und philosophisch explizitesten
Versuche der kritischen Destruktion der Ethik stellt das Werk Nietzsches
dar. In seiner letzten Schaffensperiode unternahm er es, die Grundprin-
zipien dieser Kritik – in Anknüpfung an die Willensmetaphysik seines
Lehrers Arthur Schopenhauer – in den beiden Schriften «Jenseits von
Gut und Böse. Vorspiel einer Philosophie der Zukunft» (1886) und «Zur
Genealogie der Moral. Eine Streitschrift» (1887) zusammenzufassen.
Die Moralkritik weitet sich in diesen Texten zu einer Kritik der gesamten
europäischen Philosophie und christlichen Kultur, insbesondere des gegenwärtigen Zeitalters Nietzsches aus.

Welches sind die Grundprinzipien der Aufhebung der Ethik im Denken Nietzsches? Die Ethik und die Moral sind gemäß seiner Analyse
etwas ganz anderes, als gemeinhin und vor allem in der Philosophie angenommen und behauptet wird. «Der Grundglaube der Metaphysiker ist
*der Glaube an die Gegensätze der Werthe*» (5, 16). Diese Gegensätze sind
«nur Vordergrunds-Schätzungen», «vorläufige Perspektiven», ja
«Frosch-Perspektiven» (ebd.); «der schlimmste, langwierigste und ge-
fährlichste aller Irrthümer» war «bisher ein Dogmatiker-Irrthum»,
«nämlich Plato's Erfindung vom reinen Geiste und vom Guten an sich»
(5, 12). Nietzsche geht es daher um den «Kampf gegen Plato, oder, um es
verständlicher und für's ‹Volk› zu sagen», um den «Kampf gegen den
christlich-kirchlichen Druck von Jahrtausenden – denn Christenthum ist
Platonismus für's ‹Volk›» (ebd.).

Anstatt nun an die moralischen Werturteile «an sich» bzw. an ihre religiös begründete Gültigkeit zu glauben, gilt es «zu begreifen, dass zum Zweck der Erhaltung von Wesen unsrer Art solche Urtheile als wahr *geglaubt* werden müssen» (5, 25). Der Glaube an ihre Wahrheit ist «nöthig, als ein Vordergrunds-Glaube und Augenschein, der in die Perspektiven-Optik des Lebens gehört» (5, 26).

An die Stelle eines ethischen Dogmatismus auf metaphysischer – platonisch-ontologisch die Rangordnung des Seins betreffender – oder christlicher – theologisch die Schöpfungsordnung und die göttlichen Gebote betreffender – Grundlage setzt Nietzsche zunächst einen philosophischen *Vitalismus* – Vorbild der späteren Lebensphilosophie (H. Bergson; W. Dilthey; G. Simmel, Einleitung in die Moralwissenschaft [1892/93]) – und erkenntnistheoretischen *Perspektivismus*: Prinzip der Realität und des für wahr Erachteten ist einzig und allein die Erhaltung des Lebens. Aus Gründen seiner Selbsterhaltung entwirft das Leben sich die für es dienlichen Erhaltungsperspektiven. «Vor allem will etwas Lebendiges seine Kraft *auslassen* – Leben selbst ist Wille zur Macht» (5, 27). Nietzsche analysiert diese interne Machtstruktur des menschlichen Willens, zu der seiner Meinung nach «Gefühle» und «Denken» durch einen «Affekt des Commando's» vereinigt und dem Willen untergeordnet werden (5, 32). Auf diesem Hintergrund wird «Moral... als Lehre von den Herrschafts-Verhältnissen verstanden, unter denen das Phänomen ‹Leben› entsteht». (5, 34).

Der Mensch hat gemäß Nietzsches Vorurteilskritik zu hoch von sich gedacht, als er sich als «Subjekt» mit «freiem Willen» konzipierte: «Das Verlangen nach ‹Freiheit des Willens›, in jenem metaphysischen Superlativ-Verstande» ist das illusionäre Verlangen, die Ursache seiner selbst (causa sui) «zu sein und, mit einer mehr als Münchhausen'schen Verwegenheit, sich selbst aus dem Sumpf des Nichts an den Haaren in's Dasein zu ziehn» (5, 35). Die idealistische Philosophie des reinen Geistes hat somit Nietzsches Analyse zufolge theologische Absolutismen wie die «Schöpfung aus dem Nichts» *(creatio ex nihilo)* in illusionärer Verkennung seiner tatsächlichen Bedingtheit auf den Menschen als Subjekt «freier» Willensakte, als «Ursache seiner selbst», *causa sui*, übertragen.

Demgegenüber lehrt der Amoralismus Nietzsches – er selbst spricht von seinem Immoralismus –, daß wir an der Schwelle einer «außermoralischen Periode» der menschlichen Selbstbesinnung stehen, «dass Moral, im bisherigen Sinne, also Absichten-Moral» – die vor allem den freien Willen als Selbstverursachung moralisch qualifizierbarer menschlicher Handlungen annahm – «ein Vorurtheil gewesen ist, eine Voreiligkeit, eine Vorläufigkeit vielleicht, ein Ding etwa vom Range der Astrologie und Alchymie, aber jedenfalls Etwas, das überwunden werden muss. Die

Überwindung der Moral, in einem gewissen Verstande sogar die Selbstüberwindung der Moral: mag das der Name für jene lange geheime Arbeit sein, welche den feinsten und redlichsten, auch den boshaftesten Gewissen von heute, als lebendigen Probirsteinen der Seele, vorbehalten blieb. – » (5, 51). Die Reflexionsbewegung Nietzsches wird hier ihrem für sie typischen Anspruch nach als eine überbietende Radikalisierung von Prämissen der Aufklärung erkennbar: War deren Vorurteilskritik – seit Francis Bacon und Pierre Bayle – noch auf die Befreiung von verzerrender Autoritätswahrheit und interessenbedingter ideologischer Verschleierung ausgerichtet, um Freiheit als authentische, moralisch und politisch begriffene Autonomie freizusetzen, so will Nietzsches Radikalkritik noch Moralität und Freiheit selbst als undurchschaute Vorurteile erweisen.

Die Beurteilung dieser Radikalkritik hängt davon ab, ob ihr Stringenz und argumentative Überzeugungskraft neben ihrem bewußt provokanten, polemischen, ‹boshaften› Gestus zukommt, ob ihr oft beißender Hohn auf die europäische Vernunfttradition bei aller literarischer Brillanz philosophische Substanz hat.

Nietzsches Voraussetzung ist, «dass nichts Anderes als real ‹gegeben› ist als unsre Welt der Begierden und Leidenschaften, dass wir zu keiner anderen ‹Realität› hinab oder hinauf können als gerade zur Realität unsrer Triebe – denn Denken ist nur ein Verhalten dieser Triebe zu einander» (5, 54). – Dieses «ist nur» ist die Grundform von Nietzsches Reduktionismus der Moraldestruktion. Er will «unser gesammtes Triebleben als die Ausgestaltung und Verzweigung Einer Grundform des Willens... erklären – nämlich des Willens zur Macht, wie es *mein* Satz ist» (5, 55).

Nietzsches Aufhebung der Ethik in Gestalt seines Reduktionismus des Machtwillens: «gesetzt, dass man alle organischen Funktionen auf diesen Willen zur Macht zurückführen könnte und in ihm auch die Lösung des Problems der Zeugung und Ernährung... fände, so hätte man damit sich das Recht verschafft, *alle* wirkende Kraft eindeutig zu bestimmen als: *Wille zur Macht*» (5, 55) – diese Aufhebung steht damit eindeutig in der Tradition der Schopenhauerschen Willensmetaphysik. Das «Ding an sich», das *eine Prinzip*, das die Welt im Innersten zusammenhält, war bereits bei Schopenhauer, den Nietzsche in den späten systematischen Schriften «Jenseits von Gut und Böse» und «Genealogie der Moral» als seinen Lehrer bezeichnet, der weltgründende und weltbewegende Wille. Diese «Monoprinzipialität des Seins» als Wille übernimmt Nietzsche ausdrücklich: «Die Welt von innen gesehen, die Welt auf ihren ‹intelligiblen Charakter› hin bestimmt und bezeichnet – sie wäre eben ‹Wille zur Macht› und nichts ausserdem. –» (5, 55).

Hintergrund und Voraussetzung der Nietzscheschen Konzeption einer Aufhebung und Destruktion der Ethik ist somit eine – Schopenhauer aufnehmende – empirische Entschleierung der Kantschen «intelligiblen», «noumenalen» Welt der Moral und der menschlichen Freiheit, des «Ding an sich» als pures, letztlich quantifizierbares Energie- und Kraftpotential.

Die Ethik der Aufklärung und die Moralphilosophie des deutschen Idealismus waren an univeralen Werten und Normen – Freiheit, Gleichheit, Solidarität – orientiert gewesen. Noch die Schopenhauersche Mitleidsethik des bürgerlichen Pessimismus führte ein solches universalistisches Moment mit sich: universales Mitleid mit allen leidenden Kreaturen, universale Willensverneinung und Entsagung. Von diesen Auffassungen hebt sich Nietzsches Moraldestruktion entschieden ab. An die Stelle des ethischen Universalismus setzt sie einen heroischen *Elitarismus*, der sich politisch als Antidemokratismus und vehementer Antisozialismus präzisiert. An die Stelle der Schopenhauerschen Erlösungslehre des Pessimismus, der – dem Buddhismus verwandten – Lehre von der Willensverneinung, setzt sie die unbedingte Bejahung des Machtwillens, seine Steigerung: «Was ist gut? – Alles, was das Gefühl der Macht, den Willen zur Macht, die Macht selbst im Menschen steigert. Was ist schlecht? – Alles, was aus der Schwäche stammt. Was ist Glück? – Das Gefühl davon, daß die Macht wächst, – daß ein Widerstand überwunden wird... Die Schwachen und Mißrathenen sollen zu Grunde gehn: erster Satz der Gesellschaft... Was ist schädlicher als irgend ein Laster? Das Mitleiden der That mit allem Mißrathenen und Schwachen, – ‹das Christenthum›...» (13, 192). «Man muss den schlechten Geschmack von sich abthun, mit Vielen übereinstimmen zu wollen. ‹Gut› ist nicht mehr gut, wenn der Nachbar es in den Mund nimmt. Und wie könnte es gar ein ‹Gemeingut› geben! Das Wort widerspricht sich selbst: was gemein sein kann, hat immer nur wenig Werth. Zuletzt muss es so stehn, wie es steht und immer stand: die grossen Dinge bleiben für die Grossen übrig, die Abgründe für die Tiefen, die Zartheiten und Schauder für die Feinen, und, im Ganzen und Kurzen, alles Seltene für die Seltenen. –» (5, 60). Dieser Elitarismus und Antidemokratismus richtet sich polemisch gegen «das allgemeine grüne Weideglück der Herde, mit Sicherheit, Ungefährlichkeit, Behagen, Erleichterung des Lebens für Jedermann; ihre beiden am reichlichsten abgesungnen Lieder und Lehren heissen ‹Gleichheit der Rechte› und ‹Mitgefühl für alles Leidende›» (5, 61).

Demgegenüber vertritt Nietzsche mit spürbarem Genuß die ketzerische Auffassung der «Umgekehrten», «dass Härte, Gewaltsamkeit, Sklaverei, Gefahr auf der Gasse und im Herzen, Verborgenheit, Stoicismus,

Versucherkunst und Teufelei jeder Art, dass alles Böse, Furchtbare, Ty-rannische, Raubthier- und Schlangenhafte am Menschen so gut zur Erhöhung der Species ‹Mensch› dient, als sein Gegensatz» (5, 61 f). Die Stoßrichtung von Nietzsches Argumentation ist hier eine ethische Zu-rechtstellung der menschlichen Welt und Wirklichkeit, in der das Ab-trägliche, das Schreckliche und das Böse in seiner bleibenden Bedeutung verkannt und weggeleugnet wird. Er entwirft gegen das «Herdenglück» einer nivellierten Masse das Existenzideal des freien Geistes und des neuen Philosophen, der sich von den herkömmlichen verlogenen Wert-ordnungen gelöst hat. Die Aufhebung der Ethik kommt bei Nietzsche also keineswegs ohne normative, wertende Orientierungen aus, so daß man ihn geradezu als einen Moralisten des Amoralismus bezeichnet hat. Entscheidend für Nietzsche ist – so seine Ausführungen im 5. Hauptstück von «Jenseits von Gut und Böse» –, daß die Moral eine sie entlarvende *Naturgeschichte* hat, gänzlich externe Bedingungen ih-rer Entstehung und Entwicklung. Die Moralen erscheinen in dieser Deutungsperspektive zunächst und vor allem als Zucht- und Reproduk-tionsmittel der Völker. «Man mag jede Moral darauf hin ansehn: die ‹Natur› in ihr ist es, welche... die allzugrosse Freiheit hassen lehrt und das Bedürfnis nach beschränkten Horizonten, nach nächsten Aufgaben pflanzt, – welche die *Verengerung der Perspektive*, und also in gewis-sem Sinne die Dummheit, als eine Lebens- und Wachsthums-Bedin-gung lehrt. ‹Du sollst gehorchen, irgend wem, und auf lange: *sonst* gehst du zu Grunde und verlierst die letzte Achtung vor dir selbst› – dies scheint mir der moralische Imperativ der Natur zu sein» (5, 109 f). Dieser naturalistische Imperativ ist nicht unbedingt, nicht kategorisch – polemisch wendet sich das ‹Sonst› Nietzsches gegen Kants Reinheits-konzeption – und er wendet sich auch nicht an den einzelnen, «wohl aber an Völker, Rassen, Zeitalter, Stände, vor Allem aber das ganze Thier ‹Mensch›, an *den* Menschen» (5, 110).

Moral ist für Nietzsche Imperativ der Selbsterhaltung und zugleich damit auch Symptom der Furcht vor starken und unkontrollierbaren Trieben und Affekten: «Wer das Gewissen des heutigen Europäers prüft, wird aus tausend moralischen Falten... immer den gleichen Imperativ herauszuziehen haben, den Imperativ der Heerden-Furchtsamkeit: ‹wir wollen, dass es irgendwann einmal *Nichts mehr zu fürchten* giebt!›» (5, 123). Die «Furcht ist... die Mutter der Moral» (5, 122).

Der leidenschaftlich polemische Duktus der Moralkritik Nietzsches bezieht seine Energie aus der hartnäckigen Bemühung, gerade diejenigen Antriebe der Ethik vorurteilslos aufzudecken, die ihr selbst verborgen, gleichsam hinter ihrem Rücken ständig wirksam sind. Am ursprünglichsten ist hier Nietzsche zufolge genetisch-anthropologisch das Entsetzen, die Angst und die Furcht vor dem *Leiden*. Mit «Spott und Mitleid» zugleich blickt er daher auf Hedonismus (Streben nach Lust als Furcht vor dem Leiden), Pessimismus (buddhistische bzw. Schopenhauersche Leidensflucht durch Resignation, Weltverneinung und Erlöschen des Willens), Utilitarismus (Flucht vor dem Leiden durch das «Herdenglück» der größten Zahl befriedigter Individuen) und Eudämonismus (Glücksstreben als Leidvermeidungsstrategie aus Angst); sie alle verkennen nach Nietzsche die fundamentale anthropologische Tatsache der «Zucht des Leidens, des *grossen* Leidens», die «alle Erhöhungen des Menschen bisher geschaffen hat» (5, 161). Die Ethiken erscheinen in dieser Perspektive als eine willkürliche und vor allem illusionäre Zurechtstellung der tatsächlichen Geschichte und Situation des Menschen. Die Moral der Furcht ist eine Moral entpersönlichter «Herden», entindividuierter Massen; sie ist eine *Sklavenmoral*, eine Moral der Schlechtweggekommenen: «Das moralische Urtheilen und Verurtheilen ist die Lieblings-Rache der Geistig-Beschränkten an Denen, die es weniger sind, auch eine Art Schadenersatz dafür, dass sie von der Natur schlecht bedacht wurden, endlich eine Gelegenheit, Geist zu bekommen und fein zu *werden*: – Bosheit vergeistigt. Es thut ihnen im Grunde ihres Herzens wohl, dass es einen Massstab giebt, vor dem auch die mit Gütern und Vorrechten des Geistes Überhäuften ihnen gleich stehn: – sie kämpfen für die ‹Gleichheit Aller vor Gott› und *brauchen* beinahe dazu schon den Glauben an Gott» (5, 154). Die Tücke und beabsichtigte Perfidie von Nietzsches destruktiver Interpretation der Moralität besteht also darin, den nicht nur amoralischen, sondern definitiv unmoralischen, boshaften Ursprung der Moral freilegen zu wollen. Angesichts dieses Ursprungs erscheint zum Beispiel der Glaube an Gott im Beziehungsgefüge der Moral als Funktion der Selbstgerechtigkeit ‹schwacher›, benachteiligter Personen.

Die Grundfrage, die Nietzsche in seiner Streitschrift «Zur Genealogie der Moral» stellt, lautet, «unter welchen Bedingungen erfand sich der Mensch jene Werthurtheile gut und böse? *und welchen Werth haben sie selbst?*» (5, 249 f.). Er beantwortet sie durch seine Theorie der Entstehung des *Gewissens*. Diese Theorie ist der Kernbestandteil von Nietzsches Aufhebung der Ethik. Sie ist die Probe auf seine These (in «Jenseits von Gut und Böse»), daß auch unter der «schmeichlerischen Farbe» der «moralischen Wort-Flittern und -Franzen» «der schreckliche Grundtext homo natura wieder heraus erkannt werden muss. Den Menschen nämlich zurückübersetzen in die Natur» (5, 169). Diese These lautet, «Fast Alles, was wir ‹höhere Cultur› nennen, beruht auf der Vergeistigung und Vertiefung der *Grausamkeit* – dies ist mein Satz; jenes ‹wilde Thier› ist gar nicht abgetödtet worden, es lebt, es blüht, es hat sich nur – vergöttlicht» (5, 166). Der Grund der Kultur ist sublimierte Grausamkeit; «Blut und Grausen ist auf dem Grunde aller ‹guten Dinge›!» (5, 297).

Nietzsches Theorie der Entstehung des Gewissens in der Zweiten Abhandlung der «Genealogie der Moral» über «Schuld» und «schlechtes Gewissen» konstruiert folgenden Zusammenhang: Das menschliche Gewissen ist in der urgeschichtlichen Frühzeit der Menschheitsentwicklung entstanden. Es muß hier ein Übergang angenommen werden, bei dem ursprünglich ganz ungehemmte Triebe, Instinkte und Affekte gleichsam noch tierischer Menschen in eine neue Ordnung und gesellschaftlich lebbare Form gezwungen wurden. Nietzsches Anthropologie unterscheidet drei Ebenen der menschlichen Existenz: die Triebschicht, den Willen und das Gedächtnis. Demgemäß erfolgte in der Frühgeschichte die Unterordnung der Triebschicht, der ungehemmten Instinkte, unter die Herrschaft des Willens und des Gedächtnisses. Diese Unterordnung geschah nach Nietzsche im Zuge der Entstehung früher staatlicher Gewalt und unter Führung grausamer Herrscher mit brutalem Zwang. Dieser Zwang zu früher gesellschaftlicher Ordnung wurde durch Strafandrohung ausgeübt und sanktioniert.

Zu dieser Zeit stand Strafe Nietzsche zufolge zwar in Zusammenhang mit Schuld; allerdings war dies ein noch außermoralischer Schuldbegriff, der aus dem Bereich des Tauschhandels (ökonomischer ‹Schulden›) genommen wurde. Schuld bedeutet hier die Entschädigung für die Nichteinhaltung eines Vertrags.

Die erste starke Voraussetzung der genealogischen Gewissenstheorie Nietzsches besteht darin, diese Entschädigung in der Form einer grausamen physischen Peinigung des Schuldners anzusetzen. Seine Darstellung legt einen ursprünglichen Sado-Masochismus von Strafen und Sühnen offen, indem er den Kern der archaischen Wiederherstellung der Rechtsordnung im Sich-Weiden-Können am Leiden des gepeinigten Schuldners sieht. Das Sich-Weiden an der Grausamkeit der Strafmaßnahmen ist, wenn diese Analyse zutrifft, der Ursprung gerechter sozialer Ordnungen.

Die zweite starke Voraussetzung für Nietzsches Theorie der Gewissensentstehung ist die einer archaischen Inversion der Triebe und Affekte, einer Verinnerlichung aller primitiven Instinkte: Im Maße der externen brutalen Gewalt- und Strafandrohungen gegen die die frühen Ordnungen bedrohenden Übergriffe wendete der Mensch die Affekte der Feindseligkeit und Grausamkeit nach innen, gegen sich selbst. In der Linie der defizitären Anthropologie bereits Herders, der den Menschen als den «Invaliden seiner höheren Kräfte» bezeichnete, sieht Nietzsche ihn als *krankes Tier* (5, 367). Hier liegt der Ursprung des schlechten Gewissens: «Ich nehme das schlechte Gewissen als die tiefe Erkrankung, welcher der Mensch unter dem Druck jener gründlichsten aller Veränderungen verfallen musste, die er überhaupt erlebt hat, – jener Veränderung, als er sich endgültig in den Bann der Gesellschaft und des Friedens eingeschlossen fand» (5, 321 f). Nietzsche vergleicht die neolithische Revolution der Seßhaftwerdung des Menschen mit dem Übergang der Wassertiere aufs feste Land; sie mußten ihre beweglichen Jagd-Instinkte gewaltsam zähmen:

«Alle Instinkte, welche sich nicht nach Aussen entladen, *wenden sich nach Innen* – dies ist das, was ich die *Verinnerlichung* des Menschen nenne: damit wächst erst das an den Menschen heran, was man später seine ‹Seele› nennt. . . . Jene furchtbaren Bollwerke, mit denen sich die staatliche Organisation gegen die alten Instinkte der Freiheit schützte – die Strafen gehören vor Allem zu diesen Bollwerken – brachten zu Wege, dass alle jene Instinkte des wilden freien schweifenden Menschen sich rückwärts, sich *gegen den Menschen selbst* wandten. Die Feindschaft, die Grausamkeit, die Lust an der Verfolgung, am Überfall, am Wechsel, an der Zerstörung – Alles das gegen die Inhaber solcher Instinkte sich wendend: *das* ist der Ursprung des ‹schlechten Gewissens›» (5, 322 f).

Dies ist das Fazit der extremen Negativwertung des Gewissens angesichts seiner Genese aus der Triebrepression, dem Sado-Masochismus und der Grausamkeitsinversion: «Hier ist *Krankheit*, es ist kein Zweifel, die furchtbarste Krankheit, die bis jetzt im Menschen gewüthet hat» – die «*Bestialität der Idee*» bricht sofort aus dem Menschen hervor, wenn er «nur ein wenig verhindert wird, Bestie der That zu sein!» (5, 332 f).

Folgende vier deutlich unterscheidbare Lehrstücke dienen nach dem Ausgeführten zu Nietzsches Aufhebung der Ethik und Destruktion der Moralität:

1. die Lehre vom realitätskonstitutiven Perspektivismus der Selbst- und Lebenserhaltung;
2. die Lehre vom Willen zur Macht als Lebensprinzip und von der internen Struktur des Machtwillens;
3. die Elitetheorie der Zucht und des Leidens und die Psychologie des Ressentiments (der Sklavenmoral);
4. die Genealogie der Moral aus der Internalisierung archaischer Grausamkeit und aus Furcht und Leidensflucht.

Auf allen vier Ebenen erscheinen Moral und Ethik nicht nur als etwas anderes als gemäß der traditionellen alltäglichen, religiösen und vor allem philosophischen Auffassung, sondern – inprovokativer und polemischer «Umwertung aller Werte» – sich steigernd als deren schieres Gegenteil.

Nietzsches Philosophie enthält auf dem Hintergrund seiner Moraldestruktion auch eine Utopie, an der die erheblichen normativen Implikationen seiner Aufhebung der Ethik sichtbar werden. Ihre Grundzüge:

1. der universale Ästhetizismus, die Lehre Nietzsches, nur als ästhetisches Phänomen sei die Welt gerechtfertigt; damit verbunden
2. das Existenzideal des freien Geistes und des Übermenschen, der als Künstler das Welt-Spiel durchschaut und lachend bejaht, den Willen zur Macht zwanglos in eine neue Existenzform tänzerischer Leichtigkeit verwandelt; schließlich
3. die Lehre Nietzsches (Zarathustras) von der Bejahung der Ewigen Wiederkehr des Gleichen, von der tragischen Bejahung des Vielen, des Leidens, des Zufalls, des Welt-Spiels in seiner Sinnlosigkeit.

### 3.3 Sigmund Freud: Psychologische Aufhebung

Freuds Theorie versteht sich in der Tradition von Aufklärung und Wissenschaft und ist ein dezidierter Versuch, *Illusionsverzicht* einzuüben. Dabei wird ein Ableitungsverhältnis des Bewußtseins vom unbewußten Triebleben gegen die Autonomie menschlichen Denkens konstatiert: «das Ich (ist) nicht Herr... im eigenen Haus»[19]. Getreu seinem positivistischen Wissenschaftsideal wird eine quantitativ verstandene Affektivität – genannt Libido – zur Triebbasis für die Ausbildung auch von abstrakten Ideen erklärt. Geistige Leistungen – wie die Unterscheidung von ‹gut› und ‹böse› – können so auf biologische Prozesse der Selbst- und Arterhaltung zurückgeführt werden. Die psychoanalytische Erklärung religiöser Phänomene läßt diese als kollektive Infantilphase der Daseinsbewältigung erscheinen.[20] Wie Marx' anti-idealistische Umkehrung des Verhältnisses von Sein und Bewußtsein durch die These vom Primat der ökonomischen Produktionssphäre deutet Freud das Denken als Epiphänomen einer inneren Triebökonomie des Menschen. Wie Marx Moral als ideologisches Phänomen, als «falsches Bewußtsein» verstand, analysiert Freud sie, pointiert formuliert, als das genaue Gegenteil dessen, wofür sie sich hält. Das wird insbesondere sichtbar in seiner Theorie der Gewissensentstehung (so in «Das Ich und das Es», 1923), die eine enge Verwandtschaft zu Nietzsche zeigt, sowie in der für seine Einschätzung der moralischen Phänomene grundlegenden Schrift über «Das Unbehagen in der Kultur» (1930). Hier führt Freud aus: Der wesentliche Lebenszweck, den die Menschen verfolgen, sei, daß sie nach dem Glück streben, «sie wollen glücklich werden und so bleiben. Dies Streben hat zwei Seiten, ein positives und ein negatives Ziel, es will einerseits die Abwesenheit von Schmerz und Unlust, andererseits das Erleben starker Lustgefühle.»[21] «Ein ursprüngliches, sozusagen natürliches Unterscheidungsvermögen für Gut und Böse darf man ablehnen. Das Böse ist oft gar nicht das dem Ich Schädliche oder Gefährliche, im Gegenteil auch etwas, was ihm erwünscht ist, ihm Vergnügen bereitet. Darin zeigt sich also fremder Einfluß; dieser bestimmt, was Gut und Böse heißen soll.»[22] Das Böse ist in der Analyse Freuds nämlich nichts anderes als das, «wofür man mit Liebesverlust bedroht wird», also das, wovon die anderen wünschen, daß wir es nicht tun. «Verliert der Mensch die Liebe des andern, von dem er abhängig ist, so büßt er auch den Schutz vor mancherlei Gefahren ein, setzt sich vor allem der Gefahr aus, daß dieser Übermächtige ihm in der Form der Bestrafung seine Überlegenheit beweist.»[23]

Die Unterscheidung von Gut und Böse entspringt also nach Freud der Angst vor den Folgen des Liebesverlustes, noch deutlicher: Die moralkonstitutiven Grundunterscheidungen verdanken sich der *Todesangst*.

Das «Unbehagen in der Kultur» speist sich des näheren aus Qual und Not des Gewissens. Die Gewissensentstehungstheorie Freuds ist der systematische Kern seiner Art und Weise der Aufhebung der Ethik, ihrer Aufhebung in außer- und nicht-ethische Kategorien. Die Ursituation bzw. Ursprungssituation ist hier die des kleinen Kindes, das sich hilflos in der Gewalt seiner Eltern vorfindet. Sein Wohl und Wehe hängt von ihnen ab, und Freud unterstellt nun eine zweifache Reaktion des Kindes auf diese Situation: Einerseits entsteht in ihm angesichts der elterlichen Erziehungsmaßnahmen und ‹Übergriffe› der Aggressionstrieb, ein Aufbegehren gegen die erfahrene Triebhemmung, ein Sich-Wehren gegen die Einschränkungen. Im Kind entfaltet sich ein aggressiv-destruktives Triebpotential. Auf der anderen Seite entsteht in dem Kleinkind der Wunsch, selbst an die Stelle seiner Erzieher, zum Beispiel des Vaters, zu treten, selbst so mächtig, groß, stark usw. zu sein. Es entsteht eine Art Wunsch- oder Idealbild, dem gleich zu sein das Kind sich sehnt.

Diese beiden Seiten frühkindlicher Erfahrung stehen also in deutlicher Spannung zueinander: Verschränkt sind die aggressiv-destruktive und die verehrend-liebende Seite der Erfahrung.

Nach Freud geschieht ein weiteres: Da der Identifikationswunsch des Kindes mit der Autorität notwendig unerfüllbar bleibt, muß sich sein Triebpotential auf irgendeine andere Weise behelfen: Das Kind phantasiert, es selbst sei das ideale Vorbild. Sein Unbewußtes (wir können die Problematik dieser Begriffsbildung hier nicht näher erläutern) produziert ein «zweites Ich», ein zweites Bild seiner selbst, welches gleichsam spricht: *Ich* bin dies Große, Mächtige, Strafende, zu Bewundernde. Das heißt – formulieren wir diese Gewissensentstehungstheorie im Rückblick auf das zu Nietzsche Ausgeführte –: Die erfahrene Grausamkeit wird verinnerlicht und zum Bestandteil des eigenen Subjekts gemacht.

Das vom Unbewußten aus angstvoller Liebe geborene Zweit-Ich bezeichnet Freud als das Über-Ich oder Ich-Ideal. Dieses machthabende Über-Ich hat nun vor der äußeren Autorität der Eltern bzw. des Vaters noch den entscheidenden Vorzug der Allwissenheit. (Man sieht hier unschwer Keime einer Religionsentstehungstheorie angelegt.) Allwissend kann das innerlich gebildete Über-Ich nun die geheimsten Gedanken und Gefühle des Kindes erforschen, beurteilen und bestrafen.

Durch diese allmächtige und verinnerlichte Instanz ist das Gewissen entstanden; gleichzeitig mit ihm die Gewissensangst: denn jetzt ahndet das Über-Ich jede Übertretung seiner Forderungen mit entstehenden Schuldgefühlen.

Sowohl mit seiner Theorie der Herkunft des Bösen aus der Angst vor Liebesverlust als auch mit der Theorie der Gewissensentstehung hat Freud eine – zumindest seinem Selbstverständnis als positivistischem, rein an empirischen Daten und Fakten orientiertem Naturwissenschaftler gemäß – der Idee nach nur quantitativ-triebpsychologisch begründete, deterministisch depotenzierende Aufhebung der Ethik vollzogen. Die grundlegenden ethischen Kategorien werden als lediglich abgeleitete verstanden, wobei an die Stelle der menschlichen Freiheit – und das ist die entscheidende Prämisse – die quantitative Triebmechanik des *Unbewußten* tritt.

## 4 Kritik der Aufhebungen: Genesis und Geltung

Die in der Aufklärungstradition, bei Marx, Nietzsche und Freud konzipierten Destruktionen und Depotenzierungen der Ethik nehmen die entscheidenden Argumente späterer und gegenwärtiger Versuche und Modelle einer Aufhebung der Ethik bereits philosophisch gründlich und in ihrer Ausarbeitung vorbildlich vorweg. Das gilt zum Beispiel für den *verhaltenspsychologischen Behaviorismus* von B. F. Skinner (Science and human behavior, 1959; Walden Two, dt. Futurum Zwei, 1970; Beyond Freedom and Dignity, 1971, dt. Jenseits von Freiheit und Würde), in dem alles «Innere» und erst recht alles vermeintlich am Menschen «Höhere» (eben Freiheit und Würde) auf äußerlich wissenschaftlich beobachtbare, empirisch feststellbare Daten reduziert und so eliminiert wird. Es gilt für den *französischen Strukturalismus*, dort vor allem für das Gesamtwerk von Michel Foucault. Dieses läßt sich als umfassende empirisch gestützte, soziohistorische Einlösung von Nietzsches Moralkritik und Machtanalyse kennzeichnen, eine Einlösung, die an den Themen des Wahnsinns (Wahnsinn und Gesellschaft, 1961, dt. 1969), der

Strafe und des Gefängnisses (Überwachen und Strafen, 1975, dt. 1976), der Sexualität und des Wissens (Der Wille zum Wissen, 1976, dt. 1977) und der Macht selbst (Mikrophysik der Macht, 1976; Dispositive der Macht: Über Sexualität, Wissen und Wahrheit, 1978) erfolgt. Es gilt auch für die *Systemtheorie* Niklas Luhmanns, die konsequent bemüht ist, ihre Beschreibungen generalisierend nur auf die Funktion von Ethik und Moral für die Selbsterhaltung von gesellschaftlichen Systemen zu beschränken (Paradigm lost: Über die ethische Reflexion der Moral, 1989). Es gilt ebenso für die modernen Spielarten der *Evolutionstheorien* und des Neo-Darwinismus der *evolutionären Erkenntnistheorie* sowie der Humanethologie, die auf den Nobelpreisträger Konrad Lorenz (Die Rückseite des Spiegels. Versuch einer Naturgeschichte menschlichen Erkennens, [5]1981) zurückgehen und besonders von R. Riedl (1980), G. Vollmer ([2]1980) und F. M. Wuketits (1981) weiterentwickelt wurden. In ihnen geht es um eine mit Erklärungsanspruch (Ableitungsanspruch) auftretende – neodarwinistische – Theorie natürlicher Auslese, die die modernen Ergebnisse der Genetik und der Molekularbiologie einbezieht, um den ‹Weg› von Großmolekülen bis zur menschlichen Erkenntnis- und Einsichtsfähigkeit und auch die Ethik als Anpassungsleistung durch Mutation und Selektion funktional zu rekonstruieren.

Schließlich gilt die Wiederaufnahme von in den klassischen Aufhebungsdiskussionen bereits aufgetretenen Argumenten und Reduktionsbehauptungen auch für die neuen Entwicklungen auf dem Gebiet der *Soziobiologie*, die insbesondere das soziale Verhalten und auch die Uneigennützigkeit, den Altruismus, unter populationsgenetischen Gesichtspunkten als Funktion der Selektion unter Gruppen betrachtet. Hier ist zum Beispiel von der «Moralität der Gene» die Rede (E. O. Wilson 1975, Part I Social Evolution, 1: The Morality of the Gene; Part III The Social Species, 27: From Sociobiology to Sociology, Ethics 562 f.).

Wenn im folgenden kurz die Struktur einiger wesentlicher antireduktionistischer Argumente skizziert wird, so lassen diese sich unschwer auf die modernen Aufhebungsunternehmungen des Behaviorismus, des Strukturalismus, der Systemtheorie, der evolutionären Erkenntnistheorie und der Soziobiologie beziehen. Ich möchte vier Formen von Argumenten unterscheiden, deren Darstellung uns zu einer dialektisch-kritischen Aufhebung der bloß reduktionistischen Aufhebung der Ethik im unter 1. erörterten Hegelschen Sinne der vernünftig begriffenen Einheit von Kritik und Bewahrung verhelfen soll: Vier Formen von Argumenten seien unterschieden:
– das Argument der empirischen Ungesichertheit,
– das Selbstanwendungsargument,

– das (transzendentale bzw. begriffliche) Argument der Irreduzibilität
von Geltung auf Genesis bzw. der Unableitbarkeit der Geltung aus der
Genesis,

– das Argument der inkonsequenten Aufhebung und der ‹Krypto-Ethik›
– der Verschiebung der Ethik in einen anderen Bereich auf dem Weg
der nur vermeintlichen Aufhebung.

1. Das Argument der *empirischen Ungesichertheit* der depotenzie-
renden Analysen besagt, bezogen auf die klassischen ökonomischen, genealogischen und psychoanalytischen, aber auch die gegenwärtigen Reduktionsbehauptungen, daß ihre starken Aussagen über die materielle,
physische bzw. psychophysische Herkunft und Bedingtheit der Moral
und der Ethik gerade wissenschaftlich nicht haltbar sind. Die Behauptungen von Marx über den Zusammenhang von ökonomischer Basis und
ideologischem Überbau beanspruchen ja positive, empirische und wissenschaftlich überprüfbare Wahrheit. Damit unterliegen sie wie alle
theoretischen Ergebnisse der empirischen Sozialwissenschaften der empirischen *Revidierbarkeit* und *Falsifizierbarkeit*. Wissenschaftstheore-
tisch handelt es sich also um Hypothesen, die bestenfalls durch ein möglichst reiches und ergiebiges Datenmaterial gestützt sind. Im Falle der
Bestimmung des Verhältnisses von Moral, Ökonomie und Klasseninteressen ist die vor allem im orthodoxen Marxismus häufig anzutreffende
Monofunktionalität und Monokausalität des Erklärungsmodells von Beginn an, auch und gerade von ideologiekritischen Marxisten, als zu einfach erkannt worden. Sicher ist zum Beispiel ein komplexes Modell der
Wechselwirkung zwischen der materiellen und der ideellen, religiösen,
künstlerischen, ethischen und philosophischen Ebene der gesellschaftlichen Produktion und Reproduktion angemessener. Und solche Modelle
können aus methodischen Gründen erst recht keinen umfassenden De-
terminations- und Ableitungszusammenhang stützen. Sie übernehmen
sonst – im Gewand moderner Empirie und Wissenschaften – die Hypo-
theken und uneinlösbaren Beweislasten der traditionellen Theologie und
der dogmatischen Metaphysik. Biologen und Physiker erweisen sich so
oft als die schlechten Metaphysiker der Gegenwart. Das gilt auch für die
Ursprungserzählungen der Gewissensgenealogie, die wir bei Nietzsche
und Freud kennengelernt haben. Diese Erzählungen machen u. a. außergewöhnlich starke Aussagen über sehr lange zurückliegende Gescheh-
nisse, die wir niemals werden überprüfen können. Sie machen – im Falle
Freuds – überdies sehr starke Aussagen über die ontogenetische Ebene –
über die Erfahrungen von Säuglingen und Kleinkindern. Auch hier sind
die empirischen genetischen Behauptungen über Ängste und Wunsch-
phantasien – so suggestiv und plausibel sie auch erscheinen mögen –

nicht auf eine Weise gesichert, die die überaus starken Konsequenzen, die aus ihnen zur Deutung späteren moralischen Verhaltens gezogen werden, ohne erhebliche Probleme gestatten (vgl. Grünbaum 1988). Eine solche empirische Ungesichertheit – schlicht auf Grund ihres Status als empirischer Theorien – gilt auch für die Humanethologie, die Verhaltenspsychologie, die Evolutionstheorie und die Soziobiologie.

2. Das *Selbstanwendungsargument* fragt in seiner klassischen Rückwendung die Reduktionisten angesichts ihrer Depotenzierungen nach dem Status ihrer eigenen theoretischen Konstruktionen. Es fragt nach der Anwendung der funktionalen Sinnkriterien etwa von Marx, Nietzsche und Freud auf die eigenen Analysen dieser Autoren. Sind die Analysen von Marx nur Ausdruck von Klasseninteressen auf Grund ökonomischer Bedingtheiten? Wie steht es dann mit ihrem eigenen wissenschaftlichen Wahrheitsanspruch? Aus welchen Ressentiments, vergessenen Grausamkeiten bzw. aus welchen Imperativen des Willens zur Macht speist sich der radikale Aufklärungswille Nietzsches? Gibt es eine psychoanalytische Erklärung der Theorie und Praxis der Psychoanalyse, die deren eigene Genese aus den Triebmechanismen des Unbewußten erklärt, ihren Sitz in dem Drei-Stockwerke-Modell von Es, Ich und Über-Ich verortet? Unterliegen die theoretischen Voraussetzungen der Aufhebung denselben Prämissen der Determiniertheit, der Einschränkung und Leugnung der Freiheit, wie sie für die moralischen und ethischen Orientierungen gelten? Man sieht bereits an diesen Fragen, wie schwer es ist, sich auf sie überhaupt eine präzisere, befriedigende Antwort vorzustellen. Wie könnte sie angesichts der komplizierten, vielschichtigen, in sich oft widersprüchlichen, in viele unterschiedliche Phasen differenzierbaren theoretischen Konstruktionen von Marx, Nietzsche und Freud überhaupt aussehen? Kurz: Einerseits stellt sich die Frage nach der Anwendung der prätendierten universalen Erklärungskraft dieser Konstruktionen auf sich selbst bzw. zumindest ihrer Bedeutung für ihre eigenen Wahrheitsansprüche. Das klassische Selbstanwendungsargument zielt dabei vor allem auf sich ergebende Selbstwidersprüche und Selbstrelativierungen. Andererseits ist das Modell der Ableitung, der Reduktion und Aufhebung viel zu einfach, um angesichts komplizierter Verhältnisse und ebenso komplizierter Konstruktionen genau und überprüfbar zu arbeiten.

Eher ergibt die Reflexion der Selbstanwendung folgendes: Die exemplarische ökonomische, genealogische bzw. psychoanalytische Aufhebung der Ethik entwirft jeweils eine Perspektive, eine Hinsicht, unter der jedenfalls die moralischen und ethischen Probleme auch, und zwar mit Erkenntnisgewinn über ihren Entstehungskontext, betrachtet werden können. Es ist sinnvoll, die Moral im Kontext ihrer ökonomischen, biologischen und psychologischen Bedingungen zu analysieren. Es ist sinnvoll, gerade im Blick auf die für viele philosophische Ansätze – etwa den Kants – charakteristische Behauptung der Autonomie der Ethik diese Kontextualisierung mit Hilfe anerkannter Ergebnisse des aktuellen wissenschaftlichen Erkenntnisstandes vorzunehmen. Generelle Ableitungsaussagen der Art «Alle moralischen Orientierungen sind nur Funktionen bzw. Wirkungen der empirischen (ökonomischen, biologischen, psychologischen) Bedingungen y» hingegen sind dogmatisch, unkritisch und reproduzieren Metaphysik als Szientismus. Wer alles zu durchschauen meint, sieht schließlich nichts mehr. Wer einen universalen Determinations- und Ableitungszusammenhang behauptet, muß die Freiheit seiner eigenen Konstruktion leugnen.

3. Das transzendentale bzw. begriffliche Argument der *Irreduzibilität von Geltung auf Genesis* ist von dem Philosophen und Soziologen Georg Simmel einmal in das Bild gefaßt worden, es berühre nicht die Schönheit einer Rose, wenn sie auf einem Misthaufen erblüht. Ist man dagegen von der Möglichkeit der *Reduzibilität* der Geltung auf die Genesis überzeugt, so erliegt man in moderner Terminologie einem genetischen Fehlschluß. Im Blick auf Freud hat Paul Ricoeur (1969) von einer Epigenesis gesprochen, von einer authentischen Nachgeschichte menschlicher Orientierungen: Selbst wenn wir unterstellen, die Entstehung, die Genealogie, die ‹Triebgeschichte› des Gewissens, der Moral, Ethik und auch Religion seien von der Art der Analysen Nietzsches und Freuds, so gibt es doch ebenfalls eine überwältigend eigenständige, mehrtausendjährige Nachgeschichte des (möglicherweise) so Entstandenen. In dieser Nachgeschichte wurden die praktischen Orientierungen in die gesellschaftliche Konstruktion des kulturellen und zivilisatorischen, rechtlichen und normativ urteilenden Bewußtseins aufgenommen und unabhängig von ihrer Entstehungsgeschichte produktiv weiterentwickelt.

Die entscheidende und systematisch weitreichendste Gruppe von Argumenten gegen eine Aufhebung der Ethik und eine Reduktion normativer Geltungsansprüche sind sogenannte transzendentale oder, sprachphilosophisch formuliert, begriffliche Argumente. Betrachten wir dazu ein einfaches Beispiel biologisch-funktionaler Aufhebung: Wenn zum Beispiel behauptet wird

«Mutterliebe ist nur ein Brutpflegeinstinkt»,

so werden zwei sprachliche Ebenen: die Ebene der Rede über das Aufzuchtverhalten von Tieren und die Rede über humane soziale Bindungen und Handlungen, Ebenen, die sichtlich unterschieden werden können, gleichgesetzt. Die eine Ebene setzt den Kontext biologischer Verhaltensforschung – die Beobachtung tierischen Verhaltens – voraus. Die andere Ebene setzt unsere Kenntnis der Rede von «Mutter» und «Liebe» in unseren alltäglich vertrauten lebensweltlichen Kontexten voraus. Die nivellierende Gleichsetzung beider Rede-Ebenen setzt eigentlich eine dritte, umgreifende Ebene und Perspektive voraus, mit Hilfe deren wir die wissenschaftlich-biologische wie auch die lebensweltliche Ebene thematisieren und auch noch – reduktionistisch – aufeinander beziehen können. Aber während es die beiden Ebenen – je für sich und für bestimmte Zwecke sinnvoll – tatsächlich gibt, kann die dritte, vermeintlich umfassende Ebene methodisch nicht erreicht werden. Von physiologischen, physikalischen oder chemischen, aber auch von ‹triebgeschichtlichen› Zuständen oder Ereignissen führt kein sprachlicher Weg zu unserer gemeinsamen normativen, auf Gründe und Gegengründe gestützten Redepraxis.

Für die Traditionen der Aufhebung der Ethik gilt, daß sie die uns vertraute Ebene humanen, ethischen und moralischen Umgangs miteinander – in der Konsequenz auch Kunst und Religion – lediglich als Anhängsel, als epiphänomenale Begleiterscheinungen in Wahrheit ökonomischer, biologischer, psychologischer Tatsachen auffassen. Das vernünftige, argumentierende gemeinsame Leben ist auf diese Weise aber nicht angemessen thematisierbar. Vielmehr – und dies ist der entscheidende transzendentale, das heißt nach den Voraussetzungen, den Bedingungen der Möglichkeit unserer Orientierungspraxis fragende philosophische Gesichtspunkt – treten diese ‹Tatsachen› ihrerseits nur im Rahmen von von der Vernunft selbst konstruierten Theorien partialer Reichweite auf. Die Definition unserer lebenspraktischen Sprache (z. B. der Rede von der Mutterliebe) durch wissenschaftssprachliche Mittel stellt eine fundamentale Ebenenverwechslung, einen Kategorienfehler dar. Begleitende leibliche Bedingungen unserer vernünftigen Orientierungspraxis sind keine deterministischen Ursachen dieser Praxis. (Hier setzt wieder die Verklammerung der Aufhebungs- mit der Freiheitsthematik ein.) Die begriffliche Rekonstruktion von Genesen kann weder einen universalen Ableitungs- und Erklärungsanspruch methodisch einlösen – Geschichten sind selbst Interpretationen, Auslegungen, und keine Erklärungen –, noch kann sie an die Stelle des alltäglichen Sinns dessen treten, was wir mit Worten wie ‹moralisch gut›, ‹gerechtfertigt› und ‹moralisch verachtenswert› im alltäglichen Leben meinen.

Die geltungstheoretische Reflexion der moralischen Unbedingtheit durch Kant rückte deshalb den in der alltäglichen Praxis mit Worten wie ‹gut› erhobenen Anspruch des Sollens («Es wäre gut, wenn er einsähe, daß er im Unrecht ist.») ins Zentrum. Kant löste in seiner praktischen Philosophie den unbedingten Anspruch der Moral mit dem kategorischen Imperativ bewußt von allen empirischen, psychologisch oder funktional faßbaren und beschreibbaren Genesen. Wenn wir eine Handlung als moralisch gut bzw. als moralisch geboten qualifizieren – zum Beispiel einem in Not Geratenen nach Möglichkeit zu helfen –, dann ist diese genuin moralische Qualifikation der Handlung von allen sonstigen Motivationen und Bedingungen außerhalb der moralischen Perspektive ganz unabhängig. Die geltungstheoretische Bedeutungsanalyse moralischer Rede zeigt, daß wir zur Erläuterung ihres Status einen absoluten von einem relativen sprachlichen Sinn unterscheiden können. Entsprechend den Unbedingtheitsanalysen Kants hat Ludwig Wittgenstein folgende Wortgebräuche differenziert:

(1) Er ist ein guter Baseballspieler.

(2) Er ist ein guter Mensch.

Während in (1) das Prädikat «gut» in *relativem* Gebrauch ein bestimmtes Können des Spielers bezeichnet, bezeichnet es in (2) in einem *absoluten* Sinn die moralische Qualität eines Menschen in ihrer nicht-relativierbaren Ganzheit.[24] Angesichts der vorgestellten Prototypen einer Aufhebung der Ethik besagt das: Alle ökonomischen, biologischen, genealogischen, soziologischen und systemfunktionalen Relativierungen berühren nicht den authentischen Geltungssinn der Ethik. Hingegen besteht der Sinn genuin moralischer Urteile gerade in ihrer Unabhängigkeit von solchen Relativierungen.

Wenn diese grundsätzliche Differenz von Genesis und Geltung systematisch haltbar ist, dann könnten die vielfältigen Perspektiven der Relativierung und Depotenzierung der Ethik, anstatt zu ihrer Aufhebung zu führen, zur Schärfung des authentischen, unbedingten Sinns der moralischen Unterscheidungen und der Erkenntnis der Autonomie der Ethik dienen. Zur Schärfung des Geltungsbewußtseins kann auch die wechselseitige Relativierung der diversen Traditionen der Aufhebung beitragen: In der Radikalität ihrer Reduktionsansprüche heben sich die Aufhebungen tendenziell gegenseitig auf, so daß durch die sich überbietenden symptomatischen Deutungen auch ein Ausgleich, eine Entspannung durch überzogene Radikalisierung eintreten kann.

4. Das Argument der *inkonsequenten Aufhebung* und der *Krypto-Ethik* deutete sich bei der Darstellung des Ansatzes von Marx (und des orthodoxen Marxismus) bereits an: Seine universale Aufhebungsperspektive ist mit starken normativen Urteilen durchsetzt. Die Kritik der politischen Ökonomie soll eine kraftlose ‹idealistische›, nur moralische Kritik der bestehenden Herrschafts-, Ausbeutungs- und Unterdrückkungsverhältnisse ersetzen. Marx verschiebt die normativen Implikationen seiner Analyse einerseits in den Positivismus einer vermeintlich

streng wissenschaftlich erfaßbaren Geschichtsentwicklung, andererseits in eine Revolutionstheorie der notwendigen, zukünftigen Emanzipation der unterdrückten Klassen mit Hilfe der sehr voraussetzungsreichen Konstruktion eines Subjekts der Geschichte. Neuere Untersuchungen haben gezeigt, daß entgegen Marx' explizitem Immoralismus seine Gesellschaftskritik ohne Inanspruchnahme vor allem von impliziten Gerechtigkeitsstandpunkten nicht verständlich wäre (A. Wildt) [25] und daß er «eine aristotelische Konzeption von Gerechtigkeit und ‹gutem Leben› als strukturierenden Hintergrund seiner Kapitalkritik benutzt» (G. Lohmann). [26]

Die normativen Implikationen von Nietzsches Philosophie liegen einerseits in der von ihm in Anspruch genommenen Redlichkeit radikaler Aufklärung, die zu einer ideologiekritischen Befreiung von Illusionen, Täuschungen und undurchschauten Voraussetzungen führen soll. Hier – in der Genealogie der Ressentiments, in der Enthüllung un- und amoralischer Ursprünge moralischer Praxis – gehen auf dem Weg der Kritik, der Destruktion und der Polemik gegen Platonismus und Christentum sehr starke Werturteile in die Analysen Nietzsches ein. Die normativen Implikationen liegen andererseits in den spekulativ-utopischen Aspekten seiner Entwürfe. Die Destruktion der europäischen Tradition soll Raum schaffen für die hymnisch beschworene neue Lebensform einer vom selbstentfremdeten Druck der Ideale befreiten Existenz, die in ungeahnter Leichtigkeit ein souveränes Selbst- und Weltverhältnis der Heiterkeit und Gelassenheit gewinnt.

Freuds impliziter ethischer Anspruch ist evident: Ist doch die Theorie der Psychoanalyse insgesamt eingebettet in den umgreifenden Kontext einer therapeutischen, kommunikativen Heilungspraxis, mit deren Hilfe der kranke Patient wieder in die angst- und neurosenfreie Normalität menschlichen Zusammenlebens zurückgeführt werden soll.

Alle drei Prototypen der Aufhebung der Ethik weisen somit starke Inkonsistenzen auf, indem sie selbst erhebliche normative Voraussetzungen implizieren.

Zwar kann angesichts der skizzierten vier Formen von anti-reduktionistischen Argumenten: der empirischen Ungesichertheit, der Inkonsequenzen der Selbstanwendung, der Irreduzibilität der Geltung auf Genesen sowie der Inkonsequenz durch implizite Wertorientierungen der dogmatische, totale Anspruch auf eine Aufhebung der Ethik philosophisch als nicht eingelöst betrachtet werden; als kritisches Korrektiv und Medium der Reflexion der vielfältigen Begrenztheit und Relativität normativer ethischer Ansprüche besitzen die klassischen Entwürfe einer Destruktion der Ethik bleibende Bedeutung.

## Anmerkungen

1 Vgl. Th. Rentsch: «Metaphysikkritik». In: J. Ritter/K. Gründer (Hg.): Historisches Wörterbuch der Philosophie. Bd. 5. Basel/Stuttgart 1980, Sp. 1280–1289.
2 N. Chamfort: Früchte der vollendeten Zivilisation. Maximen, Gedanken, Charakterzüge. Übers. v. R.-R. Wuthenow. Stuttgart 1977, 21.
3 Chamfort, a. a. O., 27.
4 A. a. O., 37.
5 F. Galiani, in: F. Schalk (Hg.): Die französischen Moralisten. Bd. 2. München
1973, 45.
6 F. Galiani: Briefe an Madame d'Epinay. Übers. v. H. Conrad. München 1970,
224.
7 Galiani, in: Schalk, a. a. O., 96 (hervorgehoben von mir).
8 A. a. O., 45.
9 Ch. Darwin: Die Abstammung des Menschen. Leipzig 1932, 83.
10 Darwin, a. a. O., 84.
11 A. a. O., 87.
12 K. Marx, Die Frühschriften. Hg. v. S. Landshut. Stuttgart 1953, 349.
13 MEW 3 (Deutsche Ideologie), 26.
14 MEGA I. 3, 534.
15 MEW 2, 215.
16 A. a. O., 194.
17 MEW 3, 404.
18 MEW 4 (Manifest), 480.
19 S. Freud, GW X, 21.
20 S. Freud, GW XIV, 373.
21 S. Freud: Das Unbehagen in der Kultur. Frankfurt/M. 1977, 74.
22 Freud, a. a. O., 111.
23 A. a. O., 111 f.
24 Vgl. Th. Rentsch: Die Konstitution der Moralität. Transzendentale Anthropologie
und praktische Philosophie. Frankfurt/M. 1990, 277–287.
25 Vgl. A. Wildt: Gerechtigkeit in Marx' Kapital. In: Angehrn/Lohmann: Ethik und
Marx, 149–173.
26 Vgl. G. Lohmann: Zwei Konzeptionen von Gerechtigkeit in Marx' Kapitalismus-
kritik. In: Angehrn/Lohmann: Ethik und Marx, 174–194.

## Zitierte Literatur

Angehrn, E./Lohmann, G. 1986: Ethik und Marx. Moralkritik und normative Grund-
lagen der Marxschen Theorie. Königstein/Ts.
Bacon, F.: Novum Organon. London 1620.
– De Dignitate et Augmentis Scientiarum. London 1623.
Chamfort, N. 1977: Früchte der vollendeten Zivilisation. Maximen, Gedanken, Cha-
rakterzüge. Übers. v. R.-R. Wuthenow. Stuttgart.

Darwin, Ch.: Die Abstammung des Menschen. Leipzig 1932.

Diderot, D.: Rêve d'Alembert.

Foucault, M. 1969: Wahnsinn und Gesellschaft. Frankfurt/M.

– 1976: Überwachen und Strafen. Frankfurt/M.

– 1977: Der Wille zum Wissen (Sexualität und Wahrheit 1). Frankfurt/M.

– 1976: Mikrophysik der Macht. Berlin.

– 1978: Dispositive der Macht: Über Sexualität, Wissen und Wahrheit. Berlin.

Freud, S.: Das Ich und das Es (1923).

– 1930: Das Unbehagen in der Kultur. Frankfurt/M. 1977.

Galiani, F. 1970: Briefe an Madame d'Epinay. Übers. v. H. Conrad. München.

– 1973: Textauswahl. In: F. Schalk (Hg.): Die französischen Moralisten. Bd. 2. München.

Grünbaum, A. 1988: Die Grundlagen der Psychoanalyse. Stuttgart.

Hegel, G. W. F.: Phänomenologie des Geistes.

Hobbes, Th.; Leviathan. London 1651.

Lorenz, K. 1981: Die Rückseite des Spiegels. Versuch einer Naturgeschichte menschlichen Erkennens. 5. Aufl. München.

Luhmann, N. 1989: Paradigm lost: Über die ethische Reflexion der Moral. Frankfurt/M.

Macchiavelli, N.: Il Principe (1514).

Marx, K.: Die Frühschriften. Hg. v. S. Landshut. Stuttgart 1953.

Marx, K./Engels, F.: Deutsche Ideologie (1844/45).

Marx, K./Engels, F.: Manifest der kommunistischen Partei (1848).

Nietzsche, F.: Jenseits von Gut und Böse. Vorspiel einer Philosophie der Zukunft. In: F. Nietzsche: Sämtliche Werke. Kritische Studienausgabe. Hg. v. G. Colli/M. Montinari. Bd. 5. München 1980. Im Text zitiert als: 5 (mit Seitenangabe).

– : Zur Genealogie der Moral. Eine Streitschrift. In: F. Nietzsche: Sämtliche Werke. Kritische Studienausgabe. Hg. v. G. Colli/M. Montinari. Bd. 5. München 1980. Im Text zitiert als: 5 (mit Seitenangabe).

– : Nachgelassene Fragmente 1885–1889. In: F. Nietzsche: Sämtliche Werke. Kritische Studienausgabe. Hg. v. G. Colli/M. Montinari. Bd. 13. München 1980. Im Text zitiert als: 13 (mit Seitenangabe).

Rentsch, Th. 1980: Art. Metaphysikkritik. In: J. Ritter/K. Gründer (Hg.): Historisches Wörterbuch der Philosophie. Bd. 5. Basel/Stuttgart, Sp. 1280–1289.

– 1990: Die Konstitution der Moralität: Transzendentale Anthropologie und praktische Philosophie. Frankfurt/M.

Ricoeur, P. 1969: Die Interpretation, Ein Versuch über Freud. Frankfurt/M.

Riedl, R. 1980: Biologie der Erkenntnis. Die stammesgeschichtlichen Grundlagen der Vernunft. Berlin/Hamburg.

Simmel, G.: Einleitung in die Moralwissenschaft. Eine Kritik der ethischen Grundbegriffe. 2 Bde. Frankfurt/M. 1990 u. 1991.

Skinner, B. F. 1959: Science and human behavior. New York.

– 1970: Futurum Zwei. Hamburg.

– 1973: Jenseits von Freiheit und Würde. Reinbek bei Hamburg.

Vollmer, G. 1980: Evolutionäre Erkenntnistheorie. 2. Aufl. Stuttgart.

Wilson, E. O. 1975: Sociobiology. The new Synthesis. Cambridge/London (3. Aufl. 1976).

Wuketits, F. M. 1981: Biologie und Kausalität. Berlin/Hamburg.


**Ergänzende Literatur**

Baumgartner, H. M. 1984: Die innere Unmöglichkeit einer evolutionären Erklärung der menschlichen Vernunft. In: Spaemann/Koslowski/Löw: Evolutionstheorie und menschliches Selbstverständnis. Zur philosophischen Kritik eines Paradigmas moderner Wissenschaft. Weinheim, 55–71.

Brose, K. 1990; Sklavenmoral. Nietzsches Sozialphilosophie. Bonn.

Bueb, B. 1970: Nietzsches Kritik der praktischen Vernunft. Stuttgart.

Funke, M. 1974: Ideologiekritik und ihre Ideologie bei Nietzsche. Stuttgart/Bad Canstatt.

Gehlen, A. 1969: Moral und Hypermoral. Eine pluralistische Ethik. Frankfurt/M.

Göppel, R.: Sigmund Freud und die Ethik. In: Vierteljahresschrift für wiss. Pädagogik 4 (1990), 498–516.

Habermas, J. 1973: Erkenntnis und Interesse. Frankfurt/M., 353–364 (zu Freud).

Honneth, A. 1993: Dezentrierte Autonomie. Moralphilosophische Konsequenzen aus der modernen Subjektkritik. In: C. Menke/M. Seel (Hg.): Zur Verteidigung der Vernunft gegen ihre Liebhaber und Verächter. Frankfurt/M., 149ff.

Hunt, L. H. 1991: Nietzsche and the Origin of Virtue. London/New York.

Kain, P. J. 1988: Marx and Ethics. Oxford. Darin Kapitel 3: The Abolition of Morality (1845–1856).

Kambartel, F.: Zur grammatischen Unmöglichkeit einer evolutionstheoretischen Erklärung der humanen Welt. In: Spaemann u. a.: Evolutionstheorie und menschliches Selbstverständnis, a. a. O., 35–53.

Knapp, G. 1973: Der unmetaphysische Mensch. Darwin – Marx – Freud.

Leist, A.: Mit Marx von Gerechtigkeit zu Freiheit und zurück. In: Philosophische Rundschau 32 (1985), 198–230.

McLean, A. 1993: The Elimination of Morality. London/New York.

Sandkühler, H. J./de la Vega, R. 1974: Marxismus und Ethik. Texte zum neukantianischen Sozialismus. Frankfurt/M.

Schulz, W. 1972: Philosophie in der veränderten Welt. Pfullingen.

Spaemann, R.: Sein und Gewordensein. Was erklärt die Evolutionstheorie? In: R. Spaemann u. a.: Evolutionstheorie und menschliches Selbstverständnis, a. a. O., 73–91.

Spaemann, R./Koslowski, P./Löw, R. 1984: Evolutionstheorie und menschliches Selbstverständnis. Zur philosophischen Kritik eines Paradigmas moderner Wissenschaft. Weinheim.

Spaemann, R. 1987: Das Natürliche und das Vernünftige. Aufsätze zur Anthropologie. München.

Stegmüller, W.: Evolutionäre Erkenntnistheorie, Realismus und Wissenschaftstheorie. In: R. Spaemann u. a.: Evolutionstheorie und menschliches Selbstverständnis, a. a. O., 5–34.

Wood, A. W.: Marx' Immoralismus. In: Angehrn/Lohmann: Ethik und Marx, a. a. O., 19–35.

Wyss, D. 1969: Marx und Freud. Ihr Verhältnis zur modernen Anthropologie. Göttingen.

– 1970: Strukturen der Moral. Untersuchungen zur Anthropologie und Genealogie moralischer Verhaltensweisen. Göttingen.

# Querschnitte

Martin Seel

# 5 Glück

## 0 Einleitung

Philosophische Ethik war immer eine Lehre vom Glück. Die Frage nach dem moralisch richtigen Verhalten war für die antike und christliche Ethik aufs engste mit der Frage nach dem guten Leben des einzelnen verknüpft. Dabei herrschte die Auffassung vor, daß der Weg eines guten Lebens allein in den Bahnen eines gerechten Lebens verlaufen könne und mehr noch: daß ein gerechtes Leben das Herzstück eines guten Lebens sei. So konnte sich die Ethik als Lehre von jenem wahren Glück verstehen, das nur durch eine tugendhafte Lebensführung zu gewinnen war. Die neuzeitliche und erst recht die moderne Ethik hat das Vertrauen in diese Konstruktion verloren. Sie hat nicht nur Zweifel, ob das gute Leben auch notwendigerweise ein gerechtes Leben ist – mit diesem Zweifel und dem Versuch seiner Widerlegung hatte die antike Ethik schließlich begonnen; sie zweifelt bereits an der Möglichkeit eines allgemeingültigen Begriffs vom menschlichen Glück. Der modernen Ethik, so kann man sagen, liegt weitgehend ein negativer Begriff des Glücks zugrunde – die Annahme, daß über das Glück nichts Verbindliches gesagt werden könne.

Was als Glück zählt, erscheint jetzt als Sache der Individuen, die bestimmte Lebenslagen als Glück oder Unglück empfinden; kein Begriff vom Glück, so scheint es nun, kann diese Erfahrung vorwegnehmen – und kein Begriff darf dies tun, wenn das Individuum in seiner Autonomie und die Vielfalt menschlicher Lebensformen respektiert werden sollen. Die philosophische Ethik versucht nicht länger zu sagen, wie das Glück für den einzelnen zu erreichen sei; sie beschränkt sich darauf zu sagen, wie die Bedingungen eines guten Lebens für alle und gegenüber allen geschaffen und geschützt werden können. Im Namen der Möglichkeit individuellen Glücks verzichtet sie auf eine Theorie des individuellen Wegs zum Glück. Das moderne Schweigen vom Glück handelt damit aber selbst noch vom Glück. Philosophische Ethik ist immer eine Lehre vom Glück.

Die bewegte Laufbahn des Glücksbegriffs in der philosophischen Ethik aber soll hier nicht nachgezeichnet werden. Vielmehr möchte ich ein Verständnis von Glück skizzieren, das quer sowohl zu seiner traditionellen wie zu seiner klassisch-modernen Fassung steht. Die moderne Skepsis gegenüber allen *materialen* Theorien des Glücks – eine Skepsis, die Immanuel Kant mit Jeremy Bentham verbindet – läßt nämlich den Weg einer *formalen* Bestimmung menschlichen Glücks offen – eine Möglichkeit, die Kant und Bentham außer acht gelassen haben. Gelingt es, eine solche formale Bestimmung zu entwickeln, so ergibt sich auf dem Boden des modernen Denkens die Möglichkeit einer positiven Rede vom Glück. Nach einem Vorschlag von Ernst Tugendhat (1984, 52 ff) kann eine Bestimmung des Glücks formal heißen, die nicht angibt, *was* man im Interesse am eigenen Wohlergehen wollen sollte, sondern vielmehr, *wie* man in diesem Interesse wollen sollte. Das Sollen, um das es dabei geht, ist ein Sollen der Klugheit, kein moralisches Sollen; es ergibt sich aus der Überlegung, welche Lebensweise im Interesse des Individuums vorzuziehen ist. Eine formale Theorie des Glücks sagt nicht, in welchen äußeren oder inneren Umständen und Zuständen das menschliche Glück bestehe. Sie zeichnet vielmehr eine *Form des Umgangs* mit den Gegebenheiten individueller Existenz als die für das menschliche Wohlbefinden günstigste Lebensweise aus. In diesem Wie des Verhaltens zu sich und der Welt freilich, das ist die Pointe einer solchen Bestimmung, liegt bereits ein wesentlicher Teil des menschlichen Glücks selbst. Wenn wir uns in einer Welt, die uns diese Möglichkeit läßt, auf eine günstige Weise zu den Möglichkeiten unserer Existenz verhalten, so sind wir in einem bestimmten Sinn glücklich, auch (und manchmal gerade) dann, wenn wir beileibe nicht alles Erstrebte erreichen.

# 1 Bedeutungen von ‹Glück›

Das Wort ‹Glück› kann im Deutschen sowohl den günstigen Zufall als auch einen Zustand des Wohlergehens meinen; wir können ‹Glück haben› oder ‹glücklich sein›. Diese Doppeldeutigkeit ist alles andere als ein Zufall. Wenn wir ‹vom Glück verlassen sind›, also (in einer bestimmten Situation oder überhaupt) kein Glück haben, werden wir (hierbei oder überhaupt) auch unglücklich sein; wenn wir unglücklich sind, fühlen wir uns nicht selten ‹vom Glück verlassen›. Die Zustände eines glückhaften Wohlergehens sind wie ihr Gegenteil immer von Momenten des Zufalls bestimmt und bleiben ihnen ausgesetzt, wie sehr die Menschen auch versuchen mögen, ihren Einfluß zu mindern oder zu steuern. Gerade deswegen ist es wichtig, den Begriff ‹Glück› terminologisch für die Bezeichnung von Zuständen des menschlichen *Wohlergehens* zu reservieren und vom günstigen Zufall zu unterscheiden, der dieses Wohlergehen mehr oder weniger stark beeinflussen kann.

Das als Glück angesprochene Wohlergehen muß dabei von einem bloßen Wohlbefinden unterschieden werden, und zwar von einem lediglich ‹subjektiven› wie von einem lediglich ‹objektiven› Wohlbefinden. Jemand, dem es gesundheitlich oder geschäftlich schlechtgeht, kann sich gleichwohl subjektiv sehr wohl fühlen, jemand, der objektiv gesund ist, kann sich subjektiv krank fühlen. Man kann ohne Widerspruch Sätze sagen wie «Seine Lage ist miserabel, aber er fühlt sich pudelwohl»; «Ihre Situation ist glänzend, aber sie merkt es nicht.» Beim Wohlbefinden können subjektiver und objektiver Zustand auseinandertreten. Mit dem Glück verhält es sich anders; hier gehen subjektive und objektive Komponente notwendig zusammen. «Er ist unglücklich, aber er fühlt sich ausgezeichnet»; «Sie ist glücklich, aber es geht ihr dreckig» – so verwenden wir die Worte nicht. Sowenig man glücklich sein kann, ohne dieses Glück auch zu spüren, sowenig ist jemand allein darum schon glücklich, weil er sich glücklich fühlt. Während das – objektiv gesehen – trügerische Wohlbefinden durchaus ein – subjektiv – wirkliches Wohlbefinden ist, ist das ‹illusionäre Glück› gerade kein wirkliches Glück. Das illusionäre Glück ist ein positives Gestimmtsein, das die, die es haben, über die Wirklichkeit ihrer Lage täuscht; wüßten sie um diese Lage, wäre auch das Gefühl des Glücks zerstört. Wirkliches Glück hingegen besteht in der Erschließung einer aus der Perspektive der Beteiligten tatsächlich lohnenden Wirklichkeit des Lebens; das glückhafte Gestimmtsein ist hier Bestandteil eines ungetrübten Bewußtseins der eigenen günstigen Lage.

Die Rede vom Glück kann des weiteren *episodisch* oder *übergreifend* gemeint sein. Der Satz «ich bin glücklich» kann sich auf ein Glück beziehen, das ich hier und jetzt empfinde oder auf die übergreifende Qualität meines Lebens. Im ersten Fall ist von einer glückhaften Situation oder einem glücklichen Abschnitt meines Lebens die Rede, im zweiten Fall bezeichne ich dieses Leben selbst als ein (soweit) glückliches. Im ersten Fall ist Glück eine Episode, im zweiten Fall eine Gestalt meines Lebens. Zwei Beziehungen zwischen diesen beiden Verwendungen sind ohne weiteres klar. Erstens: Ein glückliches Leben ist ohne Episoden des Glücks nicht möglich. Zweitens: Ein glückliches Leben besteht nicht einfach aus einer nicht enden wollenden Kette von Episoden des Glücks; zu einem guten menschlichen Leben gehört ein gelingendes Bestehen von erfreulichen und unerfreulichen Situationen verschiedener Art. Jede Theorie des Glücks steht also vor der Aufgabe, den Zusammenhang zwischen vereinzelten Glückszuständen und der qualitativen Einheit menschlichen Lebens aufzuklären. Denn von einem bloßen Gefühl der Zufriedenheit unterscheidet sich das episodische Glück wesentlich darin, daß es – für diejenigen, die es erfahren – in einem Horizont übergreifender Glückserwartungen steht; die Situationen episodischen Glücks erlangen ihre Farbe und ihr Gewicht innerhalb der Situation eines in unterschiedlichen Maßen gelingenden oder mißlingenden Lebens. Die philosophische Frage nach dem Glück ist daher letztlich immer die Frage nach der Bedeutung der übergreifenden Verwendung von ‹Glück› (vgl. Spaemann 1978).

Der Ausdruck ‹Glück› steht in diesem Zusammenhang abkürzend für das ‹gute Leben› des Individuums; er übersetzt das griechische Wort *eudaimonía*. Andere Übersetzungen ins Deutsche lauten: ‹gelingendes Leben›, ‹menschliches Gedeihen› oder einfach ‹Wohlergehen›. Diesen Übersetzungen ist gemeinsam, daß sie den prozessualen Aspekt des in übergreifender Bedeutung verstandenen Glücks betonen; sie stellen das gute Leben nicht – als gelungenes – von seinem Ende her, sondern – als gelingendes – aus der Mitte des Lebensvollzugs vor. Es hat sich heute die Auffassung durchgesetzt, daß ein präsentischer Glücksbegriff gegenüber einem retrospektiven vorrangig ist (Krämer 1992, S. 302 ff; Marten 1993, S. 15 ff). Woher sollte das Ganze eines individuellen Lebens (auch im Rückblick) beurteilt werden, wenn nicht aus der Erfahrung der Zeit dieses Lebens selbst?

## 2 Bedingungen des Glücks

Menschliches Glück ist ein Wohlergehen endlicher und verletzlicher Lebewesen, die wissen, daß ihr Leben endlich und ihr Zustand verletzlich ist. Ihr Glück ist ein Glück in dieser Lage. Von dem Wissen um diese Lage ist alles Glück tangiert, das episodische wie das übergreifende. Nur unter bestimmten Bedingungen jedoch ist diese Lage überhaupt so, daß in ihr Glück erfahren werden kann. Eine Klärung dieser Bedingungen kann sich an der Frage orientieren, unter welchen Bedingungen kein menschliches Glück möglich ist. Damit wird jener negative Begriff gewonnen, bei dem die moderne Ethik stehengeblieben ist. Es werden notwendige Bedingungen angegeben, unter denen Glück möglich, jedoch beileibe nicht immer wirklich ist.

Für diese Angabe genügt eine Orientierung am episodischen Glück. Wo (wenigstens) episodisches Glück sich einstellen kann, da ist auch ein minimaler (und wie immer gefährdeter) Raum eines übergreifenden guten Lebens offen – jedenfalls solange die betreffenden Umstände einigermaßen *kontinuierlich* gegeben sind. – Mindestens drei Bedingungen müssen erfüllt sein, damit episodisches Glück (im Horizont der Hoffnung auf übergreifendes Glück) erfahren werden kann.

Auf die eine oder andere Weise glücklich kann – erstens – nur sein, wer sich in relativer Sicherheit befindet. Der Zusatz ‹relativ› ist wichtig. Glück ist keineswegs nur in einer friedlichen Welt möglich – in einer friedlichen sozialen Umgebung, einer friedlichen Natur und im Bereich einer in ihren Wirkungen harmlosen Technik. Auch in Umständen sozialer, naturhafter und technischer Gefährdung (wie sie die historische Normalität des Menschen sind) ist Glück möglich – jedoch nur solange bestimmte Bedrohungen nicht übermächtig sind: jene Bedrohungen, die sich gegen eine minimale *Verläßlichkeit* der menschlichen Lebenswelt richten. Zu dieser Verläßlichkeit gehört die Bewahrung der leiblichen Integrität (einschließlich einer materiellen Grundversorgung), eine gewisse Vertrautheit mit der äußeren Lebensumgebung und ein gewisser Verlaß auf die Menschen, mit denen man lebt. (Was dies im einzelnen heißt, ist wiederum historisch und kulturell relativ.) Individuelles Glück ist nur möglich in einer Welt, die wenigstens so weit verläßlich ist, daß in ihr ohne dauernde Angst um Leib, Leben und einfache soziale Zuwendung gelebt werden kann.

Auf die eine oder andere Weise glücklich kann – zweitens – nur sein, wer bei relativer (leiblicher und seelischer) Gesundheit ist. Wiederum kommt dem Wörtchen ‹relativ› eine große Bedeutung zu. Sowenig wie für Sicherheit gibt es im Leben des Menschen für Gesundheit einen positiven Grenzwert; auch hier bleibt Glückserfahrung selbst angesichts gravierender Einbußen möglich. Episodisches und auch übergreifendes Glück sind – bis zu einem bestimmten Punkt – trotz physischen Leidens möglich, in einem geringeren Maß auch trotz (schwächerer Formen) psychischer Krankheit. Individuelles Glück aber ist nur möglich in einem Leben, das nicht von leiblichem Schmerz und psychischer Qual *beherrscht* ist.

Auf die eine oder andere Weise glücklich kann – drittens – nur sein, wer sich in einer Lage minimaler Freiheit befindet. Freiheit darf hier nicht im Sinne des sogenannten bürgerlichen Individualismus oder irgendeiner anderen historisch aufgeladenen Doktrin verstanden werden – wenn wir nicht sagen wollen, Glück sei nur in bestimmten historischen Zeiten oder geographischen Breiten möglich gewesen oder geworden.

Wenn wir Glück als eine anthropologische Möglichkeit verstehen wollen, müssen wir wiederum eine sehr sparsame Bestimmung geben. Freiheit meint hier zunächst etwas so Elementares wie Bewegungsfreiheit und außerdem die Möglichkeit, einige für das eigene Leben wichtige Dinge selbst zu entscheiden. Ohne diese Freiheit wäre es unmöglich, positive Widerfahrnisse als das jeweils *eigene* (wie immer mit anderen geteilte) Glück – und damit überhaupt als Glück – zu erfahren. Individuelles Glück ist nur möglich, wo die einzelnen (wenigstens) so frei sind, ihr Wohlergehen in einem Bezug zu ihrem eigenen Tun und Unterlassen zu sehen.

Diese drei Bedingungen sind auf vielfältige Weise miteinander verbunden. Sie lassen sich daher leicht zu einer Bestimmung zusammenfassen. In dieser Zusammenfassung tritt auch der negative Charakter dieser Bedingungen deutlich hervor. Glück ist nur dort möglich, wo Menschen einigermaßen unbedroht und unbeengt, ohne (zuviel) physischen Schmerz und ohne psychische Qual leben können. Das ist schon alles, aber es ist beileibe nicht wenig.

## 3 Formen des Glücks

In der Tradition ist gelegentlich die Auffassung vertreten worden, ein von äußeren und inneren Bedrängnissen freies Leben sei eigentlich bereits das gute Leben. Der negative Begriff der Leidensfreiheit sei der einzig plausible Begriff des Glücks. Das ist jedoch wenig überzeugend. Denn der Begriff des Leidens verweist immanent auf Lebensmöglichkeiten, die im Zustand des Leidens verschlossen sind, in seiner Abwesenheit aber offenstehen – auf Möglichkeiten eines gedeihlichen Lebens. Die im Kern negativ formulierten Bedingungen des Glücks verweisen somit auf ein positives Verständnis von Glück als eines Wohlergehens, das überall dort möglich (aber nicht bereits gegeben) ist, wo diese Bedingungen erfüllt sind.

Jede weitergehende Analyse nun muß klären, wie sich das übergreifende Glück eines gelingenden Lebens zur Erfahrung episodischen Glücks verhält. Eine erste Antwort lautet: Das Glück eines gelingenden Lebens liegt in einer Maximierung episodichen Glücks; es ist erreicht, wenn die Erfahrungen dieses Glücks im Laufe eines Lebens diejenigen des Unglücks oder der Frustration (bei weitem) überwiegen. Diese Auffassung führt jedoch in Schwierigkeiten, die eine differenziertere Betrachtung nötig machen.

### 3.1 Glück als Wunscherfüllung

Daß sich unsere Wünsche erfüllen, ist das einfachste und naheliegendste Verständnis von Glück. Glück besteht demnach darin, daß uns, wie Kant einmal sagt, «alles nach Wunsch und Willen geht» (Kant 1968b, 255). Auch wenn man statt «alles» bescheidener «vieles» sagen möchte, dient der Begriff des episodischen Glücks hier als Grundlage der Bestimmung übergreifenden Glücks. Ein gutes Leben wäre demnach eines mit einer möglichst positiven Bilanz in Sachen episodischen Glücks und Unglücks. Man kann dies einen *teleologischen* Begriff des Glücks nennen. Als Zielpunkt eines gelingenden Lebens erscheint hier eine möglichst positive Bilanz episodischen Glücks, deren für endliche Wesen unerreichbares Maximum in Kants Diktum angesprochen ist.

Doch nicht alles, was ich will, trägt unmittelbar zu meinem Glück bei; nicht alles, was ich wünsche, kann ich sinnvollerweise wollen. Ich möchte Nr. 1 im Tennis werden, aber ich hasse die Pressekonferenzen, die ich immer öfter geben muß. Um an das Ziel meines Wünschens und Wollens zu kommen, muß ich vieles willentlich in Kauf nehmen, das mich keineswegs glücklich macht. In diesem Sinn ist vieles von dem, was wir faktisch wollen, von uns gewollt nur im Sinn eines Mittels oder eines Wegs; was wir uns dagegen letztlich wünschen, ist immer etwas, was wir auch *um seiner selbst willen* wollen. Die Bedeutung solcher Ziele freilich kann wiederum auf die Mittel zu seiner Erreichung abfärben. Dann lernen wir auch die Mittel und Wege schätzen, die uns, wie wir hoffen, an das eigentliche Ziel unseres Glücks führen werden. Ob sie uns dahin führen, ist aber nicht allein eine Sache unseres wie immer reflektierten Tuns – sondern immer auch eine Sache vielfältiger Umstände, die sich schließlich als glückliche ergeben müssen. Dieses Moment eines günstigen Zufalls läßt sich vom episodischen Glück nicht wegnehmen. In Sachen Glück bleibt unser Tun immer ein Zutun. Wir intendieren eine bestimmte Situation in der Hoffnung, daß sie sich so einstellen möge, daß sich in ihr alle (diesbezüglichen) Wünsche erfüllen.

Natürlich erstreben wir – kurzfristig und erst recht langfristig – nicht alleine eine, sondern eine Vielzahl von Situationen, die meist auf komplexe Weise miteinander in Verbindung stehen. Letztlich sind es nicht einzelne Wünsche, sondern individuelle *Lebenskonzeptionen*, die sich im Laufe eines Lebens mehr oder weniger erfüllen. Das bedeutet, daß Glück, unter teleologischem Aspekt, gar nicht einfachhin als Erfüllung irgendwelcher Wünsche verstanden werden darf. Nur Wünsche, die sinnvoll miteinander vereinbar sind und außerdem einen nicht-illusionären Charakter haben, können die Zeit eines guten Lebens leiten. Denn wir werden ein gutes Leben nur dort finden, wo wir nach etwas streben, das wir, wo es uns zufällt, tatsächlich um seiner selbst willen wollen können. Wir dürfen uns dabei weder in größerem Maß über uns selbst noch über die Beschaffenheit der Wirklichkeit täuschen, in der das Gewünschte vielleicht überhaupt nicht wirklich werden kann. Deswegen muß eine teleologische Theorie des Glücks immer mit dem *wohlverstandenen Eigeninteresse* oder dem *rationalen Verlangen* argumentieren (Rawls 1979; Griffin 1986). Glück, im teleologischen Verständnis, ist gegeben, wenn sich das erfüllt, was jemand vernünftigerweise wünscht. Erst mit dieser Wendung ist eine tatsächlich formale Bestimmung übergreifenden Glücks erreicht. Die prudentielle Rationalität einer ihrer Ziele bewußten Lebensführung steht hier für das Wie des Wollens, das – dieser ersten Bestimmung zufolge – die Vollzugsform eines gelingenden Lebens ist. Wir sind demnach glücklich, wenn wir es vermögen, unser Leben so einzurichten, daß eintreten kann, was wir uns wirklich (langfristig) wünschen.

Entsprechend sagt John Rawls, man könne einen Menschen glücklich nennen, «wenn er in der (mehr oder weniger) erfolgreichen Ausführung eines vernünftigen Lebensplanes begriffen ist» (Rawls 1979, 447). Glück im teleologischen Sinn ist also kein (mehr oder weniger reicher) Zustand, sondern vielmehr ein Prozeß der Wunscherfüllung, und zwar wiederum ein möglichst aussichtsreicher Prozeß. Das ist ein wichtiges Ergebnis. Nicht ein bestimmtes, wie auch immer zu messendes Quantum episodischen Glücks, sondern vielmehr eine bestimmte Weise der Lebensführung ist es, was ein gelingendes Leben auszeichnet. Dieses kann als ein gelingender *Prozeß* der Zielverfolgung verstanden werden, der in seinem Gelingen nicht vom Erreichen einzelner Wünsche abhängig ist – und dennoch notwendig auf die Erfüllung wichtiger Wünsche bezogen bleibt.

Dies ist jedoch zugleich der Punkt, an dem eine teleologische Glücksanalyse scheitert. Sie bindet ihr prozessuales Verständnis an die statische Vorstellung eines Plans, der sich im Laufe eines Lebens nach und nach erfüllen soll. Für sie besteht das übergreifende Glück in der annähernden Erfüllung einer vorgefaßten Ordnung von Wünschen. Damit finalisiert sie das Glück auf die Erfüllung einer wie immer komplexen Ordnung von Wünschen hin. Wehe dem aber, dem es gelänge, das Ziel seiner wesentlichen Wünsche zu erreichen – er würde von jener Depression ergriffen, die den Grafen Wronski nach einigen Monaten seines endlich erreichten Glücks mit Anna Karenina erreicht (was bekanntlich der Anfang von Annas und Wronskis endgültigem Unglück ist). Wer Glück als Planerfüllung faßt, muß dafür sorgen, daß der Plan nicht in Erfüllung tritt.

Dieser paradoxe Umstand weist darauf hin, daß es verfehlt ist, das übergreifende Glück eines gelingenden Lebens im Herzen als ein Auf-dem-Wege-Sein-zu-etwas zu verstehen. Sosehr ein gutes Leben auch darin liegen kann zu erreichen, was man nach bester Überlegung will, ist es doch über solche Erfüllungen nicht zu definieren. Eine Theorie des Glücks darf sich nicht an einem finalen Glück orientieren, das entweder unerreichbar oder nicht länger als Glück erfahrbar wäre. Sie muß vielmehr die gefundenen prozessualen Bestimmungen ernster nehmen, als eine rein teleologische Theorie dies kann. Sie muß dem Vollzug eines gelingenden Lebens eine stärker präsentische Deutung geben; so wichtig es für die Gegenwart eines nicht allein episodischen Glücks ist, daß ihr eine aussichtsreiche Zukunft offensteht, so muß diese Zukunft doch entschieden aus der Gegenwart eines aussichtsreichen Lebensvollzugs begriffen werden.

## 3.2 Glück als erfüllter Augenblick

Ein philosophischer Begriff des Glücks muß außerdem dem Umstand entsprechen können, daß Glück etwas ist, das nicht selten unseren persönlichen Begriff vom Glück übersteigt. Dies gilt bereits auf der Ebene des episodischen Glücks. Eine rein teleologische Analyse des Glücks scheitert nicht zuletzt an einem verkürzten Verständnis seiner Verfassung. Nicht alles episodische Glück kann nämlich als Erfüllung eines schon bestehenden Wunsches oder überhaupt eines Wunsches verstanden werden. Das wird verständlicher, wenn man sich mit Kant daran erinnert, das es für den Menschen nicht so leicht zu sagen ist, «was er hier eigentlich wolle» (Kant 1968a, 47). Die Probleme mit dem teleologischen Glücksbegriff ergeben sich alle aus dieser Schwierigkeit: der Schwierigkeit jedes einzelnen zu wissen, was er oder sie denn tatsächlich hier und jetzt oder im großen und ganzen will, was er oder sie richtigerweise als Erfüllung ihrer Wünsche, ihres Verlangens ansehen können. Schließlich mag es – in jeder Lebensstufe – vieles geben, was mein Glück bedeuten würde, in meinem jetzigen Wollen und Wünschen aber (noch) gar nicht inbegriffen ist. Wir wissen nicht ein für allemal, was wir wirklich wollen, welche Situationen Glücks wir (in welcher Rangordnung) um ihrer selbst willen schätzen können. Wir können dies gar nicht ein für allemal wissen. Es gibt sogar eine eigene Form episodischen Glücks, die gerade aus diesem Nichtwissen entspringt. Eine rein teleologische Glückstheorie müßte sie ganz verfehlen.

Diese besondere Art des Glücks ist die des erfüllten Augenblicks. Bei dieser Form des Glücks gehört das Zufallsmoment allen Glücks direkt zur Bedeutung der Glückserfahrung selbst. Denn der glückhafte Augenblick eröffnet eine Situation plötzlich eintretender Erfüllung. Im Zustand einer unwillkürlichen Aufmerksamkeit wird die gegebene Situation in einer Gegenwärtigkeit erfahren, die der bewußt gelenkten Aufmerksamkeit nicht zugänglich ist. Der erfüllte Augenblick, so kann man auch sagen, setzt die, die ihn erfahren, unwillkürlich für eine Wahrnehmung dieses Augenblicks frei. Diese Erfahrung der Freiheit, die den erfüllten Augenblick kennzeichnet, ist eine doppelte: Sie ist Erfahrung der Freiheit von vielem, was außerhalb des Augenblicks liegt, und sie ist Erfahrung der Freiheit für vieles, was sich in diesem Augenblick zeigt. Der erfüllte Augenblick ist daher stets der Augenblick einer überraschend veränderten Wirklichkeit der Situation, in der er sich ergibt.

Auch die Situation eines erfüllten Augenblicks ist eine Situation, in der wir, wenn sie eintritt, um ihrer selbst willen sein wollen. Jedoch können wir keine bestimmte dieser Situationen um ihrer selbst willen erstreben. Denn es kommt hier nicht auf die Gegebenheiten in einer Situation an, die ihr eine gedeihliche Qualität verleihen, sondern vielmehr allein auf ihre unwahrscheinliche Gegebenheit selbst. Man kann sagen: Nicht die Art der Situation, in der sich das Glück reiner Gegenwärtigkeit ereignet, macht dieses Glück aus, vielmehr die Freiheit des Augenblicks, zu der es in dieser Situation kommt. Es ist nun unmöglich, mit allgemeinen Worten zu sagen, was das ist, zu dem oder von dem ich da frei bin, wenn ich die Freiheit eines geglückten Augenblicks erfahre. Denn dieses Freisein läßt sich allein relational bestimmen. Ich bin frei von dem, worum es mir sonst geht, und ich bin frei für ein Verweilen bei dem, was mir die Situation diesseits praktischer Möglichkeiten bietet (vgl. Theunissen 1991). In dieser Situation des Glücks geht es nicht um das, was in ihr getan oder geleistet werden kann; sie stellt keinen im engeren Sinn praktischen, sondern einen ästhetischen Selbstzweck dar.

Man kann daher hier von einem *ästhetischen* Glücksbegriff sprechen (ohne das Ästhetische auf die genannten Charakteristika festlegen zu wollen). Von dem teleologischen unterscheidet er sich vor allem darin, daß er keine wie immer geartete prozessuale Bestimmung gibt. Das Glück des Augenblicks ist radikal ein Glück hier und jetzt, ein herausgehobener Moment des Lebens, der nicht für das Ganze dieses Lebens steht. Natürlich können die Inhalte nahezu eines ganzen Lebens in diesem Moment eine Rolle spielen – wenn man etwa an die vorwiegend retrospektiven Glücksaugenblicke des Helden in Prousts «A la recherche du temps perdu» denkt. Aber dies muß nicht so sein; der artikulierte Augenblick kann sich auch rein im Gegenwärtigen halten – in der Anschauung einer Baumkrone oder eines Hafengeländes. Der Augenblick des Glücks kann einfach ein Augenblick des Heraustretens aus der Kontinuität des bisherigen und auch des bisher erwarteten Lebens sein. Er liegt dann in einer Abwesenheit von der Normalität des eigenen Lebens, die eine gesteigerte Anwesenheit der Dinge dieses Lebens wirklich werden läßt.

Der erfüllte Augenblick kann natürlich auch ein Augenblick der Wunscherfüllung sein. Ich bin endlich mit der Frau zusammen, die ich begehre, ich bin endlich Nr. 1 im Tennis, ich stehe endlich auf dem Gipfel des Montblanc, ich habe endlich begriffen, was Hegel meint, wenn er sagt, daß der freie Wille den freien Willen will – «und plötzlich sieht die Welt ganz anders aus». Aber dieses Glück ist über Wunscherfüllung nicht zu definieren. Denn auch wenn der erfüllte Augenblick ein Augenblick der Erfüllung von Wünschen ist, handelt es sich doch stets um eine Erfüllung, die das bisherige Wünschen transzendiert. In der Plötzlichkeit seines Eintretens zeigt das Glück andere als die erwarteten oder erhofften Züge. Das Glück des Augenblicks kann darin bestehen, daß wir endlich einen Wunsch los sind, in dem wir zuvor gefangen waren. Außerdem kann der erfüllte Augenblick Wünsche erfüllen, die wir nie hatten (oder jedenfalls nicht haben wollten) – wenn sich jemand aus freien Stücken für das Zölibat oder gegen Hegel entschieden hatte und dies mit einem Mal auf das schönste über den Haufen geworfen sieht. Schließlich muß der erfüllte Augenblick überhaupt kein Augenblick der Wunscherfüllung sein. Zwar ist es ein erfüllter Augenblick nur darum, weil er uns in einen Zustand versetzt, in dem wir auch sein wollen. Aber dieser Zustand muß mit keinem von außen auf ihn gerichteten Wünschen und Wollen verbunden sein. Er kann die individuelle Lebensplanung nicht nur modifizieren oder revidieren, er kann sich auch einfach indifferent zu ihr verhalten. Wir treten aus dieser Konzeption gleichsam heraus, um nachher, wenn der Augenblick vorüber ist, wieder in sie einzutreten und in unserer zielorientierten Praxis fortzufahren. Das Glück des Augenblicks, mit einem Wort, ist autonom gegenüber dem Glück der Wunscherfüllung. Es kann dieses untergraben, es kann sich mit diesem treffen, es kann aber auch einfach neben ihm stehen.

Auch der ästhetische Begriff des Glücks ist ein in der genannten Bedeutung formaler Begriff, auch er zeichnet ein bestimmtes Wie des Wollens aus. Jedoch ist die entscheidende Bestimmung hier negativ. Wer Glück auch in der ästhetischen Dimension des erfüllten Augenblicks erfahren will, muß bereit und fähig sein, einen Abstand von seinem Wollen und Wünschen zuzulassen. Das Glück des Augenblicks ist ein Glück der Distanz vom intentionalen Streben nach Glück. Auch dieses Glück aber kann man in gewisser Weise wollen – indem man sich darauf einstellt, für Zustände der Transzendierung oder Suspension des eigenen Wünschens und Wollens offen zu sein.

Das wiederum ist nur vernünftig – aber es ist vernünftig in einer Weise, die nicht auf die Vernünftigkeit einer noch so überlegt gewählten Lebenskonzeption rückführbar ist. Denn die Vernünftigkeit des Offenseins für erfüllte Augenblicke besteht gerade darin, sich nicht an die eigene Lebenskonzeption fesseln zu lassen und so für Wirklichkeiten des Glücks offenzubleiben, die in dieser nicht vorgesehen sind (und auch bei bestem Wissen und Gewissen nicht vorgesehen sein können). Darin liegt die große Bedeutung des ästhetischen Glücksbegriffs. Indem er eine besondere Form episodischen Glücks kenntlich macht, die nicht in das Modell der teleologischen Glücksorientierung paßt, erhöht er die Anforderung an einen unverkürzten prozessualen Begriff gelingenden Lebens. Dieser darf nicht nur nicht von einem imaginären Endzustand her gefaßt werden, er muß überdies der nicht-prozeßhaften Augenblickserfahrung eine signifikante Stelle geben können. Und er muß die Zusammengehörigkeit einerseits der kontinuierlichen Verfolgung wohlüberlegter Ziele, andererseits der Offenheit für die diskontinuierliche Gunst ästhetischer Augenblicke aufweisen können. Nur so wird er der teleologischen und der ästhetischen Dimension eines gelingenden Lebens gleichermaßen gerecht werden können.

### 3.3 Glück als Selbstbestimmung

Wer auf gutem Wege ist, einen aussichtsreichen Lebensentwurf zu verwirklichen und sich doch an diesen Entwurf nicht fesseln läßt, führt ein in ausgezeichneter Weise selbstbestimmtes Leben. Es ist der Begriff der Selbstbestimmung, der den teleologischen und den ästhetischen Aspekt zu verbinden vermag. Selbstbestimmung ist dabei zunächst als Überlegungsfähigkeit in praktischer Hinsicht und wirksamer praktischer Absicht zu verstehen. Das übergreifende Glück eines gelingenden Lebens besteht nach diesem Vorschlag darin, den eigenen Lebensweg frei wählen zu können (Tugendhat 1984; Krämer 1992, 153 ff). Freiheit aber meint hier nicht nur die Abwesenheit von innerem und äußerem Zwang im Sinne eines negativen Begriffs von Freiheit, der bereits zu den Bedingungen menschlichen Glücks gehört; Freiheit meint hier zugleich die Fähigkeit des Individuums, für sich eine Lebenswirklichkeit zu erschließen, in der es gedeihliche Daseinsmöglichkeiten – mit Aussicht auf komplexe Wunscherfüllung und das Glück des Augenblicks – hat. Trotz dieses internen Bezugs auf Wunscherfüllung und Augenblickserfahrung liegt die Betonung hier nicht primär darauf, daß mir (möglichst) vieles ‹nach Wunsch und Willen geht› oder daß ich (möglichst) viele glückliche Augenblicke erlebe. Sie liegt darauf, daß ich in der Lage bin, mein Handeln selbst zu wählen auch und gerade dann, wenn manches nicht nach Wunsch und Willen geht. Glücklich in diesem Sinn ist, wem es gelingt, ein selbstbestimmtes Leben zu führen – und wer erwarten kann, daß es ihm weiterhin gelingen werde.

Erst in dieser Bestimmung erhält das übergreifende Glück ein eigenes Gewicht gegenüber dem episodischen Glück. Es bleibt zwar notwendig auf dieses bezogen, wird aber nicht länger nach seinem Maß gemessen. Das Selbstbestimmtsein der eigenen Existenz ist hier nicht das vorteilhafteste Mittel zur Erlangung dessen, was ich wahrhaft will, sondern vielmehr selbst das, was ich vor (oder zumindest bei) allen anderen Dingen will. Hier ist tatsächlich der Weg das Ziel. Selbst wenn es so wäre, daß ein Leben im Modus der Selbstbestimmung den einzelnen stets zu reicheren Möglichkeiten episodischen Glücks führte, so wäre doch nicht dies der entscheidende Grund für den Vorzug dieses Lebens. Sein eigentlicher Vorzug liegt vielmehr darin, in guten wie schlechten Zeiten im Einklang mit dem eigenen weltoffenen Wollen leben zu können.

Damit ist der gesuchte prozessuale Begriff übergreifenden Glücks gewonnen, der den Beschränkungen einer finalisierenden Fassung entgeht. Wieder haben wir es mit einem formalen Begriff zu tun. Eine bestimmte Art, meine Zwecke zu verfolgen, erweist sich hier als leitender Zweck. Dieser Zweck läßt sich angeben, ohne auf einen paradoxen oder imaginären Zielzustand zu verweisen. Er zeichnet kein Ziel neben oder über anderen, sondern den Vollzug eines gelingenden Lebens aus. Zwar kann dieser Vollzug selbst wiederum als das Ziel einer umsichtigen Lebensführung verstanden werden; aber dieses Ziel ist nicht anders zu erreichen als in der Zeit eines gelingenden Lebens selbst.

Dieser prozessuale Begriff eines guten Lebens ist jedoch nur plausibel, wenn er den teleologischen und den ästhetischen – in der Überwindung ihrer Beschränkungen – auch tatsächlich umfaßt. Auf ein eudämonistisches Verständnis von Selbstbestimmung hatte bereits die teleologische Analyse geführt. Glück als rationale – an einem vernünftigen Lebensplan orientierte oder von rationalen Präferenzen geleitete – Lebensführung: Auch hier wird das gute Leben als ein bestimmtes Selbstverhältnis des Individuums verstanden. Die Fähigkeit, sich an selbstgewählten Zielen zu orientieren, ist für ein gelingendes Leben gewiß zentral. Jedoch greift die teleologische Explikation dieser Fähigkeit zu kurz. Sie bindet das Gelingen des Lebens an das annähernde Erreichen einer Ordnung von Zielen, ohne der Fragilität auch der besten dieser Ordnungen Rechnung zu tragen, mehr noch: ohne einen positiven Begriff dieser Fragilität entwickeln zu können. Das ist die Leistung der ästhetischen Analyse. In ihr ist ein positives Verständnis der Kontingenz allen Glücks gegeben und damit auch ein positives Verständnis der Grenze aller Selbstbestimmung im Sinne der Verwirklichung personaler Konzeptionen des Lebens. Das Glück des erfüllten Augenblicks überschreitet unsere Vorstellungen von unserem Glück – zu unserem Glück. Für solche Überschreitungen muß gerade eine rationale Lebensführung offen sein, wenn sie nicht den Kontext zu den Wirklichkeiten des jeweiligen Lebens verlieren will. Daß der ästhetische Glücksbegriff seinerseits für eine Theorie übergreifenden Glücks nicht ausreicht, ist dabei von vornherein klar. Er benennt eine besondere Form episodischen Glücks, die für den Vollzug eines gelingenden Lebens wesentlich ist, ohne selbst eine Antwort auf die Frage nach dem übergreifenden Gelingen zu geben. Diese wird durch den modifizierten Begriff von Selbstbestimmung gegeben, wie ihn das strikt prozessuale Verständnis entfaltet. Freie Selbstbestimmung ist erst dort möglich, wo der Vollzug eines selbstbestimmten Lebens – gegenüber einer Fixierung auf die Verwirklichung festgelegter Ziele – selbst als ein primärer Zweck dieses Lebens erfahren werden kann.

Diese Selbstbezüglichkeit von Selbstbestimmung, in der ein gelingendes Leben über die vereinzelten Situationen episodischen Glücks hinaus Gegenwart gewinnt, kann freilich nur von Dauer sein, wenn es in ihm, unterstützt durch günstige Umstände, immer wieder zu episodischer Wunscherfüllung und Augenblickserfahrung kommt. Nur in der Reichweite episodischer Erfüllung kann sich der Prozeß eines gelingenden Lebens vollziehen, auch wenn er durch viele mißliche Lebenslagen führt. Unter einem glücklichen Leben könnten wir dann ein Dasein verstehen, das sich durch Situationen schwankenden episodischen Glücks hindurch in der Balance einer selbstbestimmten Lebensführung hält.

### 3.4 Gelingende Welterschließung

Auch diese Charakterisierung aber reicht noch nicht aus. Denn der Begriff der Selbstbestimmung ist zum einen in seiner bisherigen Fassung mißverständlich, zum andern auch in einer unmißverständlichen Fassung zu schmal, um allein die Lage eines guten menschlichen Lebens bestimmen zu können. Erst wenn das mit ihm hervorgehobene Selbstverhältnis zugleich und genauer als Weltverhältnis gefaßt ist, vermag der prozessuale Glücksbegriff die ihm zugemutete Last zu tragen.

Zunächst ist es wichtig, Selbstbestimmung oder Autonomie in einem moderaten Sinn zu verstehen. Autonom in diesem moderaten Sinn lebt, wer das, was er tut, in wichtigen Bereichen aus eigener Überlegung und eigener Entscheidung tut. Zur Idee der Selbstbestimmung gehört es hingegen nicht, daß man alles, was die eigenen Lebensbedingungen betrifft, selbst bestimmen könnte; das meiste davon kann man ja gerade nicht selbst bestimmen. Um Autarkie geht es nicht. Zur Idee von Selbstbestimmung gehört vielmehr, daß man wichtige Handlungs- und Lebensalternativen, die sich unter den gegebenen Bedingungen ergeben oder ergeben könnten, bis zu einem gewissen Grad selbst entdecken und entwickeln, auf jeden Fall aber selbst bewerten und für das eigene Handeln entscheiden kann. Dies geschieht zudem notwendigerweise in Kontexten einer mit anderen geteilten Praxis und Kultur, die überhaupt erst die Hinsichten bereitstellen, die von selbstbestimmter Lebenspraxis übernommen und modifiziert werden können. Wie es zum Überlegen gehört, die faktischen oder möglichen Überlegungen anderer einbeziehen zu können, so kann auch eine selbstbestimmte Lebensführung – mitsamt der dazugehörigen Überlegung – nicht solitär vollzogen werden. Sie nimmt geteilte Lebenspraxis auf und führt sie auf eigene Rechnung bewahrend oder verändernd fort.

Alle Selbstbestimmung hat insofern eine kontrastive Bedeutung; sie vollzieht sich im Verhältnis zu und Antwort auf die Bestimmungen, die man von der sozialen Umgebung mitbekommen hat. Auch wer sich – zu seinem Glück, nehmen wir an – dafür entscheidet, allein zu leben (was immer das jeweils bedeuten mag: als Junggeselle oder als Eremit), wird dies – zu seinem Glück – nur können, wenn er fähig ist und fähig bleibt, mit anderen zu leben, obwohl er diese Fähigkeit nur vergleichsweise marginal ausüben möchte. Zur Selbstbestimmung nämlich gehört wesentlich, daß man sich korrigieren lassen kann – auf grundsätzlich zweierlei Weise: durch die Meinung von anderen und durch die Gegenstände, über die man Meinungen hat. Erst aus dieser doppelten Korrekturmöglichkeit gewinnt das ‹Selbst› in Selbstbestimmung eine prägnante Bedeutung: wird es Zeichen der Kompetenz, eine eigene Antwort auf beide Arten möglichen Widerstands zu geben. Selbstbestimmung, mit einem Wort, ist die Fähigkeit, in Antwort auf gegebene historische, soziale und biographische Bedingungen den Kurs des eigenen Handelns aus eigener Überlegung zu bestimmen.

Diese Antwortfähigkeit ist ein entscheidender Zug jener positiven Freiheit, die das Subjekt im Zuge eines selbstbestimmten Lebens gewinnt. Es ist die Freiheit, wie es oben hieß, für sich eine Lebenswirklichkeit zu erschließen, in der es gedeihliche Daseinsmöglichkeiten hat. Ob dies gelingt, liegt aber nicht in der Macht des einzelnen allein. Denn hierzu muß eine Wirklichkeit dasein, die ihrerseits auf Erwartungen des Individuums antwortet – sei es buchstäblich in der Gestalt anderer, sei es metaphorisch in einem Entgegenkommen der äußeren Verhältnisse, in denen der einzelne lebt. Die obengenannten Bedingungen des Glücks haben ein minimales Entgegenkommen in diesen Hinsichten formuliert; über die Abwesenheit von Bedrohung und Beengung hinaus aber ist freie Selbstbestimmung auf die Gewinnung von Handlungsspielräumen angewiesen, die die einzelnen in der Reichweite differenzierter Wunscherfüllung und belebender Augenblickserfahrung halten. Solche Spielräume können auch in einer Wirklichkeit offenstehen, die selbst durchaus nicht im ganzen erfreulich oder entgegenkommend ist. Für den Vollzug einer gelingenden Existenz reicht es aus, daß das Subjekt in dieser Wirklichkeit genügend Spielraum für die Gestaltung eines eigenen Lebenswegs findet – was dann wiederum auch seine Leistung ist. Zu unserem Glück sind wir nicht auf Übereinstimmung oder Korrespondenz mit der Wirklichkeit angewiesen; angewiesen aber sind wir darauf, daß uns in dieser Wirklichkeit Raum für eine bewahrende und erneuernde Erschließung entgegenkommender Lebensbereiche und Lebenssituationen bleibt. In diesem Sinn ist das Gelingen menschlicher Existenz gleichbedeutend mit gelingender Welterschließung: mit einem Lebensvollzug, der sich offenhält für die Vielfalt des Wirklichen, in einer Wirklichkeit, die den Spielraum eines selbstbestimmten Lebens offen läßt.

Was es mit dieser zweifachen Offenheit auf sich hat, wäre in einem nächsten Schritt zu klären, mit dem freilich die hier gewählte formale Betrachtung verlassen würde. Denn diese Offenheit kann nur durch das bestimmt werden, wofür ein wahrhaft selbstbestimmtes Leben (mindestens) offen sein muß. Damit aber stellt sich die Frage nach zentralen *Inhalten* des Glücks. Auf der Basis einer formalen Betrachtung, so zeigt sich dabei, ist durchaus eine ergänzende materiale Untersuchung möglich. Diese steht freilich in philosophischem Kontext nicht für sich selbst, sondern muß als eine weitergehende Explikation der formalen Strukturen eines guten Lebens aufgefaßt werden. Deshalb ist es aufschlußreich, einige dieser Inhalte wenigstens zu nennen. Wichtige Dimensionen eines guten menschlichen Lebens sind gelingende Arbeit und gelingende Interaktion, außerdem Zeiten selbstgenügsamen Spiels und zweckfreier Betrachtung. Jede dieser Verhaltensweisen kann verstanden werden als Erschließung einer bestimmten Wirklichkeit, die einem gelingenden Leben zugänglich sein muß, gleichgültig, in welchem Verhältnis es diese Dimensionen aufsucht oder welche Verbindungen zwischen ihnen die jeweilige Lebensform dominieren. Wenn es oben hieß, gelingendes Leben spiele sich in der Reichweite erfüllter Lebenssituationen ab, auch wenn es zahlreiche widrige und verstörende Situationen zu bestehen habe, so könnte konkreter gesagt werden: Es spielt sich in der Reichweite gelingender Arbeit, gelingender Interaktion, selbstvergessener Bewegtheit und selbstgenügsamer Betrachtung – und vielleicht einiger anderer exemplarischer Situationen – ab. Ein gutes Leben ließe sich bestimmen als eines, das (trotz allem anderen) in der Gegenwart dieser Möglichkeiten steht. Eine ausführliche Untersuchung der genannten Dimensionen würde damit zugleich verdeutlichen, wie sehr es für ein gelingendes Leben darauf ankommt, zusammen mit einem komplexen Selbstverständnis ein komplexes Weltverhältnis zu gewinnen. Sie würde auch genauer bestimmen lassen, in welchem Sinn ein «illusionäres Glück» die Wirklichkeit der Situationen verfehlt, von denen es sich getragen glaubt (vgl. Spaemann 1978). So würde nochmals deutlich werden, daß Glück nicht in erster Linie ein Gefühlszustand oder eine Stimmung, sondern der freie Kontakt mit unterschiedlichen (und durchaus divergierenden) Wirklichkeiten des Lebens ist. Die Gestimmtheit des Glücks ist nicht die Ursache, sondern die zu seiner Gegenwart noch fehlende Antwort auf die Gegenwart des Glücks.

## 4 Glück und Moral

Die weltoffene Selbstbestimmung, die ein gutes menschliches Leben leitet, ist als solche keineswegs gleichbedeutend mit moralischer Selbstbestimmung, also Autonomie etwa im Sinne Kants. An diesen Begriff von Autonomie knüpfen heute Autoren wie Rawls und Habermas an, wenn sie der Theorie des guten Lebens von vornherein eine kategorische Grenze setzen (Rawls 1979; Habermas 1991). Andere Autoren dagegen versuchen, die antike Auffassung wiederzubeleben, die Orientierung am eigenen Wohlergehen schließe die moralische Rücksicht auf das Wohlergehen aller anderen notwendigerweise ein (z. B. Spaemann 1989; Dworkin 1990). Beide Positionen machen es schwer, die Frage nach dem Verhältnis von Glücksstreben und moralischer Orientierung unbefangen zu stellen: als Frage danach, in welchem Sinn und in welchem Maß – wenn überhaupt – das umsichtige Streben nach Glück moralische Rücksichten auf andere einschließt.

Die Frage, die sich hier stellt, lautet nicht, warum es moralisch geboten ist, die anderen Menschen mit Rücksicht zu behandeln. Es geht vielmehr darum, ob und inwieweit es ein Gebot der eigeninteressierten Lebensklugheit ist – ob es sich für das eigene Glück ‹auszahlt› –, moralischen Geboten zu folgen. Das war schon die Frage der griechischen Sophisten; es ist bis heute eine Grundfrage der Ethik geblieben. Zum Schluß sei daher angedeutet, welche Antwort sich aus einer vormoralisch gehaltenen Analyse der Form eines guten Lebens ergibt.

Wenn es zutrifft, daß zu einem guten Leben die Teilnahme an intersubjektiver Praxis und die Erfahrung gelingender personaler Interaktionen gehört, ist ein solches Leben außerhalb moralischer Beziehungen und Bindungen nicht möglich. Denn nicht nur ist es genetisch so, daß wir zu Personen, die eines selbstbestimmten Lebens fähig sind, nur in Kontexten moralischer Anerkennung werden können; auch für ein ge-

lingendes Leben selbst sind Kontexte interpersonaler, stets moralisch ge-
färbter Anerkennung konstitutiv (vgl. Honneth 1992). Jedoch ist damit
die entscheidende Antwort noch nicht gegeben. Denn daß wir zu unserem Glück auf Verhältnisse wechselseitiger moralischer Anerkennung
angewiesen sind, bedeutet zunächst einmal nicht, daß wir diese Anerkennung im Interesse am eigenen Wohlergehen allen gewähren müßten, die
dieser Anerkennung fähig oder auch nur bedürftig sind. Es ist vielmehr
wahrscheinlich, daß mich mein Streben nach Glück immer wieder in
Konflikt mit der moralisch gebotenen Rücksicht auf andere bringen wird;
sosehr es hierbei moralisch geboten sein mag, mein eigenes Interesse
zurückzustellen, so wenig liegt es dabei jedesmal im bloßen Interesse an
meinem Wohlergehen, mich dem moralisch Gebotenen zu fügen. Unge-
hindertes und wohlüberlegtes Glücksstreben, so zeigt sich, ist nicht
gleichbedeutend mit einer uneingeschränkten Rücksicht auf andere. Zur
umsichtigen Orientierung am eigenen Glück braucht es zwar einen partikularen und sporadischen moralischen Respekt, nicht aber eine kontinu-
ierliche und universalistische moralische Einstellung. Mit einem Wort:
Glück ist nicht ohne Moral, aber durchaus auf Kosten von Moral möglich.

   Dieses Ergebnis mag ernüchternd sein, aber es ist nicht so desaströs,
wie es vielleicht aussieht. Denn es eröffnet überhaupt erst die Möglichkeit eines angemessenen Verständnisses von Moral. Moral, so zeigt
sich, ist letztlich keine Sache der Klugheit. Sie ist nicht deswegen verbindlich, weil sie sich für jeden einzelnen im Interesse seines persönlichen Wohlergehens empfiehlt. Moralische Rücksicht ist nicht Rücksicht auf mich selbst, sondern Rücksicht auf die anderen – weil sie in ihrer
Andersheit in einer bestimmten Hinsicht so sind wie ich selbst: weil ihnen an einem guten Leben ebensosehr liegt wie mir selbst. Eine Analyse
des Glücks, die nicht von vornherein nach bestimmten moralischen
Resultaten schielt, enthält also selbst keinen vollständigen Begriff der
Moral. Sie erleichtert es aber zu sagen, worum es bei aller uneingeschränkten moralischen Rücksicht geht: um einen Schutz universaler
Bedingungen und Formen menschlichen Glücks. Zugleich macht sie
sichtbar, warum der Konflikt zwischen Glücksorientierung und moralischer Orientierung im menschlichen Leben unausweichlich ist: weil
moralische Orientierung nichts anderes ist als der Versuch, im sozialen
Leben für alle den Spielraum eines guten individuellen Lebens einzuräu-
men und freizuhalten – jenen Spielraum, der den einzelnen immer wieder in Konflikt mit tatsächlichen oder vermeintlichen moralischen Normen bringen kann. Der Konflikt zwischen Glück und Moral, heißt das, ist
konstitutiv für das Bestehen einer nicht-repressiven Moral. Die Einheit

beider Orientierungen liegt, wenn irgendwo, in diesem Konflikt selbst: in der Anerkennung des Umstands, daß die Erfahrung des Glücks unser Verständnis von Moral und daß die moralische Erfahrung unser Verständnis von Glück korrigieren kann, ohne daß ihr Verhältnis irgendwo endgültig vorgezeichnet wäre.

## Zitierte Literatur

Dworkin, R. 1990: The Foundations of Liberal Equality. In: The Tanner Lectures on Human Values. Bd. XI. Salt Lake City, 1 ff.

Griffin, J. 1986: Well-Being. Oxford.

Habermas, J. 1991: Vom pragmatischen, ethischen und moralischen Gebrauch der praktischen Vernunft. In: ders.: Erläuterungen zur Diskursethik. Frankfurt/M., 100 ff.

Honneth, A. 1992: Kampf um Anerkennung. Frankfurt/M.

Kant, I. 1968a: Grundlegung zur Metaphysik der Sitten. In: ders.: Werke in zwölf Bänden, hg. v. W. Weischedel. Frankfurt/M., Bd. VII, 7 ff.

– 1968b: Kritik der praktischen Vernunft. In: ders.: Werke in zwölf Bänden, hg. v. W. Weischedel, Frankfurt/M., Bd. VII, 105 ff.

Krämer, H. 1992: Integrative Ethik. Frankfurt/M.

Marten, R. 1993: Lebenskunst. München.

Theunissen, M. 1991: Freiheit von der Zeit. Ästhetisches Anschauen als Verweilen. In: ders.: Negative Theologie der Zeit. Frankfurt/M., 285 ff.

Tugendhat, E. 1984: Antike und moderne Ethik. In: ders.: Probleme der Ethik. Stuttgart, 33 ff.

Rawls, J. 1979: Eine Theorie der Gerechtigkeit. Frankfurt/M.

Spaemann, R. 1978: Philosophie als Lehre vom glücklichen Leben. In: G. Bien (Hg.): Die Frage nach dem Glück. Stuttgart/Bad Cannstatt, 1 ff.

– 1989: Glück und Wohlwollen. Stuttgart.

## Ergänzende Literatur

Angehrn, E. 1992: Der Begriff des Glücks und die Frage der Ethik. In: Philosophisches Jahrbuch 92 (1985), 35 ff.

Bien, G. (Hg.) 1981: Die Frage nach dem Glück. Stuttgart/Bad Cannstatt.

Forschner, M. 1993: Über das Glück des Menschen. Darmstadt.

Nussbaum, M. 1986: The Fragility of Goodness. Cambridge.

Ritter, J./Spaemann, R.: Glück. In: J. Ritter (Hg.): Historisches Wörterbuch der Philosophie. Bd. 2, Darmstadt 1974, Sp. 679–707.

Wolf, U. 1984: Das Problem des moralischen Sollens. Berlin/New York.

Reiner Wimmer

# 6 Pflicht

## 0 Einleitung

Die Rede von ‹Pflicht› (in der Einzahl) oder von ‹Pflichten› (in der Mehrzahl) ruft häufig fast instinktiv Widerspruch und Ablehnung hervor. Gründe hierfür sind einmal die Ausgedehntheit der Verwendung dieses Ausdrucks und ihre damit oft einhergehende Undifferenziertheit, zum andern seine – freilich nicht an der Oberfläche liegende – interne Bedeutungsvielfalt, schließlich die durch beide Eigenarten (der Uniformität und der Multidimensionalität) begünstigte Mißbräuchlichkeit. Hier hat der fast alle Verwendungen des Wortes beherrschende normative Aspekt seiner Bedeutung eine besondere, nämlich immunisierende Funktion: seine Instrumentalisierbarkeit im Dienste der Abwehr von Forderungen nach Begründung oder Rechtfertigung geltend gemachter Verpflichtungsansprüche. Besonders willkommen ist hier die aufgrund ihrer Simplizität gesteigerte Durchschlagskraft der Tautologie ‹Pflicht ist Pflicht!›.

Deshalb ist es vordringlich, zunächst einmal sowohl die ‹formale›, nämlich normative Einheitlichkeit als auch die ‹materiale› Vielgestaltigkeit des Ausdrucks ‹Pflicht› und der von ihm abgeleiteten Ausdrücke herauszustellen, um auf diese Weise ein klares und verständiges Urteil darüber zu ermöglichen, welchen Begründungsanforderungen im Einzelfall entsprochen werden muß. Der oberste und damit bedeutendste, weil für alle anderen Verpflichtungstypen letztlich maßgebende und in unserem Kontext der Ethik vor allem interessierende ist die moralische Verwendung von ‹Pflicht›. Neben dem formalen Bedeutungsgehalt des Wortes und seinen Anwendungsfeldern, die gestatten, von ‹Pflichttypen› oder ‹Arten der Verpflichtung› bzw. des ‹Verpflichtetseins› zu sprechen, ist sein konkreter Gebrauch in bezug auf bestimmte, einzelne Pflichten zu beachten.

Um die Eigenarten einer Pflicht- oder Sollensethik schärfer zu konturieren, ist ein Vergleich mit anderen Ethikkonzepten sinnvoll. Außerdem dient er dazu, geläufige Mißverständnisse wie das des Rigorismus auszuräumen. Vor allem Kants Ethik, die durchdachteste und in den letzten beiden Jahrhunderten wirkungsmächtigste ethische Konzeption, ist entsprechenden Vorwürfen immer wieder, allerdings – wie zu zeigen sein wird – größtenteils zu Unrecht, ausgesetzt.

## 1 Die Mißbräuchlichkeit des Pflichtbegriffs aufgrund seiner Vieldeutigkeit

Das Wort ‹Pflicht› und daraus abgeleitete Wortbildungen wie ‹Verpflichtung›, ‹verpflichten› und ‹Verpflichtetsein› sowie deren Äquivalente in anderen Sprachen, vor allem des für diesen Bereich durch Cicero und das römische Recht maßgeblich gewordenen Lateins – so in den Ausdrücken *obligatio* (für Verpflichtung), *obligare* (für verpflichten) oder *officium* (für Pflicht) –, sind vieldeutig, weil sie sich auf eine Vielfalt von Handlungsfeldern des Menschen beziehen (können). Mit seinem Bezug auf menschliche Handlungsmöglichkeiten ist der ‹Sitz im Leben› des Pflichtbegriffs angesprochen; außerhalb von solchen Kontexten – etwa in bezug auf gesetzlich bestimmte Geschehensabläufe im Bereich menschlicher oder nicht-menschlicher Natur – macht die Rede von ‹Pflicht› oder ‹Verpflichtung› keinen Sinn. Naturkörper wie Planeten können im eigentlichen Sinn den Bewegungsgesetzen, denen sie unterliegen, weder gehorchen noch nicht gehorchen, weil sie weder mit Einsicht noch mit Absicht agieren (können), das heißt bezüglich möglicher Pflichten keine Erkenntnis und keine Freiheit besitzen, also nicht zu handeln vermögen.

Die Vielfalt menschlicher Handlungsbereiche läßt sich durch eine kurze Aufzählung andeuten: der juristische, der moralische, der religiöse Bereich; die Vielzahl allgemein menschlicher, das heißt kulturell-zivilisatorisch weitgehend invarianter Institutionen (z. B. Versprechen, Eheschließung), die Unzahl kulturell-zivilisatorisch hochspezifischer und zeitlich wandelbarer, vom Menschen selbst mehr oder weniger bewußt etablierter Institutionen (z. B. Rechtsinstrumente, Körperschaften, Bildungseinrichtungen, Arbeitskollektive); Konventionen (z. B. Regeln des alltäglichen Zusammenlebens). Zweierlei ist schon anhand dieser (selbstverständlich unvollständigen) Aufzählung unmittelbar deutlich:

1. Die Bereiche sind zwar begrifflich-sachlich voneinander zu unterscheiden, aber sie müssen in der sozialen Wirklichkeit nicht voneinander getrennt sein, sondern können vielfältig interferieren, ja interagieren

(z. B. können sozial-ethische Verpflichtungen Anlaß zu rechtlichen Regelungen sein, wenn jenen ohne solche Normierungen nicht nachgekommen werden kann).

2. Die unterschiedliche Art der Verpflichtung scheint, zumindest in einigen Fällen, unterschiedliche Grade des Verpflichtetseins zu begründen, so daß im Falle der Konkurrenz verschiedener Verpflichtungsarten die eine der anderen weichen muß. Ein prominentes Beispiel ist das Verhältnis zwischen rechtlicher und moralischer Verpflichtung: Im Falle ihrer Konkurrenz hat die moralische Pflicht den Vorrang vor der rechtlichen. Das bedeutet, daß der moralische Standpunkt als kritische Instanz gegenüber rechtlichen Normierungen gilt.

Diese Frage nach der moralischen Güte einer rechtlichen Norm darf aber nicht mit der rechtlichen Gültigkeit dieser Norm verwechselt werden: Eine Rechtsnorm ist (rechtlich) gültig, wenn sie auf rechtlich, zum Beispiel verfassungsrechtlich einwandfreie Weise in Geltung gesetzt wurde. Doch die positive Beantwortung dieser Frage entscheidet noch nicht darüber, ob es sich um eine *moralisch* einwandfreie Norm handelt. Weil diese beiden Fragen streng voneinander zu unterscheiden sind, läßt sich (1) weder sagen, daß man jedem Gesetz gehorchen muß, wenn und weil es rechtmäßig zustande gekommen ist (dieser Standpunkt wird häufig durch tautologische Formeln der Art wie ‹Recht ist Recht› oder ‹Gesetz ist Gesetz› ausgedrückt), noch (2), es sei nur das im eigentlichen Sinn Recht und Gesetz, was moralisch gerechtfertigt sei.[1] Die erstere Auffassung ist die des Rechtspositivismus; sie macht sich kritikunfähig und wehrlos gegenüber ungerechten, insbesondere Willkürgesetzen eines Despoten. Sie war die herrschende Rechtsauffassung in weiten Kreisen der deutschen Juristen und Rechtslehrer vor und während des Dritten Reiches. Die andere Auffassung überkompensiert den rechtspositivistischen Irrtum, wird aber damit der Eigenständigkeit des ‹positiven›, das heißt gesetzten Rechts nicht gerecht.

Eine Reihe weiterer Verwechslungs- und Vertauschungsmöglichkeiten von Verpflichtungsebenen und -arten sowie dieser mit nicht-normativen Sachverhalten kommt vor, so daß verständlich wird, wieso der Pflichtbegriff aufgrund solcher Fehlidentifikationen und Mißbräuchlichkeiten in Verruf geraten ist und Wege zu seiner Vermeidung gesucht werden: die Identifikation von Sitte und Gesittung mit Sittlichkeit und moralischer Gesinnung, von Instanzen elterlicher oder göttlicher Autorität bzw. des sogenannten Über-Ich mit der Gewissensinstanz, von physischen Funktionen, zum Beispiel im Bereich der Sexualität, mit entsprechenden normativen Bestimmungen. Im zuletzt genannten Fall handelt es sich um einen sogenannten naturalistischen Fehlschluß, da aus Sachverhalten bzw. den deskriptiven Urteilen über sie – hier aus der angeblichen ‹Natur› der Sexualität oder aus ihrem ‹Wesen› – auf bestimmte Pflichten bzw. präskriptive Urteile geschlossen wird.

## 2 Der Kerngehalt des Wortes ‹Pflicht› und die Mannigfaltigkeit konkreter Pflichten

Falls die – eigentlich nichtssagenden – Tautologien ‹Recht ist Recht›, ‹Gesetz ist Gesetz› oder auch ‹Pflicht ist Pflicht› lediglich darauf insistieren, daß etwas so ist, wie es ist, und deshalb nicht etwas anderes ist, nämlich einen spezifischen Verpflichtungsanspruch erhebt, sind sie in dieser ihrer begrenzten Funktion unanstößig. Sie werden aber sofort problematisch, wenn ihr Gebrauch dazu dienen soll, kritische Einwände gegen die Geltung bestimmter Pflichten abzuschneiden. Vor allem moralische Rechtfertigungsanforderungen dürfen so nicht zurückgewiesen werden. Wie wir schon für den rechtlichen Bereich sahen, ist die erwiesene Tatsache des Bestehens einer Verpflichtung (außermoralischer Art) noch kein hinreichender Grund dafür, sie auch moralisch für gerechtfertigt zu halten. Möchte man das, was das Wort ‹Pflicht› im allgemeinen, verschiedene Verpflichtungsbereiche und -typen übergreifend, besagt, zum Ausdruck bringen, so wäre wohl am ehesten an eine Formulierung der Art zu denken, daß Pflicht oder Verpflichtung die Nötigung zu einer Handlungs- oder Verhaltensweise ist, welche (Nötigung) aus dem Bewußtsein (dem ‹Gefühl›) entspringt, zu ihr (nämlich zu dieser Handlungs- oder Verhaltensweise) verbunden zu sein.

Kant, für dessen Moralphilosophie und Ethik der Pflichtbegriff eine zentrale Kategorie darstellt, bestimmt ihn, eingeschränkt auf den moralischen Bereich, als «objektive Notwendigkeit einer Handlung aus Verbindlichkeit»[2] oder, mit einer äquivalenten Formulierung, als «Notwendigkeit einer Handlung aus Achtung fürs Gesetz»[3]. Häufig wird übersehen, daß diese Definitionen die *rational gerechtfertigte* Geltung einer *moralischen* Pflicht, also nicht von Verpflichtungen im allgemeinen, betreffen. Das wird nicht nur aus dem Kontext klar, in dem sie stehen; sondern daß es sich um vernünftig begründete moralische Pflicht(en) handelt, drückt Kant im einen Fall durch das Wort «objektiv», im anderen Fall durch den Ausdruck «aus Achtung fürs Gesetz» aus. Im Unterschied zu ‹subjektiv› meint «objektiv» ‹vernünftig gültig›; und «Gesetz» meint ‹Vernunftgesetz›, das heißt ‹aus Vernunft hervorgehendes und insofern rational gerechtfertigtes Gesetz›. Die Wendung «aus Achtung» bedeutet dann, daß die moralisch geforderte Handlung deswegen vollzogen werden soll, weil sie vernünftig (im moralischen Sinn) ist (und nicht z. B. deswegen, weil sie meinen subjektiven Interessen am meisten entspricht).

Kant expliziert den Vernunftanspruch, den moralische Gesetze erheben, bekanntlich durch den kategorischen Imperativ. Mit ihm sucht er den Standpunkt der Moral, die Essenz moralischen Verpflichtetseins zu erfassen; zugleich meint er, mit ihm ein allgemeines Beurteilungskriterium gefunden zu haben, mit dessen Hilfe man in jedem Fall die moralisch gültigen Pflichten von den nicht gültigen, also unbegründeten und insofern unvernünftigen, mithin bloß vermeintlichen ‹Pflichten› sondern könne. Letzterer Anspruch Kants hat sich wohl als nicht erfüllbar erwiesen.[4] Andererseits ist der seit Hegel immer wieder erhobene Vorwurf, Kants kategorischer Imperativ sei rein formal, ja laufe letztlich auf die berüchtigte Tautologie, Pflicht sei Pflicht, hinaus, ungerechtfertigt. Der Vorwurf nimmt Kants sogenannte Gesetzesformel des kategorischen Imperativs zum Ausgangspunkt, etwa in der Formulierung «Handle nur nach derjenigen Maxime, durch die du zugleich wollen kannst, daß sie ein allgemeines Gesetz werde»[5], verkennt jedoch (1), daß die hier angesprochene Allgemeinheit des Gesetzes nicht die pure Form eines Gesetzes überhaupt, sondern, wie oben, die Vernünftigkeit und damit die Allgemeingültigkeit einer moralischen Pflicht meint, und (2), daß Kant eine Reihe von zusätzlichen Formulierungen für den kategorischen Imperativ angibt – u. a. die sogenannte Autonomie –, die Selbstzweck- und die Reich-der-Zwecke-Formel –, die, in systematischem Bezug zueinander stehend[6], sehr wohl wesentliche inhaltliche Seiten des kategorischen Imperativs auf außerordentlich tiefgründige Weise explizieren.

Deshalb ist nicht nur Hegels Tautologievorwurf, sondern auch sein Formalismusvorwurf gegen Kants Ethik ungerechtfertigt.[7] Allerdings finden sich tautologistische und formalistische Mißverständnisse bis heute sowohl in der fachphilosophischen als auch, hier freilich trivialisiert, in der allgemeinen Öffentlichkeit – so daß sich beispielsweise Adolf Eichmann für sein menschenvernichtendes Handeln auf den kategorischen Imperativ glaubte berufen zu können.[8] Die entschiedene Abwehr derartiger Perversionen moralischer Pflicht bleibt in jeder Generation aktuell, und zwar vor allem in der Erziehung, wo häufig, besonders in Situationen der Überforderung, berechtigte Begründungsfragen abgeschnitten werden und blinder Gehorsam eingefordert wird (was natürlich nicht immer so vordergründig-platt geschehen muß, daß man sich auf ein ‹Befehl ist Befehl!› oder ‹Pflicht ist Pflicht!› beruft).

# 3 Die Eigenart einer Pflichtethik im Vergleich zu anderen Ethiktypen

Die mindestens seit den Tagen der antiken Stoa und des Neuen Testaments bewußt vollzogene Basisunterscheidung zwischen äußerem moralkonformen Verhalten und innerer moralisch guter Gesinnung wird von Kant mit der Unterscheidung zwischen Legalität und Moralität wiedergegeben[9] und in den allgemeinen moralischen Grundsatz gefaßt: «Handle pflichtmäßig aus Pflicht!»[10] Das Wort ‹Legalität› kann man hier so bestimmen, daß legales Handeln darin besteht, das moralisch Geforderte, also das moralisch Richtige auch zu tun unter Absehung von den Gründen, aus denen man das Richtige tut. Moralität besteht dann darin, daß der Beweggrund, das Motiv für dieses Tun sich dem Blick auf das moralisch Gesollte verdankt oder, mit (nur) anderen Worten gesagt, daß das moralisch Geforderte um seiner selbst willen, also aus lauterer Gesinnung getan wird.

Diese begriffliche Unterscheidung läßt vier Alternativen zu:

1. Jemand handelt pflichtgemäß (synonym: vernunftgemäß, normgemäß, gesetzesgemäß), also moralisch richtig, aber er handelt nicht aus Pflicht (aus Vernunft, um der Pflicht, um des moralischen Gesetzes willen), handelt also nicht (gesinnungsmäßig) gut.

2. Jemand handelt sowohl pflichtgemäß, also moralisch richtig, als auch aus Pflicht, das heißt moralisch gut.

3. Jemand handelt pflichtwidrig (synonym: vernunftwidrig – ‹Vernunft› selbstverständlich hier wie oben im begrenzten Sinne als ‹moralische Vernunft› verstanden –), aber aus der rechten moralischen Gesinnung heraus, das heißt, er handelt gut (er befindet sich allerdings in einem von ihm unverschuldeten Irrtum bezüglich des von ihm moralisch Geforderten).

4. Jemand handelt sowohl pflichtwidrig, mithin moralisch falsch, als auch moralisch schlecht oder böse, weil der oberste Gesichtspunkt seines Tuns nicht der moralische ist.

Kants Pflichtethik ist also zugleich Gesinnungsethik. Diese Tatsache ist nicht nur völlig unverdächtig, sondern allein sachlich angemessen. Sie wird aber verkannt, wo Pflicht- und Gesinnungsethik miteinander identifiziert werden, die sachlich angemessene Unterscheidung zwischen Legalität und Moralität aufgehoben wird bzw. Kant unterstellt wird, er habe sie nicht gemacht.

Ein Hemmnis für das rechte Verständnis bietet hier das Wort ‹Pflicht›, weil es von Kant und im allgemeinen Sprachgebrauch in zweierlei Hinsicht verwendet wird: einmal um den ‹formalen› Gesichtspunkt der moralischen Gesinnung zu bezeichnen («Handle aus Pflicht!») – in dieser Bedeutung wird das Wort nur im Singular verwendet; zum anderen um den ‹materialen› Gesichtspunkt der im moralischen Sinn richtigen Handlungsweisen und Verhaltensgrundsätze – von Kant Maximen genannt – zu bezeichnen («Handle pflichtgemäß!») – in welcher Bedeutung das Wort ‹Pflicht› aufgrund der Vielfalt der möglichen Handlungsweisen und -grundsätze auch und vor allem im Plural gebraucht wird.

Kants eigene Unterscheidung zwischen Legalität und Moralität nicht konsequent bei der Interpretation der Kantischen Texte zur Anwendung zu bringen läßt Äußerungen Kants mißverstehen, wonach die Moralität des Handelns sich nicht aus den faktischen Absichten und Zwecken ergeben kann, die wir mit unseren Handlungen verbinden, sondern ganz unabhängig von diesen empirischen Beweggründen einzig aufgrund der moralischen, nämlich durch den kategorischen Imperativ geprüften und so als gut zu beurteilenden ‹Form› der dem Handeln zugrundeliegenden Maxime.[11] Kant meint damit, daß diese Zwecke nicht den Beweggrund, die Basis für die Bildung und Beurteilung von Maximen darstellen dürfen, weil diese Zwecke ja *Gegenstand* der Beurteilung sind und nicht deren Grundlage! Wenn Zwecke (und ihre Formulierung in Maximen) Objekte der Prüfung sind für Kant, dann kann von einer reinen Gesinnungsethik bei Kant keine Rede sein. Kants Ethik ist vernünftigerweise beides: Gesinnungs- und Verantwortungsethik. Sie stellt Kriterien für die Prüfung der Beweggründe für Handlungen wie auch ihrer Zwecke auf.[12]

Aber auch unabhängig von der Auseinandersetzung um die rechte Deutung der Kantischen Ethik macht die absolute Entgegensetzung von Gesinnungs- und Verantwortungsethik und ihre Stilisierung zu einander ausschließenden Ethiktypen, als ob eine Ethik nur eines von beiden sein könne, keinen guten Sinn, trotz der gegenteiligen Suggestion, die von den entsprechenden Ausführungen in Max Webers berühmt gewordenem Vortrag «Politik als Beruf» von 1919 immer noch ausgeht.[13] Jede Ethik bzw. Moral, selbst eine rein quietistische, die sich des eingreifenden Handelns in die Weltläufe weitestgehend zu enthalten sucht, weil sie meint, die Weltzustände dadurch nur zu verschlimmern, ist der Überzeugung, daß die Enthaltung von aller Tätigkeit das Beste sei, was man für sich und die anderen ‹tun› könne. Insofern gehört der Begriff der Verantwortung und insofern auch der so verstandene Begriff der Pflicht wesentlich zu jeder Ethik bzw. Moral, die diese Bezeichnung verdient, weil die Zwecke, die Ergebnisse und die Folgen sowohl von Handlungen als auch von Unterlassungen – neben der Beurteilung ihrer Beweggründe, also der Gesinnung – notwendiger Gegenstand von Ethik bzw. Moral ist.

Im vorausgehenden Satz ist mit der Unterscheidung zwischen den Ergebnissen und den Folgen einer Handlung allerdings eine (relative) Differenz markiert worden, die in der Ethikdebatte der letzten 150 Jahre zu der terminologisch verfestigten Unterscheidung zwischen sogenannten teleologischen und deontologischen Ethiken geführt hat. Die Termini sind dem Griechischen entlehnt: *télos* bedeutet ‹Ziel› oder ‹Zweck›, *déon* bedeutet ‹das, was gesollt ist›, ‹das, was man (tun) muß›. Eine teleologische Ethik kann eine Zwecke- oder eine Güter- oder eine Werteethik sein; eine deontologische Ethik ist demgegenüber an der moralischen Qualität der Handlungsweisen, -regeln oder -prinzipien interessiert. Genauerhin fragt sie beispielsweise bezüglich einer bestimmten Handlungsweise, ob sie *in sich*, nämlich hinsichtlich ihres Vollzugs und des Ergebnisses dieses Vollzugs, *vor* (und vielleicht auch ganz unabhängig von) der Berücksichtigung aller weiteren Folgen gut oder schlecht ist. Expliziert man jedoch, in welcher Hinsicht hier von ‹gut› oder ‹schlecht› gesprochen wird – nämlich als gut oder schlecht für die von der Handlungsweise Betroffenen –, dann zeigt sich auch hier, daß es sich auch bei einer deontologischen Ethik im strengen Sinn um eine Ethik der Verantwortung (für andere und vor anderen) handelt. Hier verdankt sich die Rede von unterschiedlichen Ethiktypen zweifellos einer Überstilisierung, zumal eine genaue Analyse faktisch vorhandener Ethikkonzeptionen ergibt, daß manche von ihnen Mischformen teleologischer und deontologischer Elemente darstellen.[14]

Hingegen erscheint eine andere Unterscheidung bedeutsamer. Während die Grundfrage einer Pflichtethik lautet: ‹Was soll ich tun?› bzw. ‹Was soll ich wollen?› – also auf die Güte des Tuns sowie der Absichten und Zwecke abhebt –, lautet die Grundfrage einer im Gefolge des Aristoteles so genannten Ethik des guten Lebens – von Hans Krämer auch als Strebensethik bezeichnet[15]: ‹Was will ich, recht bedacht, eigentlich für ein Leben führen?› bzw. ‹Was ist das gute Leben (für mich)?› Das Projekt einer ‹integrativen Ethik›, das Hans Krämer verfolgt, möchte die so zum Vorschein gekommene «*Mehrdimensionalität* der Ethik»[16] einholen, indem es die gleichwertige Berücksichtigung des gesamten Felds praktischer Orientierungen des Menschen ins Auge faßt. Zwar erkennt auch Kants Pflichtethik die Notwendigkeit an, die menschliche Glückseligkeit zu einem wesentlichen Gegenstand der moralisch orientierten Lebensführung zu machen (was zu verkennen ein weiteres Mißverständnis der Ethik Kants darstellt, das im nächsten Abschnitt ausführlicher behandelt wird); aber sie tut es, wie jede normative Ethik, unter dem Grundbegriff der Pflicht (des Sollens, der moralischen Notwendigkeit) und unter dem Axiom: Du kannst, denn du sollst.[17] Trotzdem machen wir, wie Paulus[18], allenthalben die Erfahrung, daß wir unvermögend sind, das, wovon wir erkannt haben, daß es unsere moralische Pflicht ist, auch auszuführen, es dauerhaft und ausdauernd zu leben. Bei Aristoteles *akrasía* (Unfähigkeit, Unvermögen) genannt, wird das Problem moralphilosophisch und in der Umgangssprache meist unter der Rubrik ‹Willensschwäche› verhandelt.[19] Doch von einer integrativen Ethik aus gesehen geht es hier nicht um die genügende oder ungenügende Betätigung eines bestimmten und isoliert betrachteten ‹Seelenvermögens›, nämlich des Willens, sondern darum, die für einen ganz- und gesamtheitlichen Lebensvollzug eines Menschen wesentlichen Bedingungen bereitzustellen, aus denen sich die Erfüllung einer moralischen Pflicht in der Regel ‹zwanglos› (z. B. ohne neurotische Verbiegungen) ergibt und im Falle des Versagens statt des Versinkens in neurotische Schuldgefühle ein Neubeginn möglich ist.

Eine unheilvolle Rolle spielt in diesem Zusammenhang die verbreitete Meinung, es könne Kollisionen zwischen Pflichten geben, und der weiteren Vorstellung, Unvermeidlichkeit und Unentrinnbarkeit solcher Pflichtenkollisionen lasse die darin Involvierten notwendigerweise moralisch schuldig werden. Zur angeblichen Möglichkeit solcher Kollisionen hat Kant das Erforderliche mit der erwünschten Klarheit gesagt:

«Da aber Pflicht und Verbindlichkeit überhaupt Begriffe sind, welche die objektive praktische *Notwendigkeit* gewisser Handlungen ausdrücken und zwei einander entgegengesetzte Regeln nicht zugleich notwendig sein können, sondern, wenn nach einer derselben zu handeln es Pflicht ist, so ist nach der entgegengesetzten zu handeln nicht allein keine Pflicht, sondern sogar pflichtwidrig: so ist eine *Kollision* von *Pflichten* und Verbindlichkeiten gar nicht denkbar (obligationes non colliduntur). Es können aber gar wohl zwei *Gründe* der Verbindlichkeit (rationes obligandi), deren einer aber, oder der andere, zur Verpflichtung nicht ausreichend ist (rationes obligandi non obligantes), in einem Subjekt und der Regel, die es sich vorschreibt, verbunden sein, da dann der eine nicht Pflicht ist.»[20]

Damit ist auch der Zwang, schuldig zu werden, als Schein erwiesen. Trotzdem gibt es tragische Situationen, in denen ein Mensch nicht anders kann, als von zwei schlimmen Alternativen eine zu wählen – vernünftigerweise die weniger schlimme. Doch die Unvermeidlichkeit in solchen Situationen, durch sein Handeln Schaden anzurichten, darf, sofern sie nicht selbstverschuldet ist, trotz der damit unter Umständen verbundenen inneren Qualen nicht zu dem Fehlurteil verleiten, dadurch Schuld auf sich zu laden.[21]

Es war das wesentliche Anliegen der antiken inner- wie außereuropäischen Weisheitslehren (z. B. sokratische Weisheit, die griechische und römische Stoa, der chinesische Taoismus), die Menschen nicht mit Vorschriften und Rechtsverordnungen, sondern mit lebenstherapeutischen

Ratschlägen und dem eigenen Beispiel Lebensmöglichkeiten zu eröffnen, die weniger ein Tun als vielmehr ein Lassen, weniger Willensentschlüsse als vielmehr die Bereitschaft zu emotionalem und spirituellem Wachstum zum Inhalt haben. Bis in die frühe Neuzeit hinein, so bei Montaigne, blieben diese Lehren wirksam, etwa als *ars vivendi et moriendi* (Kunst des Lebens und des Sterbens), vielfach in christlicher Gewandung, etwa in Form von *exercitia spiritualia* (geistliche Übungen).[22] Spätestens mit Kant einerseits, dem Utilitarismus andererseits traten sie, ungerechtfertigterweise, ganz aus dem Gesichtskreis der Ethik – ungerechtfertigt aus einem doppelten Grund: Erstens ist das Feld des Ethischen nur zur Hälfte bestellt, wo lediglich Fragen des rechten Handelns und Wollens, also Fragen des *richtigen* Lebens, nicht aber auch Fragen des *guten* Lebens gestellt und bearbeitet werden; zweitens haben Fragen der Lebensführung aufgrund des skizzierten Axioms, wonach Sollen Können voraussetzt, entgegen erstem Augenschein nicht eine der Pflicht- und Sollensethik nach-, sondern vorgeordnete Bedeutung. Zwar fehlen in Kants Ethik Fragen der Lebenskunst nicht völlig[23], und Kants Verständnis der (christlichen) Religion in seiner Spätschrift «Die Religion innerhalb der Grenzen der bloßen Vernunft» ist weitgehend von der Funktion bestimmt, die sie für eine ethische Lebensführung spielen kann. Trotzdem ist das in jüngster Zeit, zum Beispiel im Zuge einer Renaissance von an Aristoteles orientierten Ethikauffassungen, spürbare Verlangen nach einer Fundierung der Pflicht- und Sollensethik, welcher Art auch immer, in einer Ethik des guten Lebens und deren systematische Ergänzung um diese berechtigt. Kants fast pauschale rigorose Ausschaltung jedweden Eudaimonismus in der Ethik erschwert die Reintegration dieses Teils der Ethik. Aber sie ist unsere Aufgabe heute.[24]

## 4 Pflicht und Neigung, Rigorismus und Eudaimonismus

So begründet, wie angedeutet, eine systematische Fundierung und Erweiterung der Pflichtethik Kants um eine Ethik des guten Lebens bzw. eine Philosophie der Lebenskunst ist, so wenig haben in der Vergangenheit kleinlich-beschränkte, großenteils wiederum auf Mißverständnissen beruhende Anklagen gegen Kant, die sich vornehmlich um den Vorwurf des Rigorismus drehen, jenes Defizit zu beheben vermocht. Nicht um einer ebenso beckmesserischen Exkulpierung Kants um jeden Preis willen, sondern weil sich hier auch systematisch etwas lernen läßt, sei dem Rigorismusvorwurf etwas genauer nachgegangen.[25]

Kants Ethik der Pflicht wird häufig so verstanden, als verlange sie eine moralisch derart ideale Gesinnung und stelle derart anspruchsvolle Forderungen an das Handeln, daß sie sich im beruflichen, geschäftlichen, politischen ‹Kampf ums Dasein› nur um den Preis des eigenen Ruins befolgen lasse; Kant berücksichtige nicht die faktische Bosheit, moralische Schwäche oder auch nur Unwissenheit der Menschen und die daraus resultierende Unvollkommenheit der Lebensverhältnisse und Institutionen; er entwerfe eine Ethik für eine Gemeinschaft vollkommen rationaler Wesen und ignoriere die Tatsache, daß wir in einer unvollkommen rationalen Welt leben. Man hat, wie erwähnt, gerade Kants Ethik im Sinne Max Webers immer wieder als ‹Gesinnungsethik› apostrophiert und statt dessen eine ‹Verantwortungsethik› gefordert. Doch Kant selbst schon hat dieses Rigorismusproblem – freilich verkürzt – als die alte Frage nach der Angemessenheit der Mittel für einen guten Zweck zu identifizieren gesucht und es – wie nach ihm Max Weber – als die weitgespannte Frage nach dem Verhältnis von Moral und Politik artikuliert.[26] Aber Kant räumt der Moral völlig zu Recht absolute Priorität ein – in diesem Sinn muß ein moralisch denkender und handelnder Mensch stets ‹Rigorist› sein, weil für ihn letztlich nur die Pflicht zählt, die die praktisch-moralische Vernunft auferlegt.[27] Damit ist jedoch die Berücksichtigung der Bosheit und Unvollkommenheit der Menschen und ihrer Verhältnisse bei dem Versuch, das Rechte zu tun, nicht ausgeschlossen.[28] Daß Kant die Möglichkeit und Notwendigkeit einer Kasuistik aufgrund des unvollkommenen, weil nicht exakt bestimmbaren Verpflichtungscharakters ethischer Pflichten als «Pflichten von weiter Verbindlichkeit» anerkennt[29] und sie in der Tugendlehre der «Metaphysik der Sitten» auch praktiziert, zeigt, daß er Güterabwägung beim Einsatz von Mitteln zur Realisierung moralisch notwendiger Zwecke nicht grundsätzlich ausschließt. Täte er dies, so würde er sich weitgehend der Möglichkeit zu ihrer Verwirklichung berauben und in der Tat einer puren Innerlichkeitsethik das Wort reden.

Einer anderen Art des Rigorismusvorwurfs, zuerst von Schiller in «Über Anmut und Würde» und in einigen Distichen artikuliert, ist schon Kant selbst entgegengetreten[30], dem Vorwurf nämlich, es sei Kants persönliche Meinung gewesen bzw. es ergebe sich aus seiner Grundlegung der Ethik als Konsequenz, daß der Mensch nur auf dem Weg der Unterdrückung seiner Neigungen und Gefühle, seines Strebens nach Glück und Anerkennung ein moralisch guter Mensch werden könne. Kant sagt zwar ausdrücklich und zu Recht, daß etwa Gefühle der Liebe für sich selbst kein untrügliches Kennzeichen für ein im moralischen Sinn vernünftiges Wollen und Handeln darstellen. Nicht die Liebe als Gefühl, sondern die Liebe als Grundsatz, als «*praktische* und nicht *pathologische*

Liebe, die im Willen liegt und nicht im Hange der Empfindung, in Grundsätzen der Handlung und nicht (in) schmelzender Teilnehmung», kann von der praktisch-moralischen Vernunft geboten werden.[31] Aber nicht nur die Ordnung, sondern auch die Kultivierung und Förderung von Gefühlen und Neigungen finden in Kants Ethik Platz.[32]

Daß das Streben nach eigenem Wohlergehen und Glück von Kant nicht, wie die geläufige Meinung will, von vornherein im Widerstreit zur Moralität gesehen wird, belegt auch folgender Text:

«Aber diese *Unterscheidung* des Glückseligkeitsprinzips von dem der Sittlichkeit ist darum nicht sofort *Entgegensetzung* beider, und die reine praktische Vernunft will nicht, man solle die Ansprüche auf Glückseligkeit *aufgeben*, sondern nur, so bald von Pflicht die Rede ist, darauf gar *nicht Rücksicht* nehmen. Es kann sogar in gewissem Betracht Pflicht sein, für seine Glückseligkeit zu sorgen, teils weil sie (wozu Geschicklichkeit, Gesundheit, Reichtum gehört) Mittel zu Erfüllung seiner Pflicht enthält, teils weil der Mangel derselben (z. B. Armut) Versuchungen enthält, seine Pflicht zu übertreten. Nur, seine Glückseligkeit zu befördern, kann unmittelbar niemals Pflicht, noch weniger ein Prinzip aller Pflicht sein.»[33]

Als Folgerung daraus formuliert Kant schließlich: «Daher ist auch die Moral nicht eigentlich die Lehre, wie wir uns glücklich machen, sondern wie wir der Glückseligkeit *würdig* werden sollen.»[34] ‹Glückseligkeitslehre› kann dann die Sitten- oder Tugendlehre nur in diesem sekundären Sinn heißen[35]; eher kommt ihr der Name ‹Weisheitslehre› zu.

Deshalb steht Kant zwar jenem Teil der antiken philosophischen Tradition ablehnend gegenüber, der die primäre Aufgabe des Menschen im Erlangen der Glückseligkeit sieht und damit Sittlichkeit auf Glückseligkeit, Ethik auf Eudaimonologie reduziert (Epikureismus); aber er verwirft auch die Überzeugung derer, die, wie die Stoiker, glauben, der Mensch bedürfe zur vollen Verwirklichung seiner Bestimmung nicht auch der Erfüllung seiner Glücksstrebungen, weil er seine Seligkeit ganz und ausschließlich in der Erfüllung seiner sozialen Pflichten und in der Loslösung von solchen Strebungen finden könne und solle, womit Glückseligkeit auf Sittlichkeit reduziert bzw. mit ihr identifiziert werde.[36] Kant geht also einen mittleren Weg zwischen dem (angeblichen oder wirklichen) Amoralismus Epikurs und dem (angeblichen oder wirklichen) Moralismus der Stoiker.

## Anmerkungen

1 Vgl. die wichtigen Erörterungen vor allem zum deutschen Kontext in Hart 1971.

2 GMS B 87, Ak.-Ausg. IV 439.

3 Ebd. B 14, Ak.-Ausg. IV 400.

4 Vgl. hierzu die ausführliche Debatte in Wimmer 1980, 333–357, oder 1982, 303–320.

5 GMS B 52, Ak.-Ausg. IV 421.

6 Den Nachweis der systematischen Verknüpfung der verschiedenen Formeln des kategorischen Imperativs liefert im einzelnen Wimmer 1980, 174–200, und 1982, 292–302.

7 Ausführlicher zum Formalismusvorwurf Hegels: Wimmer 1980, 200–206.

8 Vgl. hierzu die einschlägige Dokumentation von Eichmanns Denken mit der darauf bezogenen philosophischen Kritik in Kapitel VIII («Von den Pflichten eines gesetzestreuen Bürgers») in Arendt 1978, 173 ff. Auschwitz in die gegenwärtige ethische Grundlagenreflexion einzubeziehen suchen u. a. Rossvær 1987 und Apel 1988.

9 Vgl. MSR A 6 f, Ak.-Ausg. VI 214.

10 Vgl. MST A 22, Ak.-Ausg. VI 391.

11 Vgl. GMS B 13 f, Ak.-Ausg. IV 399 f; KpV A 60 f, Ak.-Ausg. V 34.

12 Als besonders sprechende Beispiele für Kants selbstverständliche Berücksichtigung von Handlungszwecken und -folgen vgl. KpV A 60 f, Ak.-Ausg. V 34, sowie RGV B vf., Ak.-Ausg. VI 4. – Kant kennt aber nicht nur die mit der leiblich-welthaften Existenzweise des Menschen verbundenen kontingent-empirischen Handlungszwecke, sondern darüber hinaus auch notwendige metaempirische Zwecke der reinen praktischen Vernunft: (1) die eigene moralische Vollkommenheit, (2) die fremde Glückseligkeit und (3) das sogenannte höchste Gut als die Vereinigung von moralischer Vollkommenheit und Glückseligkeit (vgl. MST A 5–18, 23–27, 34, Ak.-Ausg. VI 381–398; zum höchsten Gut als objektivem Endzweck des Menschen vgl. Wimmer 1990 passim, bes. 57–77). Das höchste Gut als Endzweck ist schon in Kants Reich-der-Zwecke-Formel des kategorischen Imperativs ins Auge gefaßt.

13 In Weber 1958, 493–548.

14 Was hier nur angedeutet werden kann, wird genauer ausgeführt z. B. bei Frankena 1972 oder Schüller 1987, 282–298.

15 Vgl. Krämer 1992.

16 Ebd., 75.

17 Vgl. Kant: «Die Moral ist schon an sich selbst eine Praxis in objektiver Bedeutung, als Inbegriff von unbedingt gebietenden Gesetzen, nach denen wir handeln *sollen*, und es ist offenbare Ungereimtheit, nachdem man diesem Pflichtbegriff seine Autorität zugestanden hat, noch sagen zu wollen, daß man es doch nicht *könne*. Denn alsdann fällt dieser Begriff aus der Moral von selbst weg (ultra posse nemo obligatur)» (Zum ewigen Frieden B 71, Ak.-Ausg. VIII 370).

18 Vgl. Brief an die Römer: «Denn ich begreife mein Handeln nicht: Ich tue nicht das, was ich will, sondern das, was ich hasse. Wenn ich aber das tue, was ich nicht will,

erkenne ich an, daß das Gesetz gut ist. Dann aber bin nicht mehr ich es, der so handelt, sondern die in mir wohnende Sünde. Ich weiß, daß in mir, das heißt in meinem Fleisch, nichts Gutes wohnt; das Wollen ist bei mir vorhanden, aber ich vermag das Gute nicht zu verwirklichen. Denn ich tue nicht das Gute, das ich will, sondern das Böse, das ich nicht will» (7,15–19; Einheitsübersetzung 1979).

19 Einschlägige Texte von Platon und Aristoteles sowie aus der neueren analytischen Diskussion des angelsächsischen Bereichs bei Mortimore 1971.

20 MSR A 23 f, Ak.-Ausg. VI 224.

21 Eine gründliche Auseinandersetzung mit der These von der Unvermeidlichkeit der Schuld in Konfliktsituationen bei Schüller 1987, 206–215.

22 Vgl. Rabbow 1954 und 1960 sowie Hadot 1991.

23 Vgl. vor allem die ethische Methodenlehre Kants sowohl am Ende der «Kritik der praktischen Vernunft» (A 267–292, Ak.-Ausg. V 149–163) als auch am Ende der Tugendlehre der «Metaphysik der Sitten» (A 161–188, Ak.-Ausg. VI 475–491).

24 Wichtige Ansätze hierzu außer bei Krämer 1992 schon bei Kamlah 1973, neuerdings auch bei Habermas 1991.

25 Noch ausführlicher geschieht dies in Wimmer 1990, 44 ff.

26 Zum ewigen Frieden B 71–112, Ak.-Ausg. VIII 370–386.

27 Vgl. RGV B 9, 13 Anm., Ak.-Ausg. VI 22, 24 f, Anm.

28 Vgl. Zum ewigen Frieden B 78 f Anm., 90–92, Ak.-Ausg. VIII 373 Anm., 378 f.

29 MST A 18–28, 56, Ak.-Ausg. VI 388–394, 411.

30 RGV B 10–12 Anm., Ak.-Ausg. VI 23 f Anm.

31 GMS B 13, Ak.-Ausg. IV 399; vgl. KpV A 148 f, Ak.-Ausg. V 83; MST A 39–41, Ak.-Ausg. VI 401 f.

32 Vgl. Kants Reflexionen Nr. 6987–6989 und 6992 in Ak.-Ausg. XIX 220–222.

33 KpV A 166 f, Ak.-Ausg. V 93; vgl. RGV B 19, 31, 48, 69 mit Anm., Ak.-Ausg. VI 28, 34 f, 44, 58 mit Anm.; Anthropologie B 30–34, Ak.-Ausg. VII 143–146.

34 KpV A 234, Ak.-Ausg. V 130.

35 Vgl. ebd. A 165 f, 234 f, Ak.-Ausg. V 92 f, 130 f.

36 Vgl. ebd. A 69–71, 200–202, 208 f, 227–229, Ak.-Ausg. V 39–41, 111 f, 115 f, 126 f.

## Zitierte Literatur

Die Schriften Kants werden nach der Erst- oder Zweitauflage («A» oder «B») und nach der Akademie-Ausgabe (mit Angabe der Bandzahl) zitiert. Die in den Anmerkungen verwendeten Abkürzungen bedeuten: GMS = Grundlegung zur Metaphysik der Sitten; KpV = Kritik der praktischen Vernunft; MSR = Metaphysik der Sitten, Rechtslehre; MST = Metaphysik der Sitten, Tugendlehre; RGV = Die Religion innerhalb der Grenzen der bloßen Vernunft.

Apel, K.-O. 1988: Zurück zur Normalität? – Oder könnten wir aus der nationalen Katastrophe etwas Besonderes gelernt haben? Das Problem des (welt-)geschichtlichen Übergangs zur postkonventionellen Moral aus spezifisch deutscher Sicht. In:

ders.: Diskurs und Verantwortung. Das Problem des Übergangs zur postkonventionellen Moral. Frankfurt/M., 370–474.

Arendt, H. 1978: Eichmann in Jerusalem. Ein Bericht von der Banalität des Bösen. Reinbek bei Hamburg.

Frankena, W. K. 1972: Analytische Ethik. Eine Einführung. München.

Habermas, J. 1991: Vom pragmatischen, ethischen und moralischen Gebrauch der praktischen Vernunft. In: ders.: Erläuterungen zur Diskursethik. Frankfurt/M., 100–118.

Hadot, P. 1991: Philosophie als Lebensform. Geistige Übungen in der Antike. Berlin.

Hart, H. L. A. 1971: Der Positivismus und die Trennung von Recht und Moral. In: ders.: Recht und Moral. Göttingen, 14–57.

Kamlah, W. 1973: Philosophische Anthropologie. Sprachkritische Grundlegung und Ethik. Mannheim.

Krämer, H. 1992: Integrative Ethik. Frankfurt/M.

Mortimore, G. W. 1971: Weakness of Will. London.

Rabbow, P. 1954: Seelenführung. Methodik der Exerzitien in der Antike. München.

– 1960: Paidagogia. Die Grundlegung der abendländischen Erziehungskunst in der Sokratik. Göttingen.

Rossvær, V. 1987: Transzendentalpragmatik, transzendentale Hermeneutik und die Möglichkeit, Auschwitz zu verstehen. In: D. Böhler/T. Nordenstam/G. Skirbekk (Hg.): Die pragmatische Wende. Sprachspielpragmatik oder Transzendentalpragmatik? Frankfurt/M., 187–201.

Schüller, B. 1987: Die Begründung sittlicher Urteile. Typen ethischer Argumentation in der Moraltheologie. 3. Aufl. Düsseldorf.

Weber, M. 1958: Politik als Beruf. In: ders.: Gesammelte politische Schriften. 2. Aufl. Tübingen, 493–548.

Wimmer, R. 1980: Universalisierung in der Ethik. Analyse, Kritik und Rekonstruktion ethischer Rationalitätsansprüche, Frankfurt/M.

– 1982: Die Doppelfunktion des Kategorischen Imperativs in Kants Ethik. In: Kant-Studien 73, 291–320.

– 1990: Kants kritische Religionsphilosophie. Berlin/New York.

## Ergänzende Literatur

Artikel «Pflicht». In: J. Ritter u. a. (Hg.): Historisches Wörterbuch der Philosophie, Bd. 7 (1989), Sp. 405–433.

Artikel «Pflichten, unvollkommene/vollkommene». Ebd., Sp. 433–439.

Artikel «Pflichtenkollision». Ebd., Sp. 440–456.

Artikel «Pflichtenlehre». Ebd., Sp. 456–458.

Artikel «Pflichtethik, deontologische Ethik». Ebd., Sp. 458–460.

Jonas, H. 1979: Das Prinzip Verantwortung. Versuch einer Ethik für die technologische Zivilisation. Frankfurt/M.

Kuhlmann, W. 1986 (Hg.): Moralität und Sittlichkeit. Das Problem Hegels und die Diskursethik. Frankfurt/M.

Reiner, H. 1951: Pflicht und Neigung. Die Grundlagen der Sittlichkeit erörtert und neu bestimmt mit besonderem Bezug auf Kant und Schiller. Meisenheim am Glan.

– 1964: Die philosophische Ethik. Ihre Fragen und Lehren in Geschichte und Gegenwart. Heidelberg.

– 1974: Die Grundlagen der Sittlichkeit. Meisenheim am Glan (2., durchges. und um acht Aufsätze erweiterte Aufl. von «Pflicht und Neigung»).

Steigleder, K. 1992: Die Begründung des moralischen Sollens. Studien zur Möglichkeit einer normativen Ethik. Tübingen.

Klaus-M. Kodalle

# 7 Verantwortung

## 1 Die verantwortungsflüchtige Gesellschaft: ‹Verantwortung› als neuer Jargon der Eigentlichkeit

Der Zusammenbruch der vertrauten, stabile Orientierung vermittelnden konfrontativen Weltbilder hat zu einer abgründige Ängste auslösenden Offenheit des Deutungshorizonts geführt. In dieser weltgeschichtlichen Situation wird es immer schwerer, sich vorzustellen, wofür eigentlich ein Mensch in seinem Handeln und Unterlassen noch verantwortlich zu machen ist. Die gesellschaftlichen und technologischen Prozesse haben einen so hohen Komplexitätsgrad erreicht, daß die Verantwortung des einzelnen immer unwichtiger zu werden scheint. Deshalb sucht dieser einzelne Zuflucht in den Pseudosicherheiten von Fundamentalismus, Gewalt und Rassismus. Seismographisch reagiert die Philosophie auf diesen Befund mit einer Inflationierung des Verantwortungsbegriffs.

Die Frage nach Verantwortung stellt sich auch in der Philosophie in einem Raum post-metaphysisch verschärfter Ungewißheit. Eindeutige Prioritäten in schwierigen Situationen lassen sich kaum noch ausfindig machen. Gewiß lassen sich allgemeingültige Regeln als schlechthin formelle finden; aber wie wird die Kluft zur konkreten Handlungssituation überbrückt? Eindeutige Zurechnungen werden immer schwerer möglich. Die Ausdifferenzierung der gesellschaftlichen Dynamik programmiert geradezu eine Eskalation der Unzurechnungsfähigkeit.

Das ungute Gefühl, etwas stimme nicht mit der Wahrnehmung von Verantwortung in dieser Gesellschaft, äußert sich als wachsende Ethiknachfrage. Die Gesellschaft erzeugt Handlungsmöglichkeiten, deren Bedrohlichkeiten unübersehbar sind. Also nimmt die Gründung von Ethikkommissionen sprunghaft zu.

Entledigen sich damit die Entscheidungsträger womöglich leicht ihrer Verantwortung, indem sie sich für ethisch unzuständige Amateure erklären? Dieser Abwälzung von Verantwortung müßte die Philosophie entgegenwirken. Sie hätte kenntlich zu machen, daß ihre Kompetenz sich nicht einem besonderen Fachwissen verdankt. Die Philosophie muß sich hüten, der Zuschauergesellschaft, die bei den Ethikexperten Zuflucht sucht, um nicht verantwortlich selbst entscheiden zu müssen, den Eindruck zu vermitteln, sie könne einfach anwendbare Maßstäbe liefern.

## 2  Verantwortung für die ganze (zukünftige) Welt: Hans Jonas

In vormodernen Zeiten blieb die vom Menschen bearbeitete Natur stabil dieselbe. Der Kosmos war das Umgreifende – als göttliches Ganzes stand er dem Zugriff des *homo faber* nicht zur Verfügung. Mithin konnte man auch das Problem der Handlungsfolgen gelassener sehen, weil auf die kosmische Ordnung Verlaß war. Mit Klugheit, Besonnenheit und bedächtiger Erfahrungsorientierung ließ sich das Leben führen.

Nun gilt der Befund: Prometheus ist entfesselt, die Menschheit befindet sich auf dem Weg der Selbstauslöschung. (Zitate aus «Das Prinzip Verantwortung» werden in diesem Abschnitt nicht eigens nachgewiesen.) Die Menschen setzen permanent Prozesse ins Werk, deren Implikationen Vorstellungsvermögen und Phantasie übersteigen. Der Erfolg des Baconschen Ideals der Naturbeherrschung bedroht inzwischen die Lebensgrundlagen in einem apokalyptischen Ausmaß. Ein Weitergehen auf diesem Weg läuft nach Jonas auf den Selbstmord der Menschheit hinaus. Was immer die Menschheit in der Vergangenheit unternahm, um mit Hilfe der Technik die Natur zu unterwerfen – ihr eigenes Wesen stand nicht zur Disposition. Das hat sich radikal geändert. Der Mensch kann – durch genetische Manipulationen – sein eigenes Wesen eingreifend modifizieren. Daß es überhaupt auf Erden menschliches Dasein geben soll und daß der Mensch nicht sein eigenes Wesen der experimentellen Manipulation unterwerfen dürfe, ist nicht mehr selbstverständlich.

Hans Jonas entwickelt eine ontologische Metaphysik der Natur, um darzulegen, daß aus der «Selbstbejahung des Seins» der Verweis auf eine teleologische Grundstruktur zu erkennen ist, auf deren Basis wiederum die unbedingte Forderung evident wird, ‹daß eine Menschheit sei›. Der zentrale Imperativ lautet deshalb: Handle so, daß die Folgen deines Tuns die Möglichkeit künftigen menschlichen Lebens nicht zerstören; mache das Interesse der Natur und der zukünftigen Generationen zu deinem eigenen. Der ontologischen Ausrichtung der Natur dürfe der Mensch nicht entgegenarbeiten. Die Natur an sich ist zweckhaft, das Zweckhafte ist an sich gut; der Mensch ist höchster Zweck des Seins; er ist dazu ausersehen, Treuhänder des Selbstzwecklichen der Natur zu sein. Dazu ist sie vor allem zunächst in ihrer eigenen Integrität zu wahren. Aus der Dynamik seiner internen Struktur setzt das Sein ein Sollen heraus. Das Sein der Natur ist sozusagen der Macht des Menschen und seiner wissenschaftlich-technischen Kompetenz überantwortet. Überantwortung setzt jenen Machtvorsprung voraus, der auch mit dem Wort ‹Treuhänderschaft› angezeigt wird. *Ontologisch* ist damit die Forderung nachrangig, es gelte, Verantwortungsverhältnisse auf die Gegenseitigkeit Gleichberechtigter zu gründen. Vielmehr ist als Urmodell der Verantwortung das Verhältnis zwischen Eltern und Kind bzw. zwischen Staatsmann und Bürger heranzuziehen.

Den Motivationsproblemen trägt Jonas mit seiner sogenannten *Heuristik der Furcht* Rechnung. Nie zuvor war die Menschheit so elementar genötigt, eventuelle spätere bedrohliche Folgen ihres gegenwärtigen Tuns schon vorweg zu bedenken. In den Vordergrund geschoben wird die prognostische Vorstellung der negativen Konsequenzen aus den jetzt zu treffenden Entscheidungen, und die schlimmstmögliche Perspektive wird zur ausschlaggebenden erklärt. Stets soll die schlechtere Prognose im Zweifelsfall den Ausschlag geben. Ein solches Postulat, der Unheilsprophezeiung stets mehr Gehör zu geben als der Heilsprophezeiung, läßt sich freilich nicht ohne erhebliche Schwierigkeiten durchhalten; denn schließlich handelt es sich um Rechnungen mit ‹unbekannt vielen Unbekannten›. Außerdem hat ja der Mensch keine Chance, sich aus der Abhängigkeit von dieser neuen gefahrvollen Technik zu befreien, selbst wenn sie in ihrer verselbständigten Eigendynamik ihn ruinieren sollte: «das technologische Abenteuer muß weitergehen; schon die rettenden Berichtigungen erfordern immer neuen Einsatz des technischen und wissenschaftlichen Ingeniums, der seine eigenen neuen Risiken erzeugt» (Jonas, FAZ Nr. 236 vom 12. 10. 1987, 11).

Jonas hat der affektiven Dimension im Dasein einen hohen Stellenwert eingeräumt, religiöse Begründungen in seinem philosophischen Entwurf indessen zu vermeiden versucht. Doch es ist nicht zu übersehen: An allen entscheidenden Scharnierstellen seines Gedankenganges artikuliert Jonas doch immer wieder den Zweifel, ob die umrissene Verzichtsethik womöglich doch nur auf der Basis eines bestimmten Respekts für das Heilige die nötige Überzeugungskraft entbinden könnte. Letztlich wußte der Philosoph selbst, daß seine Auffassungen «theoretisch gar nicht leicht und vielleicht ohne Religion überhaupt nicht zu begründen» seien (Jonas 1982, 36 u. ö.).

Der von Jonas mit ausgelöste fundamentale Streit läßt sich leicht auf den Punkt bringen. Ist der *anthropozentrische* Ansatz zu überwinden oder nicht? Die einen sagen, die Konzentration auf die Sonderbedeutung des Menschen und seines Wohlergehens, wie sie die jüdisch-christliche Tradition begünstigte, muß aufgegeben werden zugunsten einer Wahrnehmung der außermenschlichen Natur als Selbstzweck; der Natur müsse ein eigener Wert, ja eigenes Recht zugesprochen werden (wobei es freilich wieder der Mensch ist, der diese Rechte zu konzedieren hat...). Die andere Gruppe hält es für möglich, Umwelt- und Zukunftsverantwortung auch im Horizont des abendländischen Subjekt- und Vernunftsverständnisses begründen zu können. – Wendnagel (1990, 15) hat unterstellt, aus Jonas lasse sich noch eine viel radikalere Konsequenz ziehen: Da der an kurzfristiger Zweckoptimierung ausgerichtete Mensch eine so ungeheure Gefahr für die Integrität der natürlichen Umwelt und ihrer immanenten, an sich guten Zweckhaftigkeit geworden sei, läge es durchaus nahe, wenn er *aus Verantwortung* – um die Welt vor einer sich weiterhin akkumulierenden Zerstörung zu bewahren – sich selbst aus dem Kosmos eliminierte.

## 3 Der Anspruch des anderen: die ursprünglich-dialogische Erschließung von Verantwortung

Verantwortung für andere zu übernehmen, stellvertretend für sie zu handeln ist eines der wesentlichen Merkmale humaner Lebensverhältnisse. Ursprünglicher Ort der stellvertretenden Wahrnehmung von Verantwortung ist die Fürsorge für Unmündige. In postinfantilen Lebensverhältnissen muß die stellvertretende Verantwortung indessen an den Willen zur Selbstverantwortung zurückgebunden sein. Auf der Basis dieser Rückkoppelung funktionieren die demokratisch-rechtsstaatlichen Institutionen. Allerdings besteht immer die Gefahr, daß die Fürsorge zum Paternalismus hin mutiert und die einzelnen durch Megastrukturen wiederum entmündigt. Eine komplexe Gesellschaft ist in ihrem Funktionieren auf die gestufte Delegation von Verantwortung angewiesen. Das Verhältnis von zu behauptender Selbstverantwortung und unerläßlicher Verantwortungsdelegierung hängt vom kulturellen und gesellschaftspolitischen Entwicklungsstand eines Gemeinwesen ab und kann nicht a priori bestimmt werden.

Gewiß bin ich als dieses singuläre Ich in meiner unverwechselbaren Eigenart für die anderen nicht vertretbar. Damit die Redeweise vom letztlich un-vertretbaren einzelnen Sinn behält, muß das Individuum in etwas schlechthin Unbedingtem gründen, «das nicht mehr in eine Begriffspluralität zerfällt»; dieses Unbedingte nennen manche Philosophen (so Riedel 1988, 159) «kommunikative Freiheit». Aber wie entdeckt sich denn die eine absolute Dimension der Freiheit? Hier kommt der anstößig-befremdlichen Konfrontation mit dem anderen Du eine Schlüsselfunktion zu (vgl. Levinas 1989). Man hat von dem ‹Stachel des Fremden› gesprochen (Waldenfels 1990). Der Prozeß der Verantwortung im üblichen Sinn ist beherrschbar. Ich sage / tue etwas, ziehe, befragt, rechtfertigende Gründe heran, und über die Triftigkeit dieser Gründe wird dann von einer Instanz befunden, die an einem institutionellen oder sonstigen normativen Ordnungsmaßstab die Verantwortlichkeit im Bereich dieser gegebenen kulturellen Lebensform mißt. Demgegenüber ist das Fremde sperrig, nonkonform, es konfrontiert mit Erwartungen und Ansprüchen, die nicht schon ihre passende Antwort erfahren haben – als wäre die Übernahme von Verantwortung nur Reproduktion einer bereits ‹fertigen› Regel. «Der Anspruch, der sich erhebt, indem einer oder etwas mich anspricht, ist kein purer Geltungsanspruch, der allgemeinen Rechtsbedingungen unterliegt. Wir haben es mit genuinen Erfahrungsansprüchen zu tun, die aus der Erfahrung erwachsen und sich nicht ihr auferlegen.» Waldenfels (1992, 141) spricht von einer *responsiven Rationalität*, «die sich von jeder teleologischen, normativen oder kommunikativen Rationalität unterscheidet...» Diese Erfahrung von Anspruch, Entsprechung und Widerspruch ist *per se* unberechenbar, sie kann bezüglich der gesicherten Formen meiner Weltdeutung und meines Weltumgangs schockierende Verfremdungen auslösen. Verunsicherungen meiner Identität, die mit harmlosem Gerede über Ich-Du-Begegnungen wenig zu tun haben. Aber diese Verunsicherung, die die Pseudouniversalität unserer jeweiligen Lebensform erst bewußtmacht, birgt eben auch die Chance, die Gehäuse der immanenten Deutung meiner / unserer Welt aufzubrechen – einer gedeuteten Welt, in der die Verantwortlichkeiten standardisiert festgeschrieben sind und in der das Neue einer situativen Evokation so lange transformiert wird, bis es im Schema des vertrauten Deutungs- und Handlungsrahmens ‹bearbeitbar› geworden ist. Insofern vertritt das Fremde die Dimension der Unverfügbarkeit der Welt – und es weckt in uns ein Bewußtsein davon, daß unsere Verantwortung jedenfalls weiter reicht, als ‹man› das im Gehäuse des Besitzstandwahrungsinteresses und der kulturellen wie politischen Dominanzvorstellungen wahrhaben möchte.

Die sittliche Person, die «Selbstzweck» (Kant) ist, zeigt sich als souveräne Urheberschaft, als schöpferische Spontaneität. Wer Verantwortung trägt oder übernimmt, steht für etwas ein. Diese Struktur muß nicht reflexiv begründet, schon gar nicht über den Pflichtbegriff abgeleitet werden; sie prägt vielmehr ursprünglich menschliches Zusammenleben. (Ich schließe mich hier weitgehend Überlegungen des dänischen Religionsphilosophen Knut Ejler Løgstrup an; Wolfgang E. Müller (1993) hat Løgstrups Ansatz im Kontrast zum Beispiel zu Weischedel einleuchtend dargestellt. Seine Darlegungen benutze ich im folgenden ausgiebig.) Dabei haben wir keineswegs an bestimmte einzelne Handlungen zu denken, in denen sich jemand in besonderer Weise für etwas einsetzt. Wir sind schon immer verantwortlich, insofern bestimmte Lebensprozesse von uns abhängig sind. Insofern wir einen bestimmten Ort im Dasein – privat, beruflich, gesellschaftlich, politisch – einnehmen, ist damit notgedrungen verbunden, daß wir situativ mit bestimmten Anforderungen zur Verantwortungsübernahme konfrontiert werden.

Ohne sich (wie Løgstrup) eines theologischen Rückbezugs zu versichern, pflichtet H. Fleischer (1987) in seiner «Ethik ohne Imperativ» diesem Ansatz bei: Der Sinngehalt der Verantwortungsverhältnisse erschließt sich in Akten einer ursprünglichen, jeglichem Geltungsdiskurs vorausliegenden Einsicht. Ursprünglich ist die Einsicht, daß unser Leben geprägt ist durch Akte des Sichöffnens, des Ansprechens, des Vernehmens, des Anerkennens. Das Ethos zehrt von solchen Vorleistungen, die dialogisch hervorgerufen werden. Respekt, Takt und Feingefühl sind hier Indikatoren des Entwicklungsstandes von Verantwortungsbewußtsein. Die Reichweite solcher ursprünglichen Anerkennungsverhältnisse ist kulturspezifisch natürlich begrenzt, aber ohne solche praktischen Vorgaben hätte die philosophisch gängige Diskussion über Letztbegründung überhaupt gar keinen Sitz im Leben. Es empfiehlt sich geradezu, ethisch universale Zielbestimmungen als bedingte Ausdrücke von stets partikularen Formungskräften zu interpretieren. Anders gesagt: Die Ansprechbarkeit auf letzte Prinzipien muß in der Tateinheit von Denken und Wirken geschichtlich-real schon ausgebildet sein – in einer maßfreien Gegenseitigkeit, die ihre Würde in sich hat, sie nicht erst von dem Maßstab eines Maximums her bezieht.

Vielfältig sind die Anläufe, der moralischen Intuition stärkeres Gewicht zuzusprechen, als es gemeinhin in der Philosophie bislang üblich war. Offenbar setzt sich die Überzeugung durch, daß das Verantwortungsgefühl, korrespondierend zum Schuldgefühl (vgl. Otto 1981, 143 ff), weiter reicht als die diskursiv-kommunikativ legitimierten Zurechnungen. Not in all ihren Erscheinungsformen erreicht ein Verantwortungsgefühl, das uns in die Vorgänge involviert, selbst wenn wir nicht zu sagen vermöchten, die Zustände seien von uns auch nur mit-verursacht. Gleiches gilt von manifestem Unrecht, auf das wir stoßen und das unseren Protest auslöst: Irgendwie fühlen wir uns verantwortlich.

In der Regel sind wir nicht nur für etwas/jemanden verantwortlich, sondern wir haben uns vor einer Instanz X zu verantworten. Erst diese Differenz für/vor kann die Ungeheuerlichkeit erträglich machen, daß man für jemanden verantwortlich in einer Weise handelt, die nicht mit dessen eigenen Wünschen übereinkommt! Hier ist evidentermaßen ein Element der *Macht* im Spiel. Wer für andere verantwortlich ist, hat auch eine gewisse Macht über sie. Soll die Asymmetrie des Verantwortungsverhältnisses, die sich in der Machtausübung manifestiert, nicht Gefahr laufen, sich irrational zu verselbständigen, kommt es auf die Qualität und Autorität der Instanz an, vor der man sich zu rechtfertigen hat. In christlicher Tradition heißt diese Instanz natürlich «Gott»; selbst Kant sah hier keinen anderen Weg, die Autonomie vor ihrem eigenen Verfall zu schützen.

## 4 Rechtliche, moralische und kollektive Verantwortung

Das Wort ‹Verantwortung› ist durchsetzt von Rechtsvorstellungen. Man hat auf die Entsprechung zu dem im römischen Rechtsleben geläufigen *respondere* verwiesen (antworten; vgl. engl. responsibility) und herausgearbeitet, Verantworten bedeute, eine Sache vor Gericht zu verteidigen bzw. ein Handeln in Reaktion auf eine Anklage zu rechtfertigen (Schwartländer 1974, 1579). (Transformiert auf die Ebene christlicher Tradition schwingt in dem Wort ‹Verantwortung› natürlich das Verfahren am Jüngsten Tag, vor dem Richterstuhl Christi, mit.) Von daher wurde Verantwortung stets mit Zurechnung (*imputatio*) in Verbindung gebracht.

«Die rechtliche Verantwortung besteht darin, daß ein Rechtssubjekt... eigenes bzw. fremdes Handeln... zu vertreten hat, daß es dafür bzw. für Handlungsfolgen einstehen muß. Verantwortung ist hierbei Vorwerfbarkeit, Zurechenbarkeit einer Schuld oder Pflicht und/oder Haftung für Schäden» (Lenk 1991, 68). So verstanden ist Haftbarkeit intentionsunabhängig, denn auch die verschuldensunabhängige Produkt- bzw. Gefährdungshaftung ist unter dieser Rubrik zu berücksichtigen (vgl. ebd., 69). Mit Zimmerli könnte man hier weitere Beschreibungen funktionaler überschaubarer Verantwortungsfelder liefern: «Verantwortung dem Kunden gegenüber für die Qualität des Produkts und die Korrektheit der Geschäftsbeziehungen» sowie «produzentengruppeninterne Verantwortung der Gruppe und ihren Mitgliedern gegenüber für die Aufrechterhaltung der Gruppenstandards» (1987, 101).

*Kategorial* ist die rechtliche Dimension der Verantwortung von der moralischen klar zu unterscheiden. Im wirklichen Leben indessen werden in einem Rechtsverfahren immer wieder auch moralische Gesichtspunkte einbezogen. Hat jemand moralisch lauter gehandelt, aber einen Schaden produziert, so wirkt sich das mildernd aus. Läßt hingegen seine Motivation moralisch unverantwortliche Züge erkennen, so kommt das bei der Beurteilung gewiß erschwerend hinzu. Wobei Vossenkuhl (1983, 139) einleuchtend herausarbeitet, daß und inwiefern ein Zusammenhang zwischen moralischer und rechtlicher Verantwortung nur im Hinblick auf denjenigen Teil der Handlungskonsequenzen besteht, die beabsichtigt waren. Denn wenngleich die moralische Verantwortung die höhere Dignität hat, geht doch die rechtliche Verantwortung über die Grenzen der moralischen hinaus: Viele Fälle lassen sich konstruieren, nach denen ich mir moralisch nichts zuschulden kommen ließ, dennoch aber für verhängnisvolle Konsequenzen haftbar gemacht werde.

Rechtlich wird der Verantwortung durch die Erkundung der Handlungsgründe nachgeforscht, wenn *faktisch* Folgen eingetreten sind oder sich abzuzeichnen beginnen, die als unzumutbar erachtet werden. Hinsichtlich der moralischen Dimension der Verantwortung ist das anders: Hier sind die *Gründe* vor allen empirischen Folgen zu gewichten.

Hans Lenk (1986, 38 f) unterscheidet folgende Aspekte des Verantwortungsbegriffs: 1. Kausale Handlungsverantwortung; 2. Haftbarkeitsverantwortung; 3. Aufgaben- und Rollenverantwortung; 4. Fähigkeitsverantwortung; 5. Rechenschaftsverantwortung gegenüber einer Person; 6. Institutionelle Verantwortung einer Organisation oder Institution gegenüber dem Menschen; 7. Moralische Verantwortung.

In Übereinstimmung mit anderen Theoretikern diagnostiziert Lenk, die begrenzten Verantwortlichkeiten (1–6) würden in der Gesellschaft häufig als ein Mittel benutzt, die umfassende Verantwortung im moralischen Sinn zu vermeiden (ebd., 39). Dazu trägt gewiß der Umstand bei, daß die sogenannten spezifischen Verantwortlichkeiten kollektiv wahrgenommen werden können (‹Gruppenverantwortlichkeit›), man also die Verantwortung gemeinsam trägt, sich aber auch hinter anderen verstecken kann, während die moralische Verantwortung schlechthin individuell-gewissensbezogen und grundsätzlich allgemein und universell ist.

Kaum ein Sachverhalt ist so schwer aufzuklären wie dieses Problem der kollektiven Verantwortung. Ihm wird in der deutschsprachigen Literatur weniger Beachtung gezollt als zum Beispiel in der amerikanischen (guten Aufschluß bietet der Sammelband von May und Hoffman (Hg.) 1991).

Wir sind es gewöhnt, mit Institutionen den Vorwurf ‹organisierter

Unverantwortlichkeit› (Beck 1988) zu verbinden; insbesondere der Umgang mit Bürokratien macht uns mit jener täglichen Routine eines Verschiebens von Verantwortung vertraut. Selbst wenn Einverständnis über die Verantwortlichkeit kollektiver Gebilde zu erzielen sein sollte, bleibt es äußerst schwierig, darüber zu befinden, in welchem Ausmaß diese Verantwortlichkeit eine rechtliche und politische Haftbarkeit einschließt. Kann man die Haftung einfach auf die einzelnen Mitglieder der Organisation verteilen? Dann müßte man unterstellen, die Organisation sei nur ein Aggregat aus vielen einzelnen. Viel spricht indessen dafür, der jeweiligen Kollektivperson ein qualitativ eigenartiges Sein zuzusprechen. Denn wohl sind es immer einzelne, die die Entscheidungen zum Beispiel eines Unternehmens formieren; doch aufgrund der komplexen Entscheidungsstrukturen dürfte es ausgeschlossen sein, die Maßnahmen des Unternehmens auf angemessene Weise auf die Verantwortlichkeit einzelner zurückzuführen. Denn die identifizierbaren Absichten und Strategien eines großen multinationalen Unternehmens müssen von den Absichten und Zielen aller einzelnen Mitglieder sehr wohl unterschieden werden. Daraus folgt: In gewisser Weise werden alle in die Haftung einbezogen und von den Rückkoppelungseffekten der ausschlaggebenden Unternehmensentscheidungen betroffen; rechtlich indessen ‹berechnet› sich die Haftung nach dem Anteil an Macht und Einfluß beim Zustandekommen der betreffenden Entscheidung oder Unterlassung. Zum Beispiel: Die Aktionäre und Mitarbeiter einer Firma, die illegal Waffen in Krisengebiete exportierte, müssen – ob sie davon wußten oder nicht – als Nutznießer des Geschäfts bei Aufdeckung des Skandals Verluste akzeptieren (bis hin zum Verlust des Arbeitsplatzes), die durch das Einschreiten der Behörden verursacht werden; strafrechtlich haftbar gemacht aber wird der Vorstand, der aktiv den Abschluß des Geschäfts betrieben hat.

Gesondert zu betrachten ist die vieldiskutierte Frage, inwieweit eine Nation als ganze für das verantwortlich ist, was in ihrem Namen geschieht. Hier ist zunächst eigens zu erwähnen jenes Gefühl einer amorphen Betroffenheit (und auch Scham) angesichts verabscheuungswürdiger Aktivitäten, die von einigen ‹Volksgenossen› ausgehen, die den Namen der Nation auf ihre Fahnen geschrieben haben. Hier kann von einer Quasi-Mithaftung kaum die Rede sein.

Ganz anders verhält es sich mit unserer Mithaftung, wenn gewählte staatliche Repräsentanten Entscheidungen treffen, die nach unserer eigenen Auffassung moralisch und menschenrechtlich verwerflich sind. Führen diese Entscheidungen zu Katastrophen, so liegt es nahe, diese allgemeinen, alle treffenden Rückkoppelungseffekte (Krieg, Hunger, Verelendung) als ‹natürliche Strafe› (im Sinne von Thomas Hobbes) zu interpretieren, die eben auch jene in Mitleidenschaft ziehen, die sich unschuldig dünken. Das sagt sich allerdings fast zu leicht; ein tiefes Unbehagen bleibt nämlich bestehen. Liegt doch etwas Barbarisches darin, Menschen mit Vergeltungsaktionen und Reparationsforderungen zu überziehen, denen eine aktive Beteiligung und verantwortliche Mittäterschaft schon aus organisatorischen Gründen gar nicht nachgewiesen werden kann. Hielte man es für problemlos vertretbar, den einzelnen, der ja in diesem Punkt keine Wahl hat, mit seiner Nation zu identifizieren, müßte man auch gezielte Vergeltungsschläge und Repressalien gegen die Zivilbevölkerung, in deren Schutz Guerilleros operieren, für verantwortbar deklarieren.

## 5 Politische Verantwortung in der Krise

Polemisch hervorheben möchte ich folgenden widersprüchlichen Eindruck: Menschen, die nicht zögern, angesichts der ökologischen Krise die Verantwortlichkeit einzelner oder diejenige von Institutionen unermeßlich auszudehnen, sind gleichzeitig im Gespräch über die Verantwortungsspielräume des gewissenhaften einzelnen in der Diktatur bereit, die Bestimmung der Verantwortlichkeit und die Zurechnung von Handlungsfolgen, die eindeutig schuldhafte Verstrickung dokumentieren, großzügigst zu minimieren. Dahinter verbirgt sich weniger eine wohlüberlegte Konzeption des gesellschaftlichen Pardons – ‹Gnade statt Recht› oder ‹Gnade nach Recht› –, sondern eine Nachsicht, die man sich indirekt selbst zubilligt – in der durchaus ehrlichen, wenngleich kaum honorigen Einräumung ‹Womöglich hätte ich ja unter diesen gesellschaftspolitischen Umständen auch nicht anders gehandelt›. Die Menschen trauen sich selbst nicht zu, eine Grenzsituation der Versuchung, in der das eigene Leben sogar zu riskieren wäre, bestehen zu können, und so schwindeln sie sich die Gleichung zurecht, In-Versuchung-Geraten und Gezwungen-Werden seien im Grunde dasselbe. Das aber hieße: In entscheidenden Situationen ist niemand frei und verantwortlich! ‹Schuld› sind eigentlich die geschichtlichen Bedingungen und notwendigen Prozesse, die sich auch ohne unsere Beteiligung so oder so vollzogen hätten… Indessen, wer ein Unrecht Unrecht nennt, bringt damit keineswegs zum Ausdruck, er sei gefeit dagegen, ein ebensolches Unrecht zu begehen.

Und doch müssen wir einräumen: Die menschliche Urteilskraft wird auf eine ungeheure Probe gestellt, «wenn sie auf Ereignisse trifft, die den Zusammenbruch aller gewohnten Werte vorexerzieren, auf Ereignisse, die gewissermaßen in den allgemeinen Regeln nicht vorgesehen sind – nicht einmal als Ausnahme von diesen Regeln» (Arendt 1991, 18). Gedacht ist hier an Verhältnisse «in denen jede moralische Tat ungesetzlich und jede rechtmäßige Handlung ein Verbrechen» ist (ebd., 31). In solchen Zeiten kann der ‹Gewissensruf›, der Verantwortung nicht auszuweichen, auch so vernommen werden, wie wir es von Dietrich Bonhoeffer und Kurt Gerstein wissen: Man betreibt Camouflage, beansprucht die Lüge als Mittel, um der Menschlichkeit zu dienen (der eine ließ sich bekanntlich von der Abwehrorganisation Canaris engagieren, der andere meldete sich zur SS, um aus dem Innern der Höllenmaschine geheime Berichte ins Ausland liefern zu können). Bei Beurteilungen der Entscheidungen und Äußerungen solcher Männer und Frauen gibt es außerhalb ihrer Kampf- und Leidenssituationen keine anwendbaren Maßstäbe. Entweder man unterstellt ihnen Redlichkeit, Mut, Opferbereitschaft, oder man zweifelt und findet dann nachträglich jedes Dokument dieses Lebens zweideutig und höchst bedenklich. Vor dem Hintergrund der Stasi-Debatte läßt sich durchaus folgern, daß ein überlebender Dietrich Bonhoeffer als Sympathisant der Nazis hätte dargestellt werden können. Indem man ‹mit den Wölfen heult› und ‹sittlich bedenkliche oder mindestens gefährliche Mittel in Kauf nimmt› (Max Weber), wird man in seiner eigenen sittlichen Identität für andere undurchschaubar. Wer so handelt, wird, wenn er überlebt, im Zwielicht stehen und sich auch nicht verdeutlichen können! Beteuerungen helfen da überhaupt nicht. Diese opferbereite Verantwortungsübernahme gegen die breite niederträchtige Mehrheit und für das Erreichen einer humaneren Gesellschaft des wahren Rechts und der Freiheit wäre purer Wahnsinn, wenn sich ein solches Ich nicht gehalten wissen dürfte in einer absoluten Gewißheit der Gottesgegenwart, die auch noch als Verzeihung eigener Fehlgriffe zu verstehen ist. Wenn es keine gesellschaftsunabhängige, ja menschheitsunabhängige Gründung der Subjektivität gäbe, die eine höhere Verbindlichkeit einschließt als diejenige vor ‹der Menschheit›, wäre jeder doch ein Narr, der sich im unweigerlich vieldeutigen schuldverflochtenen Handeln exponiert. Nicht einmal damit dürfte er rechnen, daß ihm wenigstens nach seinem Tod Gerechtigkeit widerführe.

Jürgen Habermas (1981 (2), 149) formuliert es so: «Die einzige Methode, wie wir gegen die Mißbilligung der ganzen Gemeinschaft reagieren können, liegt darin, daß wir eine höhere Gemeinschaft in Ansatz bringen, die in gewissem Sinn die von uns vorgefundene Gemeinschaft überstimmt.» Bezüglich dieses Arguments aber ist nun mit Nachdruck zu betonen, daß es vor dem eigenen Gewissen nur stichhaltig sein kann, wenn diese höhere Allgemeinheit absolut gilt und absolut bindet. Wie

sollte ich denn sonst guten Gewissens, angesichts meiner eigenen Irrtumsanfälligkeit, hybride der ganzen Welt widerstehen? Und überzeugen kann jenes Argument-für-andere gerade diese anderen nicht, denn
‹höhere› oder ‹bessere› Allgemeinheit – das ist für sie ja nur eine Be-
schwörungsformel, die den eigenen Selbstbehauptungswillen des Ab-
weichlers legitimieren soll (vgl. Kodalle 1987, 58). Wenn der Widerstand
so begründet wird, ist der Diskurs, in dem man willig und lernbereit
aufeinander hört, ja längst abgebrochen.

Nichts ist in diesem Zusammenhang so verbreitet wie die Rede, verantwortlich zu handeln im totalitären System habe nun einmal bedeutet,
‹das kleinere Übel› zu wählen, um wenigstens punktuell noch retten zu
können, was zu retten ist. – Mit diesem ‹Argument› werden diejenigen
der Verantwortungslosigkeit geziehen, die es wagten, ihrer eigenen moralischen Urteilskraft zu vertrauen, und die es vorzogen, sich vom politischen Leben ganz zurückzuziehen, um nicht in politische Verbrechen
verwickelt zu werden. Sarkastisch hat Hannah Arendt (1991, 27) konstatiert, es sei nun einmal eine Beobachtungstatsache, «daß diejenigen, die
das kleinere Übel wählen, rasch vergessen, daß sie sich *für* ein Übel entscheiden». Schließlich stellt sich dann die Realität des sogenannten kleineren Übels nicht selten als Verbrechen von gigantischem Ausmaß heraus. Wer die Hinnahme des kleineren Übels propagiert, gerät in dubioses
Fahrwasser: Er gewöhnt sich und andere daran, «das Übel an sich zu
akzeptieren» (Arendt 1991, 29). An denen, die sich weigern, aus Verantwortung das kleinere Übel zu wählen, wird noch etwas anderes deutlich:
daß die Forderung, Verantwortung zu übernehmen, beachten muß, ob
der Akteur auch wirklich irgendeinen Machteinfluß gewinnen kann, um
den Gang der Dinge auch zum Besseren wirklich zu wenden. Wer über
keinerlei politische Macht verfügt, ist demnach entschuldigt, wenn er
die Orte der korrumpierenden Verantwortung meidet (vgl. ebd., 35 ff).
Entschlössen sich zu dieser stillen Verweigerung von Verantwortungsübernahme nur hinreichend viele, könnte auch ein extrem barbarisches
System auf Dauer nicht bestehen, denn auch der Stärkste braucht zur
Ausführung seiner verbrecherischen Vorhaben die Unterstützung der
vielen.

Das Problem des «Ethos der Ausnahme» stellt sich auch als Herausforderung, wenn die normalerweise geltenden Normen und Regelsysteme
außer Kraft gesetzt sind bzw. nicht länger funktionieren, weil sie durch
den rasanten Lauf der Dinge überholt sind. Derjenige, der sich in dieser
riskanten Ausnahmesituation exponiert und einen Willen zur Gestal-
tungsmacht erkennen läßt, der also auch unter kraftvollem Einsatz von
Gewalt über den Ausnahmezustand entscheidet (Carl Schmitt), den Aus-

nahmezustand definiert, ihn politisch und militärisch nutzt und ihn im Zeichen einer nunmehr neu zu schaffenden Ordnung beendet, repräsentiert den extremsten Fall der Verantwortungsübernahme. Sofern der Staat als Gesamtheit auf dem Spiel steht, kann sich ein Agent tatsächlich zum Handeln entschließen, als bewegte er sich in einem völlig rechtsfreien Raum. Der russische Präsident Jelzin, durchaus ein Zögerer und Unberechenbarer, hat dies, propagandistisch abgestützt von den demokratischen Staaten des Westens, 1993 allen harmlosen Gesundbetern des Politischen blutig vor Augen geführt. Er handelte im Geiste der Antizipation einer neuen Ordnung, deren Konturen ihm selbst allerdings noch gar nicht klar (gewesen) sein dürften. Das Telos eines solchen Handelns muß die (Wieder-)Herstellung einer Rechtsordnung sein.

Karl-Otto Apel hat zwar vorrangig den Gedanken favorisiert, es gelte, die Lebenswelt selbst einer idealen Diskurssituation auch institutionell anzunähern; doch er hat eben auch, freilich eher widerwillig, einräumen müssen, daß das Leben unberechenbar ist und es jene Ausnahmesituationen geben kann, in denen konsensuelle diskursive Prozesse auszusetzen sind und ein einzelner die Verantwortung für die Zukunft in *strategischem* Handeln übernehmen muß (Apel 1978, 175; vgl. 165). Wichtig ist, daß es nach Apel unter Umständen unverantwortlich sein kann, «im Sinne der Herstellung der idealen Kommunikationsgemeinschaft zu handeln» (ebd., 171, 177). «Es gibt da immer Führer, die verantwortlich sind, oder einzelne, die das Problem stellen» (ebd., 192).

Hans Jonas zögert nicht, einer autoritären Option das Wort zu reden. Er hält die westlichen Demokratien für tendenziell unfähig, die erforderliche ökologische Radikalwende durchzusetzen. Eine Art Öko-Diktatur wird von ihm nicht ausgeschlossen. Solange die Demokratien aber noch ‹halten›, gilt sein Appell den Eliten (in Engholm/Röhrich (Hg.) 1990, 80). Er hält angesichts der Unterschiedlichkeit der Kompetenzen die Rede von der reziproken Verantwortung zwischen Bürger und Politiker für ein haltloses illusionäres Gerede; die Idee einer «wohlwollenden, wohlinformierten und von der richtigen Einsicht beseelten Tyrannis» (Jonas 1982, 262) erscheint ihm nicht abwegig. Ch. Müller (1992, 122 f) markiert zu Recht an dieser Stelle den Durchbruch reiner autoritär-freiheitsfeindlicher Gesinnungsethik in der Nomenklatur der Verantwortungsethik.

## 6 Eine andere Antwort: die (Rück-)Eroberung des Nutzlosen

Um der organisierten Unverantwortlichkeit den Boden zu entziehen, hat man gefordert – in Konsequenz einer «Heuristik der Furcht» (Jonas) –, es dürften keine *irreversiblen* Veränderungen des natürlichen Substrats der Symbiose von Natur und Kultur vorgenommen werden (vgl. neben Jonas auch Spaemann 1986, 195). Ich bin mir nicht sicher, ob dieses Argument wirklich verfängt. Halten wir die schrankenlose Vernutzung und Instrumentalisierung wirklich mit dem Irreversibilitätsvorwurf auf? Oder ist es nicht erfolgversprechender, den Menschen nahezubringen, daß das Abenteuer des Lebens, dieses große Experiment ihres Daseins, nur gelingen kann, wenn sie die Natur – gegenüber den eigenen Systemen der Zweckrationalität – als disfunktionalen Raum anzusehen lernen, dessen verletzlicher Reichtum zerrinnt, wenn er nicht in seiner ‹un-nützen› Zweckfreiheit oder Selbstzwecklichkeit geachtet wird? So könnte vielleicht der verbissenen Sorge, die ja nicht aus Sadismus auf Unterwerfung der Natur dringt, ihre Aggressivität genommen werden. Das Monopol der bedürfnisorientierten, eigeninteressierten *Nutzenmaximierung*, der Ausrichtung der letzten Entscheidungen am Nutzen – und sei es der Nutzen der Gattung! – muß auf der geistigen Ebene gebrochen werden. Noch ist diese Befangenheit in Kraft, werden in der politischen Auseinandersetzung «aus Behauptungen über den Wert der Natur an sich... Behauptungen über die Beeinträchtigung der Nutzung durch den Menschen; auch wenn es in Wirklichkeit vielleicht darum geht, daß beispielsweise ein bestimmtes Stück Wildnis durch niemanden ‹genutzt› werden sollte» (Tribe 1986, 23). Es sind diese in Jahrhunderten eingeübten Wertungen, die mich in einem religionsphilosophischen Kontext von der Notwendigkeit einer Eroberung der Nutzlosigkeit sprechen ließen (vgl. Kodalle 1988). Die *Kunst*, die in das Reich streng gebildeter Zweckfreiheit entführt, könnte für die neuen Lernprozesse, die sich dem Diktat des individuellen und kollektiven Wunschdenkens entziehen, die *Propädeutik* sein. Schiller hatte recht: Solche gravierenden Paradigmenwechsel der Verhaltenseinstellung müssen alle Kräfte und Vermögen des Menschen erfassen und sie gleichsam spielerisch in eine neue Konstellation transformieren (Über die ästhetische Erziehung des Menschen in einer Reihe von Briefen, 1795).

Die Natur ist reicher als alle Zwecksetzungen, die wir mit ihr verbinden. In der ästhetischen Naturwahrnehmung (auch in Gestalt der Trauer über unwiederbringliche Verluste) geht uns davon etwas auf. Das Nutzlose dieser Erfahrung übertrumpft auch den Duktus der Sorge, sogar auch denjenigen der Fürsorge! Diese emphatische Dimension der Nutzlosigkeit und Zweckfreiheit vermittelt dem Ich die Gewißheit, daß die Welt nicht eingefangen ist im stählernen Gehäuse der Zweckrationalität. Den intrinsischen Wert der Zwecklosigkeit hat schon Kant in der Wendung vom «interesselosen Wohlgefallen» (Kritik der Urteilskraft, 1790) fixiert.

Der Respekt für die Unverfügbarkeit des anderen Menschen ist an die Sensibilität für diesen letzten zweckfreien Sinn des eigenen Daseins (Selbstzweck) gebunden. Diese Erfahrung sensibilisiert das Ich für die Gefahren einer Totalvernutzung und stärkt seine inneren Abwehrkräfte gegen eine unsachgemäße Ausweitung der Zweckrationalität über jene partiellen Bereiche des gesellschaftlichen Lebens hinaus, in denen sie angebracht ist.

Einen ganz anderen Impuls, der Verantwortung Tiefenschärfe zu geben, sehe ich in jener Erinnerung, die im gegenwärtigen Leben den Leiden und unerfüllten Hoffnungen vergangener Generationen gerecht zu werden sucht. Eine solche Hermeneutik, als Kultur der Erinnerung, ist besonders vom Denken Walter Benjamins angeregt, der von einer messianischen Kraft gesprochen hat, die uns mit den Toten verbindet. Daß auch die Vergangenheit Ansprüche an uns hat, ist gewiß weder diskursiv-rational noch konsequentialistisch als allgemeiner Vernunftsatz zu demonstrieren. Wieder ist hier ein präuniverselles Ansinnen im Spiel, dessen Verpflichtungscharakter wirklich auf einer freien Anerkennung und Übernahme seitens der gegenwärtig Lebenden beruht. Sie öffnen sich einer Infragestellung ihrer selbstsicheren Zukunftsausrichtung durch vergangene Sinn- und Schuldpotentiale, die sie als stummen Appell nur an sich selbst (nicht an ‹die anderen›) interpretieren, und sie lassen sich so in einer Art ‹weicher› Verbindlichkeit ihre aktuellen Handlungsperspektiven ‹einfärben›.

### Zitierte Literatur

Apel, K.-O. 1978: In: Oelmüller, W. (Hg.): Materialien zur Normendiskussion. Bd. 1: Transzendentalphilosophische Normenbegründungen. Paderborn.
Arendt, H. 1991: Persönliche Verantwortung in der Diktatur. In: dies.: Israel, Palästina und der Antisemitismus. Aufsätze. Hg. v. E. Geisel und K. Bittermann. Aus dem Amer. von E. Geisel. Berlin, 7–38.
Beck, U. 1988: Gegengifte. Die organisierte Unverantwortlichkeit. Frankfurt/M.
Birnbacher, D. (Hg) 1986: Ökologie und Ethik. Stuttgart (zuerst 1980).
Engholm, B./Röhrich, W. (Hg.) 1990: Ethik und Politik heute. Karl-Otto Apel, Hans Jonas, Hans Küng im Gespräch. Opladen.
Fauser, P./Luther, H./Meyer-Drawe, K. (Hg.) 1992: Verantwortung. Friedrich Jahresheft X. Seelze.

Fleischer, H. 1987: Ethik ohne Imperativ. Zur Kritik des moralischen Bewußtseins. Frankfurt/M.

Habermas, J. 1981: Theorie des kommunikativen Handelns. 2 Bde. Frankfurt/M.

Jonas, H. 1963: Unsterblichkeit und heutige Existenz. In: ders.: Zwischen Nichts und Ewigkeit. Drei Aufsätze zur Lehre vom Menschen. Göttingen, 44–62.

– 1982: Das Prinzip Verantwortung. Versuch einer Ethik für die technologische Zivilisation. Frankfurt/M. (zuerst 1979).

– 1987: Der Gottesbegriff nach Auschwitz. Eine jüdische Stimme, Frankfurt/M.

– 1988: Materie, Geist und Schöpfung. Frankfurt/M.

Kodalle, K.-M. 1987: Versprachlichung des Sakralen? Zur religionsphilosophischen Auseinandersetzung mit Jürgen Habermas' «Theorie des kommunikativen Handelns». In: Allgemeine Zeitschrift für Philosophie 12 (1987), H. 1, 39–66.

– 1988: Die Eroberung des Nutzlosen. Kritik des Wunschdenkens und der Zweckrationalität im Anschluß an Kierkegaard. Paderborn/München/Wien/Zürich.

Kuhlmann, W. 1987: Prinzip Verantwortung versus Diskursethik. In: Archivo de Filosofia (Jg. LV) Nr. 1–3.

Lenk, H. 1986: Verantwortung und Gewissen des Forschers. In: Neumaier, O. (Hg.) 1986, 35–55

– 1991: Komplexe Ebenen der Verantwortung. In: Arbeitstexte für den Unterricht. Verantwortung. Für die Sekundarstufe II, hg. v. M. Sänger. Stuttgart, 64–73.

Levinas, E. 1989: Humanismus des anderen Menschen. Übers. und eingel. v. L. Wenzler, Hamburg.

Løgstrup, K. E. 1989: Die ethische Forderung. 3. Aufl. Tübingen.

– 1989: Norm und Spontaneität. Ethik und Politik zwischen Technik und Dilettantokratie. Tübingen.

Müller, Ch. 1992: Verantwortungsethik. In: Pieper, A. (Hg.) 1992: Geschichte der neueren Ethik. Bd. 2. Tübingen/Basel, 103–131.

Müller, W. 1988: Der Begriff der Verantwortung bei Hans Jonas. Frankfurt/M.

– 1993: Reflexionen zum Verantwortungsbegriff im Anschluß an Løgstrup. In: Neue Zeitschrift für Systematische Theologie 35 (1993), 85–101.

Neumaier, O. (Hg.) 1986: Wissen und Gewissen. Arbeiten zur Verantwortungsproblematik. Wien.

Oelmüller, W. (Hg.) 1978: Materialien zur Normendiskussion. Bd. 1: Transzendentalphilosophische Normenbegründungen. Paderborn.

Otto, R. 1981: Aufsätze zur Ethik. Hg. v. J. St. Boozer. Kap. 4: Das Gefühl der Verantwortlichkeit. München (zuerst 1931), 143–174.

Passmore, J. 1986: Den Unrat beseitigen. Überlegungen zur ökologischen Mode: In: Birnbacher (Hg.) 1986, 207–246.

Riedel, M. 1988: Freiheit und Verantwortung. Zwei Grundbegriffe der kommunikativen Ethik. In: ders.: Für eine zweite Philosophie. Frankfurt/M., 152–170.

Schäfer, L. 1986: Selbstbestimmung und Naturverhältnis des Menschen. In: Information Philosophie 5, Dez., 4–19.

Schlüter-Knauer, C. 1991: Prinzip Verantwortung – Ein neuer Jargon der Eigentlichkeit? In: Philosophischer Taschenkalender 1991/92. Lübeck.

Schwartländer, J. 1974: Artikel «Verantwortung». In: Handbuch philosophischer

Grundbegriffe. Bd. 6. Hg. v. H. Krings, H. M. Baumgartner u. Chr. Wild. München, 1577–1588.

Spaemann, R. 1986: Technische Eingriffe in die Natur als Problem der politischen Ethik (zuerst 1979). In: Birnbacher (Hg.) 1986, 180–206.

Tribe, L. H.: Was spricht gegen Plastikbäume? In: Birnbacher, D. (Hg.): Ökologie und Ethik. Stuttgart 1980, 20–71.

Vossenkuhl, W. 1983: Moralische und nicht-moralische Bedingungen verantwortlichen Handelns. Eine ethische und handlungstheoretische Analyse. In: Baumgartner, H. M. / Essner, A. (Hg.): Schuld und Verantwortung: philosophische und juristische Beiträge zur Berechenbarkeit menschlichen Handelns. Tübingen 1983, 109–140.

Waldenfels, B. 1990: Der Stachel des Fremden. Frankfurt / M.

– 1992: Antwort und Verantwortung. In: Fauser / Luther / Meyer-Drawe (Hg.) 1992, 139–141.

Weischedel, W. 1973: Das Wesen der Verantwortung (zuerst: «Versuch über das Wesen der Verantwortung», Freiburg 1932). 3. Aufl. Frankfurt / M.

Wendnagel, J. 1990: Ethische Neubesinnung als Ausweg aus der Weltkrise? Ein Gespräch mit dem «Prinzip Verantwortung» von Hans Jonas. Würzburg.

Wildermuth, A. / Jäger, A. (Hg.) 1981: Gerechtigkeit. Themen der Sozialethik. Tübingen.

Zimmerli, W. Ch. 1987: Wandelt sich die Verantwortung mit dem technischen Wandel? In: Lenk, H. / Ropohl, G. (Hg.): Technik und Ethik. Stuttgart 1987, 92–111.

## Ergänzende Literatur

Apel, K.-O. 1990a: Diskurs und Verantwortung. Das Problem des Übergangs zur postkonventionellen Moral. Frankfurt / M.

– 1990b: Diskursethik als politische Verantwortungsethik in der gegenwärtigen Weltsituation. In: Engholm / Röhrich (Hg.) 1990, 37–55.

Birnbacher, D.: Verantwortung für zukünftige Generationen. Stuttgart-Ditzingen.

Gatzemeier, M. (Hg.) 1989: Verantwortung in Wissenschaft und Technik. Mannheim.

Geach / Inciarte / Spaemann (Hg.): Persönliche Verantwortung. Köln 1982.

Hartmann, N. 1949: Ethik (Kap. 77: Verantwortung und Zurechnung). Berlin.

Höffe, O. 1979: Ethik und Politik. Grundmodelle und -probleme der praktischen Philosophie. Frankfurt / M.

– 1993: Moral als Preis der Moderne. Frankfurt / M.

Holzhey, H. / Jauch, U. / Würgler, H. (Hg.) 1991: Forschungsfreiheit. Ein ethisches und politisches Problem der modernen Wissenschaft. Zürich.

Ingarden, R. 1970: Über die Verantwortung. Ihre ontischen Fundamente. Stuttgart.

Lenk, H. / Staudinger, H. / Ströker, E. (Hg.) 1984 ff: Ethik der Wissenschaften. Bd. 1 ff. Paderborn.

Marx, W. 1986: Ethos und Sterblichkeit. In: ders.: Ethos und Lebenswelt. Mitleidenkönnen als Maß. Hamburg, 15–35.

Partridge, E. (Hg.) 1980: Responsibilities to Future Generations. Environmental Ethics. Buffalo (N. Y.)

Passmore, J. 1974: Man's responsibility for nature. Ecological problems and western traditions. London.

Patzig, G. 1983: Ökologische Ethik – innerhalb der Grenzen der bloßen Vernunft. Göttingen.

Picht, G. 1969: Der Begriff der Verantwortung. In: Wahrheit, Vernunft, Verantwortung. Philosophische Studien (zuerst 1963). Stuttgart, 143–174.

Schweitzer, A. 1988: Die Ehrfurcht vor dem Leben. Grundtexte aus fünf Jahrzehnten. 5. Aufl. München.

Weber, M. 1982: Politik als Beruf (zuerst 1919). 7. Aufl. Berlin.

Wolf, J. C. 1993: Utilitarismus, Pragmatismus und kollektive Verantwortung. Freiburg.

*Heiner Hastedt*

# 8  Gerechtigkeit

## 0 Vorbemerkung

Für Thrasymachos im 1. Buch von Platons «Staat» ist Gerechtigkeit nur das, was dem Stärkeren nützt. Deshalb fordert er, doch unverzüglich und ohne Umweg über den Gerechtigkeitsappell die eigenen egoistischen Interessen zu verfolgen. Auch manche Aussagen von Karl Marx sind nicht weit von dieser Position entfernt, wenn er Gerechtigkeitsaussagen zum Überbau rechnet, die die eigentliche, durch die Klassenzugehörigkeit bestimmte Interessenbasis nur verschleiern. Aus der Perspektive von Platons Thrasymachos und Marx lohnen Gerechtigkeitstheorien nicht den Aufwand, den wir mit ihnen treiben. Ich halte dagegen einen Gerechtigkeitsskeptizismus für falsch, insofern er sich zu stark von den Schwierigkeiten, Gerechtigkeit zu realisieren, beeindrucken läßt. Überlegungen, was als gerecht zu gelten hat, brauchen wir gerade deshalb, um zu klären, in welche Richtung wir unser Handeln und unser Zusammenleben entwickeln wollen. Zwar gibt es durchaus ideologische Verwendungen einer Diskussion um Gerechtigkeit; grundsätzlich bestimmen wir unter dem Titel ‹Gerechtigkeit› jedoch, in welche Richtung wir insbesondere uns, unser Handeln und unsere Institutionen entwickeln wollen; denn das Gerechte hat als das zu Realisierende zu gelten.

Wohin es kommen kann, wenn man die Orientierung an Gerechtigkeit aufgibt, hat auch die Diskussion um den Rechtspositivismus als Lehre von der Reduzierung des Rechts auf geltende Gesetze im Zusammenhang mit der Etablierung des nationalsozialistischen Totalitarismus des Jahres 1933 deutlich gemacht. Die Außerkraftsetzung der Demokratie durch die Nazis war im großen und ganzen dem Verfahren nach legal, doch sie war offensichtlich ungerecht. Wer jedoch – wie die Rechtspositivisten – ausdrücklich nicht von Gerechtigkeit reden will (um sich mit dem positiven Recht zu begnügen), hat Schwierigkeiten, ungerechtes Recht und darauf basierende Handlungen zu kritisieren.

# 1 Grundpositionen der Gerechtigkeit

Was genau als gerecht zu gelten hat, wird unterschiedlich beantwortet. Inhaltlich haben die Pilosophen drei verschiedene Antworttypen entworfen:

1. die an Aristoteles orientierte, die Gerechtigkeit als Tugend der Mitte in Unterarten einteilt: Eine allgemeine Gerechtigkeit der Gesetzlichkeit wird von ihrer Unterart der besonderen Gerechtigkeit der Gleichheit abgegrenzt. Die Gerechtigkeit als Gleichheit hat für Aristoteles dann einen distributiven und einen ordnenden Teil, wobei die ordnende Gerechtigkeit wieder in eine vergeltende und eine ausgleichende Gerechtigkeit zerfällt (siehe Buch 5 der «Nikomachischen Ethik», 1130 b 6 ff);

2. die an den Vertragstheorien von Hobbes, Locke, Rousseau und Kant orientierte, die die Gerechtigkeit mit Hilfe des Vertragsgedankens wieder als eine soziale Gerechtigkeit zusammenführt (siehe im Abschnitt 2 die Gerechtigkeitstheorie von John Rawls als heutige Vertragstheorie);

3. die an den Utilitaristen wie Bentham und Mill orientierte, die allerdings keine spezielle Gerechtigkeitstheorie entwirft, sondern das Gute und Gerechte gleichermaßen im Hinblick auf die Summe des Glücks definiert.

Alle diese drei Grundpositionen der Ethik in Tradition und Gegenwart sind im Teil «Grundlagen» bereits ausführlich dargestellt worden (siehe die Beiträge von Bien und Wolf) Deshalb muß hier nur noch herausgearbeitet werden, was überhaupt als gerecht und ungerecht zu bezeichnen ist. Grundsätzlich gibt es drei Kategorien, in denen die Zuschreibung von Gerechtigkeit und Ungerechtigkeit Sinn macht:

1. Personen, Handlungen (individueller Sinn von Gerechtigkeit),

2. Gesetze, Regeln, Institutionen, Gesellschaften (sozialer Sinn von Gerechtigkeit),

3. Schicksal, Weltenlauf (metaphysischer Sinn von Gerechtigkeit).

Zu 1. Nach dem individuellen Sinn von Gerechtigkeit sind es einzelne Personen und einzelne Handlungen, die als gerecht oder ungerecht bezeichnet werden. Traditionell ist es insbesondere der Richter, von dem Gerechtigkeit verlangt wird. Wie bei den Darstellungen der Justitia, deren Augen verbunden sind, meint Gerechtigkeit in dieser Zuschreibung vor allem Unparteilichkeit. Gerechtigkeit in diesem Sinn wird zum Beispiel an der Figur des Salomo fast in den Rang der Weisheit gehoben. Jedenfalls ist Gerechtigkeit im Hinblick auf Personen eine Tugend, die sich in einzelnen Handlungen erweist.

Zu 2. Nach dem sozialen Sinn von Gerechtigkeit sind es alle Formen überindividueller Praktiken, die als gerecht oder ungerecht bezeichnet werden. Schon Antigone als einzelne Person haderte in Sophokles' Tragödie mit der Ungerechtigkeit einer sozialen Praxis: Das soziale Verbot, den eigenen Bruder zu bestatten, wird als ungerecht erlebt. Heute dominiert der Bezug von Gerechtigkeit auf Soziales die philosophische Diskussion.

Zu 3. In den Hintergrund ist heute die Frage nach der Gerechtigkeit des Weltenlaufs und des Schicksals getreten. Für diesen Sinn von Gerechtigkeit bedarf es einer Klageinstanz, der gegebenenfalls der ungerechte Weltenlauf zum Vorwurf gemacht werden kann. Deshalb ist dieser Sinn von Gerechtigkeit an religiöse und metaphysische Weltdeutungen gebunden. Hiob als Ankläger Gottes fragt im «Buch Hiob» des Alten Testaments nach der Gerechtigkeit Gottes, insofern es den Guten in der Welt wahrlich nicht unbedingt gutgeht. Die Rechtfertigung Gottes in der Theodizee-Frage war viele Jahrhunderte, fast Jahrtausende die Gerechtigkeitsfrage, die die Menschen viel stärker umtrieb als die beiden anderen Gerechtigkeitshinsichten. Geistesgeschichtlich läßt sich geradezu ein Ablösungsprozeß der dritten Bedeutung durch die zweite feststellen: Sobald die Menschen weniger nach der Gerechtigkeit des Weltenlaufs im ganzen fragen, desto stärker wird die soziale Gerechtigkeitsfrage relevant. Im Rahmen eines modernen Machbarkeitsoptimismus wird die Gesellschaft zur eigentlichen Instanz, das Schicksal gilt als meisterbar. Insofern steckt hinter der gegenwärtigen Dominanz der zweiten Gerechtigkeitsbedeutung selbst eine philosophische Voraussetzung. Sofern diese philosophische Voraussetzung nur ausdrücklich bedacht würde, könnten wir sehen, daß eben doch nicht alles sozial machbar ist. Vielleicht müssen wir moderne Menschen deshalb wieder akzeptieren lernen, daß manches eher dem Weltenlauf zuzuschreiben ist als einer ungerechten Einrichtung der Gesellschaft.

## 2 John Rawls' liberale «Theorie der Gerechtigkeit»

In der gegenwärtigen philosophischen Diskussion spielt die Kontroverse zwischen einer liberalen Theorie der Gerechtigkeit und der im nächsten Abschnitt dargestellten kommunitaristischen Kritik daran als zwei unterschiedlichen Auslegungen der sozialen Gerechtigkeit die größte Rolle. Grob gesprochen steht auf seiten der Liberalen die Überzeugung, daß der neuzeitliche Rechtsstaat, wie er sich in der Deutung durch die Vertragstheorien seit dem 17. Jahrhundert entwickelt hat, mit seiner Trennung von privat und öffentlich auf dem richtigen Weg ist. Der Kommunitarismus behauptet demgegenüber, daß der neuzeitliche Rechtsstaat grundsätzlich parasitär ist und die gemeinschaftlichen Grundlagen, die er fälschlicherweise dem Privaten zurechnet, aufbraucht, infolgedessen die meisten Menschen in der ‹Kälte› des Rechtsstaates allein gelassen bzw. die Privilegierten bevorzugt werden. In ihrer sachlichen Orientierung kann als wichtigstes Merkmal der Kommunitaristen ihre gemeinsame Gegnerschaft herausgestellt werden, insofern sie sich mit einer liberalen politischen Theorie nicht zufriedengeben wollen. Dieses ‹liberal› darf man nicht mißverstehen: Es handelt sich um eine Auffassung, die das Individuum normativ in den Mittelpunkt der Aufmerksamkeit rückt und die sich am Wohlergehen bzw. Rechten der einzelnen orientiert. Assoziationen, die bei der F.D.P. anfangen und wahrscheinlich beim Wirtschaftsliberalismus und beim Manchesterkapitalismus enden, sollten zunächst auf jeden Fall zurückgestellt werden. Sonst ist nicht zu verstehen, was den Liberalismus ausmacht. Mit tagespolitisch geradezu gegensätzlichen Konsequenzen lassen sich grob ein egalitärer Liberalismus und ein libertärer Liberalismus voneinander abgrenzen. Der libertäre Liberalismus, der zum Beispiel von Friedrich August von Hayek (1991) und Milton Friedman (1962) vertreten wird, hält Freiheit für den obersten Wert einer politischen Theorie und verdammt fast alle staatlichen Regulierungen des individuellen, insbesondere des wirtschaftlichen Handelns.[1]

Liberalismus als Gegner des Kommunitarismus meint im folgenden immer einen egalitären Liberalismus. In der amerikanischen Diskussion ist der wichtigste Entwurf eines egalitären Liberalismus nach wie vor die «Theorie der Gerechtigkeit» von John Rawls, die inzwischen als Klassiker der politischen Philosophie gelten kann.[2] Nach dem Erscheinen des Buches (1971) in den USA hat weltweit eine breite, zunächst exegetisch ansetzende Diskussion begonnen, die später in eine grundsätzliche kommunitaristische Kritik mündete.

Rawls selbst hat sich zur Kritik des im angelsächsischen Sprachraum dominierenden Utilitarismus ausdrücklich auf die Tradition Kants bezogen und eine Kantische Lesart seiner «Theorie der Gerechtigkeit» angeboten (siehe Rawls 1975, § 40; vgl. Rawls 1992). Neben Kant greift Rawls auf Locke und Rousseau zurück, die im 17. und 18. Jahrhundert (neben den von Rawls wegen seines Antiliberalismus nicht geschätzten Hobbes) vorrangig die Vertragstheorien entworfen haben, um die Legitimität von Herrschaft auf der Basis eines historisch oder fiktiv gedachten Abkommens zu begründen. Im Vordergrund steht dabei, daß die gesellschaftlichen Institutionen sich vor den Individuen zu rechtfertigen haben und nicht umgekehrt. Die für die Ausbildung eines neuzeitlich-liberalen Staatsverständnisses wichtigen Vertragstheorien werden von

Rawls aufgenommen, um Gerechtigkeitskriterien für die Beurteilung der institutionellen Grundstruktur der Gesellschaft zu finden. Rawls entwirft also eine Theorie, die ausschließlich auf den sozialen Sinn von Gerechtigkeit zielt.

Die Grundidee der Vertragstheorie bei Rawls resultiert aus der Vorstellung, daß in der fiktiven Situation eines gesellschaftlichen Urzustands, der dem Naturzustand der traditionellen Vertragstheorien entspricht, niemand weiß, in welcher gesellschaftlichen Lage er sich in der realen Gesellschaft vorfinden wird (siehe Rawls 1975, § 20). Rawls nennt dies im fiktiven Urzustand einen Zustand der Unwissenheit, der durch einen ‹Schleier der Unwissenheit› («veil of ignorance») herbeigeführt wird. Hinter diesem Schleier verschwinden alle Kontingenzen der gesellschaftlichen Lage, die eine Unparteilichkeit des Gerechtigkeitsurteils verhindern. Hierzu zählt Rawls nicht nur die soziale und wirtschaftliche Stellung in der Gesellschaft, sondern auch die eigenen natürlichen Eigenschaften wie Intelligenz und Stärke, die eigene Vorstellung vom Guten und die Generationszugehörigkeit (§ 24, 137).

Die formale Konstruktion des Urzustands bei Rawls ist problematisch und bleibt ambivalent. Schon der Bezug auf die traditionelle Vertragstheorie ist mißverständlich, weil Rawls selbst soviel Wert auf die Feststellung legt, der Urzustand sei fiktiv. Dieser Urzustand ist also bestenfalls eine Vorstellung, die unsere Argumentation über Gerechtigkeitsprinzipien leiten kann. Auch die Redeweise vom «Schleier der Unwissenheit» ist letztlich nur eine metaphorische für den Vorschlag, bestimmte kontingente Lebensverhältnisse als irrelevant bei der Beurteilung von Gerechtigkeitsprinzipien anzusehen.

Interessanterweise scheint Rawls sich später der Kritik an seiner Konstruktion des Urzustands anzuschließen, insofern er in späteren Aufsätzen die Begründungsstruktur seiner «Theorie der Gerechtigkeit» variiert hat, die unter dem Titel «Die Idee des politischen Liberalismus» auch in deutscher Übersetzung vorliegen. Insgesamt lassen sich bei Rawls zur Rechtfertigung seiner Kritik am Utilitarismus mindestens fünf Begründungsmotive ausmachen:

1. die vorrangig ins Auge tretende Vertragstheorie mit der Konstruktion des Urzustands,

2. eine Kantische Rechtfertigung (§ 40),

3. das Modell des reflexiven Gleichgewichts,

4. die Rezeption der Entscheidungstheorie,

5. die moralpsychologischen Begründungsmotive im 3. Teil der «Theorie der Gerechtigkeit».

Besonders in dem 1980 erschienenen Aufsatz «Kantian Constructivism» gruppiert Rawls die Elemente auf eine Art und Weise neu, die ihn geradezu an seine kommunitaristischen Kritiker heranführt und die einen Rezensenten von Rawls' «Gerechtigkeitsgemeinschaft» sprechen läßt (Wolfgang Kersting in der FAZ vom 15. Juni 1992). Unter dem der Sache nach falschen Kant-Bezug (vgl. schon 1984 Höffes Kritik) wird das Motiv der Vertragstheorie zwar nominell noch beibehalten, aber in Verstärkung des ohnehin schon als fiktiv gedeuteten Urzustands praktisch nur noch metaphorisch verstanden. Die Entscheidungstheorie fällt sogar ganz heraus. Rawls betont jetzt den Aspekt der bewußten gemeinschaftlichen Normenbildung in einer freien Gesellschaft, die er allerdings fälschlicherweise – wohl veranlaßt durch Assoziationen mit der theoretischen Philosophie – Kant zuschreibt. Demgemäß wird das Motiv des reflexiven Gleichgewichts zentral, das in der «Theorie der Gerechtigkeit» nur knapp und ohne wirkliche Verbindung zu dem Rest des umfangreichen Buches eingeführt wird: Nach dem reflexiven Gleichgewicht werden verschiedene Aspekte und Teile unserer moralischen und politischen Überzeugungen in ein wechselseitiges Auslegungs- und Begründungsverhältnis gebracht. Allgemeine und abstrakte Prinzipien sowie konkrete Einzelurteile in politischen Fragen sollen miteinander vermittelt werden, um anwendungsorientiert die Alternative eines zwar normativ richtigen, aber bloß abstrakten Universalismus und eines engagierten, aber blinden Partikularismus zu vermeiden.

Damit leugnet Rawls keineswegs, daß die Rechtfertigung von Normen einer grundsätzlichen historischen Kontingenz nicht entgehen kann. Wenn wir in einer anderen Gesellschaft lebten und es nie eine liberale Moderne gegeben hätte, bestünden auch unsere liberalen Normen nicht. Eine Letztbegründung, die dies leugnet, ist falsch. Demgemäß kann Rawls auch als historischer Universalist bezeichnet werden. Dieser behauptet einerseits die ausschließende Gültigkeit universalisierbarer Normen, räumt andererseits ein, daß der Universalismus historisch geworden und insofern kontingent ist.

Die Begründungsstruktur der «Theorie der Gerechtigkeit» hat sich also in Richtung auf eine Abkehr von der Vertragsfigur entwickelt. Neben dem Urzustand standen aber ohnehin im Mittelpunkt der «Theorie der Gerechtigkeit» die inhaltlichen Gerechtigkeitsprinzipien, die für Rawls durch die Konstruktion des Urzustands ihre Rechtfertigung finden. Dabei vertritt die «Theorie der Gerechtigkeit» eine Position, die die individuelle und metaphysische Bedeutung von Gerechtigkeit ausklammert und sich nur auf die institutionelle Grundstruktur der Gesellschaft bezieht (siehe Rawls 1975, § 2). Rawls fordert strikt egalitäre Bürgerrechte für die Individuen und hält eine Ungleichverteilung der sozialen und wirtschaftlichen Güter nur unter sehr eingeschränkten Bedingungen für legitim. Rawls formuliert hierbei zwei Gerechtigkeitsgrundsätze:

«1. Jedermann soll gleiches Recht auf das umfangreichste System gleicher Grundfreiheiten haben, das mit dem gleichen System für alle anderen verträglich ist.

2. Soziale und wirtschaftliche Ungleichheiten sind so zu gestalten, daß (a) vernünftigerweise zu erwarten ist, daß sie zu jedermanns Vorteil dienen, und (b) sie mit Positionen und Ämtern verbunden sind, die jedem offen stehen» (1975, 81).

An diesen Prinzipien ist in der liberalen Tradition bemerkenswert, daß der Vorrang der gleichen Freiheit für alle behauptet wird und daß dies mit dem Versuch der Berücksichtigung sozialer Gleichheit verbunden wird. Im ersten Prinzip geht es um die menschenrechtliche Garantie der Grundfreiheiten, wie sie in der liberalen politischen Theorie entworfen worden sind. Hierunter fallen politische Freiheiten wie Rede- und Versammlungsfreiheit; Gewissens- und Gedankenfreiheit, Recht auf persönliches Eigentum; Freiheit vor willkürlicher Verhaftung; Schutz vor Folter (1975, § 11 und § 32). Dieses System der Grundfreiheiten darf nur dann eingeschränkt werden, wenn es mit einem gleichen System von Freiheiten für andere unvereinbar ist. Die egalitäre Berücksichtigung der Freiheitsrechte ist vorrangig vor der Erfüllung sozialer und ökonomischer Gerechtigkeit: Zum Beispiel darf die Erreichung einer verbesserten wirtschaftlichen Lage nicht mit einer ungleichen Verteilung der Grundfreiheiten erkauft werden.

Im Gegensatz zu dem in einer westlichen Demokratie theoretisch eher selbstverständlichen ersten Gerechtigkeitsgrundsatz enthält das zweite Prinzip neben der Chancengleichheit die interpretationsbedürftige Passage «zu jedermanns Vorteil». Für Rawls sind soziale und ökonomische Ungleichheiten nur dann nicht ungerecht, wenn jedermann von diesen Ungleichheiten mehr profitiert als durch eine Gleichverteilung der Grundgüter. Um die Anwendung dieser Überlegung zu erleichtern, will Rawls sich an den Schlechtestgestellten in einer Gesellschaft orientieren. In der Erläuterung des zweiten Grundsatzes führt Rawls nämlich noch aus, daß das Wohlergehen der Schlechtestgestellten zum Ehrentitel einer sich als gerecht verstehenden Gesellschaft werden muß.

Die hinter dieser Überlegung stehende Erkenntnis resultiert aus der Analyse einer kapitalistischen Gesellschaft, die es zu einer enormen Entfaltung ihrer Produktivkräfte gebracht hat. Die von feudalistischen Hemmnissen befreiten Produktionsverhältnisse ermöglichen eine Steigerung der Produktivkräfte, die auch den ärmeren Bevölkerungsschichten einen Wohlstand erlauben, der für eine Feudalgesellschaft unerreichbar wäre. Rawls' Idee ist es, diesen Gesichtspunkt mit Hilfe seines zweiten Gerechtigkeitsprinzips in eine «Theorie der Gerechtigkeit» einzubringen. Bei der Verteilung sozialer und ökonomischer Güter kann prinzipiell eine ungleiche Güterverteilung gerechter sein als eine Gleichverteilung, sofern der Vorrang des strikt egalitären ersten Prinzips und die Chancengleichheit gewahrt bleiben und die Ungleichverteilung wirklich den Schlechtestgestellten zugute kommt. Rawls' Theorie kritisiert damit eine bloße Effizienz- und Leistungsorientierung und verlangt strikte Kriterien, um Ungleichheit als legitim zu kennzeichnen.

Die Gerechtigkeitsprinzipien in ihrer Gesamtheit dienen also als Kriterien für die Gerechtigkeit der institutionellen Grundstruktur einer Gesellschaft. Nur wenn diese Kriterien erfüllt sind, kann die Grundstruktur der Gesellschaft als gerecht angesehen werden. Der Vorteil von Rawls' Theorie besteht darin, daß er mit diesen normativen Kriterien nicht festlegt, wie die Prinzipien politisch und ökonomisch realisiert werden müssen. Rawls vertritt ausschließlich eine normative Theorie, so daß seine Auffassung insbesondere offenläßt, ob Gerechtigkeit mit Hilfe eines Wohlfahrtsstaates oder anders realisiert werden soll. Auch die ideologisch belastete Dauerdiskussion, ob privates oder gesellschaftliches Eigentum an Produktionsmitteln gerecht ist, kann auf der Basis von Rawls' Prinzipien mit großer Nüchternheit im Hinblick auf ihre jeweiligen tatsächlichen Folgen diskutiert werden. Prinzipiell kann auf beiden Wegen versucht werden, die Gerechtigkeitsprinzipien zu realisieren. A priori vor Ansehung der tatsächlichen Ergebnisse kann nicht entschieden werden, ob Privat- oder Gemeinschaftseigentum an Produktionsmitteln zu gerechten Ergebnissen führt. Die Gerechtigkeitsprinzipien selbst werden von Rawls deshalb so offen abgefaßt, damit diese und vergleichbare Fragen nicht präjudiziert werden.

## 3 Der Kommunitarismus

Der Kommunitarismus in Amerika konzentriert sich zu Beginn der Debatte auf eine Kritik der liberalen «Theorie der Gerechtigkeit» von John Rawls; in seinem 1982 erschienenen Buch «Liberalism and the Limits of Justice» beschränkt Michael Sandel seine Auseinandersetzung sogar ausdrücklich darauf. Der Hauptvorwurf gegen Rawls richtet sich gegen dessen liberale Absetzung von Gerechtigkeit und gutem Leben sowie dessen ausdrücklichem Versuch, anthropologische Grundannahmen in einer politischen Theorie methodisch auszuklammern und sich auf eine ‹dünne› Theorie des Selbst zu beschränken. Sandel versucht nachzuweisen, daß Rawls' Theorie der Gerechtigkeit gleichwohl unentbehrliche ‹starke› anthropologische Annahmen und eine systematisch wichtige Theorie des Guten enthält. Sandels Hauptvorwurf gegen den Liberalismus lautet, daß er nur Rechte garantiert und ein gutes Leben in einer solidarischen Gemeinschaft außer acht läßt. Das Menschenbild des Liberalismus orientierte sich an isolierten Monaden, die sich als bloße Maximierer des Eigeninteresses erwiesen haben und deshalb nicht gemeinschaftsfähig bzw. nicht glücksfähig seien. Diese nicht unbedingt neue Kritik am Liberalismus wird ergänzt durch positive Vorschläge, die die gemeinschaftliche Einbettung des Individuums ins Zentrum der Überlegungen stellen und die Gemeinschaft als soziale Therapie der isolierten Individuen begreifen.

Alaisdair MacIntyre gilt als zweiter Hauptautor des amerikanischen Kommunitarismus. In seinem Buch «Der Verlust der Tugend» diagnostiziert er als Hauptübel unserer gegenwärtigen Welt das liberale Ansetzen beim Individuum. Ein solcher Liberalismus untergrabe letztlich die eigenen Geltungsbedingungen, weil er beim bloßen Subjektivismus landen muß. Weil der Liberalismus die überindividuellen Gemeinschaften verachtet, bleibt der Liberale auf die einzelne Subjektivität verwiesen. Liberale Versuche, überindividuell gültige Normen zu begründen und damit der Gefahr des Subjektivismus zu entgehen, hält MacIntyre für gescheitert. Wer individuell ansetzt, müsse auch individuell enden. MacIntyre sieht den modernen Subjektivismus besonders zugespitzt verkörpert in den modernen Charakteren eines reichen Ästheten, des Managers und des Therapeuten, deren Bindungslosigkeit ihnen gemeinsam ist. An dieser Stelle verstärkt MacIntyre den kommunitaristischen Punkt, daß der Liberalismus keineswegs gerecht alle Menschen gleichermaßen berücksichtigt, sondern vielmehr die Schlüsselcharaktere mit ihrer Bindungslosigkeit unterstützt. Der Liberalismus ist deshalb für MacIntyre nur die Ideologie der Bindungslosen, die zur normermöglichenden Gemeinschaft unfähig sind.

MacIntyre fordert angesichts des individualistischen Desasters eine Rückkehr zur aristotelischen Tugendlehre: «Meine eigene Schlußfolgerung ist absolut klar. Auf der einen Seite fehlt uns trotz der Bemühungen von drei Jahrhunderten Moralphilosophie und einem Jahrhundert Soziologie noch immer jede einheitliche, rational vertretbare Darlegung eines liberalen, individualistischen Standpunktes; und andererseits kann die aristotelische Tradition auf eine Weise neu formuliert werden, die die Verständlichkeit und Rationalität unserer moralischen und sozialen Haltungen und Verpflichtungen wiederherstellt» (1987, 345). MacIntyre ist sich durchaus der historischen Verschiedenheit der Tugendtradition, die er von Homer bis Jane Austen selber nachzeichnet, bewußt. Trotzdem besteht er darauf, daß in der Tugend eine gemeinschaftliche Einbettung des Guten zum Ausdruck kommt, die der moderne Individualismus fälschlicherweise verachtet.

Das Zentralanliegen des Kommunitarismus läßt sich insgesamt in die Frage fassen: Wie läßt sich in Kritik am egalitären Liberalismus – personifiziert durch Rawls – eine politische Theorie formulieren, die ‹gemeinschaftlicher›, ‹solidarischer›, ‹umfassender›, ‹fundamentaler›, vielleicht sogar ‹kritischer› und ‹linker› ist? In Deutschland gelten bei den Kommunitaristen wichtig werdende aristotelische und an der Hegelschen Sittlichkeit orientierte Begründungsmuster – beispielsweise im Blick auf einen Autor wie Joachim Ritter – automatisch als konservativ. In der amerikanischen Diskussion lernen wir nun, daß Autoren Motive von Aristoteles und Hegel aufgreifen, die zumindest mehrheitlich keine konservativen Intentionen haben und sich zum Teil, zum Beispiel der Kommunitarist Michael Walzer, dezidiert als Linke verstehen. Demnach könnte man zumindest einige Kommunitaristen als ‹Linksaristoteliker› und als Theoretiker einer ‹linken› Sittlichkeit bezeichnen. Grundsätzlich sollte jedoch das tagesaktuelle Etikett ‹konservativ› oder ‹links› zum Verständnis der Kommunitaristen zurücktreten.

Michael Walzer versucht sowohl den abstrakten Universalismus zu kritisieren als auch den Verdacht zu zerstreuen, eine kommunitaristische Position sei immer konservativ und zur Kritik unfähig. Vielmehr will er zeigen, daß Gesellschaftskritik am besten als kritische Interpretation verstanden wird. Was Walzer damit kritisiert, wird zum Teil von John Rawls, in Deutschland noch eindeutiger von Jürgen Habermas und besonders von Karl-Otto Apel verkörpert. Geprägt von der Erfahrung des deutschen Faschismus, meint Apel, die moralische Welt neu erfinden und sie letztbegründet gegen den Einbruch der Barbarei sichern zu müssen. Walzer würde sogar einräumen, daß unter bestimmten historischen Bedingungen, in denen das Moralische vollkommen verschüttet ist, dieser Weg der einzig gangbare ist. In Amerika und Westeuropa können wir heute jedoch auf intakte moralische Traditionen zurückgreifen, die durchaus kritisch gegen die bestehenden Verhältnisse gewendet werden können. Eine Emphase, die immer neu bei Adam und Eva anfängt und die sich im eigenen Letztbegründungsprogramm verstrickt, ist schlicht überflüssig.

In seinem Buch «Zweifel und Einmischung» hat Walzer versucht, dies anhand einer von ihm so genannten «Praxis der Gesellschaftskritik» im 20. Jahrhundert zu belegen. Walzer stellt Intellektuelle wie Albert Camus vor, deren Bedeutsamkeit als Kritiker gerade nicht in allgemeinen Theorien liegt, sondern in einem konkreten Einmischen. Walzer schreibt einleitend ausdrücklich, daß er den Verdacht zerstreuen möchte, eine an den moralischen Traditionen ansetzende und in diesem Sinn kommunitaristische Position könne nicht kritisch sein (1991, 7): «Ich vermute..., daß die Distanz im Selbstbild des Kritikers stets überschätzt wurde. Kritik ist dann am mächtigsten – so lautet meine These –, wenn sie den gemeinsamen Klagen der Menschen Stimme verleiht oder die Werte erhellt, die jenen Klagen zugrunde liegen (1991, 30)... Die meisten Gesellschaftskritiker, die etwas taugen, leben ohne Handbuch, und was sie tun, was mit ihnen geschieht, ist komplizierter und interessanter, als das Stereotyp vermuten läßt» (1991, 308).

Der Kommunitarismus bei Walzer liefert jedoch nicht nur eine Reformulierung des Verständnisses von Kritik, sondern gibt selbst auch einige Auskünfte über die Gestalt einer gerechten Gesellschaft, die über die Charakterisierung eines formal bleibenden universalen Liberalismus hinausgeht. In seinem etwas älteren Buch «Spheres of Justice» (zuerst 1983) verteidigt er eine pluralistische Konzeption von Gleichheit und entwirft als Gegenmodell zum Totalitarismus des 20. Jahrhunderts ein Modell der komplexen Differenzierung (complex equality versus simple equality). Er wendet sich gleichermaßen gegen die Tyrannei des Staates wie gegen die Tyrannei des Geldes, wobei er allerdings einräumt, daß die Tyrannei des Geldes wegen der stärkeren Eingrenzbarkeit weniger gefährlich als der Staatstotalitarismus ist (1992, 317). Solange die kapitalistische Dynamik keine Grenzüberschreitungen vornimmt, ist sie sogar hilfreich. Erst die Dominanz des Kapitals außerhalb der Marktsphäre macht den Kapitalismus ungerecht (1992, 315).

Insgesamt gehört der Kommunitarist Walzer – anders als MacIntyre und Sandel – relativ nahe an die Seite des Liberalen Rawls. Wenn man Ebenen und Aspekte nur genau genug unterscheidet, sind Anliegen des Kommunitarismus und des Liberalismus teilweise miteinander vereinbar. Dies soll durch die folgenden vier Thesen[3] verdeutlicht werden, in denen ich einerseits strikt an der liberalen Orientierung an der universalen Gerechtigkeit festhalte, andererseits kommunitaristische Anliegen der partikularen Gemeinschaftlichkeit aufgreife:

1. Die kommunitaristische Kritik der Letztbegründung ist überzeugend, weil letztlich auch das Streben nach universaler Gerechtigkeit kontingente Wurzeln in einer partikularen Gemeinschaftlichkeit hat.
2. Die Anwendung der universalistischen Gerechtigkeit bedarf der Urteilskraft, die in partikularen Gemeinschaften zu schulen ist.
3. Die inhaltlichen Normen des egalitären Liberalismus und der universalen Gerechtigkeit sind in ihren durchaus radikalen Konsequenzen gegen eine partikulare Gemeinschaftlichkeit zu verteidigen.

4. Partikulare Gemeinschaften haben bei der Realisierung der universalen Gerechtigkeit ihren sinnvollen Platz, keinesfalls aber bei der generellen Normenfeststellung.

Dem politischen Kommunitarismus ist es damit aus meiner Sicht nicht gelungen, die Normen des egalitären Liberalismus, wie sie in Rawls' Theorie der Gerechtigkeit zu finden sind, in Frage zu stellen. Insgesamt bleibt eine politische Theorie überzeugend, die normativ das Wohlergehen der einzelnen Individuen und nicht etwa das kollektiver Gemeinschaften (Nationen, Religionen, Klassen, Geschlechter) in den Mittelpunkt stellt. Zusätzlich ist – gegen konservative und defensive Ritualinterpretationen der Menschenrechte ebenso wie gegen ideologiekritische Reduktionen – die Radikalität des egalitären Liberalismus zu betonen, der so viel an gleicher Berücksichtigung aller fordert, wie bisher in keinem Land der Welt auch nur annähernd realisiert ist. Insbesondere die angemahnte soziale und wirtschaftliche Egalität ist auch in westlichen Industriestaaten nicht realisiert. Deshalb stellt sich die Frage, worin das normative ‹Mehr› einer kommunitaristischen Solidarität auf der Normebene inhaltlich überhaupt liegen kann und ob die Kommunitaristen bei ihrer Vernachlässigung der Gerechtigkeit nicht fahrlässig sind, wenn sie allein auf gemeinschaftliche Werte setzen: Es läßt sich als historischer Fortschritt bezeichnen, daß die Rechte der einzelnen zu moralischen und rechtlichen Ansprüchen geworden sind, die der Willkür von Gemeinschaften und der Solidaritätsanforderung zumindest normativ entzogen werden. Zum Teil beruht die kommunitaristische Kritik wohl auch nur auf einer Verwechslung des Liberalismus als normativer, nicht-realisierter Theorie mit gesellschaftlichen Verhältnissen oder gar Parteien, die sich selbst gern mit dem Etikett ‹liberal› schmücken.

Anders als bei der Normenfeststellung können jedoch bei der Realisierung der egalitären Gerechtigkeit Gemeinschaften eine wichtige Rolle spielen. An diesem Punkt scheint eine neue Flexibilität des egalitären Liberalismus sinnvoll, weil nach dem Niedergang des real existierenden Sozialismus, aber auch angesichts der Probleme des Wohlfahrtsstaates Suchbewegungen notwendig sind, wie eine gerechte Gesellschaft realisierbar ist. Um die universale und gerade absichtlich übergemeinschaftliche Gerechtigkeit zu verwirklichen und zu deren Erfüllung zu motivieren, sind sowohl Gemeinschaften notwendig, die sich hierfür einsetzen, als auch Gemeinschaften sinnvoll, in denen mit der Realisierung begonnen wird. Hier wäre der moralpsychologischen Einsicht zu folgen, daß Partikulares eher und stärker motiviert als Allgemeines. Es bleibt aber nachdrücklich wichtig, hier nicht die Ebenen zu verwechseln. An dem Ziel universeller Gerechtigkeit sollte bei allem Stolz auf einzelne, in spezieller Hinsicht realisierte Inseln der Gerechtigkeit nicht gerüttelt werden. Insbesondere sind alle Formen – zum Beispiel – eines normativen Nationalismus, die allein auf die Realisierung der Gerechtigkeit innerhalb spezieller Gemeinschaften zielen, kritikwürdig. Lediglich ein Nationalismus, der sich als eine Etappe zur Einübung auf die universale Gerechtigkeit versteht, kann für die Realisierung der Gerechtigkeit von Bedeutung sein. Eingelebte Gemeinschaften auf dem Weg zur Gerechtigkeit müssen dann nicht puristisch mit dem Hinweis auf die nicht-realisierte Gerechtigkeit an anderen Orten kritisiert werden (zumindest nicht, solange sie nicht auf deren Kosten leben). Die weltweite Realisierung der Gerechtigkeit bleibt nämlich eine derart riesige Aufgabe, daß der Versuch ihrer direkten und womöglich gleichzeitigen Realisierung vermutlich in zynische Resignation umschlägt. Insofern scheint es sinnvoll zu sein, den Kampf um universale Gerechtigkeit als den Kampf um die Schaffung von gemeinschaftlichen Inseln der Gerechtigkeit zu inszenieren, ohne damit das normative Ziel einer universalen Gerechtigkeit für alle aus dem Auge zu verlieren.

## 4 Das Beispiel Ostdeutschland – offene Fragen zum Schluß

Um die bisherigen Gedanken zu erproben, gehe ich abschließend auf Probleme der Gerechtigkeit im Hinblick auf Ostdeutschland ein. Mit dieser Auswahl will ich nicht unterstellen, daß Ostdeutschland weltweit die größten Gerechtigkeitsprobleme stellt. Sicher ist hier nach wie vor das Verhältnis der reichen Länder Westeuropas und Amerikas zu den armen Ländern der sogenannten Dritten Welt vorrangig. Ich wähle Ostdeutschland deshalb als Beispiel, weil es im Jahr 1993 für mich mit der größten Anschaulichkeit verbunden ist. Im übrigen läßt sich diese Auswahl mit der These 4 des vorherigen Abschnitts rechtfertigen, wonach die Gerechtigkeitsrealisierung immer im Partikularen ansetzen muß.

In Ostdeutschland stellen sich heute vor allem in zwei Hinsichten Gerechtigkeitsfragen:
– Gerechtigkeit im Hinblick auf die Schaffung gleicher Lebensverhältnisse zwischen Ost- und Westdeutschland,
– Gerechtigkeit im Hinblick auf den Umgang mit der DDR-Vergangenheit.

Um diese beiden Fragen klären zu können, ist ein Hinweis auf die vergangene DDR-Realität vorzuschalten: In der Kategorisierung der zwei Gerechtigkeitsprinzipien von John Rawls (siehe Abschnitt 2) war die DDR ein Staat, der sich in grundsätzlicher Weise nicht an dem zum Teil als ‹bürgerlich› diffamierten ersten Gerechtigkeitsprinzip orientierte. Es gab keine Sicherheit vor willkürlicher Verhaftung, die Staatssicherheit konnte jeden aushorchen und auf viele Arten unter Druck setzen, die Ausreise war nicht freigestellt, Meinungs- und Pressefreiheit waren nicht gewährleistet usw. Demgegenüber versuchte die DDR, sich an einem sozialen und ökonomischem Gleichheitsprinzip zu orientieren, das noch über das stark egalitäre zweite Gerechtigkeitsprinzip bei Rawls hinausging. Auch wenn es in dieser Hinsicht (wie vermutlich in jeder real existierenden Gesellschaft) Vollzugsdefizite gab und zum Teil auch Heuchelei und Funktionärsprivilegien zu verzeichnen waren, prägte tatsächlich die soziale und ökonomische Gleichheitsorientierung den Alltag der DDR. Nur schloß diese Gleichheit keine Gleichheit der Freiheit aller ein. Im Sinne von Rawls, der in seinem Konzept individualistisch bei der Freiheit ansetzt und erst sekundär auf Gleichheit achtet, war deshalb die DDR eine ungerechte Gesellschaft.

Was wir seit 1990 erleben, ist der Transformationsprozeß einer Gesellschaft, die ihre normativen Orientierungsprinzipien austauscht. Neben der Zunahme an Freiheit läßt sich ebenfalls eine starke Zunahme von Ungleichheit feststellen. Bei den Personen, die aus ihrer heutigen Sicht in der DDR ökonomisch und sozial einen Mindeststandard garantiert bekamen, wird die neue Freiheit vor allem als Verlust von Sicherheit empfunden. Alle hier geschilderten Gerechtigkeitsprinzipien sind überfordert bei der Frage, wann ein gesellschaftlicher Transformationsprozeß als gerecht zu gelten hat. Es ist lediglich möglich, das Ziel, das am Ende des Transformationsprozesses stehen soll, als gerecht oder ungerecht zu qualifizieren.

Im Hinblick auf das soziale und ökonomische Gefälle zwischen West- und Ostdeutschland bzw. zwischen den einzelnen Einwohnern ist an das zweite Gerechtigkeitsprinzip von Rawls zu erinnern: Danach sind Ungleichheiten nur dann gerechtfertigt, wenn sie den Schlechtestgestellten zugute kommen. Dieses Gerechtigkeitsprinzip ist heute schlicht und einfach nicht erfüllt. In vielen Gegenden der ehemaligen DDR ist mehr als die Hälfte der erwachsenen Bevölkerung arbeitslos; Alkoholismus und Perspektivlosigkeit sind weit verbreitet. Das Prinzip von Rawls wird zwar in der Anwendung nicht so zu verstehen sein, daß es jeder einzelnen Person bessergehen muß, gemeint ist vielmehr die Gruppe der Schlechtestgestellten. Hier kann an die ungelernten Arbeiter oder Rentner gedacht werden. Der Transformationsprozeß kann dann als in gerechter Weise abgeschlossen gelten, wenn das Wohlergehen dieser Gruppe von den Ungleichheiten der Gesellschaft im Vergleich zu ihrer Lebensform in der DDR profitiert.

Gleichzeitig wird jedoch ein Punkt deutlich, der von Rawls anders als von den Kommunitaristen nicht genug gewürdigt wird. Das Ende der DDR als Gesellschaft war auch ein Ende der sogenannten Nischengesellschaft, in der zahlreiche Gemeinschaften fernab des öffentlichen Lebens ihr Leben selbständig und zum Teil in erstaunlicher Freundschaftlichkeit zu gestalten versuchten. Wenn jetzt stärkere Ungleichheiten zum Ende dieser Nischen führen, wird dies von den einzelnen Leuten auch dann als Verlust erlebt werden, wenn sie ökonomisch und sozial gar nicht so schlecht oder sogar deutlich besser als früher dastehen. Das Heimatgefühl der egalitären Gemeinschaft läßt sich durch keine noch so gerechte Gesellschaft ersetzen. Insofern wird nach dem Ende der DDR tatsächlich der zum Individualismus befähigte Charakter begünstigt – eine Begünstigung, die durch keine Gerechtigkeitsorientierung aufzuhalten ist. Deshalb bleibt an dieser Stelle eine Grenze für jede Gerechtigkeitstheorie, ohne daß diese Grenze zu einer Abkehr von der liberalen und universalistischen Theorie der Gerechtigkeit führen sollte.

Noch schwieriger wird die Urteilsfindung bei der Frage des gerechten Umgangs mit der DDR-Vergangenheit. Von der Bürgerrechtlerin Bärbel Bohley stammt der resignierende Satz «Wir wollten Gerechtigkeit und bekamen den Rechtsstaat». Allgemein steht hinter dieser Bemerkung natürlich ein Mißverständnis, insofern der Rechtsstaat mit seinen Verfahrensprinzipien ja gerade selbst auf Gerechtigkeit zielt. Gleichzeitig kommt ein Unbehagen zur Geltung, daß die Verfahrensprinzipien gerade von der Gerechtigkeit wegführen könnten. Dieses Unbehagen entsteht wohl zum Teil dadurch, daß Gerechtigkeit in ihrem individuellen, sozialen und metaphysischen Sinn gleichzeitig bei der Frage der Gerechtigkeit im Hinblick auf die Vergangenheit angesprochen wird. Diese Gleichzeitigkeit verdichtet sich in dem Gefühl der Unmöglichkeit eines Erlangens von Gerechtigkeit. Der Rechtsstaat ist von vornherein begrenzt auf die Orientierung an sozialer Gerechtigkeit. Die Ungerechtigkeiten der Vergangenheit sind heute Schicksal und könnten nur von einer metaphysischen Instanz bewältigt werden, die der neuzeitliche Staat gerade aus der Gestaltung des Rechtsstaates ausschließt.

Weil das Ende der DDR ein faktisches Austauschen der geltenden sozialen Gerechtigkeitsstandards bedeutet, ist ein entscheidender Bezugspunkt des individuellen Verhaltens verlorengegangen. Zwar wird man darauf beharren müssen (gerade bei Verletzungen der Menschenrechte im Sinne von Rawls' erstem Prinzip), daß vor und nach der Wende in der DDR 1989 die gleichen Dinge als gerecht oder ungerecht zu gelten haben. Gleichwohl bleibt dieses Beharren in vielen Fällen inhaltsleer. Eine Gesellschaft setzt sich zusammen aus der Vielzahl alltäglicher Handlungen, deren Ausrichtung auf gerecht und ungerecht sich durch das Ende der DDR natürlich grundsätzlich geändert hat. Wie in These 2 im vorherigen Abschnitt betont, wird die Urteilskraft in partikularen Gemeinschaften geschult. In dieser Hinsicht erleben wir in Ostdeutschland jedoch einen völligen Austausch der Urteilstraditionen. Die einzelnen Verstrickungen gehen so weit, daß in vielen Fällen der Westdeutsche besser Urteilsenthaltung übt, weil die Verflechtungen und Abhängigkeiten im einzelnen gar nicht durchschaubar sind. Gerechtigkeitsurteile im Hinblick auf die DDR-Vergangenheit sollten deshalb vorrangig ehemalige DDR-Bürger selbst treffen. Auch damit ist keine Abkehr vom Universalismus beabsichtigt, sondern nur ein Hinweis auf die Grenzen der Beurteilbarkeit. Und diese sind viel größer, als wir Philosophen mit unserem Schulwissen gewöhnlich glauben.

## Anmerkungen

1 Der libertäre Liberalismus ist selbst vielschichtiger, als ich hier darstellen kann. Eine gute Überblicksdarstellung bietet Barry 1986. Vgl. insbesondere auch den libertären Liberalismus von Nozick 1974, der sich selbst unter den Titel eines Anarchismus stellt.

2 Bei der Darstellung von Rawls lehne ich mich an die Passagen meines Buches «Aufklärung und Technik» zu Rawls an (Kapitel 12, 227 ff). Vgl. ansonsten zur exegetischen Diskussion von Rawls Barry 1973, Wolff 1977 sowie die von Daniels 1975, Höffe 1977 und Blocker/Schmith 1980 herausgegebenen Diskussionsbände.

3 Vgl. ähnlich bereits Hastedt 1991 a.

## Zitierte Literatur

Apel, K.-O. 1988: Diskurs und Verantwortung. Das Problem des Übergangs zur postkonventionellen Moral. Frankfurt/M.

Barry, B. 1973: The Liberal Theory of Justice. A Critical Examination of the Principal Doctrines in *A Theory of Justice* by John Rawls. Oxford.

Barry, N. P. 1986: On Classical Liberalism and Libertarianism. Basingstoke/London.

Blocker, H. G., Schmith, E. H. (Hg.) 1980: John Rawls' Theory of Social Justice. An Introduction. Athens.

Daniels, N. (Hg.) 1975: Reading Rawls. Critical Studies on Rawls' Theory of Justice. Oxford.

Friedman, M. 1962: Capitalism and Freedom. Chicago/London.

Gough, J. W. 1957: The Social Contract. A Critical Study of Its Development. Oxford.

Habermas, J. 1983: Moralbewußtsein und kommunikatives Handeln. Frankfurt/M.

Hastedt, H. 1991: Aufklärung und Technik. Grundprobleme einer Ethik der Technik. Frankfurt/M.

– 1991a: Der «liberale Ironiker» (Rorty) nach dem «Verlust der Tugend» (MacIntyre) – Zur Auseinandersetzung mit dem Kommunitarismus in der gegenwärtigen politischen Philosophie. In: Zeitschrift für Didaktik der Philosophie, 13. Jg., 252–260.

Hayek, F. A. von 1991: Der Weg zur Knechtschaft. Landsberg am Lech.

Höffe, O. 1984: Ist Rawls' Theorie der Gerechtigkeit eine kantische Theorie? In: Ratio, 26. Jg., 88–104.

– (Hg.) 1977: Über John Rawls' Theorie der Gerechtigkeit. Frankfurt/M.

MacIntyre, A. 1987: Der Verlust der Tugend. Zur moralischen Krise der Gegenwart. Frankfurt/New York.

Nozick, R. 1974: Anarchy, State, and Utopia. New York.

Rawls, J. 1975: Eine Theorie der Gerechtigkeit. Frankfurt/M.

– 1992: Kantischer Konstruktivismus in der Moraltheorie. In: J. Rawls: Die Idee des politischen Liberalismus. Aufsätze 1978–1989. Frankfurt/M., 80–158.

Ritter, J. 1969: Metaphysik und Politik. Studien zu Aristoteles und Hegel. Frankfurt/M.

Sandel, M. 1982: Liberalism and the Limits of Justice. Cambridge.

Walzer, M. 1990: Kritik und Gemeinsinn. Berlin 1990.

– 1991: Zweifel und Einmischung. Gesellschaftskritik im 20. Jahrhundert. Frankfurt/M.

– 1992: Sphären der Gerechtigkeit. Ein Plädoyer für Pluralität und Gleichheit. Frankfurt/M.

Wolff, R. P. 1977: Understanding Rawls. A Reconstruction and Critique of A Theory of Justice. Princeton.

**Ergänzende Literatur**

Barber, B. 1984: Strong Democracy. Participatory Politics for a New Age. Berkeley u. a.

Brumlik, M./Brunkhorst, H. (Hg.) 1993: Gemeinschaft und Gerechtigkeit. Frankfurt/M.

Steinvorth, U. 1991: Gerechtigkeit. In: H. Schnädelbach, E. Martens (Hg.): Philosophie. Ein Grundkurs. Bd. 1. Reinbek bei Hamburg, 306–347.

Taylor, C. 1988: Negative Freiheit? Zur Kritik des neuzeitlichen Individualismus. Frankfurt/M.

Zahlmann, C. (Hg.) 1992: Kommunitarismus in der Diskussion. Eine streitbare Einführung. Berlin.

*Ekkehard Martens*

# 9 Lebensformen

## 1 Was heißt: als Mensch leben?

Lebensformen oder die Art und Weise, wie jemand lebt, lassen sich in der modernen Industriegesellschaft kaum mehr nach festen, tradierten Mustern bestimmen. Die ambivalente Erfahrung der Befreiung von alten und der Unsicherheit mit neuen Lebensumständen und Lebenseinstellungen kann jedermann machen, hautnah und weltweit. Sie ist auch Gegenstand verschiedener soziologischer oder sozialhistorischer Untersuchungen. So deutet etwa Ulrich Beck (1986, 113–120) die «Enttraditionalisierung der industriegesellschaftlichen Lebensformen» infolge der Arbeitsmarktdynamik einerseits als Befreiung von Sozialformen wie Klasse, Schicht, Familie oder Geschlechtsrollen, bei der die Menschen dazu gezwungen würden, sich selbst «zum Zentrum ihrer eigenen Lebensplanungen und Lebensführung zu machen». Andrerseits sei die Befreiung mit der widersprüchlichen Tendenz zu Institutionalisierung und Standardisierung (Verkehrsplanungen, Konsumangeboten, Moden etc.) verbunden. Dagegen zeigt Arthur E. Imhof an einem detaillierten Fallbeispiel des Bauern Johannes Hooss, wie Menschen im 17./18. Jahrhundert ihr alltägliches Leben mit Hilfe religiöser Anschauungen, kultischer Rituale oder wiederkehrender Naturerfahrungen planen und gegen Bedrohungen durch Hunger, Pest oder Krieg stabilisieren konnten, und führt den Verlust der stabilisierenden Sicherheiten mit Max Weber auf die «Entzauberung der Welt» durch die moderne Aufklärung zurück (Imhof 1984, 174).

Über die funktional beschreibbaren Lebensformen hinaus aber, wie jemand *lebt*, ist auch die Art und Weise, wie jemand *human* lebt, von jedermann mehr oder weniger in ihrer Brüchigkeit erfahrbar. In der Dynamik der modernen Industriegesellschaft und reflexiven Aufklärungskultur scheint nicht nur alles und jeder zur Disposition zu stehen, sondern menschliche Lebensäußerungen insgesamt unterliegen – nach Kants Unterscheidung – als «bloßes Mittel» der Disposition einer durchgängigen Planungsrationalität und verlieren ihren Charakter als «Selbstzweck». Auch diese Erfahrung ist Gegenstand verschiedener, vor allem gesellschaftskritischer und ethischer Überlegungen. So unternimmt etwa Jürgen Habermas unter dem Stichwort «System und Lebenswelt» den Versuch, eine normative Gesellschaftstheorie unter den Bedingungen zunehmender Instrumentalisierung sämtlicher Lebensbereiche zu entwerfen (Habermas 1981, Bd. 1, 171 ff).[1] Während Habermas in der Lebensform-Diskussion das «gerechte» Leben thematisiert, untersuchen andere Philosophen das Konzept des moralisch «guten» Lebens, etwa unter den Problemtiteln «Begründungen und Lebensformen» (Kambartel 1989, 44 ff), «sittliche Lebensform und praktische Vernunft» (Honnefelder 1992) oder «Ethik und Lebensformen» (Seel 1993). Dabei geht es durchgehend um die Frage, wie sich die etwa von Beck konstatierte individuelle Lebensgestaltung mit der Allgemeingültigkeit von moralischem Sollen vereinbaren läßt.

Wie die sozialwissenschaftliche oder kulturgeschichtliche Lebensform-Diskussion kann aber auch die gesellschaftstheoretische oder ethische Akzentuierung nur zum Teil der Problemsituation gerecht werden, die durch die moderne Wissenschaft und Technik geschaffen worden ist. Durch ihre Eingriffsmöglichkeiten steht nicht nur die Art und Weise, *wie* jemand lebt und *human* lebt, zur Disposition, sondern wie jemand *als Mensch* lebt. Die Frage nach dem spezifisch menschlichen Leben läßt sich unschwer als Leitthema der zahlreichen öffentlichen und fachwissenschaftlichen Diskussionen über Euthanasie, Abtreibung, Ökologie, Tierschutz und künstliche Intelligenz hinter der Beschwörung der ‹menschlichen Würde› erkennen. Die häufig recht emotional geführten Diskussionen sind ein Indiz für die verbreitete Sorge, daß die Eingriffsmöglichkeiten vor allem der Medizin-, Gen- und Computertechniken die Grenzen zwischen dem menschlichen Leben und dem Leben von anderen Lebewesen oder dem Funktionieren von Computern in Frage stellen.

Wissenschaft und Technik verändern somit nicht nur soziale und humane Lebensformen, sondern provozieren die Frage nach der menschlichen Lebensform insgesamt. Nicht nur die Lebensformen im Plural sind das Problem, sondern auch und vor allem die Lebensform im Singular. Daher ist die Lebensform-Diskussion als Frage nach dem funktionierenden und humanen Leben um die Frage nach dem menschlichen Leben zu erweitern. Wenn man sich nicht mit der «Antiquiertheit der Menschenwelt» (Anders 1980, 58 ff) abfinden will, muß die umfassende Fragestellung lauten, wie unter den Bedingungen moderner Wissenschaft und Technik ein funktionierendes und humanes Leben des *Lebewesens* Mensch zu bestimmen ist. Kann man also ohne anthropozentrische Überheblichkeit gegenüber der übrigen Natur und ohne eurozentrische Überheblichkeit gegenüber den übrigen Kulturen auf der einen spezifisch menschlichen Lebensform beharren und sich gegen menschenunwürdige Eingriffe wenden? Oder ist gerade umgekehrt das Geltenlassen der vielen natürlichen und kulturellen Lebensformen Ausdruck einer sich bescheidenden Humanität?

Versucht man, die bisherige, eher bruchstückhaft geführte Lebensform-Diskussion zu ordnen und auf ihre Kernfrage zuzuspitzen, empfiehlt sich zunächst eine Klassifikation möglicher Lebensformtypen. Unter Lebensform(en) – ununterschieden in Singular oder Plural – soll im weitesten Sinne die Frage «Was heißt: als Mensch leben?» verstanden werden. In der deskriptiven Bedeutung ist damit entweder die Beschreibung der einen, spezifisch menschlichen Lebensweise oder der vielen möglichen Lebensweisen des Menschen gemeint. Die normative Bedeutung dagegen zielt entweder auf die Bestimmung der einen, für alle wünschenswerten oder verpflichtenden Lebensweise ab oder der vielen, für jeweils einige wünschenswerten und verpflichtenden Lebensweisen. Kombiniert man die beiden Bedeutungspaare deskriptiv–normativ und eine–viele bzw. universalistisch–partikularistisch miteinander, ergeben sich insgesamt vier Lebensformtypen:

1. der deskriptiv-universalistische Typ (deskriptive Phänomenologie der einen menschlichen Natur oder Kultur[2]),
2. der deskriptiv-partikularistische Typ (typologisierende Analyse der vielen Kulturen),
3. der normativ-universalistische Typ (Bestimmung des einen Wesens und Lebens des Menschen),
4. der normativ-partikularistische Typ (Rechtfertigung der vielen Traditionen oder Kulturen).

In einer weiteren Unterscheidung sind die Typen (1) bis (4) einer Philosophie *über* Lebensform(en) zuzuordnen und von einer Philosophie *als* Lebensform(en) abzugrenzen. Zeichnet man diese Unterscheidung in die Matrix mit ein, ergeben sich als vier weitere Lebensformtypen:

5. die deskriptiv-universalistische Praxis (z. B. die gelassene Hingabe des Menschen an den Kosmos, das Nirwana oder das Sein in der Stoa, bei Buddha oder Heidegger),
6. die deskriptiv-partikularistische Praxis (z. B. das unterschiedslose Geltenlassen von Lebensweisen in der antiken Sophistik),
7. die normativ-universalistische Praxis (z. B. die Forderung des Re-

chenschaftgebens und der Vervollkommnung des persönlichen und gesellschaftlichen Lebens bei Sokrates, Kant, Marx oder Sartre),
8. die normativ-partikularistische Praxis (z. B. die Forderung toleranter Anerkennung der jeweiligen Lebensformen bei Montaigne oder ihre kulturrelativistische Anerkennung bei Rorty 1988).

| Philosophie über Lebensformen / Philosophie als | deskriptiv | normativ |
|---|---|---|
| universalistisch | 1          5 | 3          7 |
| partikularistisch | 2          6 | 4          8 |

**Matrix der Lebensformtypen**

## 2 Die *eine* Lebensform in der Vormoderne – das platonisch-aristotelische Modell

Alle acht unterschiedenen Lebensformtypen müßten natürlich im einzelnen und in ihrer wechselseitigen Vernetzung gründlich behandelt werden. Im folgenden soll jedoch lediglich als gemeinsamer Problemfaden herausgearbeitet werden, wie sich die beobachtbare Vielfalt, gemessen an einer allgemeinverbindlichen Lebensform, kritisieren und rechtfertigen läßt. Allerdings ergibt sich für den Terminus «Lebensform» wegen seiner spezifischen Unschärfe das Problem, daß bei einem engen begriffsgeschichtlichen Verständnis (Mittelstädt 1980) lediglich die Untersuchungstypen (1) und (2) der Kulturtheorie à la Dilthey oder der Sprachphilosophie à la Wittgenstein in den Blick kommen. Bei einem weiteren problemgeschichtlichen Verständnis dagegen (Rentsch 1984; Honnefelder 1992, 16 f) wird im Rückgriff auf die klassische, seit Platon und Aristoteles anhaltende Lebensform-Diskussion eher die zentrale Alternative von (3) oder (4) erfaßt. Daher soll auch im folgenden der Problemtitel «Was heißt: als Mensch leben?» als Leitfaden dienen.

Um ferner die hermeneutisch-kritische Erinnerungsarbeit zeitdiagnostisch fruchtbar zu machen, soll das Gegensatzpaar «vormodern–modern» die Auswahl der Beispiele von «Lebensform(en)» rechtfertigen und ihre Deutung strukturieren. «Vormodern» und «modern» wird dabei nicht im Sinne einer soziologischen oder philosophiegeschichtlichen Modernitätstheorie deskriptiv oder normativ verstanden, sondern primär in einem kriteriologischen Sinn, wenn auch bezogen auf die entsprechenden historischen Epochen und nicht völlig wertfrei zugunsten der Moderne. Als Kriterien der Moderne gelten relativ unumstritten Reflexivität, Profanität und Pluralität (Schnädelbach 1993, 133 ff). Genauer aber liegt der Unterschied zur Vormoderne darin, daß alle drei Merkmale mit dem Zusatz «vollständig» versehen werden müssen. Auch die vormoderne Epoche der griechischen Antike ist seit Xenophanes' Götterkritik, Sokrates' «Rechenschaftgeben» und dem Relativismus der Sophisten nicht nur als reflexiv, sondern auch als profan und pluralistisch zu kennzeichnen, bleibt jedoch eingebunden in eine vorgegebene Weltordnung des Kosmos bzw. der Physis und der Polis. Die Moderne dagegen unterzieht sämtliche Geltungsansprüche einer totalen Kritik und läßt weder eine göttliche noch eine menschliche absolute Vernunft als unbefragten Maßstab gelten, sondern ist letztlich für sich selbst verantwortlich. Für die Lebensformen hat dies zur Folge, daß sich die Verbindlichkeit der einen Lebensform des Typ (3) in die vielen Verbindlichkeiten des Typ (4) auflösen.

Die Frage nach der einen, für alle Menschen gültigen Lebensform läßt sich zum erstenmal in der europäischen Philosophiegeschichte in Sokrates' Frage: «auf welche Weise man leben soll» (hóntina trópon chrḕ zễn, Staat 352 d) identifizieren.[3] Bereits die Frage *als* Frage ist gegenüber einem wie selbstverständlich praktizierten Lebensvollzug reflexiv, ebenso Sokrates' Antwort in Platons «Apologie», daß «ein ungeprüftes Leben für den Menschen nicht lebenswert» sei (ho dè anexétastos bíos ou biõtòs anthrṓpō, Apologie 38 a). Entsprechend heißt es von Sokrates, daß er seinen Unterredner dazu bringt, «daß er über sich selbst Rechenschaft ablegen muß, auf welche Weise er jetzt lebt und auf welche Weise er sein vergangenes Leben gelebt hat» (187 ef) – Philosphie *über* (3) und zugleich *als* Lebensform (7). Daß seine Reflexivität aber nicht vollständig ist, zeigt Sokrates' Berufung auf den «Gott Apollon» als Garanten seiner prüfenden Tätigkeit.

Das Eingebundensein menschlichen Denkens und Handelns in eine vorgegebene «göttliche» Ordnung wird ausdrücklich in Platons Metaphysik von der menschlichen «Bestform» (aretḗ) gelehrt. Danach gewinnen die widerstreitenden Begierden, der Wille und die vielen Verstandeserkenntnisse in der Einzelseele des Menschen und in der Gesamtverfassung der Polis ihre Einheit unter der Leitung der Vernunft, die sich an der «Idee des Guten» als Ordnung des Kosmos ausrichtet. Praktisches Selbstverhältnis, das Verhältnis zu den anderen sowie zum Weltganzen bilden im Idealfall eine harmonische Ordnung (Gorgias 500 a ff; Staat IV. Buch). Die Ordnung des menschlichen Lebens ist nicht mehr, wie in der Homerischen Schildbeschreibung Achills als wohlgeordnetes Ganzes der göttlichen Gestirne, Menschen, Tiere, Pflanzen und Steine (Ilias XVIII, 481–608), einfach vorfindbar. Sie muß vielmehr in stets neuer «Prüfung» erst hergestellt werden, ist aber dennoch bei aller jeweils neu zu leistenden Selbstvergewisserung in der einen göttlichen Weltordnung und in der Sittlichkeit der Polis verankert.

Entsprechend ist auch die Wahl der «Lebensmuster» (tà tôn bíon paradeígmata) in ihrer Vielheit (pantodapá) auf die eine, höchste Lebensform der Philosophie bezogen, wie es im Schlußmythos von der vorgeburtlichen Wahl des Lebensloses im letzten Buch des «Staates» heißt (618 a; vgl. Gorgias 500 d, Phaidon 81 e ff). «Die Lebensweisen aller Tiere nämlich und auch die menschlichen insgesamt», etwa das Leben von Tyrannen sowie der Menschen, die wegen Schönheit, körperlicher Stärke, Kampfesmut oder edler Abkunft berühmt sind, aber auch «unberühmter Menschen ebenso und von Frauen», lägen der Seele zunächst ohne eine Rangordnung vor (618 af). Die Wahl der besten Lebensform wird von Platon weder den Göttern zugeschrieben noch von einer naiven Sicherheit des Lebensvollzugs erwartet, sondern beruht auf einer reflexiven Einstellung. Wer daher lediglich «in einer wohlgeordneten Verfassung sein erstes Leben verlebt und nur durch Gewöhnung ohne Philosophie (éthei áneu philosophías) an der ‹Bestheit› (areté) teilgehabt» habe, vergreife sich in der Wahl (619 c). Damit setzt sich Platon vor allem von Homer ab. Homer habe zwar faktisch «Hellas gebildet» (tèn helláda pepaídeuken, 606 e), aber weder habe er, wie Pythagoras[4], eine ausdrückliche «homerische Lebensweise» (hodón tina homerikén) hinterlassen (600 b) noch könnten seine Wertvorstellungen einer adligen Kriegerschicht einer kritischen Prüfung standhalten, wie sie Sokrates beispielsweise im «Laches» an der traditionellen Vorstellung von «Tapferkeit» durchführt. Nach dem Bruch der traditionellen Wertvorstellungen infolge der relativierenden Erfahrungen der Kaufleute und der Kolonialgründer, erst recht nach den Erfahrungen im Persischen und Peloponnesischen Krieg, war für Platon weder die (homerische) Tradition als die eine, beste Lebensform (Typ 1) noch die (Herodotsche) Beschreibung der vielen möglichen Lebensformen (Typ 2), aber auch nicht die (sophistische) Gleichrangigkeit aller möglichen Lebensformen (Typ 4) die angemessene Lösung, sondern allein die Bestimmung der einen besten Lebensform (Typ 3, 7), verstanden als «Bestform» des Lebens insgesamt und nicht etwa auf eine moralische, sittliche Lebensform reduziert.

Platons Bestimmung der einen menschlichen Lebensform wird im wesentlichen auch von Aristoteles in seiner Rangfolge der Lebensformen als Hingabe an den Genuß, an die Tätigkeit in der Polis und an die Philosophie übernommen (bíos apolaustikós, bíos politikós, bíos theōretikós; Nikomachische Ethik I 3, 1095 b 14 ff).[5] Daher kann man zu Recht von einer einheitlichen platonisch-aristotelischen Lebensform sprechen. Sie wurde ferner in der Version Ciceros als «genus vitae» bzw. (als lateinische Quelle für den Begriff «Lebensform») «forma vivendi» einer gelassenen, maßvollen Lebensweise (De finibus bonorum et malorum III 7, 23) für die antike Philosophenschule der Epikureer und Stoiker im Sinne einer Philosophie als Lebensform (7) maßgeblich (vgl. Hadot 1991). Schließlich prägte sie über die Antike hinaus in der christlichen Version als «vitae forma» im Sinne einer «imitatio Christi» bei Augustinus das Leben der Ordensgemeinschaften und das mittelalterliche Leben insgesamt im Sinne einer «vivendi ordo» oder eines «ritus vivendi» (vgl. Rentsch 1984, 553). Daher kann man die platonisch-aristotelische Lebensform als typisch vormodern bezeichnen.

## 3 Die *vielen* Lebensformen in der Moderne – das Kierkegaardsche Modell

Den Übergang von der einen vormodernen Lebensform zu den vielen modernen Lebensformen markieren besonders prägnant Montaignes «Essais» (1580 / 1588). Die Zeitumstände ihrer Entstehung, der französische Späthumanismus und die Religionskriege, haben Form und Inhalt der «Essais» deutlich geprägt. In Form vorsichtig tastender Versuche (Essais), statt einer gelehrten Abhandlung, und allein gestützt auf Beobachtungen oder subjektive Lebenserfahrungen, statt auf ein metaphysisches System oder religiöse Wahrheiten, beschreibt Montaigne die Vielfalt menschlicher Lebensäußerungen oder Eigenarten, etwa das Nichtstun, das Sprechen, das Glücksstreben, die Erziehung oder die Freundschaft. In einer kurzen Vorrede wendet er sich direkt an die Leser und bekräftigt den rein privaten Charakter seiner Aufzeichnungen: «So also, lieber Leser, bin ich selber der Gegenstand meines Buches» (Montaigne 1969, 34). Jeder einzelne ist dazu aufgefordert, seinen eigenen Lebensweg zu finden und zu gestalten, für den Montaigne mit seinem eigenen Beispiel und den Maximen seiner sogenannten Moralistik lediglich Anregungen geben kann. Damit vertritt er in normativer Hinsicht die Vielfalt und Offenheit der Lebensformen (Typ 4) als praktische Lebenskunst (Typ 8). Beide Typen werden demzufolge den anfangs skizzierten Kennzeichen der Moderne gerecht, der vollständigen Reflexivität, Profanität und Pluralität. Indem Montaigne selber dennoch privat ein frommes und bürgerlich konventionelles Leben als Jurist, Edelmann und Gelehrter führt, fällt er nicht etwa in eine traditionalistische Vormoderne zurück, sondern praktiziert eine Variante moderner Lebensformen, die man als konventionellen Pluralismus bezeichnen könnte. Es ist seine ganz persönliche Entscheidung in einer zufälligen gesellschaftlichen Konstellation, eine bestimmte konventionelle Form zu leben, nicht jedoch Zwang einer Tradition, Religion oder Metaphysik.

Eine weitere moderne Variante führt Kierkegaard mit seiner Lebensformanalyse in seinem brillanten Erstlingswerk «Entweder/Oder» von 1843 vor: «Die Frage ist hier, unter welchen Bestimmungen man das ganze Dasein betrachten und selber leben will» (II 718). Wie Montaigne distanziert sich auch Kierkegaard bereits in der Form der Darstellung von seinen Überlegungen als einer Lehre, die ein Autor als Autorität für alle Leser verbindlich machen möchte. Vielmehr fordert Kierkegaard die eigene Reflexion der Leser heraus, indem er unter einem Pseudonym angeblich zufällig gefundene Schriften herausgibt, die ihrerseits wieder von anderen verfaßt seien: der Teil A von einem Ästhetiker, der Teil B von einem Ethiker. Auch schreibt Kierkegaard keine gelehrte Abhandlung, sondern legt ein Reflexionsangebot von Aphorismen, Briefen, Denkexperimenten, persönlichen Bekenntnissen und Predigten vor. Schließlich treten die verschiedenen Lebensformen durch die Form eines Briefes von B an A und einer von B dem A angeratenen Situation eines beratenden Selbstgesprächs zueinander und zu sich selbst als «Stadien» eines reflexiven Bildungsprozesses des einzelnen in Beziehung (I 23 f, II 829).

Bereits die erste, ästhetische Lebensform verharrt nicht in der Statik eines unmittelbaren Augenblicksgenusses, sondern bewegt sich in der Inszenierung genußversprechender Situationen und ihrer nachträglichen Bearbeitung. Ästhetik als Lebensform gewinnt dadurch Züge eines dichterischen Schaffens. So charakterisiert A als Herausgeber des von ihm angeblich gefundenen «Tagebuchs des Verführers» dessen – sein eigenes – Leben als Versuch, «die Aufgabe eines poetischen Lebens zu realisieren. Mit einem scharf entwickelten Organ, das Interessante im Leben ausfindig zu machen, hat er es zu finden gewußt und, nachdem er es gefunden hatte, das Erlebte immer wieder halb dichterisch reproduziert. Sein Tagebuch ist darum nicht historisch genau oder einfach erzählend, nicht indikativisch, sondern konjunktivisch» (I 353). Der Konjunktiv als Modus der Möglichkeiten und ironischen Distanzierung kennzeichnet im «Tagebuch des Verführers» das ästhetische Leben im Gegensatz zum Indikativ des ethischen Lebens. Das Indikativische der ethischen Lebensform repräsentiert der Schreiber B bereits in seinem Beruf als Gerichtsrat. Außerdem findet es sich sogar in der äußeren Form seiner Briefe an A wieder: «Als Beamter habe ich die Gepflogenheit, auf ganzen Bogen zu schreiben; es mag dies vielleicht seine gute Seite haben, falls es dazu beitragen könnte, daß mein Schreiben in Deinen Augen eine gewisse Offizialität erhält» (II 525).

B stellt sich die Aufgabe, die Kritik von A an der «Eisenbahn der Trivialität... im Gewimmel des sozialen Lebens» (II 527) zu entkräften und die Institution Ehe sowie die familiären, beruflichen und sonstigen Verpflichtungen zu verteidigen. Ob ihm dies allerdings gelingt, ist zweifelhaft. Zwar wählt B statt von außen vorgetragener Behauptungen über A's «Wesen», das «sich in eine Vielfalt auflöste» und das «Innerste, Heiligste in einem Menschen», «die bindende Macht der Persönlichkeit» verloren habe, die Form der Selbstreflexion (II 708 ff). Aber auch sie setzt das voraus, was sie erst erzeugen möchte: die Einsicht in die «bindende Macht» der ethischen Wahl. B lädt A dazu ein, sich in eine Situation hineinzuversetzen, in der sich ein junger Mensch an ihn mit dem Glauben wendet, er sei «ein ernster, erprobter, erfahrener Mann, bei dem man sicher Aufklärung über des Lebens Rätsel suchen könne». B suggeriert A, er würde sich dem Ratsuchenden nicht nach seiner sonstigen Art als bloßer «Untermieter hier im Leben» entziehen, sondern ihm ein «wirkliches Entweder-Oder» anraten. Seine Begründung allerdings, A würde durch den Ernst der Lebenswahlsituation des jungen Mannes an seine eigene Jugend erinnert und «von Liebe zu dem jungen Manne bewegt», bezieht sich auf das innerste «Wesen», das A in B's eigener Analyse ja gerade verloren hatte. Daher ist nicht einzusehen, wie A in seiner ästhetischen Scheinwahl des beliebigen «Entweder/Oder» (I 49−51) wirklich erschüttert werden und sich für die ethische Wahl entscheiden könnte.

Die ethische Wahl bezeichnet nicht die «Wahl zwischen Gut und Böse», sondern die Wahl, «durch die man Gut und Böse wählt oder sie ausschließt» (II 718). Auch wenn die Entscheidung, zu der B seinen Freund A motivieren möchte, nicht auf einer metaphysischen, sokratisch-platonischen Anamnesis oder Erinnerung an ein innerstes Wesen beruht, sondern auf der von jedem erfahrbaren absoluten Freiheit, bleibt sie dennoch notwendigerweise zirkulär. Das frei gewählte Selbst allerdings «enthält eine reiche Konkretion, eine Vielfalt von Bestimmtheiten, von Eigenschaften, kurz, ist das ganze ästhetische Selbst, das ethisch gewählt ist» (II 782). Das rein ästhetische Selbst dagegen bleibt ohne Kontinuität, Erinnerung und Verantwortung. Daher muß A nach Ansicht von B schließlich in der Verzweiflung der unterschiedslosen Wiederholung der «Wechselwirtschaft» (I 329−349) enden: «Seine Seele ist gleich einem Erdreich, aus dem allerlei Kräuter aufschießen, alle mit dem gleichen Anspruch auf Gedeihen» (II 785). Um A zur ethischen Wahl zu bewegen, weist B schließlich nicht nur auf seine persönliche Zufriedenheit und die Erfahrung der absolut freien Wahl hin, sondern auch auf das psychologische Faktum der «Gesamtgestimmtheit» einer gleichmäßigen Seelenlage, die freilich «beständig realisiert» werden müsse (II 792 f).

Offensichtlich ist sich aber Kierkegaard als Verfasser der Papiere darüber im klaren, daß keiner dieser Hinweise A wirklich überzeugen kann, da B auf seine Briefe keine Antwort erhält (II 873). Überhaupt drängt sich der Eindruck auf, daß sich Kierkegaard durch die etwas gequälte Apologie des Gerichtsrats B die ethische Lebensform selber schönredet, die er in seinem aufgelösten Verlöbnis mit Regine Olsen (1841) und in seinen Attacken gegen die dänische Staatskirche zeit seines Lebens als persönliches Problem der Konformität eines verhärteten Ethos durchlitten hat.

Die ästhetische und die ethische Lebensform gleichermaßen will Kierkegaard schließlich durch die religiöse Lebensform überwinden. Die bereits zu Schluß von «Entweder/Oder» angedeutete und noch entschiedener in den «Stadien auf des Lebens Weg» (1845) sowie in den «Erbaulichen Reden» (1843, 1845) angemahnte religiöse Lebensform ist eine rein individuelle Lösung in einem paradoxen Glaubensakt. Entsprechend wechselt B auch die Mitteilungsform und sendet A im abschließenden «Ultimatum» die Predigt eines befreundeten Pfarrers, die zudem – wie die «Bekenntnisse» des Augustinus – mit einem Gebet zu Gott beginnt (II 915–933). Gott löst nicht etwa als letzte Sicherheit alle Differenzen und Verzweiflungen des Lebens auf, sondern wirft den einzelnen erst recht auf seine Verzweiflung zurück, insofern dieser «gegen Gott immer unrecht» hat (II 923) und nicht auf seine eigenen Pläne und Einsichten vertrauen darf. Die paradoxe «Eroberung des Nutzlosen» jenseits menschlichen Kalküls (Kodalle 1988) als Antwort des Glaubens auf die Hiobsbotschaften des Lebens bleibt jeder rationalen Erklärung entzogen: «und hättest du nicht nur deine Freunde verloren, sondern sogar die Ehre, du bist dennoch fröhlich; gegen Gott sagtest du, habe ich immer unrecht» (II 931). Wie die Predigt und die Briefe von B an A schließlich enden, kann keine allgemeine, sondern nur eine individuelle, gelebte Wahrheit dem Leben Sinn und Form geben: «nur die Wahrheit, die erbaut, ist Wahrheit für dich» (II 933).

Wie Montaigne beschreibt auch Kierkegaard die Vielfalt der Lebensformen. Während jedoch Montaigne mit dem kontingenten Ethos seiner Zeit konform geht, bindet Kierkegaard die wechselhaften Augenblicksentscheidungen der ästhetischen Lebensform an die grundsätzliche ethische Entscheidung zur Wahl zwischen Gut und Böse zurück. In der Rückbindung des Besonderen an die allgemeine Sittlichkeit der Institutionen von Staat und Gesellschaft scheint Kierkegaard Hegel zunächst zu folgen. Allerdings kritisiert er Hegel gerade deswegen, weil der einzelne in seiner Individualität unter das Allgemeine subsumiert und damit «mediatisiert» oder vernichtet werde. Die Überwindung der ethischen durch die religiöse Lebensform ist dagegen der eigentliche Gewinn an Individualität. Sie ist vollständige Reflexivität insofern, als die Vielheit der Lebensformen weder durch ein konventionelles noch durch ein absolutes Ethos vorgeformt wird, sondern allein auf der paradoxen Wahl des einzelnen beruht.

## 4 Eurozentrische, anthropozentrische und universale menschliche Lebensform

Die von Kierkegaard beschriebene und kritisierte ästhetische Lebensform hat gegenwärtig an Aktualität eher zugenommen. Außer Beck (1986) analysiert auch Gerhard Schulze (1992) die Individualisierung der Lebensformen (als Typ 2) und deutet sie als Ausdruck einer «Erlebnisgesellschaft». Dabei unterscheidet er mehrere «Milieus»: «Niveaumilieu» (Hierarchie), «Integrationsmilieu» (Konformismus), «Harmoniemilieu» (Geborgenheit), «Selbstverwirklichungsmilieu» (Persönlichkeit) und «Unterhaltungsmilieu» (Stimulationen). Ferner liest sich Foucaults «Ästhetik der Existenz» wie eine Verteidigung der von Kierkegaard gerade schärfstens kritisierten «Aufgabe eines poetischen Lebens» (Kierkegaard 1988, I 353).[6]

Kierkegaards «Entweder/Oder» enthält eine durch und durch moderne Zeitdiagnostik, insofern sie den Zusammenprall postmodernistischer Beliebigkeit der ästhetischen (hedonistischen, relativistischen etc.) Lebensformen[7] mit der in Auflösung geratenen Verbindlichkeit sittlicher Normen und institutioneller Formen aufdeckt und jede Form scheinbar absoluter Verbindlichkeit zugunsten des paradoxen Glaubensaktes des einzelnen zurückweist. Das besondere Verdienst Kierkegaards besteht darin, daß er die Aporien einer ethischen Lebensform zwischen einem normativen Relativismus und einem normativen Fundamentalismus in aller Konsequenz zeigt.[8] Allerdings bleibt das Kierkegaardsche Individuum in seiner existentiellen Entscheidung ganz bei sich, ohne zu den anderen oder zur Natur in eine Beziehung treten zu können. Damit kann Kierkegaard der seit Marx in aller Schärfe analysierten sozialen und der gegenwärtigen ökologischen Problemlage nicht gerecht werden.

Somit bleibt zu bilanzieren, daß weder das platonisch-aristotelische

Modell der einen, metaphysischen Lebensform noch das Kierkegaardsche Modell der vielen, individualistischen Lebensformen den Singular im Plural unter den Bedingungen der Moderne bestimmen können. Während das eine Modell metaphysische oder essentialistische Prämissen enthält, die mit der vollständigen Reflexivität der Moderne unvereinbar sind, enthält das andere Modell individualistische Prämissen, mit denen wir in der Moderne nicht leben und überleben können. Offensichtlich brauchen wir ein Modell von Lebensform(en), das die Aporien der beiden anderen Modelle aufhebt und eine allgemeinverbindliche Lebensform im Verhältnis der Menschen zueinander und zur Natur mit der Selbstbestimmung des einzelnen oder einzelner Kulturen jenseits eines Euro- und Anthropozentrismus verbindet.

Einen derartigen Vorschlag hat neuerdings vor allem Martha Nussbaum (1993) gemacht. Sie geht von dem faktischen Problemdruck einer internationalen Politik aus, die sich zu wirtschafts- und militärpolitischen Interventionen gegenüber Einzelstaaten genötigt sieht. Eine derartige Intervention aber ist nur dann zu rechtfertigen, wenn der Lebensformtyp (3) gegenüber dem Typ (4) zu rechtfertigen ist, als Singular im Plural. Für ihren Lösungsvorschlag räumt Nussbaum zunächst zwei Mißverständnisse aus, die gegen den Typ (3) und für (4) zu sprechen scheinen. Nach dem ersten, axiologischen Mißverständnis scheint der Kulturrelativist progressiver und liberaler zu sein als der metaphysische Essentialist, muß aber konsequenterweise alles lassen, wie es ist, selbst offenkundiges Unrecht und Brutalität. Das zweite, erkenntnistheoretische Mißverständnis beruht auf der vermeintlichen Alternative metaphysischer Gewißheit oder relativistischer Beliebigkeit. Dagegen bietet Nussbaum ein auf historischen Erfahrungen beruhendes Begründungsverfahren an: «Wir haben nämlich alles, was wir in Wirklichkeit immer schon gehabt hatten: den Austausch von Gründen und Argumenten, vollzogen durch Menschen innerhalb der Geschichte» (332).

Gestützt auf ein derartiges Verfahren, macht Nussbaum den Vorschlag einer «dicken vagen Theorie des Guten» (333). Die Theorie ist insofern «dick», als sie über bloß formale Bestimmungen hinausgeht, die lediglich ein gleiches Recht aller auf Ungleichheit eines jeden beinhalten und statt dessen «die Gesamtgestalt und den Inhalt der menschlichen Lebensform» angibt. Somit ergänzt die «dicke» Theorie die freiheitlichen um die sozialen Menschenrechte und bezieht sie darüber hinaus auf die allgemein menschliche «Lebensqualität». Sie ist aber insofern «vage», als sie Platz läßt «für eine höchst vielfältige Spezifizierung je nach den verschiedenen örtlichen und persönlichen Konzeptionen». Die von Nussbaum vorgelegte Inhaltsliste kann daher auf der Basis eines nicht metaphysischen Essentialismus einen schlechten Essentialismus im doppelten Sinn vermeiden. Zum einen vermeidet Nussbaum einen eurozentrischen Essentialismus, der bestimmte Lebensformen als wesentlich und bestimmend für alle Menschen behauptet. Zum anderen vermeidet sie einen anthropozentrischen Essentialismus oder Speziesismus, der die menschliche Lebensform uneingeschränkt über alle anderen Lebensformen stellt (vgl. U. Wolf 1990; J.-C. Wolf 1992).

Auf einer ersten Ebene listet Nussbaum allgemein menschliche Erfahrungen bzw. Eigenschaften auf:

«*Sterblichkeit*: Alle Menschen haben den Tod vor sich und wissen nach einem bestimmten Alter auch, daß sie ihn vor sich haben... *Der menschliche Körper*: Wir alle leben unser Leben in Körpern einer bestimmten Art, deren Möglichkeiten und Verletzbarkeiten als solche keiner einzelnen menschlichen Gesellschaft mehr angehören als einer anderen. *Kognitive Fähigkeit: Wahrnehmen, Vorstellen, Denken*: Alle Menschen haben diese Fähigkeit, zumindest in einer gewissen Form, und sie wird als überaus wichtig angesehen. *Frühkindliche Entwicklung*: Alle Menschen fangen ihr Leben als hungrige Säuglinge an, die sich ihrer Hilflosigkeit bewußt sind und ihre wechselnde Nähe und Distanz sowohl davon als auch von denjenigen erleben, von denen sie abhängig sind. Diese gemeinsame Struktur des Lebensanfangs, so verschieden sie durch unterschiedliche gesellschaftliche Gegebenheiten auch gestaltet sein mag, gewährt eine Gemeinsamkeit der Erfahrung im Bereich von Gefühlen wie Kummer, Liebe und Zorn... *Praktische Vernunft*: Alle Menschen beteiligen sich (oder versuchen es) an der Planung und Führung ihres eigenen Lebens, indem sie bewerten und diese Bewertungen dann in ihrem Leben zu verwirklichen suchen. *Zugehörigkeit zu anderen Menschen*: Alle Menschen anerkennen und verspüren ein gewisses Gefühl der Zugehörigkeit oder der sozialen Bindung zu anderen Menschen und ein Gefühl der Anteilnahme ihnen gegenüber... *Bezug zu anderen Spezies und zur Natur*: Die Menschen erkennen, daß sie nicht die einzigen lebenden Wesen in ihrer Welt sind: daß sie Tiere neben anderen Tieren und auch neben Pflanzen sind, in einem Universum, das als komplexe Verkettungsordnung sie sowohl unterstützt als auch begrenzt. Von dieser Ordnung sind wir in zahllosen Hinsichten abhängig, und wir empfinden auch, daß wir dieser Ordnung eine gewisse Achtung und Anteilnahme schulden, sosehr wir uns auch darin unterscheiden mögen, was genau wir schulden, wem gegenüber und auf welcher Basis. *Humor und Spiel*: Menschliches Leben räumt überall, wo es gelebt wird, Platz für Erholung und für das Lachen ein... *Vereinzelung*: Sosehr wir auch in Bezug zu anderen und für andere leben, so sind wir, ist jeder von uns ‹der Zahl nach einer›, der von Geburt an bis zum Tod die Welt auf einem separaten Weg durchläuft. Jede Person empfindet ihren eigenen Schmerz und nicht den einer anderen... *Starke Vereinzelung*: Aufgrund der Vereinzelung hat jedes menschliche Leben sozusagen seinen eigenen Kontext und seine Umgebung – Gegenstände, Orte, eine Geschichte, besondere Freundschaften, Standorte, sexuelle Bindungen –, die nicht genau die gleichen sind wie die von jemand anderem und aufgrund derer die Person sich in einem gewissen Maß selbst identifiziert» (334–337).

Auf einer zweiten Ebene zählt Nussbaum basale menschliche Fähigkeiten auf, die den vorigen Eigenschaften in etwa entsprechen sollen wie:

«fähig zu sein, bis zum Ende eines vollständigen menschlichen Lebens leben zu können, soweit, wie es möglich ist»; «fähig zu sein, eine gute Gesundheit zu haben»; «fähig zu sein, unnötigen und unnützen Schmerz zu vermeiden und lustvolle Erlebnisse zu haben»; «fähig zu sein, die fünf Sinne zu benutzen; fähig zu sein, zu phantasieren, zu denken und zu schlußfolgern»; «fähig zu sein, Bindungen zu Dingen und Personen außerhalb unserer selbst zu unterhalten»; «fähig zu sein, sich eine Auffassung des Guten zu bilden und sich auf kritische Überlegungen zur Planung des eigenen Lebens einzulassen»; «fähig zu sein, für und mit anderen leben zu können»; «fähig zu sein, in Anteilnahme für und in Beziehung zu Tieren, Pflanzen und zur Welt der Natur zu leben»; «fähig zu sein, zu lachen, zu spielen und erholsame Tätigkeiten zu genießen» u. a. (399f).

Die von Nussbaum vorgeschlagenen Kriterien einer universalen menschlichen Lebensform sollen als Grundlage für eine «globale Ethik» (333) dienen (vgl. Küng 1990), sind aber auch für die Eingriffsmöglichkeiten von Wissenschaft und Technik gültig. Die Aufgabe einer Politik besteht nach Nussbaum darin, für alle Bürger die Realisierungsmöglichkeiten eines «menschlichen Lebens» sicherzustellen und den Übergang zu einem umfassenden «guten Leben» der Selbstbestimmung und situationsspezifischen Urteilskraft des einzelnen zu überlassen (338). Dabei sind im Sinne des «vagen» Essentialismus sowohl die Stufen zwischen den beiden Polen des «menschlichen» und des «guten Lebens» als auch die beiden Pole selbst interpretations- und revisionsbedürftig. Auch ist der Zusammenhang von praktischem Selbstverhältnis, Verhältnis zu anderen und zur Natur im Unterschied zur platonisch-aristotelischen Lebensform keine vorgegebene Ordnung der Psyche, der Polis oder des Kosmos. Andrerseits beruht die von ihr vorgeschlagene Lebensform auch nicht, wie bei Kierkegaard, lediglich auf einem einsamen Entschluß des einzelnen ohne Bezug zum anderen und zur Natur. Vielmehr beruft sich Martha Nussbaum auf eine «evaluative Untersuchung» im Rahmen ihrer Mitarbeit an einem Entwicklungshilfeprojekt und legt eine Liste elementarer Inhalte als «Gestalt der menschlichen Lebensform» vor (333f), die sich auf den einzelnen und auf das Zusammenleben mit den anderen und mit der Natur gleichermaßen bezieht.[9]

Allerdings bringt Nussbaums Vorschlag, der gesuchte normativ-universalistische Lebensformtyp (3), vor allem zwei Schwierigkeiten mit sich. Zunächst erregt ihr Begründungsverfahren des empirischen Essentialismus den Verdacht, ein «hölzernes Eisen» zu sein (Scherer 1993, 911): historisch bedingt und ewig gültig, situationsspezifisch und kulturinvariant. Den Verdacht, bloß partikularistisch und eurozentristisch zu sein, teilt die «dicke vage Theorie» mit dem Menschenrechtskatalog der UNO. Dies muß kein prinzipieller Einwand sein, sollte aber auf beiden Seiten zur Vorsicht mahnen: Die Verteidiger der Theorie sollten ihren Theorieanspruch herunterschrauben und besser von einem Dialogangebot für eine ‹globale Ethik› sprechen, das in ihren inhaltlichen Grundsätzen wie in der konkreten Anwendung dem «Versuch und Irrtum» (Popper) ausgesetzt ist; die Angreifer des derartig revidierten Dialogangebots dagegen hätten zu zeigen, welche Alternative sie dem Begründungsverfahren für globale, universalistische Menschenrechte und Lebensqualität entgegenzusetzen haben, wenn sie weder einem Fundamentalismus noch einem Relativismus das letzte Wort zubilligen wollen.

Eine zweite Schwierigkeit liegt schließlich darin, daß Nussbaums inhaltliche Liste offensichtlich in einer bestimmten Weise vorsortiert ist. Sie enthält keinerlei destruktiven oder negativen Eigenschaften und Fähigkeiten menschlicher Lebewesen wie Grausamkeit, Haß, Zerstörungswut, Unvernunft oder Selbsttäuschung. Die anthropologischen Prämissen gleichen einem naiven Rousseauismus. Allerdings muß auch dies kein prinzipieller Einwand gegen Nussbaums Lebensformvorschlag sein, wenn man sich über den Inhalt und ontologischen Status der kritisierten Prämissen im klaren ist. Inhaltlich lassen sich die anthropologischen Prämissen unter der Leitidee eines Selbstverständnisses zusammenfassen, das auf wechselseitiger Achtung des «Selbstzwecks» (Kant) der Menschen untereinander und gegenüber der Natur beruht. Nussbaum selbst deutet dies in ihrem Abschnitt über «Mitleid und Achtung» an (353–358). Ein derartiges Selbstverständnis allerdings ist in seinem ontologischen Status weder – ganz entschieden auch bei Nussbaum nicht – auf eine metaphysische Ordnung im prämodernen Sinn zurückzuführen, noch ist es – wie allerdings Nussbaum zu suggerieren scheint oder zumindest im unklaren läßt – ein vorfindbare Naturgegebenheit. Vielmehr muß eine Lebensform wechselseitiger Achtung als solche grundsätzlich und in ihrem konkreten Vollzug gewollt und praktiziert werden. Der Gefahr eines bloßen Dezisionismus moderner Reflexivität, die auch noch ihre eigenen Lebensgrundlagen aus sich zu erzeugen wollen scheint, entgeht das Wollen dadurch, daß es sich auf *konkrete Erfahrungen* im Zusammenleben von Menschen untereinander und mit der Natur bezieht.

Die Beantwortung der Frage «Wer will ich überhaupt sein, woran liegt mir im Leben?» (Tugendhat 1993, 96) ist zwar in ihrem ontologischen Status voluntaristisch, aber nicht dezisionistisch. Die Wahl des guten Lebens beruht auf der guten Erfahrung mit dem guten Leben. Auch ist das Wollen nur eine notwendige, aber keine hinreichende Bedingung der universalen Lebensform wechselseitiger Achtung. Eine globale Ethik muß vielmehr mit einer globalen Sozialphilosophie und politischen Philosophie im «Kampf um Anerkennung» in den Bereichen Familie, Gesellschaft und Staat (vgl. Honneth 1992) gemeinsame Sache machen. Weder die kritisch-aufklärerische noch die religiöse Lebensform der Moderne jedoch hat eine sichere Garantie des Gelingens. Und eine sichere Hoffnung hat nicht einmal der gläubige Mensch in seinem Kierkegaardschen paradoxen Glaubensakt. Die Beantwortung der Frage, was es heißt, als Mensch zu leben, geschieht allein dadurch, daß und wie wir als Menschen leben.

## Anmerkungen

1 Offensichtlich verwendet Habermas «Lebenswelt» gleichbedeutend mit «Lebensform», wenn er sowohl an die «phänomenologischen Lebensweltanalysen des späten Husserl» als auch an die sprachtheoretischen «Lebensformanalysen des späten Wittgenstein» anknüpft (Habermas 1981, 182).

2 Zu «Kultur» siehe Schnädelbach 1991.

3 Vgl. Staat 444 e: «die Einrichtung des Lebens (bíou diagogén), wie jeder von uns das zweckmäßigste Leben lebt»; 365 af: «wie wohl jemand sein und vorangehen müsse, um sein Leben am besten zu verbringen»; siehe zu Sokrates' Lehre und Praxis des «guten Lebens» Martens 1992.

4 Die Quellenlage zu Pythagoras ist spärlich. Vermutlich hat er mit seinen Anhängern in einer nach festen moralischen Regeln organisierten Gemeinschaft gelebt und keine schriftliche Lehre hinterlassen.

5 Siehe auch Arendt 1992, 18 ff.

6 Zur Kritik siehe Zimmermann 1988.

7 Vgl. auch MacIntyre 1987, 50 ff, zum reichen Ästheten, Manager und Therapeuten als Charaktere einer bloß «emotivistischen» Moral.

8 Die Parallelen der drei Lebensformen bei Kierkegaard und Platon / Aristoteles liegen auf der Hand. Während jedoch die ‹Wahl› der höchsten Lebensform in der Vormoderne in einem vorgegebenen Kosmos abgesichert ist, verbietet die vollendete Reflexivität der Moderne bei Kierkegaard eine derartige Lösung. Für ihn ist außerdem der Lehrer der Wahrheit nicht Sokrates als Anreger zum Selbstdenken, sondern Christus als Träger der Offenbarung.

9 Siehe zum «guten Leben als Person» auch U. Wolf 1990, 89 ff.

## Zitierte Literatur

Anders, G. 1980: Die Antiquiertheit des Menschen. Bd. 2. München (Bd. 1: 1956).

Arendt, H. 1992 (engl. zuerst 1958): Vita activa oder vom tätigen Leben. München.

Beck, U. 1986: Risikogesellschaft. Auf dem Weg in eine andere Moderne. Frankfurt / M.

Habermas, J. 1981: Theorie des kommunikativen Handelns. Bd. 1 und 2. Frankfurt / M.

Hadot, P. 1991 (franz. zuerst 1981): Philosophie als Lebensform. Geistige Übungen in der Antike. Berlin.

Honnefelder, L. 1992: Die Krise der sittlichen Lebensform als Problem der philosophischen Ethik – eine Einführung. In: ders. (Hg.): Sittliche Lebensform und praktische Vernunft. Paderborn, 9–25.

Honneth, A. 1992: Kampf um Anerkennung. Zur moralischen Grammatik sozialer Konflikte. Frankfurt/M.

Imhof, A. E. 1984: Die verlorenen Welten. München.

Kambartel, F. 1989: Begründungen und Lebensformen. Zur Kritik des ethischen Pluralismus. In: ders.: Philosophie der humanen Welt. Frankfurt/M., 44–58.

Kierkegaard, S. 1988 (dän. zuerst 1843): Entweder/Oder. München.

Kodalle, K. M. 1988: Die Eroberung des Nutzlosen. Kritik des Wunschdenkens und der Zweckrationalität im Anschluß an Kierkegaard. Paderborn.

Küng, H. 1990: Projekt Weltethos. München.

MacIntyre, A. 1987 (engl. zuerst 1981): Der Verlust der Tugend. Zur moralischen Krise der Gegenwart. Frankfurt/New York.

Martens, E. 1992: Die Sache des Sokrates. Stuttgart.

Mittelstädt, G. 1980: Lebensformen. In: J. Ritter/K. Gründer (Hg.): Historisches Wörterbuch der Philosophie. Bd. 5. Darmstadt, Spalte 118 f.

Montaigne, M. de 1969 (franz. zuerst 1580/1588): Die Essais. Stuttgart.

Nussbaum, M. 1993: Menschliches Tun und soziale Gerechtigkeit. Zur Verteidigung des aristotelischen Essentialismus. In: M. Brumlik/H. Brunkhorst (Hg.): Gemeinschaft und Gerechtigkeit. Frankfurt/M., 323–361.

Rentsch, Th. 1984: Lebensform. In: J. Mittelstraß (Hg.): Enzyklopädie Philosophie und Wissenschaftstheorie. Mannheim/Wien/Zürich, 553–555.

Rorty, R. 1988: Solidarität oder Objektivität? Stuttgart.

Scherer, Chr. 1993: Das menschliche und das gute menschliche Leben. Martha Nussbaum über Essentialismus und menschliche Fähigkeiten. In: Dtsch. Z. Philos. 41 (1993), 5, 905–920.

Schnädelbach. H. 1991: Kultur. In: E. Martens/H. Schnädelbach (Hg.): Philosophie. Ein Grundkurs. Bd. 2. Reinbek bei Hamburg, 508–548.

– 1993: Kant – der Philosoph der Moderne. In: Zeitschrift für Didaktik der Philosophie. Heft 2, 131–139.

Schulze, G. 1992: Die Erlebnisgesellschaft. Kultursoziologie der Gegenwart. Frankfurt/New York.

Seel, M. 1993: Ethik und Lebensformen. In: M. Brumlik/H. Brunkhorst (Hg.): Gemeinschaft und Gerechtigkeit. Frankfurt/M., 244–259.

Tugendhat, E. 1993: Vorlesungen über Ethik. Frankfurt/M.

Wolf, J.-C. 1992: Tierethik. Neue Perspektiven für Menschen und Tiere. Freiburg (Schweiz).

Wolf, U. 1990: Das Tier in der Moral. Frankfurt/M.

Zimmermann, J. 1988: Das Leben – ein Kunstwerk? Bemerkungen zu Foucaults Konzept einer Ethik und Ästhetik der Existenz. In: Spuren. Michel Foucault. Materialien zum Hamburger Kolloquium 2.–4. Dez. ’88, 66–69.

**Ergänzende Literatur**

Baruzzi, A. 1985: Alternative Lebensform? Freiburg/München.

Flitner, W. 1990 (zuerst 1967): Die Geschichte der abendländischen Lebensformen. Paderborn.

Kondylis, P. 1991: Der Niedergang der bürgerlichen Denk- und Lebensform.

Lepenies, W. 1989: Europa als geistige Lebensform. In: DIE ZEIT Nr. 44 vom 27.10.1989.

Mittelstraß, J. 1982: Wissenschaft als Lebensform. Frankfurt/M.

Oelmüller, W./Dölle, R./Piepmeier, R. (Hg.) 1978: Diskurs: Sittliche Lebensformen. Philosophische Arbeitsbücher 2. Paderborn.

Schütz, A. 1981: Theorie der Lebensformen. Frankfurt/M.

Thomä, D. 1992: Eltern. Kleine Philosophie einer riskanten Lebensform. München.

Welsch, W. 1992: Transkulturalität. Lebensformen nach Auflösung der Kulturen. In: Information Philosophie 2 (1992), 5–20.

Wingert, L. 1993: Gemeinsinn und Moral. Frankfurt/M. (166ff zu «kommunikative Lebensform»).

*Willi Oelmüller*

# 10  Orientierung

## 1  Orientierungslos angesichts gegenwärtiger Herausforderungen

Menschen sind endliche Wesen, die in der Natur und Geschichte situiert, aber nicht durch sie determiniert sind. Sie müssen leben unter nicht selbstgewählten guten und schlimmen Bedingungen der außermenschlichen und menschlichen Natur, der Gesellschaft und der Geschichte. Dabei stellen sie letzte Fragen, die sie bewegen und belästigen und auf die sie Antworten suchen.

In Europa leben die Menschen, die Einheimischen und die Fremden, nach dem Ende der Ost-West-Konfrontationen unter Lebensbedingungen, die sich sehr unterscheiden von denen Alteuropas, aber auch von denen der bisherigen Moderne. Die Zerstörungen der natürlichen Lebensbedingungen, die Flüchtlingsbewegungen, die Ambivalenzen wissenschaftlicher, technischer, medizinischer, wirtschaftlicher Fortschritte und ihre negativen Folgen sind größer, als die meisten Theoretiker der Moderne ahnten. Auch in Europa verhindern die bisher entwickelten nationalen und internationalen sozialen und politischen Institutionen nicht Kriege und brutalen Rassismus, Fundamentalismus, Nationalismus und Fremdenhaß. Die Geschichte ist ganz offensichtlich nicht zu Ende durch den weltgeschichtlichen Sieg der Demokratie und der freien Marktwirtschaft (Fukuyama). Was der heutige Bundesverfassungsrichter Böckenförde 1967 über den modernen Staat sagte, gilt erst recht heute, wo sich nicht nur geistig-religiöse Voraussetzungen des sogenannten Überbaus, sondern auch solche der sogenannten Basis radikaler als bisher wandeln: «Der freiheitliche, säkularisierte Staat lebt von Voraussetzungen, die er selbst nicht garantieren kann.» Der auf Freiheit gegründete moderne Staat hebt sich selbst auf, wenn er seine Voraussetzungen von einer «vorgeordneten Staatsideologie» oder von einem angeblich «objektiven Wertsystem» aus «mit den Mitteln des Rechtszwangs und autoritativen

Gebots zu garantieren» sucht (Böckenförde 1976, 60). Auch in Europa ist
inzwischen auf allen Ebenen, von der Wissenschaft, Technik und Wirtschaft bis zur Politik, Religion und Weltanschauung, die Abhängigkeit
von den anderen ungleichzeitigen Kulturen und Gesellschaften der Erde
im positiven und im negativen Sinn unübersehbar größer geworden.
Mehr als drei Viertel der Menschen leben heute nicht in der Ersten oder
Zweiten, sondern in der Dritten Welt. Jeder kann für all diese Herausforderungen aufgrund seiner täglichen Erfahrungen und Informationen
Beispiele nennen.

   Wo die Ohnmacht und die Gefährung der sozialen Systeme sowie die
Verletzungen der Menschen innerhalb und außerhalb dieser Systeme
nicht mehr zu übersehen sind, bieten funktionale Beschreibungen der
Systemrationalitäten weder dem einzelnen noch den sozialen Gruppen
inhaltlich überzeugende Orientierungen für ihr Leben und Handeln
(Luhmann). Das gilt auch für Versuche, in unserer angeblich posttradi-
tionalen Moderne allein noch aus der Struktur von Sprache und Sprech-
akten bzw. aus der Lebenswelt, die trotz aller Kolonialisierung lebensphi-
losophisch als human unterstellt wird, kontrafaktisch humane Formen
der Intersubjektivität und der kommunikativen Freiheit zu entwickeln
(Habermas). Die von Religionen und Weltanschauungen, von Theologen
und Philosophen entwickelten und diskutierten Denkmodelle, die, wenn
auch kontrafaktisch, mit Berufung zum Beispiel auf das Reich der objektiven Ideen, der Werte, Normen, Letztbegründungen Geltungsansprüche für alle Menschen als Menschen erheben, sind sehr weit entfernt von
dem Leben, Handeln und Leiden der Menschen, den religiösen und nicht
religiösen Gruppen, den ethnischen und religiösen Mehr- und Minderheiten, den handelnden bzw. nicht handelnden sozialen und politischen,
nationalen und internationalen Institutionen. Kann eine Philosophie in
dieser Situation überhaupt noch Hilfreiches zur Orientierung im Denken
und Handeln sagen?

## 2 Philosophie der unbefriedigten Aufklärung heute

Hegel kritisierte 1807 in seiner «Phänomenologie des Geistes» mit dem
von ihm gebildeten Begriff «unbefriedigte Aufklärung» die abstrakte
«Entgegensetzung» von Aufklärung und christlichem Glauben. Aufklärung sei bei einer solchen Gegenwartsdiagnose nur die «Furie des Ver-
schwindens» oder der «Terror». Der christliche Glaube sei durch die totale Entgegensetzung zu der sich realisierenden Moderne zu einer Form
der «sich in sich verhausenden Subjektivität» geworden, die in letzter

Konsequenz die geschichtliche Wirklichkeit und Gott verlieren werde. Hegel wollte den Prozeß der unbefriedigten Aufklärung befriedigen, vollenden und beenden sowie die «Entgegensetzung» von Christentum und Aufklärung auf dem Boden der modernen Lebensbedingungen aufheben und versöhnen. Er entwickelte deshalb sehr verschiedene, nicht widerspruchsfreie Denkmodelle. Diese sollten etwa Gott ontotheologisch als ein Werden und Zusichselbstkommen des absoluten Geistes denken. Hegels Prämissen waren dabei: Die menschliche Vernunft ist fähig, diesen göttlichen Prozeß zu begreifen und auf den Begriff zu bringen. Der Staat ist ein «sittliches Universum». Die eine Weltgeschichte ist nicht nur eine «Schlachtbank» der Völker, sondern auch das «Weltgericht». Alle diese Denkmodelle endeten, auch nach Hegels Eingeständnis, mit einem «Mißton» und der «unaufgelösten Entzweiung» zur Gegenwart. Ich übernahm Hegels Begriff der ‹unbefriedigten Aufklärung›, um wie andere unter veränderten geschichtlichen Bedingungen ohne Hegels Prämissen den Prozeß der Aufklärung neu zu begreifen und weiterzuführen.

Nach dem Schwund der Überzeugungskraft vieler bürgerlicher und sozialistischer, idealistischer und materialistischer Aufklärungsmodelle sowie ihrer zu einfachen Grundannahmen über Gott, Natur, Geschichte und Mensch arbeiten heute einige an einer Weiterführung bzw. Neubegründung einer Philosophie der Aufklärung. Bei allen Unterschieden zwischen ihnen besteht Übereinstimmung über einige Grundannahmen: Aufklärung ist kein vergangenes Zeitalter der europäischen Neuzeit. Ein Ausstieg aus den Krisen der Moderne in die sogenannte Prä- oder Postmoderne löst mit Sicherheit keine Probleme, er verschärft sie nur. Wer heute überzeugendes neues letztes Orientierungswissen sucht, geht von Voraussetzungen und Grundannahmen aus diesseits der Verwissenschaftlichung des Denkens sowie der neuen Mythenfreundlichkeit.

Wer heute den Prozeß der Aufklärung weiterführen und neu begründen will, ist nach der Überzeugung vieler bei aller notwendigen Kritik von nicht überzeugenden traditionellen Antworten auf nicht erledigte Traditionspotentiale angewiesen. Dafür einige Beispiele: Ich verstehe «Aufklärung als Prozeß von Traditionskritik und Traditionsbewahrung» (Oelmüller 1979, I–XLVI). Kolakowskis «allgemeiner Leitsatz ist einfach und gar nicht neu. Es gibt zwei Umstände, deren wir uns immer gleichzeitig erinnern sollen: Erstens, hätten nicht die neuen Generationen unaufhörlich gegen die ererbte Tradition revoltiert, würden wir noch heute in Höhlen leben; zweitens, wenn die Revolte gegen die ererbte Tradition einmal universell würde, werden wir uns wieder in den Höhlen befinden. Der Kult der Tradition und der Widerstand gegen die Tradition sind gleichermaßen unentbehrlich für das gesellschaftliche Leben; eine Gesellschaft, in der der Kult der Tradition allmächtig wird, ist zur Stagnation verurteilt; eine Gesellschaft, in der die Revolte gegen die Tradition universell wird, ist zur Vernichtung verurteilt» (Kolakowski 1970, 1). Nach Putnam können wir, wenn wir unsere Rationalität und Moral verbessern wollen, nicht von der «Position des Solipsismus» ausgehen, sondern «vom Innern unserer Tradition», zu der «die griechische Agora» und «die heilige Schrift» gehören (Putnam 1982, 284–285). Wenn Popper die offene Gesellschaft als die beste in der bisherigen menschlichen Geschichte verteidigt, dann beurteilt er diese Gesellschaft und ihre Voraussetzungen nicht mit den Kriterien einer wissenschaftlichen Logik, die Theorien als falsifizierbare Hypothesen betrachtet: «I have in mind the standards and values which have come down to us through Christianity from Greece and from the Holy Land; from Socrates, and from the Old and New Testaments» (Popper 1969, 369). Schon in seinem Benjamin-Aufsatz hatte Habermas von der «Verödung» der Diskurse gesprochen, wenn die semantischen Potentiale einmal verlorengehen würden, denen Benjamins rettende Kritik galt. Jetzt sagt er im Blick auf das von ihm so genannte «nachmetaphysische Denken», er glaube nicht, «daß wir als Europäer Begriffe wie Moralität und Sittlichkeit, Person und Individualität, Freiheit und Emanzipation... ernstlich verstehen können, ohne uns die Substanz des heilsgeschichtlichen Denkens jüdisch-christlicher Herkunft anzueignen» (Habermas 1988, 23).

Seit der griechischen und jüdischen Aufklärung gibt es für Denker der Aufklärung grundsätzlich zwei Möglichkeiten. Für die einen ist mit den Einsichten in die Genese der Gottesbilder, in die Genese der Projektion menschlich-allzu-menschlicher Wünsche, in die Genese der Verdinglichung und Verehrung solcher Projektionen und Bedürfnisse Gott eine schlechthin durchschaute und erledigte Vergangenheit. Für die anderen bedeuten Einsichten der Aufklärung in die Genese menschlich-allzu-menschlicher Projektionen ebenso wie die Einsichten der jüdisch-christlichen Traditionen des Bilderverbots und der negativen Theologie nicht das Ende jeder Gottesrede, sondern zunächst einmal die Notwendigkeit, darüber nachzudenken, wie nicht bzw. wie die endliche menschliche Vernunft und Sprache, auch die Sprache der Kunst und Literatur, überhaupt über die unaufhebbare Nähe und Ferne des einen Gottes in Traditionen des Judentums, Christentums und Islams denken und sprechen kann, wenn man darüber nicht schweigen kann.

Für eine Philosophie der unbefriedigten Aufklärung ist diese Frage nicht die einzige, ja dringendste. Sie muß sich auch solchen Fragen stellen: Warum konnten und können monotheistische Gottesvorstellungen

mißbraucht werden zur Legitimation von Gewalt, Intoleranz, Fremdenhaß, Antisemitismus, Religionskriegen? Warum glauben heute auch
sehr viele Menschen, die ihrer Herkunft nach Juden, Christen, Muslime
sind, nicht mehr an den einen Gott? Läßt sich von den Aussagen über die
Einheit von Gottes-, Nächsten- und Fremdenliebe in den Ursprungszeugnissen der Juden, Christen und Muslime aus heute noch überzeugendes Orientierungswissen für das sittliche und politische Handeln entwickeln? Die chassidischen Geschichten der Juden aus dem 18. und
19. Jahrhundert erzählen immer wieder von Wissen und Nichtwissen,
Nähe und Ferne Gottes, von seiner Anwesenheit und seiner Abwesenheit. Glauben heißt für sie nicht einfach Fürwahrhalten, was eine Kirche
oder Religionsgemeinschaft als Offenbarungswahrheit festgeschrieben
hat. Der Glaube überwindet auch nicht einfach die «Wirrsal von Zweifeln» (Buber 1992, 185). Lévinas beschreibt die philosophischen Versuche, den einen Gott zu denken, so: «Die Götter, wenn sie auch auf Gip-
feln wohnen, sind im philosophischen Diskurs präsent. Sie bleiben es,
auch nach ihrem Rückzug auf jene mythischen Stätten, in dem Maße,
wie der philosophische Diskurs die Mythen einkleidet oder sich in sie
flüchtet. Der Gott der Bibel, dessen Wege unbekannt sind, dessen Anwesenheit in Abwesenheit besteht und dessen Abwesenheit sich als Anwesenheit aufdrängt, dem der Gläubige gleichzeitig treu und untreu ist, an
den er glaubt und gleichzeitig nicht glaubt, offenbart sich dagegen im
Bruch des kohärenten Diskurses. Und doch stimmt der westliche
Mensch, unverbesserlicher Philosoph der er ist, dieser Trennung zwischen Glauben (oder dessen Restbestand) und Philosophie nicht zu. Er
will einen Diskurs, der auch noch diesen Bruch in sich aufnimmt» (Lévinas 1991, 79).

## 3 Orientierungswissen aus der Perspektive der unbefriedigten Aufklärung

Was leistet Orientierungswissen aus der Perspektive der unbefriedigten
Aufklärung, bzw. was leistet es nicht? Hierzu einige allgemeinere Bemerkungen; die beiden folgenden Punkte erläutern dies beispielhaft an
zwei Grundproblemen des Handelns unter gegenwärtigen Lebensbedingungen: an der Deutung des Menschen als Subjekt sowie an den Menschenrechten in modernen Rechts- und Verfassungsstaaten.

*Philosophisches Orientierungswissen im Unterschied zu Orientierungs-*
*wissen in einer engen sowie weiten und vagen Bedeutung*

Orientierungswissen nennt man in der Sprache des Alltags und der Öffentlichkeit sowie der Wissenschaften auf der einen Seite ein Wissen
über einen eng begrenzten Bereich. Wer Wissen über seine bekannte
Alltagswelt besitzt, findet sich darin zurecht. Wer technisches Wissen
erworben hat, kann etwa mit technischen Geräten umgehen. Orientierungswissen wird heute auf der anderen Seite, ähnlich wie das Wort
Sinn, auch in einer weiten und vagen Bedeutung gebraucht. Sinn meint
ursprünglich etwas eng Begrenztes, zum Beispiel den Sinn eines Wortes,
eines Zeichens, einer Textstelle. Seit dem Ende des 19. Jahrhunderts
(z. B. bei Nietzsche und Dilthey) spricht man vom Sinn des Lebens, Sinn
der Geschichte, Sinn der Welt. In ähnlicher Weise wird das Wort Orientierungswissen inzwischen auch in einer weiten und vagen Bedeutung
gebraucht. Man unterstellt hierbei, etwa wie Jacobi oder Nietzsche, nach
dem Tod Gottes und aller von ihm legitimierten Orientierungsinstanzen,
zu denen auch die Vernunft und Rationalität gehören, die Heraufkunft
des Nihilismus. Man sucht neue Orientierungen durch Surrogate und
Kompensate. Hierbei werden etwa die Begriffe Kunst und Ästhetik
entgrenzt und überfordert. Nietzsche spricht von der ästhetischen Rechtfertigung der Welt und des Daseins, von der Kunst als «Erlösung der
Leidenden», Marquard spricht von der Kunst als «Kompensat der verlorenen Gnade». Wenn Philosophen und Wissenschaftler heute von
Orientierungswissen sprechen, verwenden sie den Begriff in der Regel in
einer anderen Bedeutung.

*Letzte Fragen*

Wenn Menschen Orientierungswissen über letzte Fragen des Menschen,
des Denkens, Handelns und Hoffens suchen, dann fragen sie nach einem
Wissen, das sich nicht formalisieren oder in der Sprache der Mathematik
oder Logik sagen läßt. Eine verwissenschaftlichte Vernunft, die sich zum
Beispiel auf empirisch kontrollierbare oder methodisch begrenzte Bereiche beschränkt, stellt keine letzten Fragen, ja, sie fordert sogar ein Denk-
und Sprechverbot über sie. Wenn sich Menschen letzte Fragen stellen,
können die Kriterien einer verwissenschaftlichten Vernunft nicht Maßstäbe des Denkens und Sprechens sein.

Menschen stellen nicht immer, sondern nur unter bestimmten Bedingungen letzte Fragen, vor allem wenn ihre überlieferten oder selbst erar-
beiteten letzten Orientierungen zerbrechen oder ‹frag-würdig› werden.
Dies geschieht zum Beispiel, wenn Menschen mit Staunen oder Entsetzen mit der Größe oder dem Elend des Menschen, mit unerwartetem

Glück oder mit grauenhaftem Leiden, mit Tod und Untergang konfrontiert sind. Letzte Fragen lauten nach Kant etwa: Was kann ich wissen? Was soll ich tun? Was darf ich hoffen? Was ist der Mensch? Letzte Fragen «belästigen» nach Kant die Menschen aus zwei Gründen: Menschen können solche Fragen nicht, jedenfalls nicht endgültig, abweisen, verdrängen, vergessen. Sie können sie jedoch auch nicht, jedenfalls nicht endgültig, beantworten. Philosophisches Orientierungswissen versucht, durch Selbstdenken, durch den Gebrauch der eigenen Vernunft und Urteilskraft auf zweifache Weise im Denken zu orientieren: durch Kritik nicht mehr überzeugender Antwortversuche auf letzte Fragen sowie durch Suche, Entwicklung und Diskussion von glaubwürdigen Antworten auf diese Fragen.

Letzte Fragen des Wissens, des Tuns und Hoffens beschränken sich nicht nur auf sogenannte letzte Dinge, zum Beispiel auf Sterben und Tod sowie auf das, was möglicherweise danach kommt. Letzte Fragen sind auch nicht ‹festgelegt› durch ihren Bezug auf eine unwandelbare Über- und Hinterwelt, etwa auf das Sein bzw. das Jenseits des Seins, auf das Reich der objektiven Ideale und Werte. Eine über sich und ihre Grenzen aufgeklärte Vernunft unterstellt auch nicht, daß letzte Fragen für alle Menschen als Menschen inhaltlich gleiche Fragen sind, die in dem unwandelbaren Wesen des Menschen oder in seiner unwandelbaren Vernunftstruktur angelegt sind. Erst nach dem Abschied von solchen und anderen angeblich unversalgültigen Unterstellungen gewinnt man Zugänge zu letzten Dimensionen des Menschen diesseits von Universalismus und Relativismus.

*Antwortversuche auf letzte Fragen*
Antwortversuche auf letzte Fragen sind, wie die Geschichte des Denkens einzelner Menschen und der Philosophie zeigen, diesseits von Universalismus und Relativismus nur begrenzt verallgemeinerungsfähig. Zu beiden Geschichten gehört die Skepsis, die Widerlegung der Skepsis und die Wiederkehr der Skepsis. Zur Geschichte des philosophischen Orientierungswissens gehört der Satz des Sokrates nach seiner Entlarvung der vorgetäuschten Weisheit der Politiker, Dichter und Handwerker: «Ich scheine doch wenigstens um ein Kleines weiser zu sein..., weil ich, was ich nicht weiß, auch nicht zu wissen glaube.» – «Wirklich weise... mag der Gott sein und er mag in seinem Orakel dies meinen: die menschliche Weisheit ist wenig wert oder nichts» (Platon, Apologie 21 D, 23 A). Hierzu gehört auch Kants Einsicht in die Unfähigkeit der menschlichen Vernunft, ein endgültiges System des Wissens zu entwickeln – für Kant «ein Tantalischer Schmerz, der indessen doch nicht hoffnungslos ist» (an

Christian Garve 21. September 1798). Zur Geschichte des philosophischen Orientierungswissens gehört auch Wittgensteins Satz: «Worüber man nicht sprechen kann, darüber muß man schweigen» (Tractatus
logico-philosophicus 7) und gleichzeitig dessen Versuche, im Sinne der
negativen Theologie an den Grenzen der menschlichen Vernunft und der
menschlichen Sprache ohne Denk- und Sprechverbote daran zu arbeiten,
wie man nicht bzw. wie man über letzte Orientierungen sprechen kann.
Zur Philosophie gehören von Anfang an Reflexionen und Diskussionen
über die Leistungsfähigkeit und Grenze der menschlichen Sprache – der
Worte, Metaphern, Symbole, Mythen, Begriffe – in den Wissenschaften,
in der Rhetorik und Politik, in der Kunst und Literatur, im Kult und in der
Religion sowie Reflexionen und Diskussionen über nichtverbale Aus-
drucks- und Darstellungsmöglichkeiten des Menschen.[1]

## 4 Eine Deutung des Menschen als Subjekt vom Anderen aus

Jede inhaltliche Antwort auf die Frage: Was soll ich tun? hängt davon ab,
welche letzten religiösen oder nicht religiösen Voraussetzungen und
Grundannahmen für einen Menschen verbindlich sind und unter welchen geschichtlichen Bedingungen, Lebensformen und Institutionen er
leben und handeln muß. Inhaltliche Vorstellungen vom guten Leben
sind nicht unbegrenzt verallgemeinerungsfähig. Die Handlungsziele und
Vorstellungen vom richtigen Leben von Menschen in einfachen Stam-
mesgesellschaften sind abhängig von Lebensbedingungen, die Lévi-
Strauss heute als die vergangene Welt der «Traurigen Tropen» bezeichnet. Was Platon und Aristoteles über das Ethos des Polisbürgers sagten,
war schon zu ihrer Zeit eine Utopie der Vergangenheit sowie eine Exklu-
sion von Lebensmöglichkeiten von Nichtbürgern und Sklaven. Epikurs
Ideal war ein Philosophieren mit Freunden bei einer ‹Gartenparty› – fern
von der Polis. Das richtige Leben kann für ihn nicht mehr von den Göttern, die Furcht und Schrecken bereiten, bestimmt werden – sie leben
nach ihm in Intermundien und können in das Leben der Menschen nicht
eingreifen –, auch nicht von einem vernünftig geordneten Kosmos – dieser ist für ihn nur eine zufällige Atomkomposition. Die Stoiker wollten
als Kosmopoliten leben, weil alle irdischen politischen Institutionen und
Ordnungen der menschlichen Geschichte das gute Leben nicht sichern
konnten. Eine heute glaubwürdige Deutung des Menschen kann ausgehen von einer Deutung des Menschen als Subjekt vom Anderen aus.
Platon und der griechischen Sittlichkeit konnte das «tiefere Prinzip» der
Subjektivität, die endgültig erst durch das Christentum in die Welt ge-

kommen sei – für Hegel «die Angel» der Weltgeschichte –, «nur als Verderben erscheinen».[2]

Mit dem Begriff Subjekt bzw. Subjektivität bezeichnen seit dem Ende des 18. Jahrhunderts idealistische und materialistische, bürgerliche und sozialistische Aufklärer die Einheit des modernen Menschen. Diese Einheit umfaßt, was die modernen Menschenrechte dem Menschen als Menschen zuschreiben: die körperliche Unversehrtheit, das unveräußerliche Recht auf Leben, Freiheit und Streben nach Glück, die Entkoppelung der Bürgerfähigkeit von der Zugehörigkeit zu einer bestimmten Religion oder Weltanschauung, Wirtschafts-, Wissenschafts- und Kultur-, Religions- und Gewissensfreiheit. Seit 150 Jahren gibt es nicht nur verschiedene Erfahrungen mit Projekten, diese Freiheitsmöglichkeiten genauer zu definieren und durchzusetzen. Es gibt auch verschiedene reale Prozesse, die das moderne Subjekt zum Verschwinden bringen.

In dieser Situation gehe ich wie Lévinas und andere jüdische und christliche Denker davon aus, daß auch heute in der monotheistischen Gottesrede in Traditionen der Aufklärung, des Bilderverbots und der negativen Theologie vom Anderen aus eine radikalere und überzeugendere Begründung des Subjekts möglich ist als in vielen Traditionen des griechischen und neuzeitlichen Humanismus. Während in diesen der andere oft nur als gleichgültiger Nebenmensch, als «Man» (Heidegger), als fremdes Exemplar der biologischen Gattung, ja als mich bedrohender Feind gedacht werden kann, ist für den Monotheismus der Juden und Christen die Zuwendung zum anderen, der mich in seiner Verletztheit und Bedürftigkeit herausfordert, das entscheidende und unterscheidende Kennzeichen eines «Humanismus des anderen Menschen» (Lévinas). Das Subjekt wird bei dieser Begründung im Gegensatz zu ontologischen Deutungsversuchen von Parmenides bis Heidegger nicht gedacht als «Hüter des Seins», sondern als «Hüter meines Bruders». Der alte jüdische Satz «Wenn ich nicht für mich bin, wer ist für mich, und wenn ich für mich selber bin, was bin ich» (Buber 1992, 261) beschäftigt auch die chassidischen Denker. Im Gegensatz zu dem Satz Spinozas über die Identitätserhaltung «Das Streben nach Selbsterhaltung ist die erste und einzige Grundlage der Tugend» spricht Lévinas geradezu vom Subjekt «ohne Identität». Dieses Subjekt kann, wenn man so sagen darf, seine Identität allein von der Nähe und Distanz des Anderen aus gewinnen, durch den anderen Mitmenschen und durch ihn in der Spur Gottes, die meine selbstgeschaffene Identität immer wieder in Frage stellt. Der Andere wird dabei von Lévinas und anderen ausdrücklich diesseits von Egoismus und Altruismus, diesseits von rationaler Distanziertheit und emotionaler Betroffenheit nicht gedacht als der Vertraute meiner über-

schaubaren Nachbarschaft und Gott nicht als das «ewige Du» (Buber).
Der Andere ist, anders als bei romantischen Vorstellungen von Ich-Du-
Zwiegesprächen, auch der Alte und Kranke, der ohne mich nicht überleben und leben kann, der Fremde, der nicht in meine Lebens- und Kultur-
welt assimiliert ist, der mich belästigt, ja bedroht.

Wie andere ethische Perspektiven kann auch die einer Deutung des
Menschen als Subjekt vom Anderen aus mißverstanden werden, etwa
als ein weltfremdes, moralisierendes Gerede von Liebe, Solidarität und
Verantwortung. Max Weber sprach von der Bergpredigt, «der absoluten Ethik des Evangeliums», als «einer Ethik der Würdelosigkeit – außer: für einen Heiligen» und «Gesinnungsethik», in der Fanatiker im
Namen der alleinseligmachenden Wahrheit Mitmenschen auch unter-
drücken und vernichten. Die Deutung des Menschen vom Anderen aus
kann jedoch auch alte vergessene und verdrängte sowie neue Formen
der Wahrnehmung und des Umgangs mit Mitmenschen eröffnen.[3] Dafür drei Beispiele:

1. Wer seine Freunde und Bekannten oder im Beruf als Wissenschaftler und Techniker, als Arzt und Lehrer, als Kaufmann und Verwaltungs-
mann seine Mitmenschen nur als Nebenmenschen, als Unterhaltungs-
und Kommunikationspartner oder als Mittel für direkte oder indirekte
egoistische Interessen sieht, kann erfahren, daß diesseits von Egoismus
und Altruismus oder von rationaler Distanziertheit und Betroffenheits-
bekundungen die Respektierung der Nähe und Distanz zum Anderen
neue Wahrnehmungs- und Umgangsformen eröffnet. Er wird auch kritischer zu vielen in den Wissenschaften und in der Öffentlichkeit verwendeten Begriffen wie ‹multikulturell› und ‹multireligiös›, ‹personale und
soziale Identität›, weil diese oft den Blick auf die wirklichen Probleme
unserer Mitmenschen verstellen. Wir leben mit Mitmenschen und Mit-
bürgern zusammen, die oft zwischen ihren und unseren Traditionen hin-
und hergerissen sind. Dabei gibt es große Unterschiede zwischen denen,
die schon in unsere Lebenswelt integriert sind, denen, die noch nicht
integriert sind, und denen, die sich nicht integrieren wollen. Auch unsere
eigene sogenannte personale und soziale Identität ist nicht einfach durch
Traditionen und Herkunftswelten beschreibbar: Juden, Christen und
Muslime zum Beispiel verhalten sich bei allen Gemeinsamkeiten zu ihren verschiedenen Herkunftsgeschichten sehr verschieden. Für die einen
sind die Herkunftwelten erledigte Vergangenheit, und sie suchen Anpas-
sungen an modernen Lebensbedingungen und Mentalitäten. Andere
leben von Restbeständen, zum Beispiel Weihnachten nur noch als Zivil-
religion. Wieder andere wenden sich mehr oder weniger fundamentali-
stisch gegen alle modernen Lebensbedingungen. Noch andere suchen bei

aller Kritik und Distanz zu traditionellen Formen ihrer Herkunftsge-
schichte von unerledigten monotheistischen Traditionsbeständen der Juden, Christen und Muslime aus für gegenwärtige Lebensbedingungen
glaubwürdige neue Antworten und Lebensformen.

2. Bei der Entwicklung, Durchsetzung und Institutionalisierung neuer
sittlicher und rechtlicher Vorstellungen von Subjekten war und ist auch
der Begriff des Gewissens von großer Bedeutung. Der Begriff, von dem
man hierbei oft viel zu simple Vorstellungen hatte (z. B. unmittelbar im
Innern präsente Stimme Gottes oder einer höheren Macht bzw. gesellschaftliches Über-Ich, das ein Mensch im Prozeß der Sozialisation verinnerlicht), wird heute, auch von den Kirchen, seltener gebraucht. Wenn
man das ‹Gewissen haben› des verantwortlich handelnden Subjekts jedoch vom Anderen aus versteht, beschreibt der Begriff Gewissen, wie die
gegenwärtigen Ethikdiskussionen zeigen, sehr genau die Situation der
Handelnden. Naturwissenschaftler und Psychologen, Juristen, Ärzte
und Lehrer stehen in ihrer konkreten Arbeit vor Entscheidungen, bei
denen ihnen keine Instanz von außen sagen kann und darf, was sie konkret tun müssen. Letzte Instanz ist die durch Wissen über heute für Menschen überzeugende sittliche Traditionspotentiale sowie durch Beruf und
Lebenserfahrung gereifte Urteilskraft des ‹Gewissen habenden›, verantwortlich handelnden einzelnen Subjekts. Diese Gewissensentscheidung
kann diesem Subjekt keine Kirche, kein Staat, kein Gericht abnehmen.
Die öffentlichen Diskussionen und Gerichtsprozesse nach dem Ende
totalitär verwalteter Staaten und Gesellschaften zeigen, was ‹Gewissen
haben› für diejenigen bedeutet, die als Täter, öfter als Opfer, noch öfter
als Täter und Opfer zugleich in diese Systeme verstrickt waren. Dosto-
jewskis Legende vom Großinquisitor stellt die Konsequenzen dar, wenn
die Kirche für die Menschen ‹Gewissen sein› will. Der Großinquisitor
verhaftet den wiederkehrenden Jesus, weil er die Arbeit der Kirche
«stört». Er habe den schwachen und lasterhaften Menschen das für diese
Unerträglichste geschenkt, die Freiheit, zwischen Gut und Böse zu unterscheiden, und er habe sie dadurch überfordert und unglücklich gemacht.
Zum mäßigen Glück, das ihnen dagegen die Kirche schenke, brauchten
die Menschen nur «das Wunder, das Geheimnis und die Autorität».

3. Religiöse und nicht religiöse Menschen kennen Gründe für die Zuwendung zum Anderen, der in seinem Leiden und in seiner Verletzung
Hilfe braucht. Zu den Ursprungszeugnissen der monotheistischen Religionen gehört die Erfahrung der Einheit von Gottesliebe, Nächsten-,
Fremden-, ja Feindesliebe. Auch andere Religionen, nicht nur östliche,
nennen Gründe für das Mitleid mit dem Anderen. Auch Menschen, die
davon ausgehen, daß unsere menschliche Existenz schlechthin absurd ist

in dem Sinn, daß wir an die Welt als Natur Klagen richten und Fragen stellen, daß die Welt als Natur aber darauf nicht antwortet, sondern stumm bleibt, reagieren auf diese Absurdität des menschlichen Schicksals nicht mit Zynismus. Der Arzt Dr. Rieux, ein aufgeklärter Skeptiker, reagiert in Camus' eindrucksvollem Roman «Die Pest» mit seiner Solidarität für die Pestkranken. Er will trotz aller Absurdität im Ganzen so viele Leiden wie möglich mildern; er will – ähnlich wie eine andere Gestalt in dem Roman – in einer Welt ohne Gott ein «Heiliger ohne Gott» sein.

Religiöse und nicht religiöse Menschen wissen jedoch auch, daß alle guten Gründe für die Zuwendung zum Anderen weder in der Geschichte noch in der Gegenwart Unterdrückung und Folter, Kriege, ‹ethnische Säuberungen› und anderes verhindert haben. Sie kennen auch einige Gründe dafür: wirtschaftliche, soziale, politische, psychologische, bestimmte religiöse und nicht religiöse Wahrheitsvorstellungen usw. Aber auch heute gibt es Menschen, die trotz allem durch Kritik und Selbstkritik daran arbeiten, ihre Wahrnehmungsfähigkeit für alte und neue Formen der Zerstörungen und Verletzungen des Anderen, des Nächsten und Fremden, zu schärfen, und die mit gereifter Urteilskraft und mit Mut das tun, was Menschen tun können.

## 5 Menschenrechte in modernen Rechts- und Verfassungsstaaten

Seit Hobbes arbeiten Philosophen, Wissenschaftler und Politiker an der Entwicklung und Verwirklichung von Konzepten eines mehr oder weniger liberalen oder demokratischen Nationalstaates, der das Überleben und das von diesem Staat versprochene mäßige wirtschaftliche und private Glück seiner Bürger sichern soll gegen Bürgerkriege, Religionskriege, ‹ethnische Säuberungen›. Seit der modernen Aufklärung arbeiten Philosophen, Wissenschaftler und Politiker zugleich an Konzepten eines europäischen Staatenbundes, einer weltumfassenden UNO, die auch Kriege und die Kriegszustände zwischen den einzelnen Nationalstaaten verhindern oder wenigstens eindämmen sollen. Was von beiden Konzepten und Utopien selbst in Europa realisiert bzw. nicht realisiert ist, erfahren wir täglich durch die Medien. Selbst in West- und Osteuropa können die Nationalstaaten und die Vereinigungen von Staaten Bürger- und Religionskriege, ‹ethnische Säuberungen›, Haß gegen Fremde und Minderheiten sowie Fundamentalismus nicht verhindern.

Ich sehe heute nach dem Ende der Überzeugungskraft der bisherigen bürgerlichen und sozialistischen Utopien und Ideologien sowie der Basis der bürgerlichen und sozialistischen Gesellschaften für das sittliche und politische Handeln keine Alternative zu der unaufhebbaren Spannung zwischen den Menschenrechten in modernen Rechts- und Verfassungsstaaten auf der einen Seite und den letzten Voraussetzungen der Handelnden auf der anderen Seite.

Menschen und Institutionen können sich bei konkreten privaten und öffentlichen Entscheidungen und Handlungen immer weniger an einem geschichtlich vorgegebenen Ensemble von guten Üblichkeiten orientieren, das man früher Ethos, Lebensform, common sense nannte. Menschen und Institutionen orientieren sich privat und öffentlich öfter als bisher an modernen Menschenrechten, das heißt an solchen Rechten, die unabhängig von der Zugehörigkeit zu bestimmten religiösen und kulturellen Traditionen Menschen als Menschen zugeschrieben werden. Auch Menschenrechte wurden und werden mißbraucht zum Moralisieren oder gar zur Legitimation von illegalen Aktionen und Machenschaften. Aber sie sind auch lebendig beim Streit und Kampf um verteidigenswerte Ziele. Dafür einige Beispiele auf verschiedenen Ebenen: Sie sind lebendig (a) bei der Durchsetzung von Menschenrechten, zum Beispiel bei der Kritik an unmenschlichen Zuständen, beim Kampf gegen Hunger, Unterdrückung, Folter, bei der Verteidigung freiheitssichernder Einrichtungen; (b) bei der Kodifizierung von neu formulierten Menschen- und Grundrechten, zum Beispiel beim Streit darum, ob der Schutz der natürlichen Umwelt ein Menschenrecht, ein Staatsziel ist, wann die UNO und internationale Organisationen in die inneren Angelegenheiten eines totalitären Staates eingreifen müssen, wie die körperliche Unversehrtheit und die Sicherheit von Minderheiten (Fremden, Ausländern, Flüchtlingen) besser geschützt werden können; (c) bei der Suche nach überzeugenden letzten Begründungen von Menschenrechten.

Die Rechtfertigung und Begründung von modernen Menschenrechten und modernen Rechts- und Verfassungsstaaten unterscheidet sich grundsätzlich von einer religiösen, weltanschaulichen oder ideologischen Legitimierung von rechtlichen, politischen und staatlichen Ordnungen. Die von Menschen geschaffenen Gesetze und Verfassungen moderner Staaten gelten nicht, weil sie «Brüder» der «Gesetze im Hades» (Platon) sind oder weil sie dem Willen der Götter bzw. dem Willen Jahwes, Gottes oder Allahs gemäß sind. Religiöse Gruppen und Stellvertreter Gottes auf Erden können für religiöse Mehrheiten oder Minderheiten auch in modernen Staaten, etwa durch Auslegungs- und Applikationsverfahren kanonisierter heiliger Texte und göttlicher Offenbarungen, festschreiben und festlegen, was jetzt der Wille Gottes ist. Moderne Staaten können für ihre Bürger Gesetze jedoch so nicht begründen. Sie können vor allem nicht mit Mitteln des Staates für alle ihre Bürger durchsetzen, was religiöse Mehrheiten oder Minderheiten für sich als das verstehen, was dem Willen Gottes gemäß ist. Dies zeigt das grundsätzlich neue Legitimationsmodell – und seine Schwierigkeiten: Letzter Grund der Legitimation ist nicht der Wille Gottes, sondern beispielsweise der Volkswille oder der kontrafaktisch unterstellte Vertrag aller Bürger.

Bei Kennern der Bibel und des Korans sowie bei offiziellen Vertretern monotheistischer Religionen besteht keine Übereinstimmung darüber, ob in den Gründungsdokumenten ihrer Religionen sogenannte Menschenrechte nur für Mitglieder der eigenen Religion oder für alle Menschen als Menschen gedacht sind. Es ist jedoch unbestritten, daß moderne Menschenrechte, die Unterscheidung von Staat und Religion, Freiheiten des Subjekts, zum Beispiel die Religions- und Gewissensfreiheit, sehr oft gegen bestehende Religionen und in Religionskriegen durchgesetzt wurden und werden. Auch heute werden sie von einflußreichen Vertretern des Judentums, Christentums und Islams abgelehnt. Der islamische Fundamentalist al-Turabi begründet die Gottesherrschaft der islamischen Republik und die alleinige Geltung der Scharia als Rechtsordnung sowie den Kampf gegen innere und äußere Feinde mit allen Mitteln so: Die «Demokratie ist ein westliches, kein islamisches System». Menschenrechte sind «ein fremder Import für die Muslime, der die uneingeschränkte Permissivität zuläßt» (Tibi 1992). Ohne die Verteidigung, Weiterentwicklung und Durchsetzung der modernen Menschenrechte können heute (z. B. auch in den Kirchen Mittel- und Osteuropas, im Islam innerhalb und außerhalb Europas, in Israel) gefährliche nationalistische und fundamentalistische Bewegungen, ja Religionskriege nicht verhindert werden.

Menschenrechtskodifizierungen wie die der UNO sind Kompromisse der Verhandlungen von Gruppen, die, abhängig von den Interessen der jeweils Herrschenden und Mächtigen, zum Beispiel bürgerliche Individualrechte, sozialistische Sozialrechte sowie die Rechte souveräner Einzelstaaten vertreten. Die bisherigen Begründungen der Menschenrechte von angeblich universalen Voraussetzungen aus der Perspektive des Naturrechts, der Transzendentalphilosophie sowie der Werttheorie sind weit entfernt von Menschen, die Menschenrechte kodifizieren und in konkreten Situationen durchsetzen. Einige Hinweise hierzu: Auch Spaemanns neue, sehr verschiedene Deutungsversuche des Naturrechts (z. B. von der christlichen Schöpfungslehre, von der Ontologie bzw. Teleologie oder der angeblich «kulturinvarianten, basalen Normalität») sagen, wie er selbst betont, Eltern und Ärzten nicht, was sie bei konkreten Entscheidungen über Leben und Tod tun müssen. Aus dem Konstrukt eines geschichtsfreien kontrafaktischen Vertrags der Menschen über ihre wechselseitigen Rechte und Pflichten hinter dem Rücken und Bewußtsein dieser Menschen (Rawls) lassen sich Menschenrechte weder plausibel noch gar verbindlich erklären. Angeblich «objektive Werte» schützen, wie die Geschichte zeigt, nicht vor der «Tyrannei der Werte» (Carl Schmitt).

In dieser Situation stelle ich aus der Perspektive der Philosophie der unbefriedigten Aufklärung folgende Unterscheidung zur Diskussion:

1. Menschen brauchen bei gemeinsamen Forderungen und Aktionen im Namen der Menschenrechte keine für alle Menschen verbindlichen letzten Gründe, erst recht keine sogenannte formale Letztbegründung, wenn für sie (z. B. bei Hunger, Seuchen, Gewalt, Unterdrückung, Folter) unabhängig von ihren kulturbedingten, ethnischen, religiösen Moralvorstellungen hinreichend klar ist, was menschlich und unmenschlich ist.

2. Bei der Berufung auf Menschenrechte und bei der Verteidigung von Menschenrechten kommen dann jedoch letzte Gründe ohne für alle gleiche Letztbegründung ins Spiel, wenn bei Auseinandersetzungen zwischen ethnischen, religiösen und nicht religiösen Gruppen keine Verständigung darüber besteht, was in der konkreten Situation menschlich bzw. unmenschlich bedeutet. Der Schutz der Würde des Menschen gehört zum Beispiel zu zentralen Forderungen der Menschenrechte. Bei allen Gemeinsamkeiten bestehen jedoch oft wesentliche Unterschiede bei der Beurteilung der Würde des Menschen zwischen Menschen, für die Tod und Untergang das schlechthin Letzte sind, und solchen, für die sie nicht das Letzte sind, zwischen Menschen, die die Würde des Menschen von Gott her verstehen, und solchen, die sie von der naturalistisch oder evolutionistisch gedachten Natur her verstehen. Ob man unter Person eine von Gott geschaffene, von Tieren unterscheidbare besondere Würde des Menschen versteht oder ob man Person versteht als eine besondere Tätigkeit des Menschen zur Planung und Gestaltung des eigenen Lebens (Singer) oder durch einen bestimmten Stand der Hirnentwicklung bzw. den Hirntod, das ist nicht nur eine akademische Frage. Sie bestimmt und bedingt nicht nur Konflikte und Auseinandersetzungen im privaten, sondern auch im gesellschaftlich-politischen Bereich, wie die gegenwärtigen Diskussionen über Sterbehilfe, Schutz des Lebens, Euthanasie, Gentechnologie zeigen. Nichts spricht dafür, daß Menschen bei Auseinandersetzungen um die Begründung, Kodifizierung und Durchsetzung von Menschenrechten jemals bei konkreten Entscheidungen die Spannung zwischen ihren letzten Gründen und dem, was in modernen Rechts- und Verfassungsstaaten mehrheitsfähig durchsetzbar ist, völlig aufheben können. Ich sehe zu dieser unaufhebbaren Spannung, auch in parlamentarisch organisierten Demokratien, keine Alternative, wenn

man den Fundamentalismus bzw. die postmoderne Beliebigkeit bei sittlichen und politischen Entscheidungen vermeiden will.

## 6 Das «Vielleicht»

Aufklärung ist von Anfang an die große Schule des Verdachts, des Durchschauens, auch des Durchschauens selbstgeschaffener Sicherheiten und Utopien, jeden Selbst- und Fremdbetrugs, jeden «Trugs für Gott» (Hiob 13,7). Hiervon spricht auch die chassidische Erzählung des «furchtbaren ‹Vielleicht›»:

«Einer der Aufklärer, ein sehr gelehrter Mann, der vom Berditschewer gehört hatte, suchte ihn auf, um auch mit ihm, wie er's gewohnt war, zu disputieren und seine rückständigen Beweisgründe für die Wahrheit seines Glaubens zuschanden zu machen. Als er die Stube des Zaddiks betrat, sah er ihn mit einem Buch in der Hand in begeistertem Nachdenken auf und nieder gehen. Des Ankömmlings achtete er nicht. Schließlich blieb er stehen, sah ihn flüchtig an und sagte: ‹Vielleicht ist es aber wahr.› Der Gelehrte nahm vergebens all sein Selbstgefühl zusammen – ihm schlotterten die Knie, so furchtbar war der Zaddik anzusehn, so furchtbar sein schlichter Spruch zu hören. Rabbi Levi Jizschak aber wandte sich ihm nun völlig zu und sprach ihn gelassen an: ‹Mein Sohn, die Großen der Thora, mit denen du gestritten hast, haben ihre Worte an dich verschwendet, du hast, als du gingst, darüber gelacht. Sie haben dir Gott und sein Reich nicht auf den Tisch legen können, und auch ich kann es nicht. Aber, mein Sohn, bedenke, vielleicht ist es wahr.› Der Aufklärer bot seine innerste Kraft zur Entgegnung auf; aber dieses furchtbare ‹Vielleicht›, das ihm da Mal um Mal entgegenklang, brach seinen Widerstand» (Buber 1992, 363–364).

### Anmerkungen

1 Siehe hierzu die beiden Einleitungen und die Texte in W. Oelmüller / R. Dölle-Oelmüller / V. Steenblock: Diskurs: Sprache. Philosophische Arbeitsbücher 8. Paderborn u. a. 1991 (= UTB 1615); siehe ferner W. Oelmüller (Hg.): Worüber man nicht schweigen kann. 2. Aufl. München 1994.

2 Siehe hierzu die beiden Einleitungen und die Texte in W. Oelmüller / R. Dölle-Oelmüller / R. Piepmeier: Diskurs: Sittliche Lebensformen. Philosophische Arbeitsbücher 2, 4. Aufl. Paderborn u. a. 1991 (= UTB 778), und in: W. Oelmüller / R. Dölle-Oelmüller / C.-F. Geyer: Diskurs: Mensch, Philosophische Arbeitsbücher 7. 3. Aufl. Paderborn u. a. 1993 (= UTB 1379).

3 Zur Begründung dieser Deutung des Menschen und seines Handelns und Hoffens unter den gegenwärtigen Lebensbedingungen siehe W. Oelmüller: Philosophische Aufklärung. München 1994.

**Zitierte Literatur**

Böckenförde, E.-W. 1976: Die Entstehung des Staates als Vorgang der Säkularisation (1967). In: ders.: Staat, Gesellschaft, Freiheit. Studien zur Staatstheorie und zum Verfassungsrecht. Frankfurt/M. (= stw 163).

Buber, M. 1992: Die Erzählungen der Chassidim. 12. Aufl. Zürich.

Habermas, J. 1988: Nachmetaphysisches Denken. Philosophische Aufsätze. Frankfurt/M.

Kolakowski, L. 1970: Der Anspruch auf die selbstverschuldete Unmündigkeit. In: L. Reinisch (Hg.): Vom Sinn der Tradition. München.

Lévinas, E. 1991: Außer sich. Meditationen über Religion und Philosophie. München/Wien.

Oelmüller, W. 1979: Die unbefriedigte Aufklärung. Beiträge zu einer Theorie der Moderne von Lessing, Kant und Hegel. Mit einer neuen Einleitung. 2. Aufl. Frankfurt/M.

Platon: Apologie – Kriton. Übers. von K. Hildebrandt. Stuttgart 1970.

Popper, K. R. 1969: Conjectures and Refutations. The Growth of Scientific Knowledge. 3. Aufl. London.

Putnam, H. 1982: Vernunft, Wahrheit und Geschichte. Frankfurt/M.

Tibi, B. 1992: Menschenrechte brauchen wir nicht. In Sudan führen militante Fundamentalisten Krieg gegen die nichtislamische Bevölkerung. In: FAZ Nr. 195 vom 22. August 1992.

Wittgenstein, L. 1960: Schriften Bd. 1. Tractatus logico-philosophicus. Frankfurt/M.


**Ergänzende Literatur**

Derrida, J. 1989: Wie nicht sprechen. Verneinungen. Wien.

Dölle-Oelmüller, R. 1993: Euthanasie – philosophisch betrachtet. Ein Diskussionsbeitrag zu Argumenten von Spaemann und Singer. In: Zeitschrift für medizinische Ethik. 39. Jg. H. 1, 41–54.

– 1993: Ethik als philosophisches Orientierungswissen. Philosophieunterricht oder Schulfach Ethik? In: XVI. Deutscher Kongreß für Philosophie: Neue Realitäten. Herausforderungen der Philosophie. Berlin, 1057–1064.

Kant, I. 1966: Was heißt: Sich im Denken orientieren? In: Werke (hg. von Weischedel). Darmstadt. Bd. 3, 265–283.

Lenk, H./Staudinger, H./Ströker, E. (Hg.) 1984–1994: Ethik der Wissenschaften. Bd. 1–9. München.

Lévinas, E., 1989: Humanismus des anderen Menschen. Hamburg.

– 1992: Jenseits des Seins oder anders als Sein geschieht. Freiburg/München.

Meyer, M. 1993: Ende der Geschichte? München.

Oelmüller, W. (Hg.) 1978–1979: Kolloquien zur Gegenwartsphilosophie. Bd. 1–3: Materialien zur Normendiskussion: Transzendentalphilosophische Normenbe-

gründung (= UTB 779); Normenbegründung – Normendurchsetzung (= UTB 836);
Normen und Geschichte (= UTB 893). Paderborn u. a.
– (Hg.) 1988–1989: Kolloquien zur Gegenwartsphilosophie. Bd. 11–12: Kolloquium
   Philosophie: Philosophie und Wissenschaft (= UTB 1513); Philosophie und Weis-
   heit (= UTB 1555). Paderborn u. a.
– 1994: Philosophische Aufklärung. Ein Orientierungsversuch. München.
Pütz, P. (Hg.) 1980: Erforschung der deutschen Aufklärung. Königstein/Ts. (= Neue
   wiss. Bibliothek 94 Literaturwissenschaft).
Wittgenstein, L. 1991: Geheime Tagebücher 1914–1916. Wien.

# 11 Existenz

## 0 Einleitung

Es gibt drei eindrucksvolle Gründe, die es unsinnig erscheinen lassen, der Existenz im Kontext der Ethik Bedeutung beizumessen. Der erste Grund hängt zusammen mit der traditionellen Unterscheidung zwischen *essentia* und *existentia*, Wesen und Sein, ‹Was-sein› und ‹Daß-sein›. Aus ihr geht die Existenz als Verlierer hervor, sie meint nur das faktische Existieren, die Tatsache, bloß dazusein (vgl. Guggenberger/Hadot 1972, 857). Alle qualitativen, somit auch alle moralischen Bestimmungen geraten dagegen auf die Seite des Wesens. Der zweite Grund ist – nicht nur – ein «Spaltprodukt der älteren Metaphysik» (Krämer 1992, 22) und hängt zusammen mit der Unterscheidung zwischen «Sein» und «Sollen», die George Edward Moore in freier Nachfolge zu David Hume gegen den sogenannten «naturalistischen Fehlschluß» aufrechterhalten will (Hume 1740, 195 ff; Moore 1903, 39 ff). Wenn etwas «gut» genannt wird – so lautet das Argument –, meint man nicht eine «Eigenschaft» des «natürlichen Gegenstand(s)» selbst (ebd., 53, 44), es geht dann vielmehr um dessen äußere Bewertung: «Das, was wir mit dem Adjektiv ‹gut› meinen,... *(existiert)* eigentlich überhaupt nicht» (ebd., 164). Der dritte Grund, mit dem man der Ethik die Existenz verleiden kann, erschließt sich am leichtesten aus dem Unterschied zwischen Feuerbachs und Marxens Hegelkritik. Setzt Feuerbach gegen Hegel auf den Menschen als «*existierendes*, natürliches Wesen», als «Existenz, volle Existenz» (zit. nach Schmidt 1973, 258), so meint dies vor allem einen Rückgang auf die «Natur». Diese ist nach Feuerbach «sensualistisch», «ästhetisch» zu erfahren, er betont gegen Fichte und Hegel die Leiblichkeit, die «Passivität des Ich» (vgl. ebd., 47, 75 ff, 114). Marx teilt Feuerbachs Hinwendung zur Realität, hält aber mit Hegel an der «*tätige(n)* Seite» des Menschen fest, die er «als *sinnlich menschliche Tätigkeit, Praxis*» positiv ausdeutet, während Feuerbach sie «nur in ihrer schmutzig jüdischen Erscheinungsform gefaßt und fixiert» habe (Marx 1845, 5). Allein im Bereich des Handelns, wo etwas *so oder anders* zu tun ist, sind aber ethische Entscheidungen zu fällen; Feuerbachs sensualistische Hinwendung zur «Existenz» erscheint dagegen moralisch indifferent.

Ein wichtiger historischer Einschnitt im Umgang mit diesen drei Einwänden liegt schon bei Hegel. Er votiert dafür, die Gegensätze aufzuheben, die ihnen jeweils zugrunde liegen. Demnach verliert sich die Antithese von Sein und Wesen, wenn sich aus der «Leere» des «Seins» die qualitative Fülle des «Wesens» entfalten läßt; die Antithese von «Sollen» und «Sein» ist aufzugeben, wenn man den abstrakten «Pflicht»-Begriff Kants überwinden will; die Antithese von «Handeln» und «Sein» bricht zusammen, wenn das, was «ist», nicht anders zu fassen ist als in einem aktiven Prozeß der Vergegenständlichung und Aneignung.

Philosophiegeschichtlich wird der Begriff Existenz als polemische Reaktion auf diese vereinheitlichende Lösung Hegels mobilisiert. Berühmt ist Kierkegaards Diktum, der «Begriff der Existenz» sei nicht «ein Paragraph im System», sondern «ein absoluter Protest gegen das System» (1846, Bd. 1, 115). Die Aufgabe, die sich damit stellt, besteht zum einen darin, den Begriff der Existenz innerhalb jener drei Gegensätze durch Umdeutung zu stärken, zum anderen darin, ihn jenseits dieser Gegensätze, auch jenseits der antisystematischen Polemik als etwas Einheitliches, Eigenständiges aufzufassen. Dieses Unternehmen bringt eine Spezialisierung des Existenzbegriffs mit sich: Nur nämlich im Blick auf *menschliche* Existenz macht es überhaupt Sinn, das «Sein» im Wechselspiel mit «Sollen» und «Handeln» stärken zu wollen. Kierkegaard sagt, der Mensch sei «nicht Sein in demselben Sinne, wie eine Kartoffel ist, aber auch nicht in demselben Sinne, wie die Idee ist» (1846, Bd. 2, 33 f); Heidegger folgt ihm, ohne freilich seinen Vorgänger offenzulegen: «Der Mensch allein existiert. Der Fels ist, aber er existiert nicht. Der Baum ist, aber er existiert nicht. Das Pferd ist, aber es existiert nicht. Der Engel ist, aber er existiert nicht. Gott ist, aber er existiert nicht» (1949, 204; vgl. Marten 1972, 211 ff). Was nun die Philosophie der Existenz im Angesicht der drei eingangs skizzierten Einwände unternehmen kann, läßt sich vorweg umreißen.

1. Die Abwesenheit von Bestimmungen, von *Was-sein* kann demnach positiv als Verweigerung der Existenz gegen die Subsumtion unter allgemeine Prädikate aufgefaßt werden. Genau dies war auch schon der Einwand Schellings gegen Hegel, mit dem er zum Urahn der Existenzphilosophie wurde (Thomä 1990, 208 f). Wenn alle Bestimmung äußerlich wird, bleibt am Ende die Erfahrung der Faktizität, des «nackten» Daseins, das allenfalls noch zu kennzeichnen ist als diese einzelne Existenz, als

«Diesigkeit», wie der junge Heidegger sagt (1921/22, 88), oder aber als Individualität.

2. Was defensiv als Abwehr der Prädikate erscheint, kann offensiv als der Vorbehalt verstanden werden, daß der Mensch über das, was ihn ausmacht, bestimmen will, Festlegungen selbst erst vornimmt. Die Verschlossenheit gegen das «Was-sein» verweist also auf die menschliche Freiheit. Diese enthält einen Vorbehalt gegen Normen, gegen das *Sollen*, für das die einzelne Existenz unerreichbar bleibt. Wenn der Mensch sich durch die Distanz zu äußeren Bestimmungen, durch seine Un-Bestimmtheit auszeichnet, so signalisiert doch umgekehrt gerade diese Negation eine Bestimmung. Heidegger markiert dies mit dem Satz «Das ‹Wesen› des Daseins liegt in seiner Existenz» (1927, 42). Als «Existenz» ist der Mensch doch mindestens dazu bestimmt, sich konkret zu entscheiden, zu «entwerfen», «sich zu sich zu verhalten». Sartre hat dies zu dem Paradox zugespitzt, der Mensch sei dazu «verurteilt, frei zu sein» (1943, 764).

3. Was sich an der menschlichen Existenz der Gestaltung entzieht, ist aber nicht unbedingt nur jene schlechthin vorausgesetzte Freiheit. Im Gegenzug zu Festlegungen, die erst vorzunehmen und von daher auch immer zu widerrufen sind, kann man sich darüber hinaus auf eine Verfassung der «Existenz» berufen. Genau damit gerät nun die praktische «Selbsterzeugung» an eine Grenze, die als *Handeln* das Sein erübrigen oder als ein «Getanes» (Hegel 1807, 332) vereinnahmen will. An der Verfassung des menschlichen Lebens sollen demnach doch Konstanten erkennbar werden, die am Ende umgekehrt zur Anleitung des Handelns taugen sollen.

Indem sich das Konzept der Existenz gegen die dargestellten Einwände behauptet, wird es freilich mit sich selbst uneins, eröffnet es gerade auch im Blick auf ethische Konsequenzen Spielräume. So wird auf der einen Seite gesagt, die menschliche Existenz zeichne sich durch Un-Bestimmtheit und Freiheit aus; doch auf der anderen Seite soll das Verdikt gegen äußere Bestimmungen im Dienst einer Verfassung der Existenz stehen, mit der bestimmte Umgangsweisen in der Welt vorgezeichnet sind (dies ist, beispielhaft gesagt, die Spannweite des Existenzbegriffs zwischen Sartre 1943 und Bollnow 1942). Diese Zwiespältigkeit tritt symptomatisch am Begriff der *Zeit* heraus: Steht sie als Zukunft, als Möglichkeit für die Freiheit des Handelns, so konfrontiert sie als Endlichkeit und Sterblichkeit den Menschen mit einer Vorgabe, die sich der Gestaltung entzieht.

Die Karriere des Existenzbegriffs von Kierkegaard bis Sartre wird dabei auch vor einem bestimmten historischen Hintergrund verständlich: Zu ihr gehört das Mißtrauen gegen metaphysische Anbindung und systematische Ordnung, aber auch die Weigerung, sich vollends der Kontingenz der Moderne zu ergeben. Den klassischen Ethik-Konzepten scheint der Begriff Existenz dabei fernzustehen. Die intersubjektive Begründung von Normen gerät in den Hintergrund (vgl. Greve 1990, 267), weil man existentiell zuvor mit sich selbst befaßt ist; die Perspektive darauf, ‹wie man ist›, läßt aber auch im Schatten, ‹wie man sich dabei fühlt›, ‹wie es einem geht›, macht die Frage nach einem guten und/oder glücklichen Leben eher nachrangig. Diese Distanz zu normativistischen und eudämonistischen Konzepten setzt die Existenz, soll von ihr her ein neuer Zugang zu ethischen Fragen gewonnen werden, unter einen hohen Leistungsdruck.

## 1 Kierkegaard: Existenz als Aufgabe

«Mein Leben ist bis zum Äußersten gebracht; es ekelt mich des Daseins, welches unschmackhaft ist, ohne Salz und Sinn… Man steckt den Finger in die Erde, um zu riechen, in welch einem Lande man ist, ich stecke den Finger ins Dasein – es riecht nach nichts.» Diese Erfahrung der Faktizität, die Kierkegaard (1843b, 71) einen jungen Mann machen läßt, meint nicht schon den Begriff der Existenz, um den es ihm am Ende geht. Er weist hier nur hin auf die Schwierigkeiten, mit sich selbst umzugehen – und eben diese Schwierigkeiten selbst machen den Kern von Kierkegaards Begriff der Existenz aus. Die entscheidende Bestimmung aus der «Krankheit zum Tode» lautet: «Der Mensch ist Geist. Was aber ist Geist? Geist ist das Selbst. Was aber ist das Selbst? Das Selbst ist ein Verhältnis, das sich zu sich selbst verhält, oder ist das an dem Verhältnis, daß das Verhältnis sich zu sich selbst verhält» (1849, 8). In mehreren «keineswegs… harmlos(en)» Umdeutungen spitzt hier Kierkegaard seine Konzeption zu (Fahrenbach 1968, 27; vgl. Tugendhat 1979, 158 ff; Theunissen 1991 b; Dietz 1993, 104 ff). Die Grundstruktur des Sich-zu-sich-Verhaltens wird nicht einfach zugrunde gelegt, sie stellt sich vielmehr – und das ist die Wendung, die das unauffällige «oder» im obigen Zitat einleitet – als «Aufgabe» (1849, 25; 1843 a, Bd. 2, 268, 275; 1846, Bd. 1, 141). Es kommt darauf an, «daß» man tatsächlich in diesem Sinne existiert. «Selbstsein» ist also «nur im Daß des Sichbestimmens, d. h. in faktischer Entscheidung präsent» (Fahrenbach 1968, 29), der Vollzug des Selbst, die «Prozessualität» ist «fundamental», nicht schon dessen «Reflexivität» (Theunissen 1991 b, 53).

Kierkegaard interessiert sich für die Voraussetzung von Ethik überhaupt. Sie entdeckt er in der Struktur des Selbst, die nicht einfach unterstellt wird, sondern einen praktischen Aspekt hat. Man ist nicht einfach ein «Selbst», sondern «wird» dies erst (1849, 26), indem man sich dem Sich-zu-sich-Verhalten stellt, das man ist, die Freiheit der «Wahl» selbst wählt, die darin liegt. Die «Freiheit», die mit dem «Selbst» identisch gesetzt wird (ebd., 25; 1843 a, Bd. 2, 227 f), macht die Existenz des Einzelnen aus, ist ihm als «Notwendigkeit» auferlegt. Von ihr her erschließt sich erst der «Unterschied zwischen Gut und Böse» (1844, 44), nur unter der Bedingung der «Freiheit» hört der Mensch auf, bloßes «Tugendmuster» zu sein (ebd., 168): «Mein Entweder/Oder bezeichnet zuallernächst nicht die Wahl zwischen Gut und Böse, es bezeichnet jene Wahl, mit der man Gut und Böse wählt, oder Gut und Böse abtut. Die Frage geht hier darum, unter welchen Bestimmungen man das ganze Dasein betrachtet und selber leben will» (1843 a, Bd. 2, 180). Entscheidend ist also der Schritt, der zu «Gut und Böse» hinführt; daß am Ende tatsächlich das «Gute» gewählt wird, hält Kierkegaard dann für naheliegend (vgl. ebd., 241). Ihm geht es, so gesehen, um ein «Korrektiv», das unter Voraussetzung moralischer Normen die individuelle ethische Entscheidung bewußtmacht (vgl. Fahrenbach 1968, 189). Diese Entscheidung wird verständlich gemacht als Übergang von der «ästhetischen» zur «ethischen» Existenz.

Das «ästhetische» Leben, nach Kierkegaard dem Genuß und dem Augenblick gewidmet (1843 a, Bd. 2, 244), steht der Ethik fern; ihm fehlt die zeitliche Kontinuität, auf die moralische Haltungen wie Verantwortung, Schuld, Versprechen etc. angewiesen sind. Kierkegaards Ästhetiker entdeckt – vor Nietzsche (1874, 248 ff) – in der «Kraft zu vergessen... die Federkraft des Menschen» (1843 a, Bd. 1, 314). Er läßt in einer grandiosen Antithese den «Verführer» gegen die Verfechter der Ehe antreten, die «in eine höchst peinliche Berührung mit Sitte und Brauch geraten» (ebd., 317). Da das erzwungene «Pflichtleben» als «gar unschön und langweilig» erscheint, sucht Kierkegaard einen «weit tieferen Zusammenhang» zwischen dem «Ethischen» und der «Persönlichkeit» (1843 a, Bd. 2, 271 f; vgl. Fahrenbach 1968, 92 f).

Wenn der Rekurs auf die Existenz für die Ethik Sinn machen soll, dann muß im «individuellen Leben» (1843 a, Bd. 2, 273) ein Motiv dafür zu entdecken sein, die «ethische» der «ästhetischen» Lebensweise vorzuziehen. Dieses Motiv entwickelt Kierkegaard aus der «Verzweiflung», von der er den «Ästhetiker» erfaßt sieht (ebd., 204 ff), die aber letztlich für die Entwicklung des «Selbst» überhaupt bestimmend wird (1849, 39 ff). Mag der «Ästhetiker» es auch leugnen, ihn treibt doch nach Kierkegaard eine «Verzweiflung» um, die aufbrechen kann, wann immer er nicht mehr das sein kann oder will, was er gerade ist. Dann genau löst sich das «Selbst» von der jeweiligen Attraktion, der es sich hingegeben hat: «Das Mehr», das jenseits der «Stimmung» liegt, ist für den Ethiker «eben jenes Fortdauernde, das ihm das Höchste ist. Der ethisch Lebende hat... ein Gedächtnis für sein Leben, das hat der aesthetisch Lebende schlechterdings nicht» (1843 a, Bd. 2, 245). «Der Hauptunterschied, um den alles sich dreht, ist, daß das ethische Individuum sich selbst durchsichtig ist und nicht ‹ins Blaue hinein› lebt... Wer ethisch lebt,... durchdringt mit seinem Bewußtsein sein ganz konkretes Sein, erlaubt es unbestimmten Gedanken nicht in ihm herumzuwirtschaften, und lockenden Möglichkeiten nicht, ihn mit ihrem Gaukelwerk zu zerstreuen» (ebd., 275). Man machte es sich freilich zu leicht, schlösse man aus dieser Abwehr der «Willkür» (ebd.) geradewegs auf eine Unterdrückung des Sinnlichen. Das Ästhetische soll mindestens dem Vorsatz nach im ethischen Leben gewahrt bleiben (ebd., 189).

Bei der Distanz zum Unmittelbaren handelt es sich nicht um die Trotzhaltung, «verzweifelt ein andrer sein (zu) wollen als man selbst, ein neues Selbst sich (zu) wünschen» (1849, 51).[1] Die Bewährungsprobe des Ethikers besteht vielmehr in der Aufgabe, «sich mit Haut und Haar» zu übernehmen (ebd.); er verpflichtet sich zur Annahme der eigenen Lebensgeschichte und «bekennt» sich damit «zu der Identität mit sich selbst» (ebd., 229; vgl. 268, 277 f). Diese Wendung Kierkegaards hat in der neueren Ethikdebatte wohl den stärksten Widerhall erfahren. Oft im Junktim mit Diltheys Koppelung des «Selbst» an den «Lebenszusammenhang» gilt sie als Vorstufe einer nun mehr säkularisierten Konzeption lebensgeschichtlich verankerter Identität der Person, mit der die interne Kohärenz des Lebens zum handlungsleitenden und damit auch ethisch einschlägigen Kriterium wird (vgl. z. B. Habermas 1987, 171 ff).

Es geht bei Kierkegaard aber nur in zweiter Linie um die qualitative Gestaltung der Lebensgeschichte, um deren «innere Teleologie» (1843 a, Bd. 2, 293; anders der Akzent bei Fahrenbach 1968, 84 f, 99 f, 111). Die Absolutheit, in der das «Selbst» sich nach Kierkegaard übernehmen muß, zwingt dieses vielmehr in eine gewissermaßen wahllose, unbegrenzbare Verantwortung, in der es sich in «Reue» und «Schuld» allem aussetzen muß, was geschehen war und geschehen wird. Daß sich dieses «Selbst» dann auch als «soziales... Selbst» bewähren soll (1843 a, Bd. 2, 280), liegt nicht primär an dessen Orientierung auf gemeinschaftliche Lebensverhältnisse, sondern ergibt sich als äußere Konsequenz aus einer dem Einzelnen «innerlich» auferlegten allgemeinen Verantwortung (vgl. Holl 1972, 250 ff; Greve 1992). Der Bezug auf die Existenz, wie ihn Kierkegaard vornimmt, scheint es am Ende also zu erschweren, auf die kon-

kreten Erfahrungen dieser Existenz zurückzukommen oder – mit Kierkegaards Metapher – vom «nackten» in den «bekleideten» Zustand zurück-
zufinden (1849, 54). Charles Taylor sieht darin eine zu starke Distanzierung der Subjektivität vom Kontext des Lebens: «Die Wahl findet nicht
zum Wohle irgendeines endlichen Dinges statt, vielmehr erhalten umgekehrt alle endlichen Dinge ihren Wert und ihre Bedeutung erst durch
diese Wahl» (1989, 450; kritisch gegen das Zurückstellen konkreter «Lebensmöglichkeiten» auch Seel 1991, 292).

Wenn damit Ausgrenzungen erkennbar werden, die Kierkegaards Existenzbegriff von ethischen Fragen abrücken, so liegt seine Stärke umgekehrt darin, daß an den Schwierigkeiten der Selbstwahl das «Negative»
des Lebens präzise ablesbar wird (vgl. Theunissen 1991 b). Ein ethisch
geführtes Leben ist somit nicht Dokument harmonischen Zusammenhangs, sondern beständiger Anstrengung, Überforderung. Damit treibt
Kierkegaard die ethische Existenz auf eine Grenze zu – die Grenze zum
Glauben, die dann überschritten wird, wenn der «Einzelne» sich nicht
mehr nur gegenüber dem (ethisch) «Allgemeinen», sondern gegenüber
dem «Absoluten» bestimmt.

## 2 Heidegger: Das faktische Ideal des Daseins

«Wann schreiben Sie eine Ethik?», war die Frage eines «jungen Freun-
des» an Martin Heidegger bald nach Erscheinen von «Sein und Zeit»
(Heidegger 1946, 183). Den Grund, warum sie ungeschrieben blieb,
führt er im «Brief über den ‹Humanismus›» aus. Ethik versteht er dort als
eine «verbindliche Anweisung», wie der Mensch «leben soll» (ebd.).
«Der Wunsch nach einer Ethik» verstärkt sich – so sagt er – in dem Maße,
wie die «Ratlosigkeit des Menschen» zunimmt – eine Tendenz der Moderne. Nimmt man aber Ethik als Anleitung, die dem Menschen zur
«Sammlung und Ordnung seines Planens und Handelns» verhilft, so betreibt man nach Heidegger gerade das Geschäft der «Technik», die die
Moderne beherrscht und jene «Ratlosigkeit» hervorbringt, der doch die
Ethik abhelfen soll (ebd.). Eine solche Ethik gliche nämlich der «Technik»
in der Abgehobenheit von dem, «was ist», sie wäre eine bloße Verfügung
von «Regeln», deren Begründung auf das Konstrukt eines über das Sei-
ende verfügenden Subjekts zurückgeht. Wenn demnach «Ethik» als
«Disciplin» aufzugeben ist (ebd., 184), so behält doch bei Heidegger die
Frage nach der «verbindlichen Anweisung» für das Handeln ihren Platz.
Auf sie soll – als «ursprüngliche Ethik» – ein Denken antworten, das «den
Aufenthalt des Menschen bedenkt», wie er sich aus der «Zugehörigkeit

zum Sein bestimmt» (ebd., 187 f). Daraus sollen sich dann auch «Weisungen», «Gesetz und Regel» in einem neuen Sinn ergeben (ebd., 191). Es gibt eine präzise Vorwegnahme dieser Argumentation in «Sein und Zeit». Schon dort macht sich Heidegger Sorgen, daß der «Entwurf», in dem sich das «Dasein» als ein eigentliches findet, nicht «über eine nur dichtende, willkürliche Konstruktion hinauskommt» (1927, 260); die Terminologie («Konstruktion») macht die Nähe zum späten Verdacht, «Ethik» sei nur «Technik», deutlich. Dagegen steht auch hier schon Heideggers Erwartung, daß «das Dasein selbst Anweisungen für diesen Entwurf» gewährt (ebd.). Diese auf das «Sein des Daseins» zurückgehenden «Anweisungen» zeichnen nach Heidegger «ein faktisches Ideal des Daseins» vor, das «die Möglichkeit und Weise seiner eigentlichen Existenz vorgeben» soll (ebd., 310, 234). Natürlich geht es hier nicht darum, ein ethisches «Ideal» naturalistisch anzubinden. Die «Idee der Existenz» meint nichts bloß Gegebenes, sondern wie bei Kierkegaard ein Dasein, das «sich in seinem Sein verstehend zu diesem Sein verhält» (ebd., 232, 52 f). Erst eine Tätigkeit, die im «Sein des Daseins» verankert ist, verdient dann nach Heidegger überhaupt den Namen des «Handelns» (ebd., 294, 300, 310; vgl. Thomä 1990, 339, 420).

Die «Anweisungen», die an das Handeln ergehen, sollen sich also aus der «Seinsverfassung» des «Daseins» ableiten, die selbst als «Seinsverhältnis» bestimmt ist (1927, 12). Der Mensch, der sich zu sich verhält, muß sich die innerste Eigenart dieses Sich-Verhaltens erschließen; so genügt er nicht nur seinem «Sein», sondern handelt zugleich schon von selbst seinsgemäß richtig. Heidegger verlangt also dem Existenzbegriff mehr ab als Kierkegaard, entnimmt ihm stärkere Vorgaben (vgl. Theunissen 1993, 45 ff).

Nach Heidegger verfehle ich meine eigene Verfassung, wenn mein Leben zur Abwicklung von Geläufigem wird, äußeren Vorgaben und Angeboten «verfällt», so daß ich am Ende nur bin, «was ich betreibe» (1927, 239). Dagegen gilt es für das Dasein die «*Möglichkeit*» zu finden, «*es selbst zu sein*», schärfer noch: die «Möglichkeit», «die es selbst *ist*» (ebd., 266, 259). Als diese «eigenste eigentliche Möglichkeit» stellt sich Heidegger das «Sein zum Tode» dar (ebd., 302, 249 ff), in dem es dem Dasein einzig um sich «selbst» geht und das zugleich lebenslang als «Möglichsein» (als Sterben-Können) der Preisgabe des «Entwurfs» an die Gegenwart entgegensteht (ebd., 261 f). Der Tod wird damit zum «Kriterium», an dem sich «eigentliche» von «uneigentlicher» Existenz scheidet, zur «Instanz», von der auch die gesuchte «Anweisung» für das «Handeln» ergehen soll (ebd., 234, 313). Diese «Anweisung» läßt sich nun genauer verstehen als der Vorbehalt des «eigene(n) Selbst», von sich aus zu handeln (ebd., 271). Von daher gibt Heidegger auch den bislang moralisch fixierten Phänomenen des «Gewissens» und der «Schuld» einen neuen «ontologischen» Sinn (ebd., 286). Im Gewissen soll sich jedem das Versäumen des eigenen Selbst aufdrängen, in der Übernahme der Schuld liegt nach Heidegger die Bereitschaft, sich die eigene Faktizität anzueignen (ebd., 271, 284).

Gegen Heideggers Konzeption lassen sich im Blick auf ethische Fragen verschiedene Einwände erheben. So kann man vorweg bestreiten, daß das Selbst allein am Tod zu sich finde (dies ist z. B. der Einwand von Sartre 1943, 916ff), und umgekehrt sagen, erst mal müsse ein Selbst-Verständnis gegeben sein, bevor ein Selbst vom Tod betroffen sein könnte. Aus dieser Sicht erscheint das «Sein zum Tode» als Ablenkung von einer Selbstkonstitution, die sich eher in Interaktion vollziehen mag, also als Ablenkung von einem ethisch bedeutsamen Kontext.

Darüber hinaus stellt sich die Frage, wie genau die ethischen Konsequenzen aussehen, wenn man denn den «Anweisungen» im Sinne eigentlichen «Seins zum Tode» folgt. Hierzu sind, soweit ich sehe, eine Erweiterungs-, eine Vereinnahmungs- und eine Verweigerungsthese vertreten worden. So wurde Heideggers Konzeption als eine notwendige, aber keine hinreichende Bedingung im Blick auf die Ethik verstanden (vgl. z. B. Tugendhat 1979, 235 ff; Fahrenbach 1970, 108 ff). Demnach gehört zu einem selbstbestimmten Leben die Konfrontation mit dem Tod, die das Leben als ganzes in den Blick rückt und Bewertungen in einem höheren Sinne zuläßt. Nur bedarf es über die «Eigentlichkeit» hinaus zusätzlich der Reflexion darauf, wie das, was ich tue, als etwas «Gutes» vor mir selbst und vor anderen gerechtfertigt werden kann. Nach Tugendhat ist demnach mit Heideggers Modell nur erst der Weg zum «wahrhaft Gute(n)» eröffnet, nicht schon dieses selbst im Blick (1979, 240). Doch soll seine Konzeption prinzipiell einer ethischen «Erweiterung» offenstehen (Tugendhat 1979, 241). Dazu scheint Heideggers Anspruch zu passen, sein Modell der «Eigentlichkeit» wahre strikte «Neutralität» (1929, 54) – gerade auch gegenüber dem «‹moralisch› Gute(n) und Böse(n)» (1927, 286).

Zugleich scheint aber mit der «Eigentlichkeit» eine «Modifikation» (ebd., 130) des Lebens gefordert, die doch schon ein «faktisches Ideal» des Daseins (s. o.) festlegt. So soll aus dem «Gerede» bedeutungsvolles «Schweigen», aus der «beherrschenden» die «befreiende Fürsorge» werden; auch die «Geschlechtlichkeit» soll sich – man erfährt freilich nicht wie – verwandeln (vgl. Thomä 1990, 306 ff). Mit diesen eigentlichen Seinsweisen scheint Heidegger die Ethik, statt ihr im Sinne der Erweiterungsthese eine Grundlage zu bieten, von der «Existenz» her zu vereinnahmen. Günther Anders[2] bemerkte deshalb schon früh, Heidegger philosophiere «nicht mehr *über* Moral, weil die, durch Philosophie verwandelte, Existenz angeblich bereits die Realität der Moral *sei*». Wie zu leben sei, scheint demnach durch die Vorzeichnung der eigentlichen Existenz schon hinreichend festgelegt.

Was wie eine Vereinnahmung der Moral aussieht, könnte sich am Ende aber als Verweigerung gegen Moral herausstellen.[3] Nicht daß Heidegger dem Dasein (etwa bei «Gerede» und «Verfallen») moralische Wertungen unterschiebt, wäre demnach entscheidend, vielmehr die Tatsache, daß sein Dasein sich gegen Beurteilungen völlig immunisiert. So wie dem Dasein beim «Sein zum Tode» keine Wahl bleibt, darf ihm demnach auch keine Wahl bleiben, wenn es auf das Handeln zurückkommt. Übrig bleibt allein die «Verhaftung an das überkommene Erbe» (1927, 386), welche sich als Hingabe an das «Volk» entpuppt (ebd., 384) – und darin deutet sich auch Heideggers philosophische Bereitschaft für den politischen Irrweg 1933 an.

Wer sich von Heidegger Aufschluß über ethische Fragen verspricht (vgl. Marx 1983), muß überdies mit einer zentralen Voraussetzung seiner Lesart der Existenz hadern – nämlich daß sie sich auf den Umgang mit Dingen als ein verstecktes Leitbild des Lebens festlegt. Dieses dominiert beim frühen «Entwerfen» und «Verfügen» ebenso wie bei der späten Antithese, die den technischen «Machenschaften» das «Schonen» entgegenstellt (vgl. Thomä 1990, 844–863). Wer Ethik für das Leben der Menschen im Miteinander zuständig hält, den wird diese Fixierung «Seins»-gemäßen Handelns abschrecken.


## 3 Sartre: Existenz und Freiheit

«Das Sein und das Nichts» enthält am Ende das Eingeständnis, die «Ontologie» könne «selbst keine moralischen Vorschriften machen»; versprochen wird dem Leser deshalb ein «nächstes Buch», das dem «Bereich der Moral» gewidmet sein soll (1943, 1068, 1072). Es bleibt aber beim Fragment (Sartre 1983). Wie Sartre in dem späten berüchtigten Gespräch mit Lévy eingesteht (1980, 26 f), hätte eine ausgeführte Ethik nicht nur eine schlichte Ergänzung von «Das Sein und das Nichts» gebracht, sondern zu nachträglichen Korrekturen daran gezwungen. Zunächst hatte er zwar gemeint, «Das Sein und das Nichts» lasse eine neue Ethik «ahnen» (1943, 1068); beim Versuch, diese Erwartung einzulösen, geriet er aber ins Stocken.

Sartres Existenzbegriff ist wesentlich einfacher, auch plakativer als der seiner Vorgänger. Er meint mit menschlicher Existenz zunächst die «Faktizität», die Erfahrung bloßer Vorhandenheit. Während für Heidegger die «Angst», in der man auf sein nacktes «Daß» stößt, eine regelrechte Prozedur einleitet, durch die das Dasein sich die Einheit seiner «reiche(n) und verwickelte(n) Struktur» (1927, 248) erschließt, steht bei Sartres Existenzbegriff die Unbestimmtheit im Mittelpunkt. Bei Dingen wie einem «Papiermesser» hänge die «Existenz», so sagt Sartre, von deren Funktions- oder Wesensbestimmung ab; dagegen gehe beim Menschen «die Existenz der Essenz voraus» (1946, 10, 1943, 761; vgl. Danto 1975, 18–48). Das «bedeutet, daß der Mensch zuerst existiert, sich begegnet, in der Welt auftaucht und sich *danach* definiert... Er wird erst in der weiteren Folge sein, und er wird so sein, wie er sich geschaffen haben wird. Also gibt es keine menschliche Natur» (1946, 11; vgl. 40). So wird umstandslos aus der Unbestimmtheit der Existenz die Freiheit des Bestimmenkönnens abgeleitet. Wie Heidegger in der «Uneigentlichkeit» einen Modus vorsieht, in dem der Mensch die Freiheit übergeht, so kennt auch Sartre mit der «Unaufrichtigkeit» (1943, 119 ff) eine Haltung, in der man sich alltäglich über den Abgrund hinwegtäuscht, der sich durch die Freiheit auftut. Diese wird aber nicht wie bei Heidegger auf eine seinsmäßige Verfassung hingeführt, verleitet vielmehr als Freiheit des «Schaffens» zu einem quasi-artistischen Umgang mit dem eigenen Leben, bei dem «Kunst» und «Moral» gleichermaßen zu «Schöpfung und Erfindung» werden (1946, 30).

Daß Sartre die Existenz nur als solch «schmalste Basis» zugrunde legt (Fahrenbach 1970, 162), hat Konsequenzen für moralische Fragen. Da die Vorgabe für das Handeln gerade in der Abwesenheit, dem «Mangel» aller Vorgaben bestehen soll, entgeht Sartre dem bei Heidegger anstehenden Problem, daß sich in den vorgeblich ‹neutralen› Maßgaben der Existenz normative Festlegungen verstecken könnten. Dafür handelt er sich das Problem ein, daß die Freiheit zum Freibrief für das Handeln des Einzelnen zu werden scheint. Diesem Einzelnen müssen die Anderen als Bedrohung erscheinen – oder, nach dem berühmten Diktum aus Sartres «Geschlossener Gesellschaft», als «Hölle».[4] Da aber umgekehrt die Verläßlichkeit, mit der man sich als «Selbst» finden kann, verlorengeht, wenn dieses «Selbst» zur Erfindung, zum Produkt wird, drängt sich gerade Sartre die Angewiesenheit des «Selbst» im «Für-sich-Sein» auf die Reflexion im «Für-andere-Sein» auf. Diese Zwiespältigkeit (vgl. 1943, 636 f) oder gar «Zwielichtigkeit» (Theunissen 1965, 221) ist für Sartres Abweichung von Heidegger entscheidend: Wie der Andere in noch schärferem Maße dem Selbst gefährlich werden kann, so ist dieses in noch schärferem Maße als bei Heidegger auf den Anderen verwiesen. Bei Sartre steckt Interaktion im Zwiespalt von Selbstverlust und Selbstgewinn, im «Dilemma, entweder den andern zu transzendieren oder sich durch ihn transzendieren zu lassen» (1943, 747); im Schatten dieses «Konflikts» (ebd.) steht die Rechtfertigung oder Bewährung von Handlungen und Urteilen.

Den Schwierigkeiten, die sich damit im Blick auf ethische Fragen ergeben, entgeht Sartre mit einem Handstreich. Der Akt der einzelnen Wahl wird zur Wahl des schlechthin Menschlichen universalisiert. «Wenn wir sagen, daß der Mensch für sich selbst verantwortlich ist, so wollen wir ... sagen ..., daß er verantwortlich ist für alle Menschen ... Wählen, dies oder jenes zu sein, heißt gleichzeitig, den Wert dessen, was wir wählen, bejahen, denn wir können nie das Schlechte wählen. Was wir wählen, ist immer das Gute, und nichts kann für uns gut sein, wenn es nicht gut für alle ist» (1946, 12). Diese Universalisierung ist nur dann keine haltlose Induktion, wenn der Einzelne als «Mensch» zuvor alle Individualität abgelegt hat und sich so in der Tat mit allen anderen gleichmacht. Mag man die Freiheit noch allgemein-menschlich voraussetzen, so mißlingt solcher Universalismus gewiß für das partikulare Handeln des Einzelnen (vgl. Waldenfels 1983, 102 f); von daher trügt auch Sartres Schluß vom individuellen auf das allgemeine Gut.[5] Im Gegenzug zu dieser abstrakten Koppelung im Frühwerk bemüht sich Sartre später, in der «Kritik der dialektischen Vernunft», Formen der Vergesellschaftung, der Gruppenbildung in sein Freiheitsmodell hineinzunehmen; dies ebnet ihm den Weg zum politischen Engagement (zur Entwicklung vgl. Hartmann 1966; Seel 1988).

## 4 Lévinas: Ethik des Anderen

Lévinas beschreibt, schon vor Sartre, den «Ekel» als *Erfahrung des reinen Seins»*, als eine «Grenzsituation», in der «jedes Tun unnütz» wird (1935/36, 386 f). Freilich begnügt er sich nicht mit diesem starren Blick auf «die Tatsache des *Es-gibt»*, sondern folgt zunächst Kierkegaard und Heidegger darin, gerade diese Erfahrung seiner selbst als «das Sein des Seienden, das wir sind», zu fassen (ebd., 387; 1948, 22; 1949, 66). Daß «Existenz» ein Seiendes meint, das sich durch den Bezug auf sich auszeichnet, versteht Lévinas als «Einführung der Transitivität in den Begriff des Seins» – für ihn die «neue Kategorie» der «Philosophie der Existenz» (1949, 67 f; vgl. Krewani 1992, 45 f).

Lévinas' Abweichung von Heidegger setzt ein mit der Kritik eben an der Fixierung auf das «Verstehen» des «Seins» (ebd., 79). Seine Frage «Wie kann ... die *Beziehung* zum *Seienden* ... etwas anderes sein als sein *Verstehen* als Seiendes?» ist nicht rhetorisch gemeint. Beim Umgang mit «dem Anderen» nämlich geht «unsere Beziehung... über das Verstehen hinaus» (1951, 109 f). «Die Beziehung zum Anderen ist... nicht Ontologie»; der Andere «geht nicht vollständig auf in der Erschlossenheit des Seins, in der ich mich schon aufhalte wie auf dem Felde meiner Freiheit.» Wenn ich ihm begegne, geht es, wie Lévinas sagt, nicht nur um «Erkenntnis», sondern zuvor um das «Grüßen», die Hinwendung zum Anderen (ebd., 112 f, 116; vgl. 1963, 218 f; Petrosino / Rolland 1984, 100). «Das absolut Andere ist *der* Andere», sagt Lévinas – und dies genau bezeichnet seine Wendung von der Ontologie zur Ethik (1961, 44, 54). Sie geht aus von der Beziehung zum Anderen, die bei Heidegger noch vom eigensten «Entwurf»[6] sowie vom Bezug auf Dinge übertrumpft und von Sartre nur negativ konzipiert wurde. Die ethische Dimension, die Lévinas damit wie selbstverständlich eröffnet, ist ungewohnt, steht Praxis- und Konsens-orientierten Ethiken fremd gegenüber.

Der Andere zeigt sich nicht in seinen Taten, sondern in seiner Verwundbarkeit. Für Lévinas ist er aber zugleich ein sich «absolut» Entziehendes (ebd., 46), das vom Versuch der Verletzung verfehlt wird und genau dadurch dem Können eine Niederlage beibringt. Die Selbstverständlichkeit des Gebots «Du sollst nicht töten» erklärt sich demnach auf verblüffende Weise. In gewisser Weise wird es nämlich «unmöglich», den Anderen, der doch das Bild, das ich von ihm habe, überschreitet, zu töten. Sowie ich «dem Anderen von Angesicht zu Angesicht» gegenüberstehe, komme ich nach Lévinas von selbst vom Vernichtungswillen ab (vgl. ebd., 120; 1951, 116 f); das Gebot, dem ich folge, liegt demnach jenseits der Praxis, jenseits der «Geschichte» (1961, 66). An die Stelle der alten Identität, die in ihren Taten auf sich selbst angewiesen ist, tritt damit ein «Ich» (1972, 49 f), das statt durch Freiheit durch Verpflichtung gegenüber dem Anderen bestimmt ist (zu dieser Umdeutung – auch gegenüber Sartre – Taureck 1991, 28 f; Krewani 1992, 148 f). Wenn Lévinas also den Rahmen der Existenz sprengt, so tritt nicht Inter-*Aktion* an deren Stelle. Die Beziehung zum Anderen ist nicht «symmetrisch», sie ist gekennzeichnet durch die «Passivität», in der ich mich vom anderen treffen lasse (1961, 311 ff; 1982, 75; 1972, 75 f). Lévinas erklärt diese Beziehung zum anderen geradezu zur Urform aller menschlichen Beziehungen. Er führt, anders und leicht gesagt, die Ethik auf ein «ursprüngliches ‹Nach Ihnen, mein Herr!›» zurück (1982, 68).

Diese «Ursprünglichkeit» ist die starke Voraussetzung, die Lévinas bei der Begründung seiner Philosophie des Anderen macht; sie ist der heikle Punkt, an dem seine Ethik hängt (vgl. auch Lesch 1992, 17). Der «Sinn», nämlich das Gebot, nicht zu verletzen, wird von ihm unmittelbar aus der

Präsenz des Anderen abgeleitet: «Die Epiphanie des Anderen trägt ein eigenes Bedeuten bei sich... Der Andere... bedeutet durch sich selbst» (1963, 220f; vgl. 1961, 101). Etwas soll demnach einfach, indem es *ist*, von sich aus schon eindeutig etwas *bedeuten*, soll selbst geradezu *als Bedeutung sein*. Das Gebot zur Gewaltlosigkeit erfährt bei Lévinas eine Begründung, die – wie mir scheint – selbst etwas Gezwungenes hat: Sie beruht auf der Unterstellung, das bloße Auftreten des Anderen enthalte eine eindeutige, nur noch hinzunehmende Botschaft; die Signifikanz, die doch erst zu erschließen ist, wird der Erscheinung selbst zugeschlagen, der man sich zu ergeben hat.

Lévinas «mag» erklärtermaßen «die zweite Formel des kategorischen Imperativs, jene die sagt: ‹den Menschen in mir und im anderen respektieren›» (Engelmann 1985, 111). An die Stelle der Symmetrie, die in dieser Formel liegt, tritt bei ihm freilich die Ungleichheit zugunsten des Anderen, an dem etwas erfahrbar werden soll, das mir unendlich entzogen ist. Im Anderen erscheint damit nach Lévinas kein anderer als «Gott» (vgl. zur Vorgeschichte dieses Gedankens bei Gabriel Marcel Lesch 1992, 7ff). Am Ende bleibt zweifelhaft, ob solch ein asymmetrisches Verhältnis zwischen dem einen (dem Menschen) und dem anderen (letztlich Gott) unmittelbar für Fragen der Ethik fruchtbar werden kann.

## 5  Kein garstiger breiter Graben, aber auch keine neue Einheit

Der Existenzbegriff bleibt – teils in strikt gegensätzlichen Bedeutungen – auch in Ethik-Konzepten der jüngsten Zeit gegenwärtig. Statt auf diese ausführlicher einzugehen[7], möchte ich abschließend einige allgemeine Anmerkungen machen; wegen der Heterogenität, die im Existenzbegriff von Beginn an steckt, werden diese Anmerkungen nicht auf jede einzelne denkbare Position zutreffen; mit diesem pauschalen Hinweis erspare ich mir im folgenden einschränkende Hinweise.

Ethik ist, insofern sie mit Normen und ihrer Rechtfertigung zu tun hat, von der Existenz her nicht zu vereinnahmen. Dies gilt gerade auch gegen den Versuch, Ethik zu binden an die Einsicht in Gegebenes, das zu vollstrecken dann schon ein gutes Leben ausmachen soll. Das heißt freilich nicht, zwischen Ethik und Existenz klaffe ein «garstiger breiter Graben» (zur Vorgeschichte dieses Ausdrucks Kierkegaard 1846, Bd. 2, 91). Die Lebensgestaltung des Einzelnen und das Zusammenleben der Menschen sind nicht erst und ausschließlich von Normen abhängig, die noch einzuführen und anzuerkennen sind. Moralische Gesetze, die allgemeine Geltung beanspruchen, erliegen deshalb nicht gleich der Beliebigkeit des jeweils sich ergehenden Lebens; wohl aber haben neben ihnen noch andere Aspekte im Selbstbezug und in der Selbstschätzung Bedeutung (vgl. Ursula Wolf 1984, 213, gegen Tugendhat 1984, 163). Das Leben drängt sich uns auf mit Eigenarten, mit denen es umzugehen gilt – etwa seiner Naturhaftigkeit, Geschlechtlichkeit, Gemeinschaftlichkeit, Zeitlichkeit, Verletzlichkeit, Sterblichkeit.

Welche Beziehung besteht dann genauer zwischen dem Umgang mit diesen Eigenarten und der Ethik? Für die Trennung der Fragen nach Existenz einerseits, Ethik andererseits votiert Michael Theunissen (1991a, 37). In Anlehnung an die Formel «Erst kommt das Fressen, dann die Moral» meint er, noch vor moralischen Fragen stelle sich zum Beispiel die Frage nach der «Zeit» und «was wir mit ihr machen». Auch Ursula Wolf wehrt sich dagegen, «die Frage nach der Verfaßtheit oder Struktur des menschlichen Lebens... mit der Frage nach dem guten Leben (zu vermischen)» (1986, 242f). Dies heißt freilich nicht, man könne eine Verfassung des Lebens herausstellen, an die man sich regelrecht halten, die man einfach einhalten müsse. Es wäre abwegig, das Gelingen des Lebens sozusagen nach dessen Verfassungs-Treue zu beurteilen. In dem Maße, wie man Spielräume zur Gestaltung des Lebens gewinnt, wird freilich das Urteil schwieriger, wann solches Leben als gelungen gelten darf. Angesichts jener Gestaltungsprozesse rückt das «existenzielle» Gelingen also wieder näher an Fragen des «guten Lebens», an Fragen der Ethik heran. Mindestens wird die Abgrenzung zwischen Beschreibung und Bewertung heikel; dies bemerkt auch Ursula Wolf, die ihre Frage nach der «Verfaßtheit» des Lebens genau nicht ontologisch beantwortet: «Wer sich fragt, welches das für ihn gute Leben / Handeln wäre..., muß sich zunächst fragen, wer er ist... Hier (geht es) um die Artikulation des subjektiven Lebensgefühls» (1986, 262).

Am Ende erscheint es als ein abstraktes Vorhaben, sich den Eigenarten des Lebens selbst direkt zuzuwenden; diese bieten sich nicht ursprünglich dar vor allen Handlungs- und Deutungszusammenhängen, die mich mit anderen verbinden. *Konkret* sind sie nicht anders zugänglich als schon in Interpretationen, in Lebensformen; insofern macht es auch wenig Sinn, die komplexe Selbstinterpretation der Menschen ihrerseits wieder im Begriff der «Existenz» oder «Existenzialität» zu vereinheitlichen (dazu vgl. Thomä 1992 gegen Rentsch 1990). Freilich bin ich konfrontiert mit Bedingungen meiner Existenz wie Gebrechlichkeit, Sterblichkeit etc., insbesondere also *naturhaften* Bedingungen, die nicht vollends kommunikativ zu vereinnahmen oder aufzuheben sind. In dem Maße aber, wie ich mich ihrer annehme, gerät die Konfrontation mit der eigenen Existenz schon in einen Kontext, der über sie hinausreicht. Auch die

Frage – um bei diesem Beispiel zu bleiben –, wie ich mit ‹Zeit› um-
gehe, hängt dann zusammen mit der Frage, wie ich mit anderen um-
gehe. Immerhin kann die Existenz ein *Anhaltspunkt* auch für strikt
normativ-moralische Fragen sein: So vermag die Begegnung mit «Tod
und Leiden», die Menschen als eine gemeinsame Bedrohung erfahren,
zu moralischen Zielsetzungen hinzuführen (Wolf 1984, 182, 223).
Wer aber von der Analyse der Existenz glatt erwartet, sie könne Ein-
blick gewähren nicht nur in das, was ist, sondern auch in das, was zu
tun ist, wird sich mit der Einlösung dieser Erwartung schwertun.

### Anmerkungen

1 Kierkegaard (1843 a, Bd. 2, 278) übt damit zugleich vorweg Kritik an einer Selbst-
schaffung, wie sie Nietzsche und dann besonders seine Interpreten Nehamas (1985)
und Rorty (1989) propagieren werden.
2 Diese Bemerkung stammt aus einem Manuskript zur «Auseinandersetzung mit
Heidegger» von 1944, dessen Veröffentlichung bei C. H. Beck vorbereitet wird. Zu
Heideggers Tendenz, Ethik nicht nur fundieren, sondern vereinnahmen zu wollen,
finden sich Andeutungen auch bei Fahrenbach 1970, 125.
3 Die Verweigerungsthese wird mit ganz gegensätzlicher Begründung vertreten von
Ebeling (1991) und Marten (1992).
4 Dies ist der Unterschied zu Camus, der dem «Absurden» einen intakten Bereich
menschlicher Beziehungen entgegenstellt (vgl. Kampits 1992, 187).
5 Mir scheint, man könne eine Bemerkung aus Sartres nachgelassenen «Cahiers pour
une Morale» als eine kleine Abweichung von diesem trügerischen Schluß lesen.
Dort spricht er sich gegen eine Betrachtung des «Menschen» im allgemeinen aus;
damit begebe man sich in eine erhabene «Äußerlichkeit», mache sich bei dem Versuch, über den Menschen zu urteilen, zum Anderen des Menschen überhaupt, statt
danach zu fragen, was der «eine mit den anderen gemein hat» (vgl. 1983, 420 f).
6 Wenn Heidegger nach der Lesart Lévinas' den verfügenden «Entwurf» betont, so
scheint sich gegen dieses Verfügen doch das sich verbergende «Sein» Heideggers zu
sträuben; dieses «Sein» versteht Lévinas freilich seinerseits als Hypostasierung
einer verfügenden «Macht» (1961, 55). Derrida hat in «Gewalt und Metaphysik»,
einem seiner besten Texte, Heidegger vor dieser Deutung in Schutz genommen und
eingewendet, Lévinas könne Heideggers «Sein» nur deshalb als äußerlich auftretende «Macht» kritisieren, weil er dessen unauflösliche Bindung an den «Menschen» als ein konkretes «Seiendes» ignoriere (vgl. 1964, 206 ff). Dieser Einwand
trifft zu. Gegen Derrida bleibt aber festzuhalten, daß Heidegger gleichwohl in einem
anderen Sinn vom «Sein» her «Macht» denkt; vgl. zu Heideggers «Herr(n) der
Macht, die wir selbst sind», Thomä 1990, 426.
7 Zu behandeln wären extrem gegensätzliche Konzepte wie
– Michel Foucaults Idee einer «Ästhetik der Existenz» (1984), bei der diese als Mate-
rial künstlerischer Bearbeitung flexibilisiert wird;

– Hans Jonas' Versuch einer positiven Begründung des Handelns in der «Pflicht zur Existenz» (1979, 186);

– Hans Ebelings «Existenzialpragmatik», die der Vernunft, um deren Selbstsetzung es ihm geht, als Gegenhalt einen wesentlich «negativen Existenzbefund» vorgibt (vgl. 1986, 62);

– Thomas Rentschs breite «transzendental-anthropologische Reflexion der *condition humaine*» (1990, 68);

– Ernst Tugendhats enge Fassung der «Existenz», die als «Quasi-Eigenschaft des gewissermaßen gereinigten, eigenschaftslosen Sichverhaltens zu sich und zu anderen» Voraussetzung der wechselseitigen Wertschätzung von Personen ist (1984, 160; in seinen «Vorlesungen über Ethik» 1993 tritt der Existenzbegriff allerdings völlig in den Hintergrund).

## Zitierte Literatur

Anders, G. (1944): Auseinandersetzung mit Heidegger. München (i. Vorb.).

Bollnow, O. F. (1942): Existenzphilosophie. 4. Aufl. Stuttgart 1956.

Danto, A. C. (1975): Jean-Paul Sartre. Göttingen 1993.

Derrida, J. (1964): Gewalt und Metaphysik. Essay über das Denken Emmanuel Lévinas'. In: ders.: Die Schrift und die Differenz. Frankfurt/M. 1972, 121–235.

Dietz, W. 1993: Sören Kierkegaard. Existenz und Freiheit. Frankfurt/M.

Ebeling, H. 1986: Vernunft und Widerstand. Die beiden Grundlagen der Moral. Freiburg/München.

– 1991: Martin Heidegger. Philosophie und Ideologie. Reinbek bei Hamburg.

Engelmann, P. (Hg.) 1985: Philosophien. Gespräche mit Michel Foucault… Wien.

Fahrenbach, H. 1968: Kierkegaards existenzdialektische Ethik. Frankfurt/M.

– 1970: Existenzphilosophie und Ethik. Frankfurt/M.

Foucault, M. (1984): Sexualität und Wahrheit. Bd. 2/3. Frankfurt/M. 1986.

Greve, W. 1990: Kierkegaards maieutische Ethik. Frankfurt/M.

– 1992: Wo bleibt das Ethische in Kierkegaards «Krankheit zum Tode»? In: E. Angehrn u. a. (Hg.): Dialektischer Negativismus. Frankfurt/M., 323–341.

Guggenberger, B./Hadot, P. 1972: Existenz, existentia. In: J. Ritter (Hg.): Historisches Wörterbuch der Philosophie. Bd. 2. Basel/Stuttgart, Sp. 854–860.

Habermas, J. 1987: Eine Art Schadensabwicklung. Frankfurt/M.

Hartmann, K. (1966): Sartres Sozialphilosophie. In: ders.: Die Philosophie J.-P. Sartres. Berlin/New York 1983.

Hegel, G. W. F. (1807): Phänomenologie des Geistes (Werke, hg. v. Moldenhauer/Michel. Bd. 3). Frankfurt/M. 1970.

Heidegger, M. (1921/22): Phänomenologische Interpretationen zu Aristoteles (Gesamtausgabe, II. Abt., Bd. 61). Frankfurt/M. 1985.

– (1927): Sein und Zeit. 8. Aufl. Tübingen 1957.

– (1929): Vom Wesen des Grundes. In: ders.: Wegmarken. Frankfurt/M. 1969, 21–71.

– (1946): Brief über den «Humanismus». Ebd., 145–194.

268   Dieter Thomä

– (1949): Einleitung zu: «Was ist Metaphysik?». Ebd., 195–211.
Holl, J. 1972: Kierkegaards Konzeption des Selbst. Meisenheim.
Hume, D. (1740): Traktat über die menschliche Natur. Bd. 2. Hamburg 1989.
Jonas, H. 1979: Das Prinzip Verantwortung. Frankfurt/M.
Kampits, P. 1992: Existenzialistische Ethik. In: A. Pieper (Hg.): Geschichte der neueren Ethik. Bd. 2. Tübingen/Basel, 173–193.
Kierkegaard, S. (1843a): Entweder–Oder I/II. Düsseldorf 1956.
– (1843b): Die Wiederholung. Düsseldorf 1955.
– (1844): Der Begriff Angst. Düsseldorf 1952.
– (1846): Abschließende unwissenschaftliche Nachschrift I/II. Düsseldorf 1957f.
– (1849): Krankheit zum Tode. Düsseldorf 1954.
Krämer, H. 1992: Integrative Ethik. Frankfurt/M.
Krewani, W. N. 1992: Emmanuel Lévinas. Denker des Anderen. Freiburg/München.
Lesch, W. 1992: Religiöse Ethik. In: A. Pieper (Hg.): Geschichte der neueren Ethik. Bd. 2. Tübingen/Basel, 1–28.
Lévinas, E. (1935/36): De l'évasion. In: Recherches philosophiques V, 373–392.
– (1948): Die Zeit und der Andere. Hamburg 1984.
– (1949): Von der Beschreibung zur Existenz. In: ders.: Die Spur des Anderen. Freiburg/München 1983, 53–80.
– (1951): Ist die Ontologie fundamental? Ebd., 103–119.
– (1961): Totalität und Unendlichkeit. Freiburg/München 1987.
– (1963): Die Spur des Anderen. In: ders.: Die Spur des Anderen, a. a. O., 209–235.
– (1982): Ethik und Unendliches. Wien 1986.
Marten, R. 1972: Existieren, Wahrsein und Verstehen. Berlin.
– 1992: Heidegger lesen. München.
Marx, K. (1845): Thesen über Feuerbach. In: ders./F. Engels: Werke. Bd. 3. Berlin 1958, 5–7.
Marx, W. 1983: Gibt es auf Erden ein Maß? Grundbestimmungen einer nichtmetaphysischen Ethik. Hamburg.
Moore, G. E. (1903): Principia Ethica. Stuttgart 1970.
Nehamas, A. (1985): Nietzsche. Leben als Literatur. Göttingen 1991.
Nietzsche, F. (1874): Vom Nutzen und Nachtheil der Historie für das Leben (Kritische Studienausgabe, Bd. 1). München u. a. 1980.
Petrosino, S./Rolland, J. 1984: La vérité nomade. Introduction à Emmanuel Lévinas. Paris.
Rentsch, T. 1990: Konstitution der Moralität. Transzendentale Anthropologie und praktische Philosophie. Frankfurt/M.
Rorty, R. 1989: Kontingenz, Ironie und Solidarität. Frankfurt/M.
Sartre, J.-P. (1943): Das Sein und das Nichts. Reinbek bei Hamburg 1991.
– (1946): Ist der Existenzialismus ein Humanismus? In: ders.: Drei Essays. Frankfurt/Berlin 1989, 7–51.
– (1980): Brüderlichkeit und Gewalt. Berlin 1993.
– 1983: Cahiers pour une Morale. Paris.
Schmidt, A. 1973: Emanzipatorische Sinnlichkeit. Ludwig Feuerbachs anthropologischer Materialismus. München.

Seel, G. 1988: Wie hätte Sartres Moralphilosophie ausgesehen? In: T. König (Hg.): Sartre. Ein Kongreß. Reinbek bei Hamburg, 276–293.

Seel, M. 1991: Eine Ästhetik der Natur. Frankfurt/M.

Taureck, B. 1991: Lévinas zur Einführung. Hamburg.

Taylor, Ch. 1989: Sources of the Self. Cambridge.

Theunissen, M. 1965: Der Andere. Studien zur Sozialontologie der Gegenwart. Berlin/New York.

– 1991a: Negative Theologie der Zeit. Frankfurt/M.

– 1991b: Das Selbst auf dem Grund der Verzweiflung. Kierkegaards negativistische Methode. Frankfurt/M.

– 1993: Der Begriff Verzweiflung. Korrekturen an Kierkegaard. Frankfurt/M.

Thomä, D. 1990: Die Zeit des Selbst und die Zeit danach. Zur Kritik der Textgeschichte Martin Heideggers 1910–1976. Frankfurt/M.

– 1992: Die gute Verfassung des menschlichen Lebens. In: Philosophische Rundschau 39, 309–318.

Tugendhat, E. 1979: Selbstbewußtsein und Selbstbestimmung. Frankfurt/M.

– 1984: Probleme der Ethik. Stuttgart.

– 1993: Vorlesungen über Ethik. Frankfurt/M.

Waldenfels, B. 1983: Phänomenologie in Frankreich. Frankfurt/M.

Wolf, U. 1984: Das Problem des moralischen Sollens. Berlin/New York.

– 1986: Was es heißt, sein Leben zu leben. In: Philosophische Rundschau 33, 242–265.

## Ergänzende Literatur

Barnes, H. (1967): An Existentialist Ethics. 2. Aufl. Cambridge 1987.

Camus, A. (1942): Der Mythos von Sisyphos. Reinbek 1959.

Fahrenbach, H. 1992: Existenzdialektische Ethik. In: A. Pieper (Hg.): Geschichte der neueren Ethik. Bd. 1. Tübingen/Basel, 256–283.

Gethmann-Siefert, A./Pöggeler, O. (Hg.) 1988: Heidegger und die praktische Philosophie. Frankfurt/M.

Greisch, J./Rolland, J. (Hg.) 1993: Emmanuel Lévinas. L'éthique comme philosophie première. Paris.

Jaspers, K. (1935): Vernunft und Existenz. München 1973.

Kamlah, W. 1973: Philosophische Anthropologie. Mannheim.

Kodalle, K.-M. 1988: Die Eroberung des Nutzlosen. Kritik des Wunschdenkens und der Zweckrationalität im Anschluß an Kierkegaard. Paderborn u.a.

Liessmann, K. P. 1993: Kierkegaard zur Einführung. Hamburg.

Marcel, G. (1935): Sein und Haben. Paderborn 1954.

Renaut, A. 1993: Sartre, le dernier philosophe. Paris (darin Teil III: L'éthique impossible).

Stack, G. 1977: Kierkegaard's Existential Ethics. Alabama.

Warnock, M. 1967: Existentialist Ethics. London u.a.

*Eckhard Nordhofen*

# 12 Glaube

## 0 Einleitung

Am Begriff des Glaubens zeigt sich ein eigenartiges Dilemma der Ethik. Je fester und unbändiger die Überzeugung, desto schwächer die Sicherheit von rationaler und diskursiver Farbe. Einfacher, ja blinder Glaube befähigt zu erstaunlichen und kraftvollen Taten, reflexiv legitimierte Ethik wirkt papieren, ‹verkopft› und schwächlich. Wovon wir vernunftgestärkt ein sicheres Wissen haben, langweilt uns meist; dasjenige aber, was sie in einem hingebungsvollen Entschluß ergriffen haben, reißen die Ajatollahs an ihre Brust und lassen sich notfalls dafür zerreißen. Offenbar steigert die Selbstentäußerung in merkwürdiger Dialektik die Lebensenergie. Das Sektenmitglied scheint nach der Gehirnwäsche glücklich.

Karl Popper pflegt Wilhelm Busch zu zitieren: «Zweimal Zwei gleich Vier ist Wahrheit. / Schade, daß sie leicht und leer ist, / denn ich wollte lieber Klarheit / über das, was voll und schwer ist.»

Leicht und leer sind logische Wahrheiten. In der tautologischen Sicherheit über die Tatsache, daß der Kreis rund und der Rappe schwarz ist, ist jede Erinnerung an die Emphase verschwunden, die im Begriff der Wahrheit einmal mitschwang. Das war auch der Grund dafür, daß Ludwig Wittgenstein sich nach der Abfassung des «Tractatus logico-philosophicus» erst einmal von der Philosophie verabschiedete, um ein guter Mensch zu werden. Er studierte Tolstois Nacherzählung der Evangelien, verzichtete auf sein stattliches Vermögen und wurde Schulmeister auf dem Lande. Am Ende jenes Tractatus (6.52) heißt es: «Wir fühlen, daß selbst wenn alle möglichen wissenschaftlichen Fragen beantwortet sind, unsere Lebensprobleme noch gar nicht berührt worden sind...»

# 1 Abgrenzungen

Im «Tractatus» findet sich die schärfste Trennung, die wir kennen, zwischen dem, was man wissen / wissenschaftlich wissen kann, und dem, was uns eigentlich interessiert. Paul Engelmann, ein Freund, dem Wittgenstein die Schrift erklärt hatte, findet das Bild vom Ozean und der Insel: Wittgenstein habe die Küstenlinie einer Insel aufzeigen wollen. Dabei sei es ihm aber um die Definition des Ozeans gegangen.

Repräsentativer als durch diesen messianischen Einzelgänger[1] wird das intellektuelle Klima Wiens der 1920er Jahre vom sogenannten Wiener Kreis um 1923 bestimmt. Dieser hatte sich als intellektuelle Bewegung gegen die Fassadenkultur der k.u.k. Monarchie zusammengefunden. Hier war die Ablehnung jeder Philosophie und Religion, die auf metaphysische und idealistische ‹Werte› setzt, einer Begründung nicht bedürftig. Sie verstand sich von selbst.

Man blickte fasziniert auf die attraktivste Wissenschaft der Zeit, die Physik, auf ihre frappierenden Erfolge und begründete nach ihrem Vorbild einen «logischen Empirismus» als Weltanschauung. Zwei Typen intellektueller Sicherheit sollten miteinander verbunden werden: die logische und die sinnliche Gewißheit. Die Sicherheit logischer Ableitungen sollte gleichsam aus ihrer Langeweile erlöst werden, indem sie paßgenau an sinnliche Erlebnisse angekoppelt wird. In sogenannten Protokollsätzen wie «Jetzt hier Schmerz» sollte die unbezweifelbare Sicherheit, die uns die körperliche Empfindung verbürgt, in die Welt sprachlicher Zeichen überführt werden. In dieser wiederum regierte die Logik. Mit ihrer Hilfe könnte ein «logischer Aufbau der Welt» (Rudolf Carnap)[2] bewerkstelligt werden. Diese Welt wäre einheitlich. Irrationale Restbestände wie Kunst oder Religion wären aus ihr verschwunden. Man verfolgte das Programm von «unified science», und mit dieser Einheitswissenschaft sollten schließlich auch «Lebensprobleme» rational und wissenschaftlich lösbar sein.

Das durch die Gegenbesetzung zur alten, ornamentalen und bürgerlich-ständischen Welt gesteigerte Gefühl, einer scharfsinnigen Minderheit anzugehören, die nichts auf ‹Geschwafel› und pathetische Metaphysik gibt, schlug sich in kraftvollen Urteilen darüber nieder, was Sinn und Unsinn sei. Das «Sinnkriterium» sollte bestimmt werden. Mit seiner Hilfe wäre eine Grenze gezogen, die auch eine klare Ethik ohne irrationalen Glauben ermöglicht.

Der Wiener Kreis hätte den berühmtesten Satz Wittgensteins noch knapper fassen können: «Alles, was sich sagen läßt, läßt sich klar sagen!» Was sich nicht sagen, also klar sagen läßt, wäre ein «Scheinproblem» und könnte fallengelassen oder vergessen werden; es existierte einfach nicht. Der originale, vollständige Satz Wittgensteins (aus dem Vorwort zum «Tractatus») lautet aber: «Was sich überhaupt sagen läßt, läßt sich klar sagen; und wovon man nicht sprechen kann, darüber muß man schweigen.» Ähnlich der letzte Satz: «Wovon man nicht sprechen kann, darüber muß man schweigen.» Daß dieser Satz so unentwegt zitiert wird, mag daran liegen, daß es so unendlich viel ist, wovon und worüber man nach dieser Vorschrift zu schweigen hätte.

Es sind viele Mißverständnisse daraus entstanden, daß Wittgenstein das, worüber man nicht sprechen kann, im «Tractatus» und im Vorwort «Unsinn» nennt. Das scheint an den Sprachgebrauch des Wiener Kreises und dessen Diskussionen um das «Sinnkriterium» anzuknüpfen. Was wie eine Disqualifikation klingt, ist beim Ingenieur Wittgenstein aber eher technisch zu verstehen. Der Sinn kann nicht in der Art des mathematischen Abbildungsbegriffs und somit in den Augen des Perfektionisten der Klarheit adäquat wiedergegeben werden.

In einem weniger bekannten, gleichwohl eindrucksvollen Text, der «Rede über Ethik»[3], der in den Zusammenhang des «Tractatus» gehört, bekundet Wittgenstein seinen tiefen Respekt vor dem, was sich nicht sagen läßt und über das er sich «...um keinen Preis lustig machen möchte».

Sehr instruktiv ist die Art und Weise, wie Wittgenstein mit seinem eigenen Schweigegebot umging. Er arbeitete am «Tractatus» während des ersten Weltkriegs. Als Soldat diente er zeitweilig auf einem Patrouillenboot, das die Weichsel befuhr und öfter unter Beschuß lag. In seinen Aufzeichnungen finden sich die «Tractatus»-Texte nur auf der einen Hälfte des Heftes, auf dem jeweils gegenüberliegenden Blatt in Geheimschrift, die, als ob sich dadurch etwas ändern ließe, das ABC umkehrt, also in der Gegenrichtung benutzt (A ist Z, B ist Y usw.), private Notizen, Gebete, Gefühlsausbrüche...

Besonders wenn man daran denkt, wie grundlegend für den «Tractatus» der mathematische Bildbegriff war, könnte man den letzten Satz als eine Art Bilderverbot für die Sprache verstehen. Wie das alte Bilderverbot am Kopf der Zehn Gebote des Alten Testaments führt es nicht zum Verschwinden von Bildern und Sätzen über das, was sich nicht einbilden und «sagen» läßt, sondern zu einer anderen Art von Sätzen.

## 2 Glauben, Wissen, Glauben

«Glauben heißt nicht Wissen» – ein Jedermannssatz. Und doch ist die Geschichte des Menschengeistes geprägt von Kämpfen um die Grenzen des Wissens und um die Fragen, die jenseits dieser Grenzen warten.

Karl Popper, eine Randfigur des Wiener Kreises, hat einen einflußreichen Vorschlag für die Grenzziehung gemacht. Man kann sagen, daß seine ganze Philosophie des Kritischen Rationalismus um jenes «Abgrenzungskriterium» kreist. Zunächst wischt er das schöne Programm der Protokollsätze vom Tisch: Sätze können logisch nur auf Sätze und nicht auf etwas außerhalb der Sprache begründet werden. Die Induktion, das heißt die Übertragung aus der Welt der Erlebnisse und Beobachtungen in die Welt der Zeichensysteme, ist keine logische Beziehung, eine Logik der Induktion gibt es nicht. An die Stelle der Protokollsätze setzt Popper seine «Basissätze». Sie treten nicht mit dem Anspruch auf, Wahrheiten aus der Welt der Erfahrung in die Welt der Sprache zwingend überführt zu haben. Sie sind prinzipiell Hypothesen, die sich freilich bewähren können. Der Weg der Wissenschaft ist es nun, diese Hypothesen immer härteren Prüfungen zu unterziehen. Je strenger diese Prüfungen waren, desto besser sind die Hypothesen bestätigt. Die Naturwissenschaft kennt nach Popper also keine absolut wahren Gesetze, sondern nur mehr oder weniger gut bestätigte Hypothesen. Daß alle Körper fallen, ist ein Gesetz, das auf der Erde gilt. Macht man den Versuch, dieses Gesetz zu «falsifizieren», also Bedingungen zu finden, unter denen es sich als falsch erweist, dann erweitert sich unser Wissen. Wir müssen zu einer komplexeren Theorie der Gravitation kommen, die gleichzeitig erklärt, warum im Raumschiff Schwerelosigkeit herrscht und auf der Erde die Körper schwer sind. Das «Falsifikationskriterium» ist für Popper das Abgrenzungskriterium zwischen Rationalität und Irrationalität, zwischen der Welt der kritischen Vernunft und der Wildnis außerhalb jenes Gartens der Prüfungen. Daß es den Dschungel von Psychologie, Politik, von Kunst und Religion überhaupt gibt, darüber läßt Popper keinen Zweifel. Sein Schüler Hans Albert schlägt nun sogenannte Brückenprinzipien vor: Was in der Physik gilt, soll auch in Politik, Psychologie und überhaupt und überall gelten.

In einem ersten Schritt wird die Welt von Versuch und Irrtum, der deduktiven Ableitungen und der hoch bestätigten Sätze durch das Abgrenzungskriterium im wörtlichen Sinn de-finiert. Dann werden in einem zweiten Schritt von diesem Mutterland kritischer Rationalität aus so lange Kolonien in der Lebenswelt gegründet, bis der Garten der Vernunft universal geworden ist...

## 3 Was aber

Was aber, wenn der kritische Rationalist auf einen Indianer trifft, der den Fortschritt für einen Rückschritt hält? – Dann prallen zwei Weltanschauungen aufeinander.[4] Muß man sich entscheiden? Und wäre diese Wahl dann ein reiner Dezisionismus, ein blinder Griff ohne weiteres Argument?

An dieser Stelle wird deutlich, daß es eines Glaubensakts bedarf, um Kritischer Rationalist zu werden. Das Falsifikationskriterium als Scheidemesser zwischen Vernunft und ihrem Gegenteil kann nicht begründet, es muß geglaubt werden.[5] Zwischen Wissen und Glauben ergibt sich damit ein eigenartiges Verhältnis. Da gibt es die Menge dessen, was wir wissen können, und die Menge dessen, was wir glauben müssen. Beide scheinen zunächst wie zwei Reviere nebeneinanderzuliegen. Am Ende stellt sich aber heraus, daß der Poppersche Typ von Rationalität ein Spezialfall von Glauben war.

Das Problem ist als Cantorsche Mengenantinomie bekannt: Die Menge aller Mengen enthält auch die Menge, die sich selbst nicht als Element enthält. Bertrand Russell formuliert anschaulich: «Ein Dorfbarbier rasiert alle Männer des Dorfes, die sich nicht selber rasieren. Rasiert er sich selber?»

Glauben heißt nicht Wissen: Wer weiß, glaubt nicht, da er an das Wissen glaubt. Begriffslogisch ausgedrückt: Faßt man Glauben und Wissen als extensionale Revierbegriffe, ist der Absturz in die Antinomie unvermeidlich.

Seit der Antike gilt die Antinomie mit Recht als die Katastrophe der vernünftigen Rede: Ein Kreter sagt: «Alle Kreter lügen.» Also lügt er, da er ja auch ein Kreter ist. Wenn das, was er sagt, gelogen ist, wäre aber das Gegenteil richtig. Also sagt er die Wahrheit. Wenn er aber die Wahrheit sagt, lügt er usw. ad infinitum. Aristoteles hat die bis heute gültige formale Grenzbedingung des vernünftigen Argumentierens formuliert: «Man darf derselben Sache nicht zugleich und in gleicher Hinsicht etwas ab- und zusprechen.» Am liebsten würde man sich an dieser Grenze der vernünftigen Rede verabschieden wie die Gesprächspartner am ausweglosen, aporetischen Ende der frühen Dialoge Platons: «Ein anderes Mal, o Sokrates», sagt etwa Euthyphron, «denn jetzt eile ich wohin, und es ist Zeit, daß ich gehe.»

# 4 Extension oder Intension

Der Religionsphilosoph Hermann Schrödter[6] hat im Anschluß an v. Freytag-Löringhoff einen Vorschlag gemacht, der weiterführt. Er unterscheidet zwei Arten, mit Begriffen umzugehen: Der extensionale Weg betrachtet den Umfang der Begriffe, den Bereich, auf den sie sich erstrekken, oder das Feld, das durch sie betroffen wird: «Alle Kreter» zum Beispiel. Der intensionale Weg dagegen betrachtet Inhalte, Bestimmungen, wie sie traditionell durch die Beziehung von Gattung und Art beschrieben werden und die uns zum Beispiel als Eigenschaften vertraut sind. Nun kann man auch zwei Arten von Negation unterscheiden: die limitative, hier geht es um die Grenze (lat. *limes*) zwischen zwei Bereichen, und die privative (lat. *privatio*) Beraubung, bei der von den Bestimmungen des Artbegriffs etwas weggenommen wird, um zur Gattung zu gelangen, die somit von höherer Allgemeinheit sein kann. Nehme ich von ‹Mann› den Geschlechtsaspekt weg und sage «Er ist kein Mann», dann erhalte ich ‹Mensch› als allgemeinere Bestimmung. Dies wäre eine privative, eine ‹beraubende› Negation. Sage ich «Er ist kein Mann» und verstehe den Satz als limitative Negation, dann folgt daraus: Er – besser sie – ist eine Frau, denn ein Drittes (z. B. echte Zwitter) gibt es beim Menschen nicht.

Auf unser Problem von Glauben und Wissen angewandt, läßt sich so die Antinomie vermeiden. «Glauben heißt nicht Wissen.» Dieser Satz ist bei Kant («Ich mußte also das Wissen [über Gott, Freiheit und Unsterblichkeit; E. N.] aufheben, um für den Glauben Platz zu bekommen»[7]), bei Popper und überhaupt bei allen, die der Vernunft oder dem Wißbaren eine Grenze ziehen wollen, limitativ aufgefaßt – während der Glaube, der nötig ist, um die Vernunft und ihre Kriterien in ihr Recht zu setzen, gleichsam der Gattungsbegriff für Vernunft ist. In diesem Fall hätten wir es mit einer privativen Negation zu tun.

Der allgemeinere Bewußtseinszustand, der gebraucht wird, solange Vernunft nicht alles, also totalitär ist, um eine fundamentale Zustimmung geben zu können, kann Glauben ‹an die Vernunft› genannt werden. Es ist ein *intensionaler* Glaube, der die Art und Weise bestimmt, mit der ein Mensch an die Dinge der Welt herangeht. Diese Dinge selbst, ob sie existieren oder nicht, wie sie gegeneinander abzugrenzen sind, können *extensional* geglaubt oder besser noch gewußt werden.

Schon ein kurzes Nachdenken über den Sprachgebrauch des Wortes ‹glauben› führt zu der Erkenntnis, daß es eine harmlose, vollkommen unproblematische Verwendung gibt. Wer sagt: «Ich glaube, morgen wird das Wetter schön», verwendet gleichsam einen abgeschwächten Wissensbegriff. Lieber würde er sagen können: «Ich weiß, das Wetter wird schön.» Solange er nicht weiß, ist er auf das schwächere Glauben angewiesen. Glauben ist gleichsam der Lückenbüßer für ein noch nicht vorhandenes Wissen. Glauben hat denn auch sofort zu verschwinden, wo sich das Wissen eingestellt hat.

Der religiöse Glaube, mindestens der in der jüdisch-christlichen Tradition stehende, ist davon streng zu unterscheiden. Viele im Grunde überflüssige Mißverständnisse stammen aus der Verwechslung des intensionalen religiösen Glaubens mit dem extensionalen Glauben an Sachverhalte, die ich nicht oder noch nicht weiß.

Auf der extensionalen Ebene ist es in der Geschichte, etwa im Zeitalter der Aufklärung, vor allem in Frankreich, oft vorgekommen, daß Glaube und Vernunft wie zwei Territorien betrachtet wurden. Jedes der beiden Reiche hatte seine Patrioten, die sich für die Ehre des einen wie für den Ruhm des anderen Landes schlugen.

Ebenfalls auf der extensionalen Ebene kann etwa mit Schnittmengen operiert werden. Mit dem Schnittmengenmodell lassen sich recht gut die Ansichten einer Mehrheit unserer Zeitgenossen wiedergeben. Ihm zufolge gibt es einen Sektor, in welchem von sicherem Wissen gesprochen wird. Er muß ja nicht immer so klein sein wie bei Ludwig Wittgenstein oder Wilhelm Busch: «Zweimal Zwei gleich Vier ist Wahrheit...» Daneben gibt es die großen Fragen. Es sind, in den Worten Kants, die nach Gott, Freiheit und Unsterblichkeit. Hier gibt es nichts zu wissen, hier muß man glauben. Beide Bereiche tun sich nichts, wenn sie nur säuberlich voneinander geschieden sind. Sind sie aber nicht scharf abgegrenzt, sondern gleichsam ineinander geschoben, dann erhalte ich die Schnittmenge. Hier konkurrieren die unterschiedlichen Wege des Bewußtseins. Wie oft muß sich der Zeitgenosse fragen, ob er rational oder intuitiv, nach Gefühl oder ‹mit dem Bauch› an die Dinge herangeht. Der Fundamentalist ist entschlossen, eine Sache zu glauben, die man besser wissen kann, etwa daß die Erde in buchstäblich sieben Tagen erschaffen worden ist. Wenn er die Bibel wörtlich nimmt, muß er freilich auch glauben, daß der Hase ein Wiederkäuer ist.

Wo der Glaube mit dem Wissen konkurrieren will, steht er neuzeitlich in der Defensive. Hat er sich auf empirische Sachverhalte bezogen, muß er vom Wissen ersetzt werden. Das Schöpfungslied der Genesis ist in seinen extensional-empirischen Aussagen hoffnungslos überboten durch naturwissenschaftliche Kosmogonien. Ist der Glaube nichts als ein Glauben an bestimmte empirische Tatsachen, riskiert er immer, früher oder später durch das stärkere Wissen ersetzt zu werden. So entsteht der Eindruck einer zunehmenden Widerlegung der biblischen Aussagen.

Auch alle Versuche einer rationalen Ethik, die über den utilitaristischen Nutzenkalkül hinausgehen, gehören gleichsam in diese Schnittmenge, in der sie mit irrationalen Handlungsimpulsen konkurrieren.

Bleiben wir beim Beispiel Kant. Für das Wissen gibt er klare Kriterien an: Anschauung und Denken. Nur wenn beides vorhanden ist, kann von Wissen die Rede sein. Gott kann nicht diesem Bereich des Wissens zugeordnet werden. Da es von ihm keine Anschauung gibt, kann es von ihm auch kein Wissen geben. Die sogenannten Gottesbeweise operieren ausschließlich im Bereich des Denkens und fallen der Kritik anheim. Gott kann nicht bewiesen werden, aber er ist ein Postulat der praktischen Vernunft. Kant braucht diese Art von Glauben, um seine Ethik zu vollenden. An ihm hängt die Wirksamkeit der Moral. Betrachten wir den räumlichen, metaphorischen Hintergrund der Formulierung: «... Wissen aufheben ... zum Glauben Platz bekommen». Wir merken, hier wird extensional gedacht.

Im Kantischen Bewußtseinshaushalt hat ein Verdrängungswettbewerb stattgefunden: Ein extensionaler Glaube im Sinne von schwachem Wissen wird durch starkes, empiriegestütztes Wissen ‹aufgehoben›. Der ganz andersgeartete Glaube, der sich als Postulat der praktischen Vernunft formuliert, ist ein intensionaler Glaube, der sich nicht auf Dinge, sondern auf die Art und Weise bezieht, wie ich den Dingen Bedeutung verleihe und mich zu ihnen verhalte.

Kant hatte bei der Formulierung seines Wissensbegriffs die (Newtonsche) Physik vor Augen. Nun scheint bemerkenswert, daß namhafte Wissenschaftstheoretiker wie W. Essler und W. Stegmüller alle Sätze der Physik extensional auffassen. Alle physikalischen Gesetzesaussagen sind Formalisierungen experimentell gesicherter Beobachtungen, das heißt mathematische Funktionen. Der Funktionsbegriff aber ist mengentheoretisch, also rein extensional, das heißt umfangslogisch gewonnen.

Wenn das so ist, ist die Frage, ob durch die klassische Naturwissenschaft Physik die Wirklichkeit als Ganzes erfaßt werden kann, berechtigt.

Unser Alltagsdenken scheint dem der Physik sehr ähnlich. Physik ist trotz manchen Zweifels am Segen der Technik, die mit ihr gekoppelt ist, für die Mentalität des neuzeitlichen Zeitgenossen wenigstens in einem Punkt bestimmend: Als real gilt, was sinnlich erfaßt werden kann. Sogar dort, wo er zurücksinkt in magische und irrationale Praktiken, operiert der Esoteriker mit Erdstrahlen oder der Kraft der Edelsteine, und der Astrologe spekuliert nicht ganz freihändig, sondern heftet seine Systematisierungen an die Sterne, die doch immerhin eine empirische Tatsache sind.

## 5 Das Gegenmodell

Halten wir fest: Es gibt einen Glauben an Tatbestände, an Dinge, ob sie existieren oder nicht. Dieser Glaube kommt einem schwachen Wissen gleich. Wo es möglich ist, verdrängt das stärkere Wissen den Glauben.

Das Gegenmodell hierzu wäre ein Glaubensbegriff, der es für unmöglich hält zu fragen, ob Gott ein Ding in der Welt ist. Ein extensionaler Gott oder extensional gedachte Götter fallen dem Rasiermesser der Kritik zum Opfer. So etwas gibt es nicht oder gibt es nur zum Schein – mag es allenfalls als Produkt menschlicher Projektionen geben. Hier trifft sich die neuere Religionskritik von Feuerbach bis Freud mit dem Hauptgedanken des jüdisch-christlichen Monotheismus.[9] Daß beide Religionskritiker eben diese Tradition treffen wollten, ist ein kulturgeschichtliches Kuriosum von Rang.[10]

Die Unterscheidung eines intensionalen Glaubens von einem, der sich auf extensionale Tatbestände, auf Dinge etc. bezieht, kann man als Reformulierung der monotheistischen Revolution betrachten. Im Unterschied zu den Göttern, die selbstgemacht sind, ist der Gott des Moses einer, dessen Anwesenheit nicht empirisch vorgestellt wird. Wenn das stimmt, darf er auch nicht extensional aufgefaßt werden.

Dabei kommt es darauf an, die Bestreitungsaspekte in den Offenbarungsgeschichten des Alten Testaments nicht zu überlesen. Offenbarungsgeschichten sind privativ, ‹beraubend›, besser: bestreitend. Sie bestreiten die Realität, wie sie ist.

Jahwe – «Ich bin da» ist gleichzeitig die Ausrufung der Präsenz und die Bestreitung eines Namens. Nach einem solchen hatte Mose nämlich gefragt: «... da werden sie (die Israeliten, E. N.) fragen: Wie heißt er? Was soll ich ihnen darauf sagen?» (Exodus 3,13). Er ist da, hat aber keinen Namen wie ein Ding. Die Intension wird von der Extension getrennt. Eine neue Art von Anwesenheit wird ins Spiel gebracht, als gäbe es keine Extension (Ausdehnung).

Am Kopfstück des Dekalogs wird die Intension noch über die reine Behauptung der Anwesenheit hinaus präzisiert: «Ich bin der ‹Ich bin da›, dein Gott, der dich aus Ägypten geführt hat, aus dem Sklavenhaus. Du sollst neben mir keine anderen Götter haben, du sollst dir kein Gottesbild machen» (Exodus 20,2f, identisch Deuteronomium 5,6ff). Hier wird deutlich, was das Besondere dieses Gottes ist. Er wird erst durch eine Bestreitung, durch die Kritik an den selbstgemachten Göttern sichtbar. Bestritten wird aber auch das Sklavenhaus, das ist seine Intension: bestreitende Negation des Ist-Zustandes, wo er «Sklavenhaus» genannt werden muß.

In diesem Sinn müssen die Offenbarungsgeschichten des Alten und Neuen Testaments gelesen werden. Wo Offenbarung als ausnahmsweise Extensionalisierung, als das spektakuläre Hereinbrechen einer Hinter- oder Oberwelt verstanden wird, ist man hinter die Geschichte zurückgefallen, die uns Offenbarung als Bestreitung vorstellt. Gott als ein zusätzlicher Spaziergänger in der empirischen Welt wäre gedacht wie die Götter des Polytheismus, die sich in den griechischen Mythen immer wieder einmal unter die Sterblichen mischen.

Wenn Gott – der Gott des Monotheismus – kein Ding in der Welt sein kann (Johannes 1,18 «Keiner hat Gott je gesehen»), dann muß seine extensionslos gedachte Gegenwart auf eine Weise erzählt werden, die sie von Existenzbehauptungen unterscheidet, die empirisch bestätigt werden können. Das klassische Mittel der biblischen Autoren hierfür ist die Wundergeschichte. Diese Erzählungen dürften eben nicht als Beschreibungen spektakulärer Auftritte einer supranaturalen Hinterwelt verstanden werden, sondern als *Markierungen von Alterität*. Das zeichentheoretische Dilemma ist dem Problem des Wittgensteinschen Schweigens verwandt. Natürlich hat die saubere Lösung, von jenem Etwas, das kein Ding in der Welt ist, zu schweigen, eine große Attraktivität. Aber erinnern wir uns an das parasprachliche Rahmenwerk, das Wittgenstein um dieses Schweigen herumgewirkt hat. Hier ließ sich lernen, daß es nötig war, das Schweigen beredt zu machen. Ein beredtes Schweigen – das wäre wieder eine lähmende Antinomie, wenn wir uns nicht klargemacht hätten, daß die Bedeutung, jenes Etwas, über das man nicht klar, im Sinne einer extensionalen Abbildung klar reden kann, eine Variable der reinen Intension ist.

Es ist ein großer Unterschied, ob da einer bloß nichts sagt oder ob er über etwas schweigt, weil er weiß, daß er sich von dem, worüber er schweigt, kein Sprachbild machen kann. Schon die eigenartige Formulierung «Ich bin der Ich bin da», die als Namensverweigerung zu lesen ist, zeigt, daß im Alten Testament das Bilderverbot auch für das Wortsymbol, also für die Sprache gilt. Gott hat einerseits keinen Namen, und man kann sich kein Bild machen, aber seine privative Realität kann auch nicht einfach unterschlagen werden. Aus diesem Dilemma folgt, daß, wenn von ihm die Rede ist, eine andersartige Rede gesucht werden muß. Rudolf Otto und Paul Tillich haben von Gott als dem «ganz Anderen» gesprochen.

## 6 Anders sprechen

Es kommt darauf an, von dem «ganz Anderen» nun auch ganz anders zu sprechen. Auf immer neue Weise wird in der Geschichte des Monotheismus versucht, die Alterität zu markieren. In Exodus 3, dem *locus classicus* der negativen Theologie, findet sich zum Beispiel die Installation eines Widerspruchs als der Versuch, die Andersartigkeit der erzählten Ereignisse anzuzeigen. Der Dornbusch brennt, aber verbrennt nicht. Zweifellos ist der zweite Hauptsatz der Thermodynamik außer Kraft gesetzt. Aber auch ohne Physiker zu sein, konnten die Leser dieses Textes zu allen Zeiten wissen, daß die Koordinaten der bekannten Realität an dieser Stelle aufgehoben sind. Die bewußte Installation des Widerspruchs ist denn auch das klassische Mittel, die Alterität zu markieren – die Jungfrau, die ein Kind bekommt usw.

Der Fundamentalist, der darauf besteht, hier empirische Ereignisse zu greifen, fällt im Grunde hinter den Erkenntnisstand der jüdisch-monotheistischen Aufklärung zurück. Wundergeschichten sind in der Regel Markierungen von Alterität, müssen also auf der Zeichenebene und nicht auf der (empirischen) Realitätsebene gelesen werden.

Der Kategorienfehler des Fundamentalisten macht uns aber auf einen Umstand aufmerksam, der für die Religionsgeschichte von großer Bedeutung ist: Daß es möglich ist, dieselben Texte einmal als Berichte über empirische Ereignisse, ein andermal als intensionale Bestreitungsakte zu verstehen, die ein Weltverhältnis ausdrücken, das gegen den Ist-Zustand opponiert, ist kein Zufall. Denn: Die reine Intension gibt es nicht! Wenn wir den Gottesnamen im ersten Anlauf als eine solche verstehen, müssen wir auf den zweiten Blick doch zugeben, daß er ein Text im Raum ist, der zweifellos als sprachliches Gebilde eine Extension hat. Ähnlich beim Begriff ‹Nichts›. Wir spüren, was er will: seine Intension ist, jeden Rest von ‹Etwas› zu beseitigen. Er kann das aber nur tun, indem er sich extensional aufspreizt, also selber etwas, ein sprachliches Gebilde wird.

Intensionen sind immer Intensionen von Extensionen. Bedeutungen sind immer Bedeutungen von Etwas. Und dieses Etwas hat eine Ausdehnung, eine Extension.

In der Geschichte vom brennenden Dornbusch kann der Befehl «Zieh deine Schuhe aus, denn der Ort, wo du stehst, ist heiliger Boden» (Exodus 3,5) zweifellos als Markierung von Alterität gelesen werden. Heiligkeit, Ausgrenzung, ist geradezu ein Synonym für Alterität: Dieser Boden ist anders, ist nicht gewöhnlich. Aber es ist doch von einem Boden die Rede, und wir befinden uns als phantasievolle Hörer einer Erzählung im Geiste in der sinaitischen Steppe.

Auch unser Beispielsatz «Er ist kein Mann», der, privativ gelesen, ergibt «Er ist ein Mensch», kann, wenn man den intensionalen Weg ablehnt, extensional gedeutet werden. Die Menge aller Männer ist eine Teilmenge der Menge aller Menschen.

Für den intensionalen Glaubensbegriff bedeutet das, daß es prinzipiell nie verhindert werden kann, auf die privativen Symbole der Weltbestreitung wie auf Symbole zu blicken, die Dinge in der Welt repräsentieren. Man hört nicht auf das, was sie wollen, sie wollen ja etwas, das es nicht oder noch nicht gibt, etwa daß Friede auf Erden sei, sondern man schaut auf das, was sie sind.

Da ‹Gott› der Sonderfall eines Begriffs ist, dem in der Welt kein Ding entspricht, kann die normale Semantisierung nicht stattfinden, bei der einem Fremden, der nicht weiß, was das Wort ‹Stuhl› bedeutet, ein solcher vorgezeigt werden kann. Allah hat tausend Namen, aber darunter ist keiner von der Form ‹Stuhl›.

Die Verwechslung des Zeichens mit dem Bezeichneten ist der klassische Vorwurf, der zu allen Zeiten an die Gottesredner, seit dem Disput zwischen Mose und Aaron um das Goldene Kalb, erhoben worden ist.

## 7 Kult, Gesetz, Tauschprinzip

Die Folgen sind ästhetisch und ethisch. Bestreitungsakte sind Verschränkungen von Intension und Extension. Das Sklavenhaus, welches durch den Exodus negiert wird, hatte eine massive empirische Qualität: «Ich habe das Elend meines Volkes gesehen und ihre laute Klage über ihre Antreiber habe ich gehört» (Exodus 3,7).

Jede Negation, die wirklich durchgeführt wird, hinterläßt eine Spur in der Welt, sie wird so gesehen etwas ‹Positives›, Gesetztes. Aus den Erzählungen des Exodus wird eine Geschichte, ein literarisches Kunstwerk.

Auch David tanzt. Aber es ist kein Kultbild, vor dem er tanzt, sondern das Memorial einer bilderlosen Anwesenheit, die Bundeslade, in der der Bund zwischen Gott und seinem Volk vertraglich fixiert ist. Das Bild ist durch das Wort ersetzt. Aber auch der Gott im Wort kann extensional degenerieren und einer sublimen Verdinglichung anheimfallen.

In den Disputen zwischen Jesus und den Pharisäern setzt sich die jüdische Aufklärung fort. War es der ersten Götzenkritik um die Nichtigkeit des selbstgemachten Gottes, um den scheinhaften Gottesbesitz in Holz, Erz oder Stein zu tun, so geht es nun um die Selbstfabrikation des Heils durch den Gottesbesitz im Wort des Gesetzes.

An diesem Beispiel sind die ethischen Folgen des monotheistischen

Glaubens sehr gut zu studieren. Noch besser an Jesu Gleichnis vom Barmherzigen Samariter (Lukas 10,25–37). Hier wird der wahre Gottesdienst dem scheinbaren gegenübergestellt. Der Priester und der Levit, die an dem Verletzten vorbeigehen, kommen vom Tempel herab, waren also professionelle Agenten am religiösen Zeichensystem, an den Extensionen, die es auch für den bilderlosen Gott geben mußte, wenn denn von ihm nicht geschwiegen werden kann.

Jesus propagiert ein intensionales Gottesverständnis in Konkurrenz zu einem extensionalen. Dies wird auch deutlich in seiner Haltung zum jüdischen Gesetz. In der Bergpredigt (Matthäus 5,17ff) spricht er den Punkt direkt an: «Ich bin nicht gekommen, um das Gesetz und die Propheten aufzuheben.» Seine Reich-Gottes-Predigt ist nicht im Sinne einer konkurrierenden Gesetzgebung zu verstehen. Jesus will nicht die Novellierung von Gesetzen, er will eine andere Art und Weise, mit ihnen umzugehen. Er negiert das Gesetz privativ: «Wenn eure Gerechtigkeit nicht größer ist, als die der Schriftgelehrten und Pharisäer, werdet ihr nicht in das Himmelreich kommen.»

So wie Jesus als frommer Jude in den Tempel geht, um zu beten, denselben Tempel, aus dem der Priester und Levit des Samariterbeispiels kommen, den er sogar von den Geldwechslern reinigt (Markus 11,15–17), feiert er mit seinen Jüngern das Paschamahl nach dem vorgeschriebenen Ritus. Jesus bejaht also den Kult, er bejaht das Gesetz, und er bejaht auch das Tauschprinzip in der extensionalen Welt.

Aber er verneint Kult, Gesetz und Tauschprinzip privativ. Sein charakteristischer Umgang mit dem Tauschprinzip wird in der Vaterunserbitte «Vergib uns unsere Schuld, wie auch wir vergeben unseren Schuldigern» sichtbar. Hier zeigen sich auch sehr klar die ethischen Konsequenzen des Gottesglaubens. Ihr Hintergrund ist das Gleichnis von den beiden Schuldnern (Matthäus 18,23–35), in dem der Erlaß einer riesigen Schuld gerade nicht dazu führt, daß der soeben von dieser Schuld Befreite seinem Bagatellschuldner ebenfalls vergibt. Darüber müssen sich die Hörer empören. Die Pointe besteht in der offensichtlichen Weigerung, den Strom erlassener Schulden auf seinen Nebenmenschen weiterfließen zu lassen. Die Aufhebung des Tauschprinzips, die als intensionale Grundfigur der monotheistischen Gottesbeziehung beschrieben wird (vgl. das Buch Hiob), schlägt durch auf die Beziehung der Menschen untereinander. Die Gottesrechnung geht nicht auf. Gott läßt es gut sein. Daraus ergibt sich der Impuls, auch im Verkehr zwischen Mensch und Mensch offene Rechnungen gut sein zu lassen.

Die Reich-Gottes-Predigt des Jesus von Nazareth rechnet damit, daß das Tauschprinzip in dieser Welt (der einzigen, die es extensional gibt) selbstverständlich gilt. Der Herr des Weinbergs im Gleichnis von den Arbeitern im Weinberg wird weiter Tagelöhner zu einem Denar einstellen. Doch seine eschatologische Praxis hat sich als unkalkulierbar erwiesen.

Die Pointe dieser Geschichte ist, daß die Forderung derjenigen, die die Last und Hitze des Tages getragen haben und nun ebensoviel erhalten sollen wie die zuletzt und nur für eine Stunde Eingestellten, auf eine Tarifänderung hinausläuft. Ihr Ansinnen, das sich aus dem Vergleich mit den Bevorzugten ergibt, scheint zwar auf den ersten Blick recht und billig, wäre aber auf die Dauer zu teuer, will heißen, ökonomisch absurd.

Praxis und Lehrreden Jesu spielen sich in einer Welt ab, die extensional durch das Tauschprinzip regiert wird. Das Hereinbrechen der Gottesherrschaft kann nicht als ein konkurrierendes Reich Gottes verstanden werden. Die Abschaffung des Äquivalententauschs ließe den Ökonomen in uns auch einigermaßen ratlos zurück.

Was hereinbricht, ist die Intension, die eine und einzige Welt auf die Durchlässigkeit ihrer Gesetze hin zu betrachten, die Schemata dort aufzuheben, wo sie sich verselbständigt haben zum Schaden derer, denen sie einmal dienen sollten.

## 8 Glaube neuzeitlich

Neuzeitlich kann ein außerordentlich wichtiges Pensum derer, die sich in dieser monotheistischen Tradition des Glaubens verstehen und die Geschichte dieses Glaubens als Heilsgeschichte weitererzählen, darin gesehen werden, sich mit einem emanzipatorischen, politischen Impuls abzugleichen, der etwa in der Idee geglückter Kommunikation einen regulativen Ideenstern erblickt, sich aber in einem Selbstverständnis von dem magischen und ‹metaphysischen› Ballast der alten Religionsgeschichte verabschieden will.

Es gibt, etwa bei Jürgen Habermas, ein neues Interesse an einer negativen Theologie, die sich im Sinne der privativen Gottesrede deuten ließe.[11] Denn es wird großer Wert darauf gelegt, daß man sich im ‹nachmetaphysischen› Zeitalter befindet. Man kann einen Brennpunkt dieser Debatte in der Frage erkennen: Ist es möglich, die geistigen Prozesse der Bestreitung vom Metaphysikvorwurf zu entlasten? Läßt sich eine heilsgeschichtlich motivierte ethische Praxis von dem Vorwurf schlechter Philosophie befreien? Sicher wäre sehr schnell darüber Einigkeit zu erzielen, daß geistige Prozesse nicht als «Entitäten», als unveränderliche, gleichsam materielose «Dinge» anzusehen sind.[12]

Dennoch darf es nicht zu einer Arbeitsteilung kommen, welche den Gottesredner prästabilisiert auf den Hasenposten verpflichtet, während der Kritiker sich auf die Bequemlichkeiten zurückziehen kann, welche die Rolle des Igels anbietet, der sein «Ich bin schon da» ruft. Er hatte Intensionales im Sinn, konnte es aber nicht in die Welt setzen ohne Extension. Wer unter dem sprachlich-ästhetischen Gesetz der Alteritätsmarkierung etwas in die Welt setzt, was kein Teil der Welt ist, wird immer unter den Verdacht der ‹Metaphysik› gestellt werden können. Erinnern wir uns an die Einsicht, daß es keine Intension ohne Extension gibt. Mit dem Bilderverbot war die Geschichte des Gottesbildes erst auf ihrem theoretischen Niveau! Dabei sollte zunächst ohne Belang sein, ob es sich um ein Bildsymbol im optischen Sinn oder um ein Wortsymbol handelt. Viel wird davon abhängen, was genau unter Metaphysik verstanden werden soll.

Vielleicht kann das theoretische Proponenten-Opponenten- oder Hase-und-Igel-Spiel durch einen Tausch der Argumentationsposten gewinnen: *Tu quoque!* Auch du kannst, wenn du nicht schweigen willst, nicht umhin, einen der tausend Namen Allahs auszusprechen. Es steht zu vermuten, daß bei diesem Rollentausch zumindest bei den Diskurstheoretikern allerhand Kryptotheologisches zum Vorschein kommen würde.

Daß es sich bei dieser Diskussion nicht um ein sprachtheoretisch-ästhetisches Glasperlenspiel handelt, wird deutlich, wenn die praktischen Folgen in den Blick kommen. Wittgensteins Schweigen war komplementär begleitet von seiner Christusnachfolge als Schulmeister der armen Kinder.[13] So beeindruckend dieser individuelle Weg auch gewesen sein mag, in die Dimension gesellschaftlicher Verständigung führt er nicht. Es war der Weg eines einzelnen, kein Weg für das *corpus commune*.

Vor der Alternative, von der Welt im Ist-Zustand verhext zu bleiben oder die eschatologischen Inkongruenzen auszusprechen, wird es zu einer Entscheidung für oder gegen den privativen Glauben kommen müssen. Der Ort dieser Entscheidung ist zwar zunächst der einzelne, die Folgen aber sind politisch, wenn die einzelnen sich über ihr Weltverhältnis verständigen. So kann es, um nur ein Beispiel zu nennen, außerordentlich wichtig sein, den Staat unter eschatologischen Vorbehalt zu stellen, um damit wenigstens zu erreichen, daß er selbst sich nicht als letzten Zweck begreift.

Die Entscheidung für den intensionalen Glauben ist in der europäischen Tradition lange eine Entscheidung für das Annehmen der christlich-jüdischen Heilsgeschichte gewesen, in der dieser kontrafaktische Mentalitätstypus entwickelt worden ist.

Inzwischen gibt es Ansätze, diesen von seiner Vorgeschichte abzukoppeln. Der Neomarxismus, aber auch Karl-Otto Apels und Jürgen Habermas' Versuche einer Ethikbegründung mit Blick auf das kontrafaktische Ideal einer Kommunikationsgemeinschaft zählen vorläufig wohl noch dazu. Aber es ist die Einschätzung möglich, daß die Grenzlinie, die Habermas in der Unterscheidung zwischen dem «Sinn des Unbedingten und dem unbedingten Sinn» deutlich anmahnt, mit Hilfe der hier vorgeschlagenen begriffslogischen Differenzierung von Extension und Intension neu diskutiert werden kann.[14]

Es scheint nicht ausgeschlossen, daß der entscheidende Kern des intensionalen Glaubens, sein spezifisch eschatologisches Verhältnis zu dem, was ist, sich als derselbe erweist. Es ist dann eine zweite Frage, wie man das Verhältnis zur Tradition bestimmt, ob man die Heilsgeschichte des monotheistischen Glaubens weitererzählt oder ob man es vorzieht, die jüdische Aufklärung von der neuzeitlichen abzukoppeln.[15]

Die wirkliche Grenze zwischen Glauben und Unglauben verläuft freilich eher zwischen denen, die ihr Weltverhältnis nicht bereit sind eschatologisch zu begreifen, die also auf den Ist-Zustand sich begrenzen wollen, und denen, die sich als Transzendierende erleben.

Von einer Entscheidung für den intensionalen Glauben kann natürlich auch bei den Ajatollahs keine Rede sein. Die Grundfigur des Fundamentalismus ist ein Kategorienfehler: die Verwechslung von Intension und Extension. Das Land der Heiligkeit ist keines, das man je erobern könnte. Die Kreuzritter jeglicher Couleur sind hinter die Grenzmarke zurückgefallen, die durch die jüdische Aufklärung gezogen ist.

Eschatologische Inkongruenzen, eschatologischer Vorbehalt, das sind abstrakte und deskriptive Begriffe. Sie haben aber heiße Materie zum Inhalt: den Riß in der zusammengereimten Realität. Wir können offenbar nicht mit einer Welt einverstanden sein, die voll ist von namenlosem und namhaftem Leid.[16] Auf die Dramatisierung des Leidens, insbesondere auf die Theologisierung von Auschwitz[17], soll hier verzichtet werden. Gegen die Tendenzen einer psychotechnischen Instrumentalisierung von Betroffenheiten soll dagegen zum Schluß sogar noch an die Beispiele erinnert werden, in denen Menschen über die Ränder der Realität in ihren glücklichsten Prolepsen überstehen. Auch Herrlichkeit (hebr. Cabot) ist eine Realität – freilich ohne Extension.

## Anmerkungen

1 Vgl. E. Nordhofen: Der Denker als ein anderer Messias. Frankfurter Allgemeine Zeitung vom 4. 10. 1988, und Baum 1991 (Nachwort).

2 Carnap 1928.

3 Abgedruckt in Baum 1991, 73–82.

4 P. Feyerabend hat zunächst in streng wissenschaftslogischer Argumentation, dann auch in populären Schriften (vgl. 1979) diesen Indianerstandpunkt vertreten.

5 Eine ausführliche Darlegung der Begründungsaporien des Kritischen Rationalismus findet sich in Nordhofen 1976.

6 Vgl. Schroedter 1988, 210–234.

7 I. Kant: Kritik der reinen Vernunft, Vorrede zur zweiten Ausgabe, B XXX (Ausg. Weischedel, 33).

8 Unter «wörtlich nehmen» versteht man meistens, daß die Symbolsprache und der menschliche Zwang, der sich aus dem bilderlosen Monotheismus ergibt, das Unsichtbare sichtbar zu machen, ontologisch eingeebnet wird. Auf verdeckte Weise ist damit ein neuzeitliches, trivial empiristisches Verständnis von Realität vorausgesetzt. Nach ihm ist nur das real, was im empirisch-historischen Sinn «wirklich» genannt wird. «Wörtlich nehmen» könnte/sollte besser im Sinne einer hermeneutischen Differenzierung verstanden werden. In diesem Verständnis kann man die Bibel nicht wörtlich genug nehmen.

9 Wenn es gelänge, einen nicht-fundamentalistischen Islam zu etablieren, der wie die anderen Religionen der monotheistischen Familie durch das Fegefeuer der Aufklärung zu gehen bereit wäre, könnte auch ein solcher einbezogen werden.

10 Vgl. hierzu E. Nordhofen: Flüchtige Materie. Über den verdeckten Zusammenhang von Ästhetik und Negativer Theologie. In: Merkur 514, Januar 1992, 28–38; ders: 1993.

11 Vgl. J. Habermas: Transzendenz von innen, Transzendenz ins Diesseits. In: ders. 1991; ders. 1988; ders. 1992, 37.

12 Es stellt sich sicher beim Begriff «nachmetaphysisch› die Frage nach der historischen Gerechtigkeit. H. Schroedter führt Beispiele vor, bei denen die Eigentümlichkeiten des nachmetaphysischen Zeitalters sich auch schon in der «Vorzeit» antreffen lassen. Zugespitzt kann gefragt werden: Wie «nachmetaphysisch» ist die Metaphysik, und wie metaphysisch ist Habermas? Sachlich gesehen läuft diese Debatte auf die Frage nach Realität und Prozeß bei Begriffen hinaus, die die Arbeit unseres Bewußtseins beschreiben. Vgl. H. Schroedter: Diskurs über Absolutes oder absoluter Diskurs? (erscheint 1995).

13 Vgl. K. Wünsche: Der Volksschullehrer Ludwig Wittgenstein. Frankfurt/M. 1985.

14 Vgl. hierzu Th. M. Schmidt: Immanente Transzendenz und der Sinn des Unbedingten. Zur Bestimmung des Verhältnisses von Religion und Philosophie bei Jürgen Habermas. In: L. Hauser/E. Nordhofen (Hg.): Im Netz der Begriffe. Altenberge 1994.

15 Zum Stand der Diskussion zwischen der Theologie und Habermas informiert umfassend Markus Knapp: Gottes Herrschaft als Zukunft der Welt. Würzburg 1992.

16  Vgl. Oelmüller 1992.
17  Vgl. R. Nozick: Der Holocaust. In: ders. 1991.

**Zitierte Literatur**

Baum, W. 1991: Ludwig Wittgenstein. Geheime Tagebücher. Wien.
Carnap, R. 1928: Der logische Aufbau der Welt. Berlin.
Feyerabend, P. 1979: Erkenntnis für freie Menschen. Frankfurt/M.
Habermas, J. 1988: Nachmetaphysisches Denken. Frankfurt/M.
–  1991: Texte und Kontexte. Frankfurt/M.
–  1992: Faktizität und Geltung. Frankfurt/M.
Nordhofen, E. 1976: Das Bereichsdenken im Kritischen Rationalismus. Frankfurt/M.
–  1993: Der Engel der Bestreitung. Würzburg.
Nozick, R. 1991: Vom richtigen, guten und glücklichen Leben. München.
Oelmüller, W. 1992: Worüber wir nicht schweigen können. Paderborn.
Schroedter, H. 1988: Erfahrung und Transzendenz. Altenberge.

**Ergänzende Literatur**

Artikel «Glaube». In: Krings u. a. (Hg.): Handbuch philosophischer Grundbegriffe. München 1973.
Artikel «Glaube». In: J. Ritter (Hg.): Historisches Wörterbuch der Philosophie. Bd. 3, Sp. 627 ff.
Metz, J. B. 1977: Glaube in Geschichte und Gesellschaft. Studien zu einer praktischen Fundamentaltheologie. Mainz.
Salmann, E. 1986: Neuzeit und Offenbarung. Rom.
Schroedter, H. 1993: Der Begriff der Religion und seine Bedeutung für Bildung und Erziehung. In: Schneider (Hg.): Münstersche Gespräche zu Bildung und Erziehung. Münster, 46 ff.

# Praxis

Matthias Gatzemeier

# 13 Berufs- und Tätigkeitsfelder

## 1 Ethik als Beruf?

Der allgemeine Ruf nach einer neuen Ethik und damit auch nach Spezialisten auf diesem Gebiet hat bei einigen Philosophen eine Art Euphorie hervorgerufen: Die Philosophie, noch vor etwa einem Jahrzehnt im öffentlichen Bewußtsein kaum mehr präsent, erlebt mit dem Ethikboom eine neue Blüte, sie ist gefragt. Das ist sicherlich positiv zu bewerten, bietet aber auch einige Gefahren:

1. Auf die vielfachen *Vereinnahmungs-* und *Mißbrauchsmöglichkeiten*, etwa Ethik als Marketinginstrument einzusetzen (Matussek 1993), sei hier nur am Rande verwiesen.

2. Sieht man (wie ich es tue) Ethik als eine allgemein-menschliche Grundhaltung und Kompetenz an, so verbietet es sich schon allein deswegen, sie als einen speziellen Beruf zu verstehen. Unsere arbeitsteilig organisierte Gesellschaft geht jedoch von der Modellvorstellung aus, das Lösen von umfassenden Problemen sei am besten dadurch zu gewährleisten, daß komplexe Gebilde in möglichst kleine Einheiten aufgeteilt und diese dann von Spezialisten, die über eine bestimmte Berufsausbildung verfügen, bearbeitet werden. Nach diesem Modell müßten ‹Berufsethiker› ausgebildet und an bestimmten ‹Krisenherden› eingesetzt werden; und es gibt in der Tat schon Vorstellungen der Art, nach denen Ethik-Spezialisten zum Beispiel in Betrieben (mit einer ‹ethischen Check-Liste› versehen) tätig werden sollten. – Wenn es um Fragen der ethischen Verantwortung geht, müssen wir diese Modellvorstellung verlassen. Verantwortung läßt sich nicht arbeitsteilig an *Spezialisten* delegieren.

3. Außerdem würde sich bei einer allgemeinen Delegation an ‹Berufsethiker› wahrscheinlich der gegenteilige Effekt von dem einstellen, was man mit Ethik-Spezialisten zu erreichen versucht: Es würde sich nämlich vermutlich eine folgenschwere *Desensibilisierung* für ethische Probleme in weiten Teilen der Gesellschaft breitmachen, weil viele darauf vertrauen würden, daß die ethische Verantwortbarkeit ja schon von den Spe-

zialisten hierfür überprüft worden ist; wie auf die VDI-Norm (VDI-
= Verein Deutscher Ingenieure) würde man sich auf den ‹ethischen
Prüfstempel› blindlings verlassen.

4. Dies würde zugleich eine Reduzierung grundlegender *menschlicher
Qualitäten*, eine Reduktion des Humanum mit sich bringen: Der Wissenschaftler (z. B.) würde auf Forschung und Lehre, der Techniker auf
Erfindung und Produktion reduziert und somit von ethischen Problemen
‹entlastet›; die ethische Verantwortung würde (arbeitsteilig) den Politi-
kern, den Philosophen oder den Religionsgemeinschaften zugeschrieben
und von diesen auch (mit mehr oder weniger Geist und Geschick) wahrgenommen. Der einzelne, der ‹normale› Mensch würde für ethisch un-
mündig erklärt und zum Befehlsempfänger für Wertungen degradiert;
der Ethik-Spezialist müßte entweder die wenig schmeichelhafte Rolle
eines ‹Nachtwächters› oder die elitär-hierarchische Rolle eines ‹Wäch-
ters› übernehmen (was einigen Philosophen sicherlich schmeicheln, der
Sache aber nicht förderlich sein dürfte).

Wenn also im folgenden Einsatzorte für Ethik-Spezialisten aufgeführt
und beschrieben werden, ist damit nicht Ethik als Spezialberuf in einer
arbeitsteilig organisierten Gesellschaft gemeint, sondern der kompetente
Einsatz ethischer Professionalität.

## 2 Professionelle und nichtprofessionelle Anwendungsethik

Die genannten Argumente gegen den ‹Berufsethiker› bedeuten keineswegs, daß Ethik keinen gesellschaftlichen Nutzen haben könnte oder
sollte. Im Gegenteil: Ethik tut not! Aber sie sollte kompetent, das heißt
professionell wahrgenommen werden. An dieser Stelle ist es unerläßlich,
einige Kriterien für *ethische Kompetenz* zu nennen.[1]

1. Kenntnis der Ethikgeschichte, das heißt der wichtigsten Ethikkonzeptionen, ihrer Voraussetzungen, Implikationen und Konsequenzen.[2]
Der beratend tätige Ethiker sollte in der Lage sein, Verantwortungspro-
bleme, vorliegende Positionen und Argumentationen unter verschiedenen Aspekten zu sehen und durchzudiskutieren. Diese möglichst vielsei-
tige Prüfung konkreter Fälle soll dazu dienen, Einseitigkeiten bestimmter
philosophisch-ethischer Positionen zu vermeiden und die prinzipiell nie
ganz auszuräumende Irrtumsanfälligkeit auf ein Mindestmaß zu beschränken.

2. Kenntnis der Begriffs- und Wissenschaftsgeschichte, vor allem,
wenn es sich um den Bereich der Wissenschaftsethik handelt. So ist es
in Fragen der Versuchstierforschung oder der Gentechnologie von gro-

ßem Nutzen, das derzeitig vorherrschende Naturverständnis und Wissenschaftsparadigma vor der Folie alternativer Konzeptionen der Begriffs- und Wissenschaftsgeschichte einer kritischen Prüfung zu unterziehen.

3. Ethische Methodenlehre, das heißt Kenntnis der spezifischen Art, über normative Probleme methodisch korrekt zu argumentieren.[3] Hier geht es vor allem um die Handhabung allgemeiner Argumentationsprinzipien wie Transparenz, Konsistenz, Diskursivität, Vollständigkeit und Verallgemeinerbarkeit auch in ethischen Diskursen.[4] – Die Orientierungshilfe des Ethikers, wie ich sie verstehe und für verantwortbar zu leisten halte, besteht nicht primär darin, bestimmte inhaltliche ethische Werte als allgemein verbindlich zu deklarieren[5], sondern vor allem darin, für methodische Rationalität in normativen Diskursen Sorge zu tragen.

4. Kenntnis der spezifischen Probleme und Gegebenheiten des jeweiligen Einsatzortes. Es geht hier um die sogenannte Anwendungsethik, und da ist es unerläßlich, zusätzlich zur ethischen Kompetenz eine Sachkompetenz in den unterschiedlichen Verantwortungsbereichen zu besitzen. Die Medizin-, Tierschutz-, Umwelt-, Technik-, Wissenschafts- und Rechtsethik (um nur einige Beispiele zu nennen) erfordern, wie man leicht einsehen kann, jeweils ihre eigenen Kenntnisse und Qualifikationen.

Besonders das letztgenannte Qualifikationskriterium läßt unmittelbar Konsequenzen für die universitäre Lehre erkennen: Die Ausbildung ist auf eine Doppelkompetenz hin zu orientieren. Dies bedeutet, daß nicht nur der Philosoph sich einzelwissenschaftliche, sondern auch der Einzelwissenschaftler sich philosophische (ethische) Kompetenz aneignen sollte.[6] Um dies zu ermöglichen, ist eine Öffnung von Studiengängen der Art erforderlich, daß (z. B.) Informatiker oder Physiker Philosophie (mit dem Schwerpunkt Ethik) und Philosophen Fächer aus anderen Fakultäten studieren können, und zwar als regulär zugelassenes Nebenfach (was an manchen Hochschulen, wie an der Rheinisch-Westfälischen Technischen Hochschule Aachen, seit einiger Zeit möglich ist).

Darüber hinaus ergibt sich aus den obengenannten Kompetenzen, daß auch die Lehre im Fach Philosophie selbst einer Umorientierung bedarf (soweit dies nicht schon geschehen ist): einer gezielten Ausrichtung der Lehrinhalte, -methoden und -ziele auf Probleme der Anwendungsethik.

Aufgabe einer ethischen Neuorientierung des Studiums sollte es vornehmlich sein, auf die Wahrnehmung der Verantwortung im Berufsleben durch das Einüben von Verantwortungsdiskursen während der Ausbildung (Diskussion von Fallbeispielen) vorzubereiten; ein derartiges

Training würde zugleich zu einer Sensibilisierung[7] in bezug auf die Verantwortungsproblematik beitragen.

Wie und in welchem Ausmaß ethische Studienanteile einzubringen sind, dies komplexe Problem läßt sich hier nicht ausdiskutieren. Ich will nur einige Möglichkeiten nennen:

– Freiwilliger Besuch von einschlägigen Veranstaltungen (etwa nach dem Vorbild eines Studium generale);
– Angebote von zusätzlichen Studienelementen/-bausteinen in Form von Blockveranstaltungen, für die ein eigenes Zertifikat erworben werden kann;
– Einrichtung spezieller Aufbau- oder Zusatzstudiengänge (z. B. ‹Umweltschutz und Ethik› u. ä.).[8]

Diese Möglichkeiten beinhalten jeweils eine unterschiedliche Intensität in der praktischen und theoretischen Auseinandersetzung mit der Verantwortungsproblematik, die allerdings durchaus akzeptiert werden kann. Wenn sich ein Optimum nicht realisieren läßt, sind auch kleine Schritte durchaus sinnvoll. Wer nur eine perfekte Lösung zulassen will, verspielt die Chance, das Mögliche (wenn auch nicht Perfekte) zu erreichen.

Warum sollte der Erwerb einer derartigen zusätzlichen Kompetenz in der Ausbildung erforderlich sein? Ist nicht jeder ohnedies in der Lage, sich ethisch verantwortlich zu entscheiden? – Das berühmte Diktum Goethes «Ein guter Mensch in seinem dunklen Drange ist sich des rechten Weges wohl bewußt»[9] kann für die gegenwärtige komplexe Handlungssituation wohl kaum als hinreichend angesehen werden. Es bedarf eines gezielten Trainings, um die verschiedenen Aspekte und Maximen der Handlungssituation in einer so komplex und arbeitsteilig organisierten Berufswelt zu erkennen und dann auch adäquat handeln zu können.

Hinzu kommt die vielbeklagte *deformatio professionalis*, die berufsbedingte Deformation des Denkens: Die Berufsausbildung ist ja (in der Regel) so konzipiert, daß fachübergreifende Fragen systematisch ausgeblendet werden. Dies gilt insbesondere für gesellschaftliche und ethische Fragen. Diese Ausblendung führt gleichsam zwangsläufig zu einer ethischen Inkompetenz und damit verbunden zu einer tief verwurzelten Angst vor der Auseinandersetzung mit ethischen und gesellschaftlichen Problemen. Um diese Angst und diese Inkompetenz zu überwinden und die dringend erforderliche Sensibilisierung für die Verantwortungsproblematik zu wecken und auszubilden, halte ich das Einüben von Verantwortungsdiskursen während des Studiums für dringend geboten.

Hierbei ist neben der ethischen Theorie vor allem der Praxisbezug von Bedeutung, das heißt: Die didaktische Konzeption sollte von konkreten

Fallbeispielen ausgehen (z. B. auch von Ethikkodizes oder vom Mißbrauch von Ethikkodizes) und anhand derartiger Fälle theoretisches
Grundwissen der Ethik vermitteln. Durch Ausbildungsmaßnahmen der
geschilderten Art könnte der ‹Praxisschock› der Hochschulabsolventen,
dessen ethische Dimension zunehmend an Bedeutung gewinnt, vermie-
den bzw. erheblich reduziert werden. Darüber hinaus hat die Gesellschaft ein Anrecht darauf, daß die Ingenieure nicht nur mit solidem Fachwissen, sondern auch mit einem kompetenten Urteilsvermögen in bezug
auf gesellschaftlich-ethische Fragen ausgestattet werden (vgl. Lenk 1987,
205 f).

Unter einer nichtprofessionellen Ethik verstehe ich die Aktivitäten jener, die ohne gediegene Ausbildungskompetenz die allgemeine Orientie-
rungsproblematik der Gesellschaft ausnutzen, um ihre Wertvorstellungen zu verbreiten (und zu ‹verkaufen›). Da ja der Titel ‹Ethiker› nicht
geschützt ist, kann jeder in der Rolle eines nichtprofessionellen Ethikers
auftreten und Proselyten um sich sammeln.

## 3 Professionelle und nichtprofessionelle Berufsfelder

Angesichts der großen Zahl der offiziellen und halboffiziellen Ethikinsti-
tutionen muß es überraschen, daß es nur wenig Berufs- und Tätigkeits-
bereiche gibt, bei denen professionelle Ethik als Qualifikation explizit
vorausgesetzt wird. Lediglich die Lehrberufe[10] (an Schule, Hochschule
und anderen öffentlichen Bildungsinstitutionen) fordern einen Nachweis
entsprechender Kompetenz.

Von den zahlreichen Institutionen und Tätigkeitsfeldern, in denen
professionelle Ethikkompetenz am Platze wäre, sollen hier einige (ohne
Anspruch auf Vollständigkeit) genannt werden (vgl. Rohbeck 1991,
798 ff):

– Ethikkommissionen.
– Allgemeine ethische Beratungsstellen für jedermann, wie sie in meh-
  reren Städten Deutschlands, der Schweiz und Österreichs in den letz-
  ten Jahren entstanden sind, teils als Privatunternehmungen einzelner
  Philosophen oder Theologen, teils unter einer Art Dachverband zu-
  sammengefaßt.
– Überregionale Tätigkeit im Bereich der Wirtschaftsethik.
– Spezielle ethische Beratung in Betrieben, teils als persönliche Hilfe-
  stellung der Mitarbeiter in Konfliktsituationen, teils als Beratung der
  Firmenleitung zu verstehen.
– Beratung bei der Abfassung von Ethikkodizes.

- Mitwirkung bei der Erarbeitung neuer (Zusatz-)Studiengänge wie Umweltschutz-, Wirtschafts- oder Medizinethik.
- Ethische Beratung auf verschiedenen Gebieten der Sozialarbeit (z. B. Strafvollzug, Jugendarbeit, AIDS-, Drogen-, Euthanasie-, Abtreibungsberatung).
- Erarbeitung ethischer Analysen zu bestimmten Problem- und Konfliktfällen, etwa in Gerichtsprozessen, die ethische Fragen betreffen (Gatzemeier 1989b).
- Vorträge/Publikationen in Funk, Fernsehen und Presse.[11]
- Vorträge und Kurse in Volkshochschulen und anderen Bildungseinrichtungen (Schlüter 1993).
- Mitarbeit an Fachzeitschriften, Nachschlagewerken, Dokumentationen und Netzwerken zur Anwendungsethik (Meggle/Rippe/Wessels 1992, 286–303).
- Verlagsarbeit (z. B. Erstellung von Unterrichtsreihen, Lehrbüchern, Materialsammlungen u. ä.).
- Mitwirkung in ethischen Gesellschaften (Meggle/Rippe/Wessels 1992, 23).[12]

Zur Zeit werden diese (und ähnliche) Tätigkeiten überwiegend ‹nebenamtlich› wahrgenommen. In vielen der genannten Bereiche wäre sicherlich der Einsatz von kompetent ausgebildeten Fachethikern sinnvoll. Eine detaillierte, qualitative Arbeitsmarktanalyse könnte einerseits realisierbare Berufsfelder zutage fördern, andererseits konkrete Hinweise auf die dafür erforderliche berufsorientierte Ausbildung an die Hand geben.

## 4 Ethikkodizes, Hippokratische Eide[13]

Zur terminologischen Unterscheidung: Ethikkodizes sind (berufsspezifische) rechtsverbindliche und somit einklagbare Verpflichtungen; Hippokratische Eide dagegen sind freiwillige Selbstverpflichtungen mit (nur) persönlichem Verbindlichkeitscharakter.

Der Hippokratische Eid ist wohl die älteste explizite berufsspezifische Formulierung einer ethischen Selbstverpflichtung. Daß er, nachdem er für die Ärzte nicht mehr verbindlich ist, in jüngster Zeit verstärkt diskutiert wird, und zwar als öffentlicher Ausdruck, als Demonstration eines über den Arztberuf hinausgehenden, jeweils bereichsspezifisch zu gestaltenden Berufsethos, hat seinen Grund einerseits in den eingangs skizzierten gesellschaftlichen Problemsituationen, andererseits in der gesteigerten Sensibilität verschiedener Berufsgruppen gegenüber ihrer ethischen Verantwortung. Dasselbe gilt für die Ethikkodizes.

Diese Problemsituationen und der besondere Problemdruck, denen viele Mitarbeiter in Betrieben und anderen Institutionen ausgesetzt sind, lassen sich spezifizieren als Interessentrilemma einerseits, als Entscheidungsdilemma andererseits (vgl. Lenk 1987, 196): Die Wahrnehmung der Verantwortung wird heutzutage vielfach erschwert durch

– das *Interessentrilemma* der Orientierung an persönlich-beruflichen, gesellschaftlichen oder Firmeninteressen,

– das *Entscheidungsdilemma* von Anpassung und Heroismus.

Wer seiner ethischen Verantwortung gerecht werden will, sieht sich dem Zwang ausgesetzt, innerhalb einer Trilemmakonstellation eine Güterabwägung vorzunehmen, die sich folgendermaßen umschreiben läßt: Die persönlich-beruflichen Interessen bestehen nicht nur darin, mit möglichst wenig ‹Reibungsverlust› Karriere zu machen; oft ist es nicht das berufliche Fortkommen, sondern schlichtweg die Erhaltung des Arbeitsplatzes, die von der Entscheidung abhängt. Mit den gesellschaftlichen Interessen ist die Orientierung am Gemeinwohl gemeint. Man könnte sie auch die Orientierung an der ethischen Verantwortung oder am Gewissen nennen. Schließlich sind noch die Firmen- und Unternehmensinteressen wie Profit, Expansion, Einfluß (usw.) zu nennen.

Zur Behebung bzw. Reduzierung der Probleme des Interessentrilemmas und des Entscheidungsdilemmas wird vielfach die Einführung von *Ethikkodizes* vorgeschlagen, und zwar in einer gegenüber früheren Vorläufern (vgl. Lenk/Ropohl 1987, 276–325) erheblich ausführlicheren und präziseren und damit verbindlicheren Neukonzeption. Hier die wichtigsten Ergebnisse der Überlegungen von Hans Lenk (1987, 208 ff):

Bezogen auf den Konflikt zwischen Gemeinwohl und Firmeninteresse, haben Ethikkodizes in der Hauptsache folgenden Zweck zu erfüllen: Sie sollen der institutionellen Absicherung der persönlichen Verantwortung dienen. Sie sollen die ungute Alternative von unkritischer Anpassung und heroischem Märtyrertum aufheben, das persönliche Risiko der Verantwortung reduzieren.

Als weiterer Effekt ist zu nennen: Ethikkodizes sollen die Nachdenklichkeit, die Sensibilität und die ethische Kompetenz in verschiedenen Berufszweigen fördern.

Als Forderungen an die Formulierung und den Inhalt von Ethikkodizes sind zu nennen: (1) Sie sollten nicht nur allgemeine Leitlinien (Ideale), sondern auch konkrete Vorschriften enthalten. (2) Sie müssen unterscheiden zwischen Muß-, Soll- und Kann-Normen, das heißt zwischen absolut verbindlichen Vorschriften, im Regelfall einzuhaltenden Anweisungen und darüber hinausgehenden Empfehlungen. (3) Sie müssen deutlich unterscheiden zwischen (a) moralisch-ethischen Normen,

(b) handwerklich-technischen Normen (z. B. VDI-Richtlinien) und (c) Normen gegenüber dem Betrieb, dem Arbeitgeber, dem Auftraggeber (usw.). (4) Sie müssen konkrete Hinweise auf Kontroll- und Appellationsinstanzen enthalten, die explizit genannt und in ihrer Funktion genau beschrieben werden, an die man sich im Problem- und Konfliktfall wenden kann. In diesem Zusammenhang erscheint die Forderung sinnvoll, daß Betriebs- und Standesorganisationen Ethikkommissionen oder Ethikkomitees einrichten bzw. unabhängige Vertrauensleute, Schiedsmänner / -frauen bestellen sollten, denen man ohne persönliches Risiko (gegebenenfalls anonym) seine Anliegen vortragen kann.

Neben den rechtsverbindlichen Ethikkodizes wird vor allem der *Hippokratische Eid* als geeignetes Mittel angesehen, um die Wahrnehmung der persönlichen Verantwortung zu erleichtern. Damit ist nicht die historisch überlieferte Eidesformel des Hippokrates gemeint, sondern eine vom Arztberuf unabhängige, auf andere Bereiche / Berufe bezogene freiwillige Selbstverpflichtung. Hierfür gibt es inzwischen mehrere Entwürfe, die teilweise bereits in die Praxis Eingang gefunden haben.

Außerdem ist die Fremdverpflichtung (z. B. durch Mißbrauchsklauseln in Verträgen und Veröffentlichungen) als geeignetes Mittel anzusehen, der ethischen Verantwortung im Beruf gerecht zu werden. Die beiden folgenden Beispiele, die im doppelten Sinn des Wortes als beispielhaft angesehen werden können, beziehen sich auf das bekannte Problem, daß Innovationen und Erfindungen im Bereich der technischen Disziplinen ‹ambivalent› sein, das heißt zum Nutzen, aber auch zum Schaden der Menschheit angewendet werden können. Die Autoren der folgenden Texte versuchen, durch explizite Mißbrauchsverhinderungsklauseln von ihnen nicht gewünschte Anwendungsmöglichkeiten ihrer Forschungsergebnisse auszuschließen.

In einem Kooperationsvertrag[14] vom 1. Januar 1986 findet sich unter der Überschrift «Military Use» in «Article 11» folgender Text: «... may not use any Industrial Property Rights and Knowhow owned by MT (= Lehrstuhl für Meßtechnik) or developed jointly pursuant to this agreement for any military purposes, what so ever.» In einer Veröffentlichung derselben Institution findet sich folgende «Final clause»: «The authors hope that the results of their work will not be misused for military purposes. To the best of our knowledge we will not participate in any activities concerning military applications.»[15]

Die Wirksamkeit derartiger Mißbrauchsklauseln ist bisweilen angezweifelt worden. Bei einer Beurteilung der Effektivität muß man allerdings die beiden Beispiele sorgfältig unterscheiden: Im ersten handelt es sich um einen Vertragstext, und wer dessen Verbindlichkeit und Wirksamkeit anzweifelt, bezweifelt damit zugleich generell die Einhaltung von Verträgen, wozu meines Wissens derzeit kein Anlaß besteht. Das zweite Beispiel dagegen bietet keinen Vertragstext, sondern eine Aufforderung, einen Appell an die Berufskollegen. Hier mag zu Recht bezweifelt werden, ob Appelle in der Weise wirksam sind, daß sie den Mißbrauch verhindern. Aber die Wirksamkeit derartiger Appelle besteht nicht allein in ihrer Befolgung, sondern auch in ihrer Verbreitung: Wenn Autoren in wissenschaftlichen Publikationen auf Mißbrauchsmöglichkeiten hinweisen und davor warnen, so kann dieser ungewöhnliche Schritt durchaus dazu beitragen, das Bewußtsein für die Verantwortung, die ethische Sensibilität zu fördern, diejenigen zu ermutigen, die bisher einen solchen Schritt nicht wagten, und zu einer überregionalen (berufsspezifischen) Solidarität Gleichgesinnter führen. Das Problem der Vereinzelung, des Allein-auf-sich-gestellt-Seins, das immer wieder die Wahrnehmung der Verantwortung be- bzw. verhindert, könnte auf diese Weise reduziert, wenn nicht überwunden werden. Gemeint ist hier weniger eine stillschweigende, implizite Solidarität, sondern eine explizite, organisierte Solidarität. Die Rede von Solidarität ist hier nicht im Sinne einer Vertretung von partikularen Gruppeninteressen, sondern in ihrer ethischen Dimension zu verstehen. Obwohl die berufsspezifische Solidarität angesprochen ist, handelt es sich nicht um ein Sonderinteresse eines bestimmten Berufs gegen die Gesellschaft, sondern um das ethisch verantwortete Eintreten eines Berufsstandes für das Gemeinwohl.[16]

## 5 Resümee

Die Philosophie, insbesondere die philosophische Ethik, ist zu einem konstitutiven Bestandteil der allgemeinen bürgerlichen Öffentlichkeit geworden. Diesem zugleich als öffentliches Desiderat zu verstehenden Faktum entspricht allerdings derzeit noch kein spezielles Berufsbild und kein berufsqualifizierendes Studium. Die sich in diesem Bereich anbietenden vielfältigen Möglichkeiten sollten genutzt werden, und zwar durch Einbringung einer hohen Sachkompetenz, verstanden als Doppelkompetenz, das heißt einmal im Sinn ethischen Argumentationswissens, zum anderen im Sinn bereichsspezifischen Sachwissens. In engem Zusammenhang damit steht die Forderung nach einer gegenüber der ‹normalen› Fachausbildung geänderten bzw. erweiterten Vielseitigkeit und Flexibilität.

Die Etablierung von Berufsfeldern für den Ethiker hat insbesondere die beiden folgenden Gefahren von vornherein zu bedenken: einerseits das Abgleiten in puren Pragmatismus, andererseits die Herausbildung eines isolierten, abgehobenen Expertentums, dessen Diskurse nur noch im engeren Kreis der ‹scientific community› stattfinden und nur von diesem verstanden werden können (vgl. Rohbeck 1991, 799f, und Martens/ Schnädelbach 1991, 28–31). Das Spezifikum des Gegenstandsbereichs, die ethische Dimension der Verantwortung, verbietet eine Delegation des Diskurses an Berufsspezialisten; Ethik ist ein gesellschaftliches Problem und sollte daher immer auch die Dimension der Öffentlichkeit wahren (können).

## Anmerkungen

1 Die folgende Auflistung von Kriterien für ethische Kompetenz ist gewiß – wie jede Stellungnahme in der Philosophie – standpunktgebunden. Ich habe mich jedoch bemüht, nur solche Kompetenzen aufzuführen, für die eine relativ hohe (rationale) Zustimmung erwartet werden kann; ich werde also einerseits auf sehr allgemeine, andererseits auf methodisch-formale Qualifikationen abstellen.

2 Vgl. hierzu die Beiträge von G. Bien und J.-C. Wolf in diesem Band.

3 Ohne dies hier im einzelnen begründen zu können, gehe ich davon aus, daß nicht nur über Tatsachen, sondern auch über Normen rational argumentiert werden kann. – Vgl. hierzu Gatzemeier 1984 und 1991b.

4 Unter ‹Diskursivität› verstehe ich hier die offene, der Gesellschaft verpflichtete Argumentation. Die anderen genannten Prinzipien dürften sowohl ohne weitere Erläuterung verständlich als auch allgemein zustimmungsfähig sein.

5 Auch wenn man der Überzeugung ist, daß es allgemein verbindliche, unverzichtbare ethische Werte gibt, enthebt dies doch nicht von der Pflicht zur methodisch korrekten Argumentation auch und gerade über diese Überzeugung und die damit verbundenen Implikationen.

Im übrigen glaube ich davon ausgehen zu dürfen, daß es in unserer Gesellschaft einen recht hohen Konsens über allgemeine ethische Grundwerte gibt; problematisch erscheint mir nicht das ethische Prinzip, sondern der konkrete Anwendungsfall, um den es ja hier, bei der Anwendungsethik, geht. Auch in der Ethik sitzt, wie so oft, ‹der Teufel im Detail›: Bei der Diskussion um die Straffreiheit der Abtreibung (z. B.) stehen ja nicht die Werte ‹Selbstbestimmung› und ‹Recht auf Leben› zur Disposition; der Konflikt liegt vielmehr in der Abwägung beider Werte in konkreten Fällen. Daher plädiere ich dafür, die Diskussion nicht auf die allgemeinen Werte abzustellen (was leider nicht selten zum endlosen Schlagabtausch und zur Abkehr von den drängenden konkreten Problemen führt), sondern auf die methodisch korrekte Argumentation in konkreten Konfliktfällen zu konzentrieren.

6 Die Forderung einer derartigen Doppelkompetenz korrespondiert mit der oben erwähnten Maxime der Vermeidung eines einseitig-arbeitsteiligen Spezialistentums.

7   ‹Sensibilisierung› verstehe ich hier nicht im Sinne einer Mitleids- oder Beschaulichkeitsethik, sondern als eine Art Bewußtseinstraining, das darauf gerichtet ist, in den verschiedenen Bereichen von Technik, Wirtschaft und Gesellschaft die Felder und Aspekte der ethischen Verantwortung überhaupt wahrnehmen zu können; Sensibilisierung ist Optimierung der ethischen Wahrnehmungsfähigkeit.

8   In einem ausführlichen Verzeichnis der Hochschulrektorenkonferenz aus dem Jahr 1993 sind 969 «weiterführende Studiengänge» aufgeführt, die zu einem erheblichen Teil ethische Probleme implizieren oder tangieren.

9   Johann Wolfgang von Goethe, Faust, Prolog im Himmel.

10   Hierzu vgl. den folgenden Beitrag von W. Franzen.

11   Vgl. hierzu den Artikel «Die ethischen Anforderungen an die Medien werden steigen». In: Frankfurter Allgemeine Zeitung Nr. 223 vom 25. 9. 1993, 4.

12   Etwa 15 weitere regionale, nationale und internationale Institutionen dieser Art, die ich hier (u. a. aus Gründen der zu vermeidenden Vereinswerbung) nicht im einzelnen aufführen kann, sind in meiner «Dokumentation Ethik der Wissenschaften / Technikphilosophie» gespeichert.

13   Vgl. zum folgenden Gatzemeier 1991b, 73–83.

14   Es handelt sich um einen Vertrag des Lehrstuhls für Meßtechnik der RWTH Aachen (Prof. Dr. D. Meyer-Ebrecht).

15   D. Meyer-Ebrecht / Th. Schilling / B. Fasel / F. Vossebürger / W. Winkler: Distributed Image Processing Systems. In: Proc. CompEuro '87, Session 4.4.

16   Als Beispiel verweise ich auf den «Neusser Ärztefall», an dem deutlich wird, welchen persönlichen, zeitlichen und finanziellen Belastungen diejenigen ausgesetzt sein können, die im Berufsleben ihrem Gewissen, ihrer ethischen Verantwortung gerecht werden wollen. Hier könnte eine organisierte berufsspezifische Solidarität, die auch über Solidaritätsfonds finanzielle Unterstützungen bereitstellt, Abhilfe schaffen. Vgl. hierzu Gatzemeier 1989b.

## Zitierte Literatur

Gatzemeier, M. 1984: Werterziehung, Ethikunterricht und praktisch-philosophischer Normendialog. In: ZS f. Didaktik der Philosophie 6 (1984), Teil I: 172–181; Teil II: 238–246.

–   1989b: Gewissen vor Gericht, Ethische und argumentationstheoretische Überlegungen zur Rechtsprechung im Ärztefall. In: WSI Arbeitsmaterialien Nr. 21: Das «Prinzip Verantwortung» im Arbeitsleben, hg. v. U. Wendeling-Schröder. Düsseldorf 1989, 26–33.

–   1991a: Verantwortung und methodischer Diskurs über Normen. In: H. Steinmann (Hg.) 1991: Diskussionsbeiträge, H. 63. Nürnberg.

–   1991b: Was bedeutet Verantwortung für ein Industrieunternehmen und seine Mitarbeiter / Innen? In: K. Henning / A. Bitzer 1991: Ethische Aspekte von Wirtschaft und Arbeit. Mannheim, 63–83.

Lenk, H. 1987: Ethikkodizes für Ingenieure. Beispiele der US-Ingenieurvereinigungen. In: Lenk, H. / Ropohl, G. (Hg.) 1987: Technik und Ethik. Stuttgart, 194–221.

Martens, E. / Schnädelbach, H. (Hg.) 1991: Philosophie. Ein Grundkurs. Bd. 2. Überarb. u. erweit. Ausg. Reinbek bei Hamburg (1. Aufl. 1985).

Mattusek, M. 1993: Moral als Investition, … die neue Ethik-Welle in den Vereinigten Staaten. In: DER SPIEGEL 31 (1993), 70–75.

Meggle, G. / Rippe, K. P. / Wessels, U. (Hg.) 1992: Almanach der Praktischen Ethik. Forscher, Institutionen, Themen. Eine Bestandsaufnahme. Opladen.

Rohbeck, J. 1991: Berufe für Philosophen. In: E. Martens / H. Schnädelbach 1991, Bd. 2, 798–805.

Schlüter, H. 1993: Philosophie an der Volkshochschule. Ein Bericht… über die Münchener Volkshochschule. In: Information Philosophie 3 (1993), 38–42.

## Ergänzende Literatur

Achenbach, G. B. 1983: Die reine und die praktische Philosophie. Klagenfurt (Klagenfurter Beiträge).

Achenbach, G. B. / Lorenzen, A. K. D. 1982: Der Philosoph als Freiberufler. In: ZDP 3 (1982), 176–180.

Bork, R. 1984: Das Verfahren von Ethik-Kommissionen der medizinischen Fachbereiche. Berlin / München.

Daele, W. van den / Müller-Salomon, H. 1990: Die Kontrolle der Forschung am Menschen durch Ethikkommissionen. Stuttgart.

Henckmann, W. / Schönrich, G. 1980: Philosophiestudium und Berufschancen. In: ZS f. philos. Forschung 1 (1980), 108–117.

Lorenzen, A. K. D. 1986: Philosophie in der Erwachsenenbildung. Untersuchung zur Legitimationsgeschichte und Ansätze zu einem Konzept exoterisch-lebensorientierten Philosophierens. Göttinger Beiträge zur universitären Erwachsenenbildung. H. 8. Göttingen.

Lübbe, H. 1978: Wozu Philosophie? Aspekte einer ärgerlichen Frage. In: ders. (Hg.): Wozu Philosophie? Berlin / New York.

Martens, E. (Hg.) 1982: Philosophie als Beruf. Frankfurt / M.

Schickel, J. (Hg.) 1982: Philosophie als Beruf. Frankfurt / M.

Strasser, P. 1984: Der nützliche Philosoph. In: ZS f. Didaktik der Philosophie 2 (1984), 99–106.

Wieland, W. 1980: Wohin mit den Philosophen? In: ZS f. Didaktik der Philosophie 2 (1980), 67–69.

Winfried Franzen

# 14  Ethikunterricht

## 1  Zur Geschichte und Organisation [1]

In der ersten Hälfte der 70er Jahre setzte im Bildungswesen der Bundesrepublik eine Entwicklung ein, die dazu führte, daß inzwischen in den meisten Bundesländern an vielen Schulen für einen Teil der Schüler Ethikunterricht erteilt wird. Diese Entwicklung hing zunächst eng mit der Situation des Religionsunterrichts zusammen. Diesem wird einerseits durch Artikel 7 des Grundgesetzes die Stellung eines «ordentlichen Lehrfachs» zuerkannt, andererseits gibt es aber auch die Garantie der Glaubens-, Gewissens- und Bekenntnisfreiheit (Art. 4), das Recht der Erziehungsberechtigten, über die Teilnahme des Kindes am Religionsunterricht zu entscheiden (Art. 7), und bereits seit 1921 die Regelung, daß Jugendliche mit 14 Jahren religionsmündig werden. Religionsunterricht muß also einerseits erteilt werden, andererseits gibt es das Recht, nicht an ihm teilnehmen zu müssen.

Von diesem Recht wurde seit Ende der 60er Jahre immer mehr Gebrauch gemacht, insbesondere von den Schülern selbst, wobei das Motiv eine Rolle spielte, in den Genuß von Freistunden zu kommen. Diese Entwicklung beunruhigte die Kirchen und die ihnen nahestehenden politischen Kräfte, die sich nun bemühten, der schwindenden Akzeptanz des Religionsunterrichts entgegenzuwirken, u. a. durch Beseitigung des erwähnten Freizeitanreizes (Schmidt 1983/84, I, 11). Übrigens nahmen die Fälle von Nichtteilnahme am Religionsunterricht auch dadurch zu, daß in die Schulen immer mehr Kinder von ausländischen Eltern aus nicht-christlichen Kulturkreisen kamen, so daß in manchen großstädtischen Schulklassen bis zu 60 Prozent der Schüler an keine der beiden hiesigen großen Konfessionen gebunden sind.

In Bayern und Rheinland-Pfalz enthielten bereits die Landesverfassungen die Bestimmung, daß für nicht am Religionsunterricht teilnehmende Schüler «ein Unterricht über die allgemein anerkannten Grundsätze der Sittlichkeit einzurichten» sei (Verfassung des Freistaates Bayern von 1946, Art. 137; ähnlich Art. 35 der Verfassung des Landes Rheinland-Pfalz von 1947). Diesen Auftrag begann man Anfang der 70er Jahre unter dem Druck der geschilderten Situation in die Wirklichkeit umzusetzen und das neue Fach *Ethik* einzurichten (übrigens mit derselben ‹Versetzungsrelevanz› wie beim Religionsunterricht). In den nächsten ein bis zwei Jahrzehnten kam es auch in vielen anderen (alten) Bundesländern zu ähnlichen Regelungen – zu einem Prozeß, der nach 1989/90 in zeitlich geraffter Form dann auch in den östlichen Bundesländern stattfand.

Natürlich spielten bei diesem Vorgang auch inhaltliche Gründe eine wichtige Rolle. Den Hintergrund für die Entstehung des Desiderats *Ethikunterricht* bildete nämlich letztlich jener Modernisierungs-, Individualisierungs-, Pluralisierungs- und Emanzipationsschub, der seit den 60er Jahren in der Bundesrepublik und anderswo dazu führte, daß die traditionellen Werthaltungen und Bindungen nochmals einen erheblichen Teil ihrer in früheren Zeiten mehr oder weniger selbstverständlichen Geltung, ihrer sinnstiftenden und handlungsleitenden Kraft einbüßten. Dem hatte sich auch die Erziehungs-, Bildungs- und Schulwirklichkeit zu stellen. Es mußte nach Möglichkeiten gesucht werden, die eingetretenen Verluste und Unsicherheiten wenigstens bis zu einem gewissen Grad aufzufangen und den großen Orientierungsbedürfnissen, ja -nöten – übrigens auch angesichts neuer zivilisatorischer Herausforderungen: Grenzen des Wachstums, Umweltzerstörung u. a. m. – Rechnung zu tragen. Entsprechend gibt es in den pädagogischen Diskussionen seit langem die Tendenz, gegenüber der Gefahr, daß Schule zur bloßen Wissensvermittlungsanstalt wird, wieder mehr die genuin erzieherischen Ziele zur Geltung zu bringen: Fähigkeit zu selbstbestimmter Gestaltung des Lebens, Bereitschaft zur Verantwortlichkeit, Auseinandersetzung mit Problemen unserer Zeit u. a. m. (vgl. etwa Günzler 1988 und Rekus 1991). Zugleich jedoch – und freilich zusätzlich unter dem speziellen Druck der Religionsunterrichtskrise, die natürlich selber ein Reflex der modernisierungsbedingten Umbrüche war – kam es eben auch zur Einführung eines eigenen neuen Fachs, des Ethikunterrichts.

Freilich gab und gibt es über den Status des neuen Fachs viel Streit. Diejenigen, denen es daran gelegen ist, daß der Religionsunterricht keine weiteren Einbußen erleidet, betonen, daß dieser der Normalfall, der andere Unterricht dagegen nur Ersatz und Ausnahme bleiben müsse. Dem wird von anderer Seite entgegengehalten, der Ethikunterricht sei gerade nicht als bloßer Ersatz für den Religionsunterricht, sondern als gleichberechtigte Alternative zu ihm zu sehen. Schließlich gibt es in Konfessionslosen- oder Atheisten-Organisationen die Kritik, ein Zwang zur Teilnahme am Ersatzunterricht sei verfassungswidrig, da eine Ersatzpflicht eine Originalpflicht voraussetze, eine solche jedoch in bezug auf den Religionsunterricht wegen der grundgesetzlich garantierten Religionsfreiheit nicht vorliege. Konsequenterweise müsse man sich daher auch vom Ersatzunterricht abmelden dürfen.[2] Die Gerichte sind dieser Sicht bisher jedoch nicht gefolgt, wofür ein Urteil des Bundesverwaltungsgerichts Berlin von 1973 als einschlägig gilt.

In den westlichen Bundesländern gibt es inzwischen durchweg, außer in Berlin und Bremen, zumindest gewisse, oft sogar ausgiebige Bestimmungen für das (allerdings eher inoffiziell so genannte) ‹Ersatz-› bzw. ‹Alternativfach›. Dieses heißt meistens *Ethik(unterricht)*, in Niedersachsen *Werte* und *Normen*. In einigen Ländern wird die entsprechende Funktion ganz oder teilweise auch vom Fach *Philosophie* übernommen (in Hamburg, Nordrhein-Westfalen, Schleswig-Holstein, jüngst auch in Mecklenburg-Vorpommern).

In den Einzelheiten gibt es von Bundesland zu Bundesland beträchtliche Unterschiede. Meist ist der Ersatzunterricht in den allgemein- und berufsbildenden Schulen zumindest ab Klasse 9 vorgesehen, teilweise schon früher, in Bayern und Rheinland-Pfalz gegebenenfalls auch in der Grundschule. Allerdings kommt in der Praxis der Ethikunterricht selbst da, wo er formell erteilt werden müßte, oft nicht zustande, und überhaupt spielt er im Westen quantitativ nur in den Ballungsgebieten eine größere Rolle. Insgesamt jedoch und im Durchschnitt nimmt, wie auch immer das zu interpretieren ist, der weitaus größte Teil der Schüler nach wie vor am Religionsunterricht teil – in Hessen zum Beispiel im Schuljahr 1992/93 zu ca. 90 Prozent.

In den östlichen Bundesländern dagegen hat der staatsoffiziell propagierte und gerade im Erziehungssystem hochwirksame Atheismus dazu geführt, daß nach 40 Jahren die Bevölkerung zu 70 Prozent oder mehr religionsfern eingestellt ist und keiner Kirche angehört. Es war daher von vornherein zu erwarten – und zeichnete sich dann auch ab –, daß viele Schüler bzw. Eltern statt zum Religionsunterricht, der nun auch hier Eingang in die Schulen fand, zu einem Alternativ-Unterricht tendieren.

Dessen Einrichtung wurde in Sachsen, Sachsen-Anhalt und Thüringen sehr bald beschlossen – zusätzlich getragen von der Einsicht, daß die dramatischen Verunsicherungen durch den Umbruch von 1989 es dringend erforderlich machten, den Kindern und Jugendlichen auch im Unterricht bei der Suche nach neuen Orientierungen zu helfen.

Vieles wurde in Anlehnung an die schon im Westen existierenden Modelle konzipiert, jedoch mit starken eigenen Akzenten, mit viel Experimentierfreudigkeit und unter großem Engagement zahlreicher Beteiligter. Vermutlich wird der Ethikunterricht in den östlichen Ländern seiner Aufgabenstellung nach wie auch quantitativ einen hohen Stellenwert erhalten. Dies könnte sogar auf die alten Bundesländer ‹abfärben›. Übrigens billigen in Sachsen, Sachsen-Anhalt und Thüringen die Schulgesetze oder sogar Landesverfassungen dem Unterricht in Ethik denn auch einen mit dem Religionsunterricht (nahezu) gleichberechtigten Status zu.

In Brandenburg versucht man, einen eigenen Weg zu gehen. In dem neu eingerichteten Lernbereich «Lebensgestaltung-Ethik-Religion» sollen die Schüler gerade nicht nach ‹religiös / nicht-religiös›, geschweige denn nach Konfessionen aufgeteilt werden (worüber es allerdings mit den Kirchen erhebliche Kontroversen gab und gibt). Seit August 1992 wird die neue Konzeption in einem auf drei Jahre angelegten Modellversuch im Sekundarbereich I an etwa 40 Schulen erprobt.[3]

Einen Überblick über die Situation in anderen europäischen Ländern habe ich kaum. Jedoch scheint es Ethik als mehr oder weniger selbständiges Unterrichtsfach selten zu geben, obwohl ethische Themen vielfach unter dem Dach der Philosophie oder anderer Fächer behandelt werden. Regelungen, die dem Ersatz- oder Alternativfach-Modell entsprechen bzw. nahekommen, existieren bisher wohl nur vereinzelt.[4]

## 2 Aufgaben, Ziele und Inhalte

In der Frage nach Zielen, Aufgaben und Inhalten des Ethikunterrichts stecken viele Probleme. Schließlich ist die Ethik als solche, mit einem Wort von Albert Schweitzer, «nicht ein Park mit planvoll... angelegten Wegen, sondern eine Wildnis»[5]. Außer den alten Streitfragen der Moralphilosophie reichen in den Ethikunterricht sodann natürlich auch die Spannungen hinein, denen der Bereich von Erziehung und Unterricht insgesamt ausgesetzt ist; desgleichen die Konflikte, mit denen unsere Gesellschaft selbst, zum Teil in dramatischer Form, zu kämpfen hat. Dies alles konsequent herauszuarbeiten ist hier jedoch weder möglich noch nötig. Daher soll pragmatisch so verfahren werden, daß zunächst einiges zu den amtlichen Vorgaben gesagt und anschließend auf vier systematisch wichtige Problemaspekte eingegangen wird. Vorweg sei noch betont, daß Ethik als Schulfach sich nicht übernehmen darf, sondern die Wirksamkeitsgrenzen akzeptieren muß, die der Sphäre von Schule und Unterricht nun einmal gesetzt sind. Außerdem kann und sollte ‹Ethisches› auch in den meisten ‹normalen› Fächern vorkommen (vgl. Rekus 1991).

## 2.1 Schulgesetze und Lehrpläne

An amtlichen Formulierungen, die ja als wesentliche Vorgaben für den Unterricht fungieren, seien zunächst einige Bestimmungen auf gesetzlicher Ebene angeführt.

Das baden-württembergische Schulgesetz besagt in § 100 a: «Der Ethikunterricht dient der Erziehung der Schüler zu verantwortungsbewußtem Verhalten. Sein Inhalt orientiert sich an den Wertvorstellungen und den allgemeinen ethischen Grundsätzen, wie sie in der Verfassung und im Erziehungs- und Bildungsauftrag niedergelegt sind. Der Unterricht soll diese Vorstellungen und Grundsätze vermitteln sowie Zugang zu philosophischen und religionskundlichen Fragestellungen eröffnen.» In Hessen sieht das entsprechende Gesetz seit 1978 (jetzt in § 8 des Schulgesetzes von 1992) vor, daß im Ethikunterricht «das Verständnis für Wertvorstellungen und ethische Grundsätze und der Zugang zu ethischen, philosophischen und religionskundlichen Fragen vermittelt wird». Die in den zitierten Bestimmungen vorkommenden Elemente finden sich in variierenden Kombinationen, aber mit überwiegend ähnlichen oder sogar gleichlautenden Formulierungen auch in anderen Bundesländern einschließlich der östlichen – wofür als Beispiel noch § 46, Abs. 2 des Thüringer Schulgesetzes von 1992 zitiert sei: «Der Ethikunterricht dient dem kritischen Verständnis von gesellschaftlich wirksamen Wertvorstellungen und Normen als Grundlage verantwortlichen Urteilens und Handelns. Sein Inhalt orientiert sich an den sittlichen Grundsätzen, wie sie im Grundgesetz niedergelegt sind. Im übrigen berücksichtigt er die Pluralität der Bekenntnisse und Weltanschauungen.»

Spezifiziert sind die auf gesetzlicher Ebene getroffenen Aussagen dann in Lehrplänen oder anderen richtlinienartigen Texten. Die Bandbreite dessen, was darin jeweils ausgeführt wird, ist zwar erheblich; gleichwohl läßt sich als eine Art Schnittmenge die Zielvorstellung identifizieren, daß es im Ethikunterricht entscheidend um moralische (oder sittliche oder ethische) Urteilsbildung als Grundlage verantwortlichen Handelns geht. Freilich ist dies durchweg in einem weiten Sinn zu verstehen: Kinder und

Heranwachsende sollten generell Möglichkeiten zur Auseinandersetzung mit Sinn- und Wertfragen erhalten, um auch für diese Dimensionen des Lebens und Zusammenlebens sensibel werden zu können.
Formulierungen mit einem solchen oder ähnlichen Tenor finden sich
praktisch in allen Lehrplantexten. Dies schließt des weiteren ein (in
den meisten Fällen zumindest implizit, oft auch explizit), daß der Ethikunterricht den Schülerinnen und Schülern auch Hilfen geben soll,
sich in der Wirklichkeit von heute zurechtzufinden: Hilfen zur Selbst-
findung, zur Lebensgestaltung und Lebensbewältigung.

## 2.2 Ethik in einem weit gefaßten Verständnis

Unter dem ersten der vier systematischen Gesichtspunkte ist – in Anknüpfung an die zuletzt gegebenen Hinweise – zunächst zu bekräftigen:
Ethik als Schulfach sollte möglichst umfassend verstanden werden, sollte
also bezogen sein auf ein breites Spektrum von Fragen des Lebens und
Zusammenlebens sowie des Verhältnisses, in dem der Mensch zu sich
selbst, zur Mitwelt und zur Umwelt steht. Die Disziplin *Ethik* ist etwa
auch in dem weiten Sinn der älteren (etwa aristotelischen oder helleni-
stisch-spätantiken) Tradition zu nehmen, wonach sie eine Lehre von der
Lebenskunst einschließt. Die auch den schulischen Unterricht bestimmende ethische Frage nach dem guten und richtigen Leben wird zwar
zentral auf das *moralisch* Richtige und Gute zielen, also auf das, wozu wir
– in welchem genaueren Sinn auch immer – verpflichtet sind. Es wäre
jedoch fatal (übrigens nicht zuletzt für die Moral selbst; vgl. Nordhofen
1990) und entspräche auch nicht den Intentionen der verschiedenen
Richtlinien, wenn dies eine Ausschließlichkeitstendenz annehmen
würde. Das Leben, welches gelingen soll und in dem man glücklich werden oder wenigstens zurechtkommen will, wirft ja immer und entscheidend auch die Frage auf, was für *mich* gut und richtig ist, die Frage nach
dem, worauf es mir ankommt und was mir wirklich wichtig ist, die Frage
also, was ich, außer im moralischen, eben auch in diesem Sinne tun soll.
Zweifellos gehört es zu den Aufgaben des Ethikunterrichts, jungen Menschen auch bei dieser Suche behilflich zu sein – selbstverständlich nicht
durch vorgesetzte Antworten, wohl dagegen im Sinne der Möglichkeit,
sich sensibler und reflektierter, freier und offener, bewußter und ver-
ständiger mit solchen Fragen auseinanderzusetzen.

## 2.3 Ethik oder Philosophie?

Im akademischen Bereich ist die Ethik eine Teilmenge der Philosophie.
Kann man dies auch auf die schulische Ebene übertragen? In vielem sicher schon; ob aber vollständig, darüber läßt sich zumindest streiten.

Beispielsweise bezieht der Ethikunterricht Themen ein, die wissenschaftssystematisch wenigstens teilweise eher unter die Sozialwissenschaften fallen, auch unter die Religionswissenschaft. Und natürlich ist die Frage zu stellen (und nicht selten auch zu hören), ob die schulische Behandlung ethischer Themen, zumal bei niedrigeren Jahrgangsstufen oder gar in der Grundschule, nennenswert philosophisch sein kann – bzw. überhaupt darf.

Bei letzterem handelt es sich nun allerdings größtenteils um das definitorische Problem, wann etwas den Namen des Philosophischen verdient. Mir scheint es verfehlt zu sein, sich dabei zu sehr am Niveau und Subtilitätsgrad gelehrter Texte und Seminardispute zu orientieren. Natürlich wird niemand zwölfjährigen oder noch jüngeren Kindern mit dem kategorischen Imperativ oder dem hedonistischen Kalkül kommen; gleichwohl kann das Fragen und Nachdenken, auch lange bevor es diese Ebene erreicht, dem Ansatz und der Grundintention nach bereits philosophischen Charakter haben. Daß bei älteren Schülerinnen und Schülern, besonders natürlich in der Oberstufe, dann auch ein philosophisches Vorgehen auf höherem Niveau, zum Beispiel anhand von klassischen Texten, möglich ist, dürfte kaum bestritten werden, zumal eine vielfältige Unterrichtspraxis dies belegt.

Wie oben erwähnt, ist es in einigen Bundesländern ohnehin die Philosophie, die als Ersatz- bzw. Alternativfach fungiert, zum Teil schon ab Sekundarstufe I (wobei es das Schulfach *Philosophie* und besonders philosophische Oberstufenkurse vielerorts ja auch unabhängig von irgendwelchen Ersatzregelungen gab und gibt). Vermutlich wird es noch manche Diskussionen darüber geben, ob die Alternativfachrolle nicht in der Tat spätestens ab der Sekundarstufe II, vielleicht auch schon früher, generell von der Philosophie übernommen werden sollte (vgl. wiederum Nordhofen 1990, auch Martens 1991, 154 f). Soweit jedoch am Fach und der Bezeichnung *Ethik* festgehalten wird, sollte eben auch unter diesem Namen mit steigendem Alter der Schülerinnen und Schüler das Themenspektrum im Sinne weiterer philosophischer Disziplinen ausgedehnt werden. Dies ist auch in den existierenden Lehrplänen vielfach bereits angelegt und wird in der schulischen Praxis so gehandhabt. Daß der dabei zum Tragen kommende philosophische Geist möglichst lebensnah sein muß, sollte sich von selbst verstehen.

## 2.4 Jenseits von Indoktrination und Indifferenz

Der Ethikunterricht – so heißt es in einem kürzlich erlassenen Lehrplan – «darf in keiner Weise ideologisch indoktrinieren, muß aber auch die Gefahr der Indifferenz vermeiden»[6]. Damit ist ein zentrales Postulat, aber auch Problem benannt. Die Existenz des Schulfachs *Ethik* ist Ergebnis und Ausdruck der pluralistisch gewordenen Gesellschaft; aber mit diesem Pluralismus umzugehen wirft für den Unterricht und die Unterrichtenden auch beträchtliche Probleme auf (vgl. auch Hall 1979, 3 ff). Wenn der Ethikunterricht auf der einen Seite wegen seines weltanschaulich neutralen Charakters auf jeglichen Dogmatismus verzichten muß, besteht dann auf der anderen Seite nicht die Gefahr eines uferlosen Relativismus, der alles gelten läßt und dann vielleicht bei den Heranwachsenden vor allem Gleichgültigkeit und Resignation erzeugt? Auf der theoretisch-prinzipiellen Ebene ließe sich hier natürlich der ganze moralphilosophische Fundamentalstreit – mit der Unversalismus-Relativismus-Opposition und ähnlichen Fronten mehr – vom Zaun brechen. Für unsere Zwecke würde das aber nicht viel bringen, und mit Blick auf die Praxis stellt sich die Sache auch nicht ganz so prekär dar.

Zunächst nämlich ist das Neutralitäts- und Pluralismusgebot, wie auch die in 2.1 angeführten rechtlichen und amtlichen Definitionen implizieren, natürlich nicht in einem buchstäblich grenzenlosen Sinn zu verstehen, sondern so, daß es die Identifikation mit bestimmten elementaren Werten und Prinzipien zur Voraussetzung hat (und in mancher Hinsicht sogar selbst beinhaltet – Stichwort etwa: Toleranz). Ja, es ist gerade eine wesentliche, durch Gesetzes- und Lehrplanformulierungen auch benannte Aufgabe des Ethikunterrichts, beim Kind und Jugendlichen Verständnis und Sinn zu entwickeln für die elementaren Grundlagen menschlichen Zusammenlebens, sei es, daß diese in hochrangigen Dokumenten wie Menschenrechtserklärungen und Verfassungstexten definiert sind (Unantastbarkeit der Person, Freiheitsrechte u. v. a. m.), sei es, daß sie sich mehr oder weniger zwingend daraus ergeben (Verzicht auf Gewalt, Bereitschaft zu friedlicher Konfliktlösung, Kompromißfähigkeit etc.).

Freilich – daß der Ethikunterricht diesen moralischen Grundkonsens, diese Kern- oder Minimalmoral sowohl zur Basis nehmen kann als auch einsichtig zu machen hat, nimmt der Relativismus- und Indifferenzproblematik zwar vieles von ihrer Schärfe, bringt sie aber nicht zum Verschwinden. Erstens nämlich geben Grundprinzipien – Grundwerte, Grundrechte, Menschenrechte u. ä. – eben auch nur Grundrichtungen an und lassen daher einen erheblichen Spielraum in bezug auf die Wege der Verwirklichung offen. Zweitens kann es gerade auch zwischen hochrangigen Werten – etwa: hier Freiheit, da Gleichheit, oder: hier Schutz des Lebens, da Recht auf Selbstbestimmung – zu Konflikten kommen und mithin selbst bei weitgehendem Grundwertekonsens doch zu divergierenden moralischen (oder auch politischen) Auffassungen darüber, was im konkreten Fall Vorrang haben sollte. Und drittens gibt es in unserer Gesellschaft, unter dem Vorzeichen der von Modernitätstheoretikern unermüdlich apostrophierten Individualisierung und Pluralisierung der Lebensformen, eine große Fülle von mehr oder weniger stark miteinander konkurrierenden Auffassungen und Bildern davon, was das Leben lebenswert und sinnvoll macht, worauf es in ihm ankommt und wie man am ehesten mit ihm zurechtkommt. Inmitten solcher Verhältnisse muß der Stil des Ethikunterrichts in der Tat durch große Offenheit und durch die Grundhaltung bestimmt sein, daß man vieles so, aber eben auch anders sehen kann. Das braucht nicht zu heißen, daß die Unterrichtenden mit der eigenen Sicht einfach hinterm Berg halten. Im Gegenteil erwarten Heranwachsende, daß ihre Lehrerinnen und Lehrer sich bei strittigen Fragen nicht drücken, sondern Farbe bekennen. Aber dies muß gerade ohne autoritäres Aufdrängenwollen und erst recht ohne erhobenen Zeigefinger geschehen.

Hier wird sicher viel von der Persönlichkeit und dem pädagogischen Geschick derer abhängen, die das Fach Ethik unterrichten; aber das anzustrebende Ziel kann selbstverständlich nur sein, Schülern und Schülerinnen bei der eigenen Urteilsbildung zu helfen, sie auf dem Weg zur Mündigkeit und Selbstbestimmung zu unterstützen (was wiederum in den Lehrplänen und Richtlinien auch stark hervorgehoben wird). Dies zielt zum einen natürlich auf – im engeren Sinn – *moralische* Autonomie: Gründe, die jemanden dazu bringen, auf die Interessen und Rechte anderer Rücksicht zu nehmen, sollten, statt bloß ansozialisiert, von ihm selbst eingesehen und akzeptiert sein (vgl. besonders Oser/Althof 1992). Es zielt aber genauso auf die ganze Sphäre der Lebensgestaltung und -bewältigung. Hier kann der Ethikunterricht gleichfalls dazu beitragen, daß Selbstbestimmung an die Stelle von Fremdbestimmung tritt und daß Kinder und Jugendliche durch die Entwicklung von Nachdenklichkeit, von Unterscheidungs- und Kritikfähigkeit dazu kommen, gegenüber dem Druck der Konsum-, Werbe-, Medien- und Unterhaltungskultur eine gewisse Souveränität zu gewinnen, statt ihr hilflos und passiv ausgesetzt zu sein.[7]

Wenn Ethikunterricht Orientierungshilfe geben soll, so muß dies vor allem als Hilfe zur Selbsthilfe, zur Orientierungsautonomie verstanden werden. Vielleicht ist dies zugleich die Hauptrichtung, in der solcher Unterricht auch ein Beitrag zur Bewältigung bedrängender Probleme und Gefahren unserer Gesellschaft selbst sein kann – nämlich im Sinne von Adornos Feststellung: «Die einzig wahrhafte Kraft gegen das Prinzip von Auschwitz wäre Autonomie...; die Kraft zur Reflexion, zur Selbstbestimmung, zum Nicht-Mitmachen» (1977, 679). Allerdings darf dabei

nicht ignoriert werden, daß ausgiebige psychologische, sozialwissenschaftliche und anthropologische Forschungen sowie praktische Erfahrungen in den letzten Jahrzehnten immer klarer gemacht haben, wie sehr
die Entwicklung des einzelnen Menschen zur Eigenständigkeit von der
Qualität der familiären Obhut bzw. generell der Bindungen in der frühe-
sten Kindheit abhängt. Was in dieser Hinsicht, wenn Kinder ihre Schul-
laufbahn beginnen, vielleicht schon verunglückt ist, läßt sich durch die
Schule und auch den Ethikunterricht – um des Realitätsprinzips willen
sei's gesagt – kaum wiedergutmachen, häufig aber vielleicht doch ein
Stück weit auffangen.

## 2.5  Urteilen und Handeln

Zwar sollte der möglichst weit aufgefaßte Ethikunterricht nicht einfach
mit Moralerziehung identifiziert werden, aber Moralerziehung gehört
sicher zu seinen wesentlichen Aufgaben. Hier taucht aber neben den in
2.4 angeschnittenen Fragen zusätzlich das Problem des Verhältnisses von
Urteilen und Handeln, von Einsicht und Tun auf – klassisch gesprochen
die Frage, ob Tugend lehrbar ist. (Genaugenommen müßte man eher drei
Momente unterscheiden: Urteilen – Motivation – Handeln / Verhalten;
für unsere Zwecke können wir die letzten beiden aber häufig zusammen-
nehmen.) Auf diesem Feld hat es gerade in den vergangenen Jahrzehnten
eine Vielzahl von theoretischen Diskussionen und empirischen Untersuchungen gegeben, vor allem im Zusammenhang mit den Ideen und Arbeiten von Lawrence Kohlberg (dazu unter 3.1). Obwohl hier vieles kontrovers ist, kann man im Grundsätzlichen doch sagen (übrigens ja auch in
Übereinstimmung mit Alltagsintuitionen und -erfahrungen):

(a)  Zum einen hat richtiges Urteilen oder rechte Einsicht nicht per se das
     entsprechende Handeln zur Folge.

(b)  Zum anderen hat das Urteilen aber doch Einfluß auf das Handeln,
     und richtiges Urteilen ist, wenn keine hinreichende, so doch eine not-
     wendige Bedingung für richtiges Handeln. (‹Einsicht ist› zwar nur,
     aber immerhin doch ‹der erste Schritt zur Besserung›.)

   Was daraus für den Ethikunterricht folgt, ist allerdings nicht klar. Ma-
ximalisten, die die Ziele dieses Fachs sehr hoch ansetzen, könnten argumentieren, wegen (a) dürfe sich der Unterricht eben nicht nur auf moralische Urteilsbildung beschränken, sondern müsse versuchen, auch zu
moralischem *Handeln* zu bewegen. («Es gibt nichts Gutes, außer man tut
es» – Erich Kästner.) Dem könnte entgegengehalten werden, daß der
Ethikunterricht damit überfordert sei, daß er aber nichtsdestotrotz –
nämlich wegen (b) – mit der Förderung moralischer Urteilsbildung sehr
wohl eine wichtige moralerzieherische Aufgabe zu erfüllen habe.

Nun dürfte sich in der Realität, das heißt der schulischen Praxis, auch diese Alternative meist nicht in der krassen Form stellen, wie sie hier theoretisch und zudem stark verkürzt formuliert wurde. Zwischen einer auf die Urteilsbildung konzentrierten und einer richtiggehend auch auf das Verhalten zielenden Erziehung gibt es ja keine scharfen Grenzen, sondern fließende Übergänge. Beispielsweise könnte man die Aufgabe des Ethikunterrichts zwanglos auch dahingehend bestimmen, daß er Kinder und Jugendliche für die moralischen Dimensionen ihres und unseres Handelns *sensibilisieren* soll. (Ein bayerischer Lehrplan spricht von «feinfühlig machen».) Für etwas sensibel zu sein ist aber gerade ein Mittleres und Vermittelndes zwischen der kognitiven Ebene des Urteilens und derjenigen der Motivation. Einen in ähnlicher Weise überbrückenden Tenor enthält auch die treffende Formulierung von Heinz Schmidt, mit der dem Ethikunterricht die Aufgabe zugesprochen wird, «alle Vorgänge ‹innerer Beratung› zu fördern» (1983/84 II, 35).

Unbeschadet solcher problemschärfender Aspekte scheint mir jedoch – andere mögen dies anders sehen – eine nicht-maximalistische Auffassung des Ethikunterrichts die angemessenere zu sein, eine solche also, die die Möglichkeiten dieses Fachs – wie auch die von schulischer Erziehung insgesamt – nicht überschätzt. Für solchen Realismus hat mit der gebotenen Klarheit Otfried Höffe (durchaus ein Anhänger des Schulfachs *Ethik*) schon vor zwei Jahrzehnten plädiert: Gewisse Aspekte des sittlichen Handelns könne man im Unterricht zwar analysieren, aber schwerlich praktizieren; schließlich habe es «kaum Sinn, die Schüler im Ethikunterricht zum Helfen ‹ausschwärmen› zu lassen – und noch das Maß der Hilfe zu benoten» (1974, 462). Noch einen anderen Aspekt von prinzipieller Bedeutung hat Höffe benannt: «Außerdem scheint es bedenklich, daß eine *staatliche* Anstalt formell den Auftrag haben sollte, den Menschen sittliche Kompetenz zu vermitteln. Staatlich verordnete Sittlichkeit ist kaum sinnvoller als staatlich verordnete Frömmigkeit» (ebd.). In der Tat – wer bei der Moralerziehung Mündigkeit und Autonomie befördern, folglich Indoktrination und Manipulation vermeiden will, kann gar nicht umhin, mehr auf Urteilsbildung und Sensibilisierung als unmittelbar aufs Tun und Lassen hinzuwirken. «Ziel der moralischen Erziehung» – meint Walter Herzog – «kann es... nicht sein, Kinder gut zu machen, sondern ihnen bei der Interpretation und Anwendung ihrer moralischen Intuitionen behilflich zu sein» (1991, 41).

Gemäß dieser, wie ich meine, wohlbegründeten Sichtweise sollte bei der moralerzieherischen Aufgabe des Ethikunterrichts also die kognitive Seite – freilich nicht als Selbstzweck, sondern als Voraussetzung für verantwortungsvolles Handeln – im Vordergrund stehen (vgl. nochmals

Höffe 1974, 463 f). Zugunsten dieser Auffassung kann man auch noch folgendes anführen. Auf der Linie der obigen Aussage (a) fallen die Dimensionen moralischen Urteilens und moralischen Motiviertseins nicht per se zusammen. Aus umgekehrter Richtung gesehen gehört dazu aber auch, daß es hohe moralische – oder besser: als moralisch erlebte – Motivationen geben kann und faktisch gibt, welche den Inhalten nach problematisch oder fatal sind bzw. sich so auswirken. Man darf eben nicht ignorieren, daß ‹‹moralisch› hochmotivierte Individuen zu den schlimmsten Taten fähig sein können, wovon fanatische Anhänger von Ideologien schmerzlich zeugen» (Edelstein / Nunner-Winkler 1993, 27, unter Berufung auf Luhmannsche Gedanken). Der Ethikunterricht hat auch solchen Gefahren entgegenzuwirken bzw. sich selbst vor ihnen zu hüten, etwa davor, kleine – und ggf. dann größere – Robespierres heranzuziehen. Dazu muß man sich aber eben klarmachen: «Moralische Lernprozesse erfordern zwar in der Tat den Aufbau moralischer Motivation. Die richtige Anwendung dieser Motivation aber bleibt unhintergehbar an die Entwicklung moralischer Urteilsfähigkeit gebunden» (ebd., 27 f).

Um Mißverständnissen vorzubeugen, sind allerdings zwei Zusätze nötig. Erstens bedeutet das primäre Abheben aufs Kognitive natürlich nicht, daß der Unterricht nur den Verstand und das Denken anzusprechen, daß er rein rational, reflektierend, diskursiv, argumentierend vorzugehen, mithin ausschließlich ‹über den Kopf› zu erfolgen hätte. Generell sind ja an Prozessen der Urteilsbildung auch andere Faktoren und Vermögen beteiligt: Anschauung, Wahrnehmung und Erfahrung, Fühlen, Spüren und Erleben. Jedoch gehört es ohnehin zu den pädagogischen Selbstverständlichkeiten, daß in Ausbildung und Erziehung auch Dimensionen wie die des Affektiven und Expressiven einbezogen werden. Für den Ethikunterricht gilt das natürlich genauso und erst recht.

Zweitens sollte es sich auch von selbst verstehen, daß das Miteinanderumgehen im Unterricht selbst nach Form und Stil möglichst stark vom Geist eben der Prinzipien geprägt sein sollte, die es inhaltlich einsichtig zu machen gilt. Den Sinn und die Notwendigkeit von Toleranz, von Verständnisbereitschaft gegenüber dem anderen und Fremden, von Rücksichtnahme, Achtung, Fairneß zu vermitteln dürfte um so eher gelingen, je weniger die Atmosphäre und die Interaktionen im Klassenzimmer dazu in Diskrepanz stehen bzw. je mehr die entsprechenden Lernprozesse den Charakter des *learning by doing* haben.

# 3 Hinweise zu psychologischen und didaktischen Fragen sowie zur Lehrerbildung

## 3.1 Psychologische Theorien der moralischen Entwicklung bzw. Urteilsbildung

Jeder Unterricht hat entwicklungspychologischen Gesichtspunkten Rechnung zu tragen. Diese betreffen im Falle des Ethikunterrichts die Frage, wie sich beim Kind und Heranwachsenden über die verschiedenen Phasen hinweg moralisches Urteilen, Empfinden und Verhalten entwickeln. Dies ist in den letzten Jahrzehnten Gegenstand ausgiebiger Forschungen gewesen.

Wichtige Grundlagen hatte zunächst Jean Piaget (1896–1980) mit seinen bahnbrechenden psychologischen Forschungen zur (dann häufig so genannten) *Genetischen Erkenntnistheorie* zur intellektuellen Entwicklung des Kindes und Jugendlichen gelegt. Gemäß seinem strukturgenetischen Ansatz bauen Kinder in aktiver und konstruktiver Auseinandersetzung mit ihrer Umgebung ihr Bild von der dinglichen und sozialen Welt auf. Dabei läßt sich eine Abfolge von Stufen nachweisen, das heißt von qualitativ unterschiedlichen Etappen, in denen sich jeweils eine bestimmte *Struktur*, ein bestimmtes Grundmuster geistiger Operationen, ausbildet. Ein so klares Bild, wie es sich bei Piagets Untersuchungen in bezug auf die Entwicklung der *Intelligenz* ergab (mit den vier Stufen: sensomotorisch, präoperativ, konkret-operativ, abstrakt-operativ), ließ sich bei der Entwicklung des moralischen Urteils allerdings nicht feststellen. Jedoch zeigte sich auch hier eine gewisse Abfolge von Entwicklungsstadien, die insbesondere von einer frühkindlichen egozentrischen und autoritätsgebundenen Orientierung schließlich zu einer reiferen, durch Elemente wie Autonomie, Reziprozität und Perspektivenübernahme bestimmten Einstellung führt (vgl. die Zusammenfassung bei Kesselring 1988, 166 ff).

Durch den amerikanischen Psychologen Lawrence Kohlberg (1927–1987) wurde die Untersuchung der Moralentwicklung zu einem eigenen, weit ausgreifenden Forschungsprogramm, welches die Debatte über Moralerziehung maßgeblich beeinflußte und zudem stark in die Philosophie ausstrahlte (bei Habermas und K. O. Apel).[8] Kohlbergs Methode bestand hauptsächlich darin, den Versuchspersonen moralische Dilemmata vorzulegen (etwa das berühmte *Heinz-Dilemma*: ob ein verzweifelter Ehemann in eine Apotheke einbrechen darf, um an das unerschwingliche Medikament zur Rettung seiner krebskranken Frau zu kommen). Freilich waren es dann nicht so sehr die von den Probanden jeweils favorisierten *inhaltlichen* Entscheidungen als vielmehr die dabei zum Vorschein kommenden *Argumentationsmuster*, die als Unterscheidungs- und Abgrenzungskriterien für das von Kohlberg entwickelte Stufenmodell fungierten. In der Nachfolge einer bereits von John Dewey vorgeschlagenen Dreiteilung in eine vormoralische, konventionelle und autonome Phase unterschied Kohlberg drei Niveaus: das präkonventionelle, das konventionelle und das postkonventionelle, wobei innerhalb jeder dieser Ebenen wiederum zwei Stufen, zusammen also sechs, angesetzt wurden. Demzufolge sind auf den präkonventionellen Stufen 1 und 2 als Gesichtspunkte zunächst Strafvermeidung und Gehorsam gegenüber Autoritäten bzw. dann das Bestreben, für sich selbst das Beste zu erreichen, ausschlaggebend. Auf konventionellem Niveau wird die Erforderlichkeit von Normen und Regeln entscheidend – zunächst von solchen im persönlichen Lebenszusammenhang oder der eigenen Bezugsgruppe (Stufe 3), sodann auch für umfassendere Sozialsysteme bzw. die Gesellschaft überhaupt (Stufe 4). Auf der postkonventionellen Ebene schließlich entwickelt sich ein Sinn für die Geltungsgründe moralischer Regeln, insbesondere für die Dimension sozialverträglicher Vereinbarung (Stufe 5) oder sogar in Richtung universaler ethischer Prinzipien, von denen her auch jede faktisch bestehende Ordnung hinterfragbar ist (Stufe 6). Die altersmäßige Zuordnung weist große Streuungen auf, etwa in der Art, daß 9- bis 11jährige Kinder jeweils zu gut einem Drittel auf den Stufen 1 und 2 stehen und zu einem Viertel Stufe 3 erreichen. Die meisten Erwachsenen erreichen Stufe 3 bzw. teilweise auch 4, jedoch nur wenige Stufe 5. Bei Stufe 6 ist ohnehin umstritten, ob sie empirisch real, ja sogar, ob sie mehr als nur ethisch postuliert ist.

Wichtig bezüglich des Problems der Moralerziehung ist in diesem Konzept nicht zuletzt der Gedanke, daß man sich zwar einerseits über die in dieser Stufenfolge liegende Entwicklungslogik nicht hinwegsetzen darf und mit moralerzieherischen Ambitionen auf den jeweiligen Entwicklungsstand der Kinder und Jugendlichen Rücksicht nehmen muß, daß es andererseits aber doch möglich und sinnvoll ist, den Übergang zu der jeweils nächsthöheren Stufe zu fördern, und zwar vor allem durch Auseinandersetzung mit den Ungereimtheiten und Widersprüchen, die auf der bereits erreichten Stufe auftreten.

Natürlich haben Kohlbergs Ideen und Ergebnisse zahlreiche Kontroversen ausgelöst.[9] Empirisch muß etwa seine relativ niedrige Einschätzung der moralischen Kompetenz von Klein- und Grundschulkindern inzwischen zu erheblichen Teilen als widerlegt gelten. Auch gegen den prinzipiellen Ansatz sind viele Vorwürfe erhoben worden: Der zugrunde gelegte Moralbegriff zum Beispiel sei nicht nur zu hoch angesetzt und zu ausschließlich an Gerechtigkeitsaspekten interessiert, sondern auch durch männliche Voreingenommenheiten geprägt und überdies einseitig an der europäisch-abendländischen oder westlich-liberalen Moraltradition orientiert. Besonderes Gewicht hat sicher der Vorwurf, das Kohlbergsche Dilemma-Verfahren erfasse nur Reaktionen auf fiktive Situationen, jedoch nicht, wie die Probanden in realen Situationen urteilen oder gar handeln würden.

Die Grenzen seines Konzepts der Moralerziehung durch Anhebung des Niveaus der Urteilsbildung hat Kohlberg dann selbst zu überschreiten versucht. Durch praktisch engagierte Arbeit, begleitet von wissenschaftlichen Untersuchungen, entwickelte und erprobte er an einigen Schulen das Modell einer *just community*, konkret: einer Schulgemeinschaft, in der Gerechtigkeit, Fairneß, demokratische Beratung etc. den Umgang miteinander bestimmen – mit der Perspektive, daß vor allem auf diese Weise die Bereitschaft, sich im eigenen Verhalten von moralischen Regeln leiten zu lassen, gefördert werden kann (vgl. die Darstellung im 3. Teil von Oser/Althoff 1992). Diese Konzeption hat in ihren Grundimpulsen sicher vieles für sich, obwohl zweifelhaft bleiben muß, wieweit sie auch ‹flächendeckend› in die Wirklichkeit umgesetzt werden könnte. Insgesamt läßt sich aber sagen, daß bei aller Umstrittenheit das Verständnis für moralpsychologische und -erzieherische Fragen durch das Kohlbergsche Programm und die Folgediskussionen enorm gefördert worden ist, insbesondere im Sinne der Einsicht, «daß moralische Konzepte nicht direkt als Lernstoff vermittelt werden können, sondern vom Kinde selbst erarbeitet werden müssen» (Oser/Althoff 1992, 81).

### 3.2 Zur Didaktik des Ethikunterrichts

Daß der Ethikunterricht in besonderer Weise von den eigenen Erfahrungen der Schülerinnen und Schüler auszugehen hat, versteht sich eigentlich von selbst, desgleichen, daß in ihm, eher als in anderen Fächern, die Möglichkeit bestehen muß, auch auf persönliche Probleme einzugehen. Freilich – obwohl die Schülerin oder der Schüler in der Tat sagen können sollte (in einer beliebt gewordenen Ausdrucksweise): «Das hat was mit mir zu tun!», sollte sich der Ethikunterricht doch hüten, in die Unverbindlichkeit des bloßen Austauschs von subjektiven Sichtweisen oder auch in die Pflege einer reinen Betroffenheitsattitüde abzuleiten. Über die Frage, ob es in diesem Fach Leistungsbewertungen und Zensuren geben sollte, kann man sicher streiten (und tut es auch). Jedoch sehen die zur Zeit existierenden Regelungen, schon wegen der geforderten Parallelität zum Religionsunterricht, durchweg eine – und zwar auch versetzungswirksame – Benotung vor (allerdings bisher nicht im brandenburgischen Schulversuch *Lebensgestaltung – Ethik – Religion*).

Über solche allgemeinen Gesichtspunkte hinaus kann jedoch an dieser Stelle auf die ganze didaktische Seite – und das, was auf diesem Gebiet noch zu leisten ist (vgl. etwa Schmidt 1993) – nicht eingegangen werden (s. bereits 2.). Statt dessen sollen nur noch (a) exemplarisch einige Möglichkeiten zur Aufgliederung des Unterrichtsstoffes angeführt sowie (b) einige praktische Hinweise gegeben werden.

(a) Heinz Schmidt nimmt in Bd. II seines Standardwerks «Didaktik des Ethikunterrichts» eine – im Prinzip für alle Klassen relevante – Grobstrukturierung in vier «Aufgabenfelder» bzw. «Lernschwerpunkte» vor: (1) Ich in Beziehungen (2) Soziale Strukturen und Prozesse (3) Sinndeutung und Lebensorientierung (4) Praxis und Theorie der Sittlichkeit.

Der 1982 in Kraft getretene bayerische Lehrplan für das Fach Ethik in der Grundschule unterteilt den Stoff in zehn Leitthemen: (1) Leben – Lernen – Werten, (2) Sich freuen – traurig sein, (3) Die aufgegebene Zeit, (4) Arbeiten, (5) Regeln – Anordnen – Vereinbarungen / Geordnetes Zusammenleben, (6) Sich entscheiden, (7) Freunde, (8) Miteinander sprechen, (9) Einander das Leben erleichtern, (10) Konflikte austragen.

In den niedersächsischen «Rahmenrichtlinien für den Unterricht – Werte und Normen» von 1980 werden fünf Lernfelder angesetzt: (1) Persönliches Leben, (2) Zusammenleben mit anderen, (3) Die Frage nach dem Sinn des Lebens, (4) Verantwortung für sich selbst und die Welt, (5) Weltdeutungen und Menschenbilder.

Der Ethiklehrplan für die Gymnasien des Freistaates Sachsen nimmt für jede Klasse eine eigene Gliederung in jeweils zwei bis vier Lernbereiche vor; so zum Beispiel für Klasse 6: (1) Die Bedeutung des Jahresablaufs für unterschiedliche Formen der Lebensgestaltung, (2) Erscheinungsformen religiösen Lebens in Christentum, Judentum, Islam, (3) Der Mensch und seine Verantwortung für den Mitmenschen; oder für Jahrgangsstufe 12 (als Grundkurs): (1) Recht und Gerechtigkeit, (2) Freiheit und Determination.

In ähnlicher Weise geht der im Juli 1993 erlassene «Vorläufige Lehrplan für die Regelschule – Ethik» in Thüringen vor (Regelschule = nichtgymnasiale Klassen 5 bis 10); für die Klassenstufe 10 nennt er z. B. die Themenkreise: (1) Werte und Normen, (2) Verantwortung und persönliches Engagement, (3) Zukunftserwartungen, (4) Sinnfindung in den Weltreligionen.

(b) Eine Reihe von Schulbuchverlagen hat in den letzten circa anderthalb Jahrzehnten Schulbücher, Lesehefte, Materialien u. ä. für den Ethikunterricht in der Sekundarstufe I und II herausgebracht, wobei in den höheren Klassen natürlich auch von dem außerdem reichhaltig vorhandenen Bücherangebot für den Philosophieunterricht Gebrauch gemacht werden kann. Für den Ethikunterricht in der Grundschule, der in der alten Bundesrepublik nur in Bayern und Rheinland-Pfalz – und zwar ziemlich sporadisch – gegeben wurde, der aber in den neuen Bundesländern eine größere Rolle zu spielen beginnt, gibt es seit 1993 das erste richtige Schulbuch.[10] Übrigens beginnen sich neuerdings auch Schulfunk und Schulfernsehen für das ethische Themenfeld zu interessieren. So hat beispielsweise der Hessische Rundfunk in Zusammenarbeit mit dem Hessischen Kultusministerium jüngst zwei Fernsehsendereihen mit entsprechenden Begleitmaterialien produziert. Für Ethiklehrerinnen und -lehrer gibt es zwei einschlägige, sehr informative, anregende und hilfreiche Zeitschriften: Zeitschrift für Didaktik der Philosophie und Ethik (so der Titel ab Jahrgang 16 [1994]; vorher: Zeitschrift für Didaktik der Philosophie; Verlag Schroedel) und: Ethik & Unterricht [EU]. Zeitschrift für das Unterrichtsfach Ethik / Werte und Normen (seit 1989, jetzt Verlag Diesterweg).

Seit einigen Jahren haben sich Ethiklehrerinnen und -lehrer in einem ‹Fachverband Ethik› organisiert, wobei eine ähnliche Funktion zu erheblichen Teilen auch von dem schon seit langem existierenden ‹Fachverband Philosophie› wahrgenommen wird. Außerdem gibt es seit kurzem einen ‹Verein zur Förderung der ethischen Urteilsbildung in Erziehung und Unterricht›.

### 3.3 Zur Ausbildung von Ethiklehrern

Mit der Qualifikation der Lehrkräfte, die faktisch Ethikunterricht erteilen, dürfte es sehr unterschiedlich bestellt sein. Die diesbezüglichen ministeriellen bzw. schuladministrativen Regelungen setzen dafür vielfach keine besonders hohen und zum Teil sogar ausgesprochen minimale Kriterien an. Andererseits gibt es inzwischen zahlreiche Lehrerinnen und Lehrer, die sich jenseits der Frage nach einer formalen Qualifikation für den von ihnen erteilten Ethikunterricht hohe Kompetenz erworben haben – durch Teilnahme an zahlreich angebotenen Kursen und Veranstaltungen der Lehrerfortbildungsinstitute oder ähnlicher Einrichtungen sowie auf autodidaktischem Weg und durch engagiertes Selbststudium. Außerdem wird Ethik vielfach von Lehrkräften unterrichtet, die ein Philosophiestudium absolviert haben.

In einigen der neuen Bundesländer hat man aus dem dort ja erheblich höheren Stellenwert des Schulfachs ‹Ethik› schnell die Konsequenz gezogen, ‹Ethik› nun auch zum Studienfach zu machen, zumindest für einen Teil der Lehrämter (für dasjenige an Gymnasien auch in der Form ‹Philosophie / Ethik›). In Sachsen und Thüringen ist diese Entwicklung bisher am weitesten gediehen. In Thüringen etwa legten bereits 1994 die ersten Studierenden im Rahmen ihrer Ersten Staatsprüfung für das Lehramt an Grundschulen ein Ethikexamen ab, und bis etwa 1996 wird sich dort die Zahl der für eines der Lehrämter absolvierten Staatsprüfungen im Fach Ethik vermutlich auf zwei- bis dreihundert belaufen (übrigens mit einem großen, nämlich etwa Zwei-Drittel-Anteil an Erweiterungsprüfungen, durch die im Beruf stehende Lehrerinnen und Lehrer eine weitere vollwertige Lehrbefähigung erwerben).

Wie ein Ethik-Lehramtsstudium aufgebaut sein soll, darüber gehen die Meinungen zum Teil erheblich auseinander. Ich selbst plädiere für eine starke philosophische Orientierung dieser Studiengänge und auch dafür, daß die organisatorische Verantwortung, mindestens aber die Federführung, bei den philosophischen Instituten liegt. Dies darf allerdings auf keinen Fall ausschließen, daß Studienanteile aus anderen Fächern gleichfalls eine beträchtliche Rolle spielen. Im Grunde obligatorisch, nämlich wegen der religionskundlichen Aufgaben des Ethikunterrichts, sind gewisse religionswissenschaftliche Anteile. Des weiteren bieten sich psychologische und sozialwissenschaftliche Komponenten an, wobei freilich vieles davon bereits im Rahmen der erziehungswissenschaftlichen Bestandteile der Lehramtstudiengänge abgedeckt sein dürfte. Überdies sollten Ethiklehrerinnen und -lehrer zwar über zusätzliche psychologische, etwa auch gesprächspsychologische Kenntnisse und Fähigkeiten verfügen, andererseits darf ihnen aber nicht eine quasi-therapeutische Rolle übertragen werden, jedenfalls nicht speziell als Ethiklehrerin oder -lehrer, nicht in nennenswert höherem Maß, als dies heute im Lehrerberuf in der Tat ohnehin der Fall ist.

In Thüringen, um ein bereits praktiziertes Beispiel zu nennen, macht der philosophische Teil der Ethik-Studiengänge etwa 60 Prozent aus (bzw. je nach Art des Lehramts sowie der Wahrnehmung gewisser Wahlmöglichkeiten auch einiges mehr). Die restlichen Anteile bestehen aus religionswissenschaftlichen, psychologischen und sozialwissenschaftlichen sowie nicht zuletzt aus didaktischen Lehrveranstaltungen.

Die Frage nach der Praxisbezogenheit, zumal nach dem Bezug zu den realen Erfordernissen des schulischen Unterrichts, muß natürlich auch für das Ethikstudium gestellt werden, aber bei diesem Fach sollte man sich ganz besonders vor kurzschlüssigen Antworten hüten. Daß etwa der Unterschied zwischen ‹deskriptiv› und ‹präskriptiv› oder der Gegensatz von ‹teleologischen› und ‹deontologischen› Ansätzen nichts im Ethikunterricht der Grundschule und (zumindest der unteren Klassen) der Sekundarstufe I zu suchen haben, heißt nicht, daß sie auch nichts im Ethikstudium zu suchen hätten. Im Gegenteil: Weil der Ethikunterricht wesentlich Orientierungshilfe sein soll und sein will, müssen die Unterrichtenden sich während ihrer Ausbildung vor allem Grundlagen für die eigene Orientierung erarbeitet haben. Oben (besonders in 2.4) wurden Probleme, ja zum Teil Dilemmata angedeutet, mit denen das Schulfach Ethik zwangsläufig konfrontiert ist, in einer Weise freilich, die zutiefst mit Merkmalen der modernen Existenz selbst zusammenhängt. Für diese scheint es nämlich – so Ernst Tugendhat (1992, 455) – konstitutiv zu sein, «lernen zu müssen, wie man z. B. bestimmte, moralisch-rechtliche Konzeptionen verstehen und diese auch gegen andere vertreten kann, obwohl man sie als historisch relativ und nicht letztbegründbar ansieht». Solche Herausforderungen mag man ‹privat› ignorieren können; für diejenigen, die Ethik unterrichten, stellen sie sich jedoch unausweichlich im beruflichen Alltag. Die hier benötigte geistige Souveränität ist aber wohl am ehesten im Medium anspruchsvollen Philosophierens zu erlangen. Allerdings muß dann auch die akademische Philosophie, soweit sie wirklich für die Ausbildung von Ethiklehrerinnen und -lehrern zuständig wird, bereit sein, sich auf diese Aufgabe nicht nur mit halbem, sondern mit ganzem Herzen einzulassen. Es scheint nicht überflüssig zu sein, dies anzumahnen.

### 3.4 Kleiner Ausblick: Philosophieren mit Kindern

Daß in kindlichen Fragen und Einfällen, Bemerkungen und Kommentaren sich ursprüngliche philosophische Impulse geltend machen können, hat wohl jeder schon selbst erlebt. Viele Kinder sind kleine Philosophen, teilweise schon in sehr jungem Alter. Nach manchen früheren Ansätzen, zumal im Deutschland der Zwischenkriegszeit, haben sich nun in den letzten circa 25 Jahren systematische Aktivitäten, Projekte und Programme entwickelt, die erproben wollen, wie solche Impulse gefördert und fruchtbar gemacht werden können. Diese Bewegung (wie man inzwischen sagen kann) ging zunächst von amerikanischen Philosophen aus, insbesondere von Matthew Lipman, der das Institute for the Advancement of Philosophy for Children gründete, sowie von Gareth B. Matthews; inzwischen hat sie längst in diversen europäischen Ländern, besonders in Österreich, den Niederlanden und Deutschland, Anhänger gefunden und zum Teil zur Gründung entsprechender Zentren und Institute geführt.[11]

Idee und Anliegen des ‹Philosophierens mit Kindern› haben sich unabhängig von der ganzen Frage des Ethikunterrichts entwickelt; aber zumindest erhebliche Teile davon können und sollten für die Sache des Ethikunterrichts in den unteren und mittleren Klassen fruchtbar gemacht werden (dazu jetzt Martens/Schreier 1994). Dafür spricht auch der folgende Grund: Im Ethikunterricht geht es um ernste Dinge, um Orientierung in elementaren Fragen des Lebens und Zusammenlebens. Der Ernst darf aber nicht übertrieben werden, und es sollte nicht ständig so furchtbar zielorientiert zugehen. Das wird wohl häufig auch nicht der Fall sein, aber zumindest in den Lehrplänen ist eine solche Tendenz festzustellen, zum Teil auch in Schulbüchern oder Unterrichtsmaterialien. Man sollte aber, so wäre zu deren Korrektur geltend zu machen, am Nachdenken, Fragen und Suchen auch um seiner selbst willen Spaß haben dürfen, einschließlich der spielerischen, pfiffigen und witzig-ironischen Seiten. So manche Anregung in diese Richtung dürfte sich gerade von dem her ergeben, was sich unter dem Titel ‹Philosophieren mit Kindern› mittlerweile entwickelt hat.[12] Und was in Sachen Ethikunterricht bzw. Moralerziehung das Verhältnis von Theorie und Praxis angeht, so sollte auch beherzigt werden, was John Dewey am Anfang unseres Jahrhunderts eindringlich zu bedenken gegeben hat: «Wirkungsvolles Handeln erfordert großzügiges und phantasiereiches Denken. Um die Schranken der Gewohnheit und Routine zu durchbrechen, muß zumindest genügend Interesse an geistiger Tätigkeit um ihrer selbst willen vorhanden sein. Nur wo dieses Interesse am Wissen selbst besteht und Freude am freien Spiel der Gedanken, kann das praktische Leben freier und fortschrittlicher gestaltet werden» (1951, S. 209; vgl. dazu Martens 1990, S. 38 f).

### Anmerkungen

1 Für Details und Belege vgl. vor allem die (auch in allen anderen Fragen des Ethikunterrichts einschlägige) Darstellung von Schmidt 1983/84, hier besonders I, 11 ff; ferner Stäblein 1991.

2 So neuerdings wieder Baeger 1992. Freilich wird von dieser Seite oft nicht bestritten, daß Ethikunterricht dann sinnvoll sein könne, wenn er den Status eines normalen Fachs hätte und aus der rechtlichen Abhängigkeit vom Religionsunterricht losgelöst würde.

3 Vgl. die Broschüre «Lebensgestaltung – Ethik – Religion. Modellversuch in Brandenburg. Ein Konzept auf dem Weg zur pädagogischen Praxis», hg. vom Pädagogischen Landesinstitut Brandenburg (14974 Ludwigsfelde-Struveshof), 1993.

4 Ich danke Luise Dreyer (Minden) für Unterlagen aus einer entsprechenden Umfrage, die sie für den Philosophielehrer-Verband «Association Internationale des Professeurs de Philosophie» durchgeführt hat.

5 Aus dem unveröffentlichten Nachlaß zitiert bei Günzler 1992, 217.

6 Thüringer Kultusministerium: Vorläufiger Lehrplan für die Regelschule (bzw. auch: ... für das Gymnasium) – Ethik, Juli 1993, (jeweils) S. 3.

7 Die eigentümliche Dialektik von moderner Individualisierung, dadurch erzeugter

Orientierungsnot und daraus wiederum neu resultierender Konformität ist Thema der großen Untersuchung von Gerhard Schulze: Die Erlebnisgesellschaft. Kultursoziologie der Gegenwart. Frankfurt/New York 1992.

8 Zur einschlägigen Diskussion vgl. etwa Oser/Fatke/Höffe (Hg.) 1986, Edelstein/Nunner-Winkler (Hg.) 1986 und Edelstein/Nunner-Winkler/Noam (Hg.) 1993. Von den zahlreichen zusammenfassenden Darstellungen seien nur die von Montada 1987 und besonders von Oser/Althof 1992 (i.e.L. Kapitel 1 und 6) genannt.

9 Zum neuesten Stand vgl. die knappen Hinweise bei Edelstein/Nunner-Winkler 1993, 8–10 und 27 f.

10 Wege finden. Unterrichtswerk für Ethik in der Grundschule, Donauwörth: Verlag Auer (jeweils ein Band für Jahrgangsstufe 1/2 sowie 3/4), vgl. aber außerdem etwa: Handreichung zum Ethikunterricht in der Grundschule, hg. vom (bayerischen) Staatsinstitut für Schulpädagogik und Bildungsforschung (Arabellastr. 1, 81925 München), 1991, neu 1993. – Für hilfreiche Hinweise danke ich Richard Breun (Erfurt). – Zur Problematik des Ethikunterrichts an der Grundschule vgl. auch Baumann/Zimbrich 1989.

11 Von der Praxis des Philosophierens mit Kindern kann man sich ein gutes Bild machen anhand von Matthews 1989, Lipman 1985 und Lipman/Glatzel 1983. Einen sehr informativen Überblick gibt Martens 1990; ansonsten sei aus der inzwischen schon sehr umfangreichen Literatur nur noch Camhy (Hg.) 1990 genannt.

12 In Mecklenburg-Vorpommern soll offenbar ein großangelegter Schulversuch zur Einführung eines Unterrichts ‹Philosophie für Kinder› gemacht werden.

## Zitierte Literatur

Adorno, Th. W. 1977: Erziehung nach Auschwitz. In: Gesammelte Schriften 10.2 (Kulturkritik und Gesellschaft II). Frankfurt/M.

Baeger, E. 1992: Ethikunterricht als Ersatzfach für Religionsunterricht? In: W. Proske (Hg.): Handbuch für konfessionslose Lehrer, Eltern und Schüler – das Beispiel Bayern. Aschaffenburg/Berlin, 134–157.

Baumann, R./Zimbrich, F. 1989: Thesen zu Sinn und Aufgaben des Ethikunterrichts. In: Die Grundschulzeitschrift 29, November 1989, S. 6 f.

Camhy, D. (Hg.) 1990: Wenn Kinder philosophieren. Graz.

Dewey, J. 1951: Wie wir denken. Zürich (amer. 1910).

Edelstein, W./Nunner-Winkler, G. (Hg.) 1986: Zur Bestimmung der Moral. Philosophische und sozialwissenschaftliche Beiträge zur Moralforschung. Frankfurt/M.

Edelstein, W./Nunner-Winkler, G. 1993: Einleitung. In: Edelstein/Nunner-Winkler/Noam (Hg.) 1993, 7–30.

Edelstein, W./Nunner-Winkler, G./Noam (Hg.) 1993: Moral und Person. Frankfurt/M.

Günzler, C. u. a. (Hg.) 1988: Ethik und Erziehung. Stuttgart/Berlin/Köln/Mainz.

Günzler, C. 1992: Der «Park» und die «Wildnis». Albert Schweitzers Modell des grenzüberschreitenden Denkens. In: Zeitschrift für Didaktik der Philosophie 14, H. 4, 216–224.

Hall, R. T. 1979: Unterricht über Werte. Lernhilfen und Unterrichtsmodelle. München.

Herzog, W. 1991: Die Banalität des Guten. Zur Begründung der moralischen Erziehung. In: Zeitschrift für Pädagogik 37 (1991), 41–64.

Höffe, O. 1974: Ethikunterricht in pluralistischer Gesellschaft. Neu in: O. Höffe: Ethik und Politik. Grundmodelle und -probleme der praktischen Philosophie. Frankfurt/M. 1979, 453–481.

Kesselring, Th. 1988: Jean Piaget. München.

Lipman, M. 1985: Pixie. Philosophische Gespräche mit Kindern. Wien (amer. 1981).

Lipman, M./Glatzel, M. 1983: Harry Stottlemeiers Entdeckung. Hannover (amer. 1974).

Martens, E. 1990: Sich im Denken orientieren. Philosophische Anfangsschritte mit Kindern. Hannover.

– 1991: Ethische Orientierung zwischen Dogmatismus und Relativismus. Möglichkeiten und Grenzen eines Ethikunterrichts in der Sekundarstufe. In: Zeitschrift für Didaktik der Philosophie 13 (H. 3/91: Ethik als Schulfach), 147–155.

Martens, E./Schreier, H. (Hg.) 1994: Philosophieren mit Schulkindern. Philosophie/Ethik in Grundschule und Sekundarstufe I. Hainsberg.

Matthews, G. B. 1989: Philosophische Gespräche mit Kindern. Berlin (amer. 1984).

Montada, L.: Entwicklung der Moral. Als Kapitel 15 in: R. Oerter/L. Montada: Entwicklungspsychologie. Ein Lehrbuch. 2. Aufl. Weinheim, 738–766.

Nordhofen, E. 1990: Zuviel Ethik schadet der Moral. Plädoyer für den Versuch, ein Ersatzfach in der Schule durch Philosophie zu ersetzen. In: FAZ vom 6. Juli 1990, 30.

Oser, F./Fatke, R./Höffe, O. (Hg.) 1986: Transformation und Entwicklung. Grundlagen der Moralerziehung. Frankfurt/M.

Oser, F./Althof, W. 1992: Moralische Selbstbestimmung. Modelle der Entwicklung und Erziehung im Wertebereich. Ein Lehrbuch. Stuttgart.

Rekus, J. (Hg.) 1991: Schulfach und Ethik. Fachdidaktische Beiträge zur moralischen Erziehung im Unterricht. Hildesheim/Zürich/New York.

Schmidt, H. 1983/84: Didaktik des Ethikunterrichts. Bd. I: Grundlagen, 1983; Bd. II: Der Unterricht in Klasse 1–13, 1984. Stuttgart/Berlin/Köln/Mainz.

– 1993: Elementarisierung mangelhaft. Erwägungen zur fachdidaktischen Diskussion über den Ethikunterricht. In: Ethik und Unterricht 4, H. 2, 30–36.

Stäblein, F. 1991: Die rechtliche Stellung des Ersatzunterrichts, in: Zinser 1991, 15–28 (geht noch nicht auf die östlichen Bundesländer ein).

Tugendhat, E. 1992: Philosophische Aufsätze. Frankfurt/M.

Zinser, H. (Hg.) 1991: Herausforderung Ethikunterricht. Ethik/Werte und Normen als Ersatzfach in der Schule. Marburg.

## Ergänzende Literatur

Aufenanger, S. / Garz, D. / Zutavern, M. 1981: Erziehung zur Gerechtigkeit. Unterrichtspraxis nach Lawrence Kohlberg. München.

Edwards, C. P. 1986: Promoting Social and Moral Development in Young Children. Creative Approaches for the Classroom. New York.

Matthews, G. 1991: Denkproben. Philosophische Ideen jüngerer Kinder. Berlin (amer. 1980).

Pohlmann, D. / Wolf, J. (Hg.) 1982: Moralerziehung in der Schule? Beiträge zur Entwicklung des Unterrichts *Ethik / Werte und Normen*. Göttingen.

Raths, L. E. / Harmin, M. / Simon, S. B. 1976: Werte und Ziele. Methoden der Sinnfindung im Unterricht. 2. Aufl. München (amer. 1966).

Regenbogen, A. / Fellsches, J. (Hg.) 1995: Universalistische Moral und Ethik in der Lehre. Heft 1995 / 2 von: Dialektik. Enzyklopädische Zeitschrift für Philosophie und Wissenschaften, Hamburg.

Savater, Fernando 1993: Tu was du willst. Ethik für die Erwachsenen von morgen. Frankfurt / M.

Schreiner, G. (Hg.) 1983: Moralische Entwicklung und Erziehung. Braunschweig.

Treml, A. K. (Hg.) 1994: Ethik macht Schule! Moralische Kommunikation in Schule und Unterricht (edition ethik kontrovers 2. Eine Publikation der Zeitschrift «Ethik & Unterricht»). Frankfurt / M. (Darin besonders von A. K. Treml: Ethik als Unterrichtsfach in den verschiedenen Bundesländern. Eine Zwischenbilanz, 18 – 29.)

Wils, J.-P. (Hg.) 1993: Orientierung durch Ethik. Eine Zwischenbilanz. Paderborn.

## Hinweis

Die derzeitigen Vorsitzenden der am Ende vom 3.2 erwähnten Organisationen sind (in der Reihenfolge ihrer Nennung):

Dr. Monika Sänger, Jahnstr. 14, 76133 Karlsruhe

Dr. Jürgen Hengelbrock, Marktstr. 260, 44799 Bochum

Prof. Dr. Uwe Gerber, Birkenweg 17 b, 64807 Dieburg

# Literaturhinweise

## Nachschlagewerke

Almond, B. (Hg.) 1995: Introducing Applied Ethics. Oxford/Cambridge, Mass.

Becker, L. u. C. (Hg.) 1992: Encyclopedia of ethics. 2 Bde. Chicago.

Hertz, A. u. a. (Hg.) 1992 (Neuausgabe, [1]1978 ff): Handbuch der christlichen Ethik. Freiburg.

Höffe, O. (Hg.) [1]1977/[4]1992: Lexikon der Ethik. München.

Hügli, A./Lübcke, P. (Hg.) 1991 (dän. 1983): Philosophielexikon. Personen und Begriffe der abendländischen Philosophie von der Antike bis zur Gegenwart. Reinbek.

Lutz, B. u. a. (Hg.) 1989: Metzler Philosophen Lexikon. Dreihundert biographisch-werkgeschichtliche Porträts von den Vorsokratikern bis zu den Neuen Philosophen. Stuttgart.

Meggle, G./Rippe, K. P./Wessels, U. (Hg.) 1992: Almanach der Praktischen Ethik. Forscher – Institutionen – Themen. Eine Bestandsaufnahme. Opladen.

Nida-Rümelin, J. (Hg.) 1996: Angewandte Ethik – die Bereichsethiken und ihre theoretische Fundierung. Ein Handbuch. Stuttgart.

Prechtl, P./Burkard, F.-P. (Hg.) 1996: Metzler Philosophie Lexikon. Begriffe und Definitionen. Stuttgart/Weimar.

Ritter, J. (Hg.) 1971 ff: Historisches Wörterbuch der Philosophie. Bisher 9 Bde. Basel/Stuttgart.

## Einführungen in die Ethik

Frankena, William K. [5]1994 (engl. 1963): Analytische Ethik. Übs. von N. Hoerster. München.

Gil, T. 1993: Ethik. Stuttgart/Weimar.

Kutschera, F. v. 1982: Grundlagen der Ethik. W-Berlin u. a.

Pieper, A. [2]1991: Einführung in die Ethik. Tübingen.

Ricken, F. 1983: Allgemeine Ethik. Stuttgart u. a. (= Grundkurs Philosophie 4).

Schulz, W. 1989: Grundprobleme der Ethik. Pfullingen.

Spaemann, R. 1982 u. ö.: Moralische Grundbegriffe. München.

Steinvorth, U. 1990: Klassische und moderne Ethik. Grundlinien einer materialen Moraltheorie. Reinbek.

Taureck, B. H. 1992: Ethikkrise – Krisenethik. Analysen, Texte, Modelle. Reinbek.

Wehowsky, S. 1995: Gespräche über Ethik. München.

## Textsammlungen und Darstellungen zur Geschichte der Ethik

Birnbacher, D. / Hoerster, N. (Hg.) 1976/⁶1987: Texte zur Ethik. München.

Höffe, O. (Hg.) 1975/²1992: Einführung in die utilitaristische Ethik. Klassische und zeitgenössische Texte. Tübingen.

Höffe, O. 1979/²1984: Ethik und Politik. Grundprobleme und -modelle der praktischen Philosophie. Frankfurt/M.

Oelmüller, W. u. a. (Hg.) 1978/⁴1991: Philosophische Arbeitsbücher. Bd. 2: Diskurs: Sittliche Lebensformen. Paderborn.

MacIntyre, A. 1991 (engl. 1966): Geschichte der Ethik im Überblick. Vom Zeitalter Homers bis zum 20. Jahrhundert. Übs. von H.-J. Müller. Frankfurt/M.

Pfürtner, S. u. a. (Hg.) 1988: Ethik in der europäischen Geschichte. Bisher 2 Bde. Stuttgart.

Pieper, A. (Hg.) 1992: Geschichte der neueren Ethik. 2 Bde. Tübingen.

Russell, B. ⁶1992 (engl. 1945): Philosophie des Abendlandes. Ihr Zusammenhang mit der politischen und der sozialen Entwicklung. Übs. von E. Fischer-Wernecke u. R. Gillischewski. Wien.

Singer, P. (Hg.) ²1993: A Companion to Ethics. Oxford/Cambridge, Mass.

Spaemann, R. (Hg.) 1987/³1991: Ethik-Lesebuch. Von Platon bis heute. München.

## Grundlegende Werke der gegenwärtigen Ethik-Diskussion

Habermas, J. 1983: Moralbewußtsein und kommunikatives Handeln. Frankfurt/M.

Hare, R. M. 1992 (engl. 1981): Moralisches Denken. Seine Ebenen, seine Methoden, sein Witz. Übs. von C. Fehige u. G. Meggle. Frankfurt/M.

Jonas, H. 1979: Das Prinzip Verantwortung. Versuch einer Ethik für die technologische Zivilisation. Frankfurt/M.

Lévinas, E. 1987 (frz. 1961): Totalität und Unendlichkeit. Versuch über die Exteriorität. Übs. von W. N. Krewani. Freiburg.

Mackie, J. L. 1981 (engl. 1977): Ethik. Die Erfindung des moralisch Richtigen und Falschen. Übs. von R. Ginters. Stuttgart.

Nagel, T. 1992 (engl. 1986): Der Blick von nirgendwo. Übs. von M. Gebauer. Frankfurt/M.

Rawls, J. 1975 (engl. 1971): Eine Theorie der Gerechtigkeit. Übs. von H. Vetter. Frankfurt/M.

Singer, P. ²1994: Praktische Ethik. Neuausgabe. Übs. von O. Bischoff. Stuttgart.

Tugendhat, E. 1993: Vorlesungen über Ethik. Frankfurt/M.

Walzer, M. 1992 (engl. 1983): Sphären der Gerechtigkeit. Ein Plädoyer für Pluralität und Gleichheit. Übs. von H. Herkommer. Frankfurt/M./New York.

## Sammelbände zur Einführung in Teilbereiche der Ethik

Bayertz, K. (Hg.) 1991: Praktische Philosophie. Grundorientierungen angewandter Ethik. Reinbek bei Hamburg.
– (Hg.) 1993: Evolution und Ethik. Stuttgart.
Biervert, B. / Held, M. (Hg.) 1987: Ökonomische Theorie und Ethik. Frankfurt / New York.
Birnbacher, D. (Hg.) 1980: Ökologie und Ethik. Stuttgart.
Grewendorf, G. / Meggle, G. (Hg.) 1974: Seminar: Sprache und Ethik. Zur Entwicklung der Metaethik. Frankfurt / M.
Hoerster, N. (Hg.) 1987: Recht und Moral. Texte zur Rechtsphilosophie. Stuttgart.
Lenk, H. (Hg.) 1991: Wissenschaft und Ethik. Stuttgart.
Lenk, H. / Ropohl, G. (Hg.) 1987: Technik und Ethik. Stuttgart.
Marquard, O. u. a. (Hg.) 1989: Medizinische Ethik und soziale Verantwortung. München (= Bd. VIII der Reihe «Ethik der Wissenschaften», hg. von H. Lenk u. a.).
Nunner-Winkler, G. (Hg.) 1991: Weibliche Moral. Die Kontroverse um eine geschlechtsspezifische Ethik. Frankfurt / New York.

## Schulbücher für die Sekundarstufe I

auf andere achten (Bd. 1: Kl. 5 / 6, Bd. 2: Kl. 7 / 8). Ein Arbeitsbuch für den Unterricht in Ethik / Werte und Normen sowie praktische Philosophie. Hg. von U. Gerber u. a. Frankfurt / M. 1995 / 96 (Diesterweg).
Ethik 1–9 (für jede Klassenstufe ein Band). Stundenskizzen, Arbeitsblätter, Tafelbilder, Folienvorlagen. Hg. von K.-H. Grünauer. Puchheim 1989 (Stundenbilder für die Unterrichtspraxis: pb-Verlag).
Ethik 5–10 (für jede Klassenstufe ein Band), hg. von R. Spann u. a. München 1989 ff (Bayerischer Schulbuchverlag).
Fertigausgearbeitete Unterrichtsbausteine für das Fach Ethik / Werte und Normen / Philosophie. Eine Ideenbörse für alle Pflicht- und Wahlthemen in der Schule. Bisher 2 Bde. Kissing 1995 / 96 (WK-Verlag).
Gedankenreisen. Philosophische Texte für Jugendliche und Neugierige. Hg. von H.-L. Freese. Reinbek bei Hamburg 1990 (Rowohlt).
Glück. Hg. von D. Birnbacher. Stuttgart 1983 (Arbeitstexte für den Unterricht, Sekundarstufe I: Reclam).
Herausforderung Zusammenleben. Ein Arbeitsbuch für den Ethikunterricht (Bd. 1: ab Kl. 7, Bd. 2: ab Kl. 9). Hg. von P. Wiesehöfer. Berlin [6]1994 (Cornelsen).
Leben lernen. Ethik 9 / 10. Hg. von R. Breun. Leipzig 1997 (Klett).
sehen – werten – handeln 7–10. Hg. von W. Bender / H. Offermanns. München 1990 (Bayerischer Schulbuchverlag).
Zusammen leben (Kl. 8–10). Hg. von G. Aslam-Malik. Stuttgart 1987 (Lesehefte Ethik / Werte und Normen / Philosophie: Klett).

## Schulbücher für die Sekundarstufe II

Ethik. Lehr- und Arbeitsbuch für den Ethikunterricht an allgemeinbildenden und berufsbildenden Gymnasien. 3 Bde. Hg. von W. Schwoerbel u. a. Köln / München
1987–1992 (Stam).

Ethik und Philosophie (Philosophiegeschichtliche Ansätze zur Begründung von Ethik,
Kl. 11–13). Hg. von K. Disselbeck. Stuttgart 1989 u. ö. (Lesehefte Ethik / Werte
und Normen / Philosophie: Klett).

Ethisch handeln. Aspekte angewandter Ethik. Hg. von H. Hastedt, K. Langebeck,
E. Martens, R. Valk. Hannover 1991 (Materialien für die Sekundarstufe II: Schroedel).

Freiheit und Pflicht. Materialien für den Philosophieunterricht in der Sekundarstufe II.
Hg. von H.-J. Krooß und M. Mutke. Paderborn 1993 (Schöningh).

Grundkurs Ethik, 4 Bde. Hg. von B. Heller u. a. München 1996 / 97 (Bayerischer
Schulbuchverlag).

Kurs Ethik. Materialien für den Unterricht in der Sekundarstufe II. Hg. von U. Gerber. Ffm. 1995 (Diesterweg).

Philosophiekurs Ethik. Hg. von J. Ossner / M. Rumpf / J. Vahland. Heidelberg 1980
(Materialien für den Philosophieunterricht in der Sekundarstufe II: Quelle &
Meyer).

Standpunkte der Ethik. Hg. von H. Nink. Paderborn 1994 (Schöningh).

Verantwortung. Hg. von M. Sänger. Stuttgart 1991 (Arbeitstexte für den Unterricht,
Sekundarstufe II: Reclam).

Was sollen wir tun? Probleme der Ethik. Hg. von N. Herold / W. Pleger. Hannover
[7]1993 (Materialien für die Sekundarstufe II: Schroedel).

## Zeitschriften

Archiv für Rechts- und Sozialphilosophie (ARSP) (seit 1907)
Deutsche Zeitschrift für Philosophie (seit 1953)
Ethics. An International Journal of Social, Political, and Legal Philosophy (seit 1890)
Ethics and international affairs (seit 1987)
Ethik und Sozialwissenschaften (EuS) (seit 1990)
Ethik & Unterricht. Die Zeitschrift für das Unterrichtsfach Ethik / Werte und Normen
(EU) (seit 1990)
Information Philosophie (seit 1972)
Philosophie. Anregungen für die Unterrichtspraxis (seit 1979)
Philosophy and Public Affairs (seit 1971)
Zeitschrift für Didaktik der Philosophie und Ethik (ZDPE) (1979–1993: ZDP)

Bearbeitet von Christian Thies

# Über die Verfasser

Günther Bien, Jahrgang 1936, ist Professor für Philosophie an der Universität Stuttgart.

Winfried Franzen, Jahrgang 1943, ist Professor für Praktische Philosophie an der Pädagogischen Hochschule Erfurt.

Matthias Gatzemeier, Jahrgang 1937, ist Professor für Praktische Philosophie an der RWTH (Rheinisch Westfälische Technische Hochschule) Aachen.

Heiner Hastedt, Jahrgang 1958, ist Professor für Philosophie mit besonderer Berücksichtigung der Praktischen Philosophie an der Universität Rostock.

Klaus-Michael Kodalle, Jahrgang 1943, ist Professor für Praktische Philosophie an der Universität Jena.

Ekkehard Martens, Jahrgang 1943, ist Professor für Didaktik der Philosophie und Alten Sprachen an der Universität Hamburg.

Eckhard Nordhofen, Jahrgang 1945, Direktor am Studienseminar Frankfurt am Main für das Lehramt am Gymnasium.

Willi Oelmüller, Jahrgang 1930, ist emeritierter Professor für Philosophie an der Universität Bochum.

Thomas Rentsch, Jahrgang 1954, ist Professor für Philosophie (mit Schwerpunkt Praktische Philosophie / Ethik) an der Universität Dresden.

Hans Julius Schneider, Jahrgang 1944, ist Professor für Philosophie an der Universität Potsdam.

Martin Seel, Jahrgang 1954, ist Professor für Philosophie an der Justus-von-Liebig-Universität Gießen.

Dieter Thomä, Jahrgang 1959, ist Wissenschaftlicher Assistent für Philosophie an der Universität Rostock.

Reiner Wimmer, Jahrgang 1939, ist Professor für Philosophie an der Universität Tübingen.

Jean-Claude Wolf, Jahrgang 1953, ist Professor für Ethik und Sozialphilosophie an der Universität Freiburg i. Ü. / Schweiz.

# Namenregister

# Sachregister